THE ANGLO-HINDI POCKET DICTIONARY

THE
ANGLO-HINDI
POCKET DICTIONARY

GYAN

Published by

GYAN

Gyan Publishing House
5, Ansari Road
Daryaganj, New Delhi-110002
Phone: 011-47034999, 9811692060
E-mail: books@gyanbooks.com

Distribution Network
gyanbooks.com
India, USA, Canada, UK, Australia, France

ISBN : 978-81-212-4315-5 (PB)

First Published, 1898

2nd Impression 2021

Printed at: Gyan Press, Delhi.

The
Anglo-Hindi Pocket Dictionary
Author: Herbert A. Popley

THE

ANGLO-HINDI

POCKET DICTIONARY.

A, *Inde. Art.* (व्यञ्जन से शुरू होने वाले शब्दों के पहले लिखा जाता है) एक, कोई, फ़ी।

A-back, *ad.* पीछे, अचानक।

A-baft, *ad.* जहाज़ के पीछे की तरफ़, पीछे।

A-ban-don, *v.* छोड़देना, तर्क करदेना।

A-ban-doned, *a.* छोड़ा हुआ, बदमाश। [घटाना।

A-base, *v.* ज़लील क०, एर्जा-

A-bash, *v.* लजाना, शर्मिंदा क०।

A-bate, *v.* कम क०, मन्दा क०।

Ab-bess, *n.* बाई, महंतिनी।

Abbey, *n.* मठ, गुरुद्वारा।

Ab-bot, *n.* महंत।

Ab-di-cate, *v.* त्यागदेना, छोड़ देना। [तला।

Ab-do-men, *n.* पेट, पेट का

Ab-duc-tion, *n.* निकाल लेजाना, भगा लेजाना।

A-bed, *ad.* बिस्तर पर।

Ab-er-ra-tion, *n.* बेहोशी, गुमराही, निगाह की चूक।

A-bet, *v.* बुरेकामों में मदद देना, बहकाना।

A-bey-ance, *n.* इन्तिज़ार, आसा।

Ab-hor, *v.* घिन क०, नफ़रत क०

A-bide, *v.* (Pt. and Pp. abode) बसना, उतरना, सहना, ठहरना।

A-bi-ding, *a.* चलाऊ, पायदार।

A-bil-i-ty, *n.* सामर्थ, लियाक़त।

Ab-ject, *a.* नीच, बेकाम।

Ab-jure, *v.* छोड़ देना, क़सम खाकर इन्कार क०।

Able, *a.* सामर्थी, लायक़।

A-board, *a.* जहाज़ पर।

A-bode, *n.* घर, वास, सुकूनत।

A-bol-ish, *v.* मिटाना, रद क०।

A-bom-i-nable, *a.* बुरा, घिनाउना। [नफ़रत क०।

A-bom-i-nate, *v.* घिन क०

A-bor-tion, *n.* गर्भपात, कच्चा-गर्भ ।

A-bound, *v.* बहुतायत से होना, भर पूर होना ।

A-bout, *pr.* आस पास, पास, बाबत, *ad.* क़रीब ।

Above, *pr.* ऊपर, बढ़कर, *ad.* ऊपर, ख़ासकर ।

A-breast, *ad.* साथ २, बराबर, पहलू ब पहलू ।

Abridge, *v.* कम क०, घटाना, ख़ुलासा क० । [कमी ।

A-bridg-ment, *n.* ख़ुलासा,

Abroad, *ad.* बाहर, परदेश ।

Ab-rupt, *a.* अचानक, ऊंचा-नीचा ।

Abscess, *n.* फोड़ा ।

Abscond, *v.* भाग जाना ।

Ab-sent, *a.* ग़ैरहाज़िर, अचेत ।

Ab-sent *v.* ग़ैरहाज़िर होना ।

Ab-so-lute, *a.* स्वाधीन, पूरा, बे-लगाव ।

Ab-so-lu-tion, *n.* रिहाई, छुटकारा।

Ab-solve, *v.* छोड़ना, रिहा क० ।

Ab-sorb, *v.* सोखना, पीना ।

Ab-stain, *v.* परहेज़ क०, बचना।

Ab-sti-nence, *n.* परहेज़ ।

Ab-stract, *n.* संक्षेप, ख़ुलासा, *a.* गूढ़, पेचीदा ।

Ab-stract, *v.* संक्षेप क०, अलग क०, सार निकालना ।

Ab-strac-tion, *n.* ग़ौर, अलैहदगी, बेख़बरी ।

Abstruse, *a.* गूढ़, मुश्किल ।

Ab-surd, *a.* बेहूदा, ग़ैरवाजिब ।

A-bun-dance, *n.* बहुतायत, इफ़ात ।

Abuse, *n.* ख़राब बरताव, गाली

Abuse, *v.* ख़राब बरताव क०, बुराभला कहना, गाली देना ।

Abyss, *n.* अथाह गढ़ा । [रसा ।

A-cad-emy, *n.* पाठशाला, मद-

Accede, *v.* मानना, क़बूल क० ।

Ac-cent, *n.* स्वर, उच्चारण का चिन्ह । [च्चारण क० ।

Ac-cent, *v.* स्वर के अनुसार उ-

Ac-cept, *v.* क़बूल क०, मानना, सकारना । [भावना

Ac-cep-table, *a.* पसंदीदा, मन

Ac-cep-tance, *n.* मन्ज़ूरी, रज़ा-मंदी, सकारा ।

Ac-cep-ta-tion, *n.* आम मानी ।

Ac-cess, *n.* पहुंच, गुज़र, इज़ाफ़ा।

Accession, *n.* इज़ाफ़ा, राज-गद्दी । [यक ।

Ac-ces-so-ry, *n.* मददगार सहा-

Ac-ci-dent, *n.* संयोग, इत्ति-फ़ाक़ ।

Ac-cla-ma-tion, *n.* धन्न, शाबास, आम रज़ाबंदी।

Ac-cliv-i-ty, *n.* चढ़ाई, उंचाई।

Ac-com-mo-date, *v.* मुआफ़िक़ क०, मुहय्या क०।

Accompany, *v.* हमराह होना, आवाज़ मिलाना। [साथी।

Ac-com-plice, *n.* अधर्म में

Ac-com-plish, *v.* पूरा क०, तमाम क०।

Ac-com-plish-ment, *n.* फ़ज़ीलत, कामयाबी।

Ac-cord, *n.* मेल, मुताबिक़त, *v.* मिलना, मंज़ूर क०, अंगीकार क०, देना।

Ac-cord-ing, *a.* मुताबिक़।

Ac-cord-ing-ly, *ad.* इस तरह से, इस कारण से।

Ac-cost, *v.* बोलना, रुजू होना।

Ac-count, *n.* हिसाब, सबब, बयान *v.* समझना, जांचना, गिनना, सबब बताना।

Ac-count-a-ble, *a.* जवाबदेह, ज़िम्मेदार।

Ac-count-ant, *n.* मुनीम, वह जो कि हिसाब ख़ूब समझता हो।

Accoutre, *v.* सजाना, आरास्ता क०। [होना, निकलना।

Accrue, *v.* हासिल होना, नफ़ा

Ac-cu-mu-late, *v.* इकट्ठा क०, बटोरना, ढेर क०।

Ac-cu-mu-la-tion, *n.* इकट्ठा क०, ढेर।

Ac-cu-ra-cy, *n.* दुरुस्ती, सिहत।

Ac-cu-rate, *a.* ठीक, चौकस, दुरुस्त।

Ac-cur-sed, *a.* बद।

Ac-cu-sa-tion, *n.* इल्ज़ाम, दोष।

Ac-cuse, *v.* अपराध लगाना, दोषी ठहराना। [डालना।

Ac-cus-tom, *v.* बान या आदत

Ace, *n.* ज़र्रा, इक्का (ताश में), पौ (पांसे में)। [खाई।

A-cer-bi-ty, *n.* कड़ुआपन, रु-

Acetous, *a.* खट्टा, चूक।

Ache, *n.* दर्द, *v.* दर्द क०।

Achieve, *v.* हासिल क०, पूरा क०।

A-chieve-ment, *n.* बहादुरी का काम, बड़ाभारी या मुहिम काम।

Acid, *n.* खटाई, तेज़ाब, *a.* खट्टा।

A-cid-i-ty, *n.* खट्टापन।

Acknowledge, *v.* मानना, हांमी भरना, क़बूल क०।

Ac-know-ledg-ment, *n.* हांमी, रसीद, क़बूलियत।

A-corn, *n.* शाहबिलूत का फल।

Acquaint, *v.* जताना, आगाह क० ।

Ac-quaint-ance, *n.* जानपहचान, आगाही, मुलाक़ाती ।

Acquiesce, *n.* मानना, राज़ी होना ।

Acquire, *v.* पाना, हासिल क० ।

Ac quire-ment, *n.* } प्राप्ति, लाभ,
Ac-qui-si-tion, *n.* } लियाक़त ।

Ac-quit, *v.* इल्ज़ाम से बरी क०, बेगुनाह ठहराना ।

Ac-quit-tal, *n.* छुटकारा, रिहाई ।

Ac-quit-tance, *n.* बेबाक़ी, क़र्ज़ से रिहाई ।

Acre, *n.* अंगरेज़ी बीघा, ४,८४० मुरब्बा गज़ ।

Ac-rid, *a.* चरपरा, कड़ुआ ।

Ac-ri-mo-ni-ous, *a.* तेज़, तामिज़ाज ।

Ac-ri-mon-y, *n.* चिर चिराहट ।

Ac-ro-bat, *n.* नट ।

A-cross, *pr. & ad.* आरपार, तिरछा, बेंड़ा ।

Act, *n.* काम, क़ानून, स्वांग या नक़ल का हिस्सा *v.* करना, काम क० या बजालाना, एवज़ी क० ।

Action, *n.* काम, चाल, लड़ाई, दावा, नालिश ।

Ac-tion-a-ble, *a.* नालिश दायर करने के लायक़ ।

Ac-tive, *a.* फुर्तीला, मेहन्ती, ख़ुशशिल ।

Ac-tiv-i-ty, *n.* फुर्ती, तेज़ी ।

Ac-tor, *n.* करनेवाला, भांड, नक़ाल ।

Ac-tress, *n.* भांड़िन, नक़ालिन ।

Ac-tu-al, *a.* यथार्थ, असली ।

Ac-tu-ate, *v.* उकसाना, उभाड़ना, लोभदेना, भड़काना ।

A-cu-men, *n.* तेज़दिली, बारीकबीनी ।

A-cute, *a.* धारदार, तेज़, चतुर ।

Ad-age, *n.* कहावत, मसल ।

Ad-a-mant, *n.* हीरा, बहुत सख़्त पत्थर ।

A-dapt, *v.* मिलाना, मुआफ़िक़ क० ।

Ad-ap-ta-tion, *n.* मेल, मुआफ़िक़त ।

Add, *v.* जोड़ना, मिलाना, लगाना ।

Ad-den-dum, *n.* जो कुछ जोड़ा गया हो, तितिम्मा ।

Ad-der, *n.* ज़हरीला सांप ।

Ad-dict, *v.* लती होना, आदी होना ।

Addition, *n.* जोड़, जमा ।

Ad-dled, *a.* गन्दा ख़ाली ।

Ad-dress, *n.* सलीक़ा, सरनामा, होशियारी, व्याख्यान, *v.* बोलना, ध्यान लगाना, पता लिखना, चाह जताना।

Ad-duce, *v.* आगेलाना, पेश क०। [क़ामिल।

A-dept, *v.* हुनरमन्द, कारीगर,

Ad-e-quate, *a.* क़ाफ़ी, बराबर।

Ad-here, *v.* चिपटना, पाबन्द रहना। [रफ़्तार।

Ad-her-ent, *n.* साथी, संघी, त-

Ad-he-sion, *n.* पाबंदी, हिस्सों का सरेस वग़ैरह से जोड़।

Ad-he-sive, *a.* लसदार, लुआबदार। [या सलाम।

Adieu, *n.* बिदाई की नमस्कार

Ad-it, *n.* मोरी, नाली।

Ad-ja-cent, *a.* पास, निकट।

Ad-jec-tive, *n.* विशेषण, गुणवाचक, सिफ़त।

Ad-join, *v.* लगाहोना, जुड़ाहोना।

Ad-journ, *v.* रोक रखना, मुल्तवी रखना। [क०।

Adjudge, *v.* फ़ैसला क०, सज़ा

Ad-junct, *n.* बेशी, इज़ाफ़ा, *a.* ज़ाइद। [खिलाना।

Ad-jure, *v.* क़सम देना या

Ad-just, *v.* ठीक क०, मिलाना, रफ़ा क०।

Ad-ju-tant, *n.* अजीटन, फ़ौज का एक अफ़सर।

Ad-min-is-ter, *v.* देना, इन्तिज़ाम क०। [ज़ाम, राज्य।

Ad-min-i-stra-tion, *n.* इन्ति-

Ad-mir-a-ble, *a.* बहुत अच्छा, उम्दा, तारीफ़ के लायक़।

Ad-mi-ral, *n.* जहाज़ी सिपहसालार।

Ad-mi-ral-ty, *n.* जंगी जहाज़-वालों की सब से बड़ी अदालत।

Ad-mi-ra-tion, *n.* आश्चर्य, ताज्जुब।

Ad-mire, *v.* तारीफ़ क०, सराहना, अचरज क०।

Ad-mis-sion, *n.* दाख़िला, गुज़र, रसाई, रज़ामन्दी। [देना।

Ad-mit, *v.* इजाज़त देना, जाने

Ad-mon-ish, *v.* जताना, समझाना, शिक्षा देना। [हत।

Ad-mo-ni-tion, *n.* शिक्षा, नसी-

A-do, *n.* दिक़्क़त, झगड़ा।

A-do-les-cence, *n.* युवा अवस्था, जवानी। [पसन्द क०।

A-dopt, *v.* गोद लेना, धारण क०,

Ad-o-ra-tion, *n.* पूजा।

A-dore, *v.* पूजना, भक्ति क०।

A-dorn, *v.* सजाना, सिंगार क०।

A-drift, *ad.* बहता हुआ।

A-droit, *a.* फुर्तीला, निपुण ।

Ad-u-la-tion, *n.* चापलूसी, लल्लोचप्पो ।

A-dult, *n.* सयाना, जवान ।

A-dul-ter-ate, *v.* मिलाकर ख़राब कर डालना ।

A-dul-ter-y, *n.* छिनाला ।

Ad-vance, *n.* अगवानी, तरक्की, बेशी, पेशगी, *v.* महंगा क०, आगे बढ़ाना, तरक्की क०, पेशगी देना । [ढ़तरी ।

Ad-vance-ment, *n.* तरक्की, ब-

Ad-vant-age, *n.* बड़ाई, फ़ायदा ।

Ad-van-ta-geous, *a.* फ़ायदेमन्द, फलदायक ।

Ad-vent, *n.* आमद, बड़े दिन के पहिले का समय ।

Ad-ven-ture, *n.* मुहिम, सदमा, *v.* जुरत क० । [म्मतवाला ।

Ad-ven-tu-rous, *a.* दिलेर, हि-

Ad-verb, *n.* क्रिया विशेषण ।

Ad-ver-sa-ry, *n.* दुश्मन, विरोधी ।

Ad-verse, *a.* उलटा, विरुद्ध, कम्बख़्त । [बत ।

Ad-ver-si-ty, *n.* आफ़त, मुसी-

Ad-vert, *v.* ध्यान देना, हवाला देना ।

Ad-ver-tise, *v.* प्रकाश क०, मशहूर क०, इश्तिहार देना ।

Ad-ver-tise-ment, *n.* इश्तिहार, विज्ञापन ।

Ad-vice, *n.* सलाह, ख़बर ।

Ad-vise, *v.* सलाह देना, समाचार देना ।

Ad-vo-cate, *n.* वकील, मुख़्तार; *v.* वकालत क०, सवाल व जवाब क० ।

Adze, *n.* बसूला ।

A-er-i-al, *a.* हवाई, ऊंचा ।

Ae-rie, *n.* शिकारी चिड़िया का घोंसला । [रता हुआ पत्थर ।

A-er-o-lite, *n.* आकाश से गि-

Aeronaut, *n.* गुब्बारे पर चलने वाला, आकाशगामी ।

A-far, *ad.* दूर, फ़ासले से ।

Af-fa-ble, *a.* सुशील, ख़ुश अख़लाक़ ।

Af-fair, *n.* काम, माजरा ।

Af-fect, *v.* चुभना, असर क०, बहाना क० ।

Af-fec-ta-tion, *n.* बनावट, दिखावट, बहाना । [ब्बत ।

Af-fec-tion, *n.* प्यार, प्रेम, मुह-

Af-fi-ance, *n.* सगाई, भरोसा, आसरा । [गाजली ।

Af-fi-da-vit, *n.* हलफ़नामा, गं-

Af-fin-i-ty, *n.* रिश्तेदारी, नातेदारी ।

Af-firm, *v.* बयान क०, बहाल रखना, इक़रार क०। [क़रार।

Af-fir-ma-tion, *n.* बयान, इ-

Af-fix, *v.* लगाना, मिलाना, जोड़ना।

Af-fix, *n.* विभक्ति।

Af-flict, *v.* दुःख देना, मुसीबत-डालना। [सीबत।

Af-flic-tion, *n.* दुःख, आफ़त, मु-

Af-flu-ent, *n.* सहायक नदी।

Af-ford, *v.* देने की हैसियत र०।

Af-fray, *n.* दंगा, मार पीट।

Affright, *n.* डर, ख़ौफ़, *v.* डराना। [*v.* अपमान क०

Affront, *n.* कमक़दरी, अपमान,

Afloat, *ad.* तैरता हुआ।

A-fore, *ad.* पहले।

Afraid, *a.* डरा हुआ।

A-fresh, *ad.* नये सिरे से, हाल में।

Aft, *ad.* or *a.* पीछा। [जब।

Af-ter, *a.* & *pr.* पीछे, बाद, *c.*

Aft-er-noon, *n.* दुपहर बाद, तीसरे पहर। [इस के पीछे।

Aft-er-wards, *ad.* इस के बाद,

A-gain, *ad.* फिर, दुबारा। [रुद्ध।

A-gainst, *pr.* बरख़िलाफ़, वि-

Ag-ate, *n.* सुलेमानी पत्थर।

Age, *n.* ज़माना, युग, अवस्था, उमर।

A-ged, *a.* बुड्ढा।

A-gen-cy, *n.* ज़रिआ, मारफ़त, आढ़त, एजंटी।

Agent, *n.* कारगुज़ार, सरबराहकार, गुमाश्ता। [क०।

Ag-gran-dize, *v.* बढ़ाना, बड़ा

Ag-gra-vate, *v.* ज़्यादा ख़राब क०।

Ag-gre-gate, *n.* जोड़, समूह; *a.* कुल, तमाम, *v.* इकट्ठा क०।

Ag-gres-sion, *n.* हमला, छेड़।

Ag-gres-sor, *n.* लड़ाई या छेड़ में अगुआ। [चक।

A-ghast, *ad.* हक्का बक्का, भौ-

Agile, *a.* फुर्तीला, चालाक।

Ag-i-tate, *v.* परेशान क०, खलबली या हलचल मचाना।

A-go, *ad.* हुआ, गुज़रा।

A-gog, *ad.* आतुर, सरगर्म।

Ag-o-nize, *v.* दर्द से ऐंठना या बेचैन होना। [लीफ़।

Ag-o-ny, *n.* सख़्त दर्द या तक-

A-gree, *v.* राज़ी होना, एकदिल होना। [फ़िक़।

A-gree-a-ble, *a.* पसन्दीदा, मुआ-

A-gree-ment, *n.* क़ौल, क़रार।

Ag-ri-cul-ture, *n.* खेती, काश्तकारी। [काश्तकार।

Ag-ri-cul-tu-rist, *n.* किसान,

A-gue, *n.* जूड़ी, जाड़े का बुख़ार।
Ah, *i.* हाइ, ओ हो।
A-head, *ad.* आगे, अगाड़ी।
Aid, *n.* सहारा, मदद, *v.* मदद क॰।
Ail, *v.* मांदा होना, बीमार होना।
Ail-ment, *n.* बीमारी।
Aim, *n.* इरादा, निशाना, मतलब; *v.* निशाना लगाना।
Air, *n.* हवा, तान, गीत, *v.* सुखाना, हवा में रखना।
Air-ing, *n.* सैर, हवाखोरी। [कल
Air-pump, *n.* हवा निकालने की
Aisle, *n.* गिरजे का बगली रास्ता।
A-jar, *ad.* खुलाहुआ।
A-kin, *a.* सगा, रिश्तेदार।
Al-a-bas-ter, *n.* सेलखरी।
A-larm, *n.* डर, गुलगपाड़ा, गजर. *v.* डराना, खटका दिलाना।
A-las, *i.* हाय, अफ़सोस।
Al-be-it, *ad.* अगरचि, यद्यपि।
Al-bum, *n.* तसवीर रखने की किताब।
Al-bu-men, *n.* अंडे की सफ़ेदी।
Alchemy, *n.* रसायन, कीमिया।
Al-co-hol, *n.* शराब का सत, अलकुहल।
Al-cove, *n.* ताक़।
Al-der-man, *n.* शहर का हाकिम।
Ale, *n.* जौ की शराब।
A-lert, *a.* होशयार, चौकस।
A-li-as, *ad.* उपनाम, उर्फ़।
Al-i-bi, *n.* और किसी जगह।
A-li-en, *a.* or *n.* परदेसी, अजनबी। [फेरना।
A-li-e-nate, *v.* दे डालना, मन
Alight, *v.* उतरना। [उसी तरह।
A-like, *a.* ऐसा, मुआफ़िक़ *ad.*
A-li-ment, *n.* खाना, आहार।
A-li-mony, *n.* खाना कपडा।
Aliquot, *a.* सम विभाजक।
A-live, *a.* ज़िन्दा, चालाक।
Al-ka-li, *n.* खार, सज्जी।
All, *a.* सब, पूरा। [देना, दबाना
Al-lay, *v.* ठंडा क॰, आराम
Allege, *v.* बयान क॰, उज्र क॰।
Al-le-gi-ance, *n.* फ़रमाबरदारी, निष्ठा।
Al-le-gor-y, *n.* रूपक, दृष्टान्त।
Al-le-vi-ate, *v.* कम क॰, आराम देना।
Al-ley, *n.* गली, कूचा।
Al-li-ance, *n.* सुलह, एका, नाता।
Al-lot, *v.* बांट क॰, हिस्सा देना।
Al-lot-ment, *n.* हिस्सा।
Al-low, *v.* आज्ञा देना, मानना, घटाना। [घटी।
Al-low-ance, *n.* आज्ञा, दरमाहा,

Al-loy, *n.* मिलावट, मिलौनिया धातु *v.* मिलौनी क० । [क० ।
Al-lude, *v.* इशारा क०, सूचित
Al-lure, *v.* लुभाना, फुसलाना ।
Allusion, *n.* इशारा, सूचना ।
Al-lu-vi-al, *a.* पानी से जमा की हुई, दियारा । [दोस्ती क० ।
Al-ly, *n.* दोस्त *v.* रिश्ता क०,
Al-ma-nac, *n.* पत्रा, जन्त्री ।
Almighty, *n.* सर्वशक्तिमान, परमेश्वर ।
Al-most, *ad.* क़रीब, लगभग ।
Alms, *n.* दान, भिक्षा ।
A-loft, *ad.* ऊपर, ऊंचा ।
A-lone, *a.* अकेला *ad.* अकेले, आप से आप । [२. बग़ल में ।
A-long, *ad.* साथ, आगे *pr.* बराबर
A-loof, *ad.* अलग, न्यारा ।
A-loud, *ad.* ज़ोर से, चिल्ला कर ।
Alphabet, *n.* वर्णमाला ।
Already, *ad.* अभी, पहले ।
Al-so, *ad.* भी, और ।
Altar, *n.* वेदी ;
Al-ter, *v.* बदलना, पलटना ।
Al-ter-a-tion, *n.* तबदील ।
Al-ter-ca-tion, *n.* झगड़ा, तकरार ।
Al-ter-nate, *a.* बारी २ *v.* बारी२ क०, अदल बदल क० ।
Al-tern-a-tive, *n.* चारा
Although, *c.* यद्यपि, अगरचि ।
Al-ti-tude, *n.* ऊंचाई, बुलन्दी ।
Al-to-geth-er, *ad.* पूरा, बिल्कुल ।
Al-um, *n.* फिटकिरी ।
Al-ways, *ad.* हमेशा, नित ।
Am, *v.* हूं ।
A-main, *ad.* ज़ोर से, बेतहाशा ।
A-mal-gam, *n.* दूसरी धातु से मिला पारा ।
A-mal-ga-mate, *v.* मिलाना ।
A-mass, *v.* जमा क०, इकट्ठा क० ।
Amateur, *n.* शौक़ीन । [क० ।
A-maze, *v.* अचम्भे में होना या
Am-a-zon, *n.* योधा स्त्री । [एलची ।
Am-bas-sa-dor, *n.* राज दूत,
Am-bi-ent, *a.* चौगिर्द, चारों तरफ़ ।
Am-big-u-ous, *a.* गोलमोल, दो मानी । [लाषा ।
Am-bi-tion, *n.* हौसला, अभि-
Am-ble, *n.* क़दम *v.* क़दम चलना ।
Am-bu-lance, *n.* फ़ौजी शफ़ाख़ाना [जगह ।
Am-bush, *n.* घात, घात की
A-men, *ad.* ऐसाही हो, एवमस्तु ।
A-mend, *v.* सुधारना, ठीक क० ।
A-mends, *n.* बदला, डांड़ ।

A-merce, v. जुर्माना क०, डांड़ लेना
A-mi-a-ble, a. शाइस्ता, सुशील।
Am-ic-a-ble, a. दोस्ताना, हिला-मिला।
A-mid, pr. बीच में, दर्मियान।
A-miss, ad. ग़लती से, भूल से।
Am-i-ty, n. दोस्ती, मित्रताई।
Am-mu-ni-tion, n. मेगज़ीन, लड़ाई का सामान।
Am-nes-ty, n. मुआफ़ी। [हुआ।
A-mong, pr. बीच में, मिला
Am-or-ous, a. रसिया, रंगीला, शायक़।
A-mount, n. जमा, रक़म, v. होजाना, पहुंचना।
Amour, n. इश्क़, आशनाई।
Amphibious, a. जल-थल-चर, ज़मीन और पानी में रहनेवाला।
Amphitheatre, n. तमाशा घर, नाच घर।
Am-ple, a. बड़ा, बहुत सा।
Am-pli-fy, v. बढ़ाना।
Am-pu-tate, v. काट डालना।
Am-u-let, n. तावीज़, यंत्र।
A-muse, v. बहलाना, खुश क०, खिलाना।
An, a. Inde. Article. (स्वर से शुरू होने वाले शब्दों के पहले लिखा जाता है) एक, कोई, फ़ी।
A-nal-o-gy, n. मुशाबिहत, समानता।
Analysis, n. विभाग, परछेदन।
An-a-lyze, v. शोधना, जुदा २ क०
Anarchy, n. ग़दर, बलवा।
A-nat-o-my, n. चीड़ फाड़, जर्राही।
An-ces-tor, n. बापदादा, पुर्खा।
Anchor, n. लंगड़ v. लंगड़ डा०, ठहराना।
Anch-or-ite, n. सन्यासी, बैरागी
Ancient, a. बहुत दिन का, पुराना।
And, c. और। [क़िस्सा।
An-ec-dote, n. चुटकुला, छोटा
A-new, ad. नये सिरे से, फ़िरसे।
An-gel, n. स्वर्ग दूत, फ़िरिश्ता।
An-gel-ic, a. दिव्य।
Anger, n. क्रोध, गुस्सा, v. ख़फ़ा क०, गुस्सा दिलाना।
An-gle, n. कोना, v. कांटा डालना, बंसी लगाना।
An-gler, n. बंसी बाज़।
An-gry, a. गुस्सेवर, ख़फ़ा।
An-guish, n. सख़्त दर्द या पीड़ा।
An-gu-lar, a. कोने दार, नोकीला
An-i-mal, n. जानवर, पशु a. हैवानी।
An-i-mal-cule, n. छोटा जानवर।

An-i-mate, *v.* जिलाना, जान-डालना, हिम्मत दिलाना।

An-i-mos-ity, *n.* दुश्मनी,विरोध।

Ank-le, *n.* गट्टा, टखना।

Ank-let, *n.* पाज़ेब।

An-nals, *n.* इतिहास, तवारीख़।

An-neal, *v.* ताव देना, तावना।

An-nex, *v.* जोड़ना, मिलाना।

An-nex-a-tion, *n.* लगाव, मेल।

An-ni-hi-late, *v.* मिटाना, सत्यानाश क०। [बरसी।

An-ni-vers-ar-y, *a.* सालाना,

An-no-tate, *v.* टीका क०।

An-nounce, *n.* ज़ाहिर क०, मशहूर क०। [हैरान क०।

An-noy, *v.* दिक़ क०, दुःख देना,

An-nu-al, *n.* फ़सली पौधा; *a.* सालाना। [ना मशाहरा।

An-nu-i-ty, *n.* सालाना, साला-

An-nul, *v.* रद्द क०, मंसूख़ क०।

An-nu-lar, *a.* छल्लेदार, छल्ले के मानिन्द। [मशहूर क०।

An-nun-ci-ate, *v.* मनादी क०,

A-noint, *v.* तेल लगाना, राज तिलक क०। [यम विरोध।

A-nom-aly, *n.* बेज़ाबतगी, नि-

A-non, *ad.* जल्दी, फ़ौरन।

A-non-y-mous, *a.* बे नाम, गुमनाम।

Another, *a.* दूसरा।

Answer, *n.* जवाब, उत्तर; *v.* जवाब या उत्तर देना, ठीक बैठना, मिलना। [जवाब देह।

Ans-wer-a-ble, *a.* ज़िम्मेदार,

Ant, *n.* चींटी। [बैरी।

An-tag-o-nist, *n.* मुख़ालिफ़,

Ant-arc-tic, *a.* दक्षिणी ध्रुव वाला।

An-te-ced-ent, *n.* पहिले आनेवाला, *a.* पहला,।

An-te-date, *n.* अगली मिती या तारीख़ *v.* अगली मिती या तारीख़ लिखना।

An-te-lope, *n.* हिरन, कुरंग।

An-te-me-rid-ian, *a.* दुपहर के पहले।

An-ten-nae, *n.* कीड़े की मूछ।

An-te-rior, *a.* पहला, पूर्व।

An-te-room, *n.* आगे की कोठरी या कमरा।

An-them, *n.* स्तुति, भजन।

An-tic, *a.* असंगत, मसख़रा।

An-ti-christ, *n.* ईसामसीह का विरोधी। [पेशदस्ती क०।

Anticipate, *v.* पेशबीनी क०,

An-ti-dote, *n.* ज़हर मोहरा, ज़हर मारनेवाली दवा।

An-ti-mon-y, *n.* सुर्मा, काजल।

An-tip-athy, *n.* दुश्मनी, नफ़रत। [का जानने वाला।

An-ti-qua-ry, *n.* पुराने विषयों

An-ti-qua-ted, *a.* पुराना, बेरवाज। [अनोखा।
Antique, *n.* पुराना *a.* पुराना,
Antiquity, *n.* पुराना वक्त, पुराने चिन्ह।
An-ti-type, *n.* नमूने के मुआफ़िक़ बनाई चीज़। [सींग।
Ant-ler, *n.* सींग की शाख,
An-vil, *n.* निहाई। [शय।
Anxiety, *n.* अंदेशा, फ़िक्र, सं-
Anxious, *a.* फ़िक्रमन्द, बेक़रार।
Any, *a.* कोई, कुछ।
An-y-where, *ad.* कहीं।
A-pace, *ad.* जल्दी, तुरंत।
A-part, *ad.* अलग, एकांत।
A-part-ment, *n.* कोठरी, कमरा।
Ap-a-thy, *n.* बेपरवाही, मुर्दादिली।
Ape, *n.* बंदर *v.* नक़ल क०।
Ape-ri-ent, *n.* जुलाब *a.* रेचक।
Ap-er-ture, *n.* छेद, झिरी, सूराख़।
A-pex, *n.* चोटी, नोक।
Apiece, *ad.* हर एक, विभाग से।
A-pol-o-gize, *v.* क्षमा मांगना, उज़्र क०।
Apologue, *n.* कहानी, कहावत, नीति कथा। [उज़्र।
A-pol-ogy, *n.* क्षमा, मुआफ़ी,
Ap-o-plex-y, *n.* सक्ते की बीमारी।
Apostle, *n.* ईश्वर दूत, रसूल।
A-pos-tol-ic, *a.* ईश्वर दूत या रसूल से सम्बन्ध रखनेवाला।
A-pos-tro-phe, *n.* सम्बन्ध का चिन्ह, संबोधन।
A-poth-e-ca-ry, *n.* अत्तार, दवा बेचनेवाला।
Appal, *v.* डराना, खौफ़ दिखाना। [लात।
Ap-pa-ra-tus, *n.* औज़ार, आ-
Ap-par-el, *n.* कपड़े, पोशाक; *v.* कपड़े पहिनना।
Ap-par-ent, *a.* प्रगट, ज़ाहिर।
Ap-pa-ri-tion, *n.* भूत, साया, सरत।
Ap-peal, *n.* अपील, पुकार *v.* अपील क०, पंच बनाना।
Appear, *v.* मालूम होना, दीखना, हाज़िर होना।
Ap-pear-ance, *n.* सूरत, हाज़िरी, दिखावट।
Ap-pease, *v.* ठण्डा क०, आराम देना, दबाना।
Ap-pel-lant, *n.* नालिशी, मुद्दई।
Ap-pel-la-tion, *n.* नाम।
Ap-pend, *v.* नत्थी क०, जोड़ना, लगाना, लटकाना।
Ap-pend-ix, *n.* शेष पत्र, तितिम्मा।

Ap-per-tain, *v.* सम्बन्ध रखना, ताल्लुक़ रखना।

Ap-pe-tite, *n.* भूख, ख़्वाहिश।

Ap-plaud, *v.* तारीफ़ क०।

Ap-plause, *n.* तारीफ़।

Ap-ple, *n.* सेब, आंख की पुतली।

Ap-pli-ance, *n.* औज़ार, सामान।

Ap-pli-ca-tion, *n.* अर्ज़ी, मअ्जुह, लेप, लगाउ।

Ap-ply, *v.* दरख़ास्त क०, मशग़ूल होना, लगाना।

Ap-point, *v.* मुक़र्रर क०।

Ap-point-ment, *n.* ओहदा, तक़र्रुरी, सामान।

Ap-por-tion, *v.* बांटना, तक़सीम क०। [कूतना।

Ap-praise, *v.* मोल लगाना,

Ap-pre-ci-ate, *v.* क़द्र क०।

Ap-pre-hend, *v.* पकड़ना, समझना, डरना।

Ap-pre-hen-sion, *n.* डर, समझ, गिरिफ्तारी।

Ap-pren-tice, *n.* शिष्य, शागिर्द, *v.* शागिर्दी क०। [क०।

Ap-prise, *v.* जताना, आगाह

Ap-proach, *n.* पहुंच *v.* पास आना। [ज़ूरी।

Ap-pro-ba-tion, *n.* पसन्द, मं-

Ap-pro-pri-ate, *a.* उचित, वाजिब *v.* अलग निकालना, अपनाना।

Ap-prov-al, *n.* पसन्द, मंज़ूरी।

Ap-prove, *v.* पसन्द क०, मंज़ूर क०।

A-pril, *n.* अप्रैल, अंगरेज़ी चौथा महीना।

A-pron, *n.* तहबन्द, करधनी।

Apt, *a.* लायक़, ठीक, तय्यार।

Ap-ti-tude, *n.* लियाक़त, रग़बत।

Apt-ly, *ad.* ठीक तौर पर, सलीक़े से।

Aquatic, *a.* जलचर, आबी।

Aqueduct, *n.* नाली, नहर।

Aquous, *a.* पानी सा, आबी।

Ar-a-ble, *a.* जोतने के लायक़, बोने के लायक़।

Ar-bi-tra-ry, *a.* ख़ुद मुख़्तार, ज़ालिम।

Ar-bi-tra-tion, *n.* पंचायत।

Ar-bi-tra-tor, *n.* मुंसिफ़, पंच।

Arbour, *n.* मंडवा।

Arc, *n.* वृत्तखण्ड, धनुष।

Ar-cade, *n.* बरसाती, छत्ता।

Arch, *n.* महराब, गुम्मज़ *a.* बुज़ुर्ग, सरदार, मसख़रा, स्याना।

Archangel, *n.* मुख्य स्वर्ग दूत।

Arch-bish-op, *n.* लाट पादरी।

Arch-er, *n.* तीरंदाज़ ।
Architect, *n.* मेमार, राज ।
Ar-chi-tec-ture, *n.* मेमारी ।
Archives, *n.* पुराने कागज़ात, दफ्तर खाना । [पन ।
Arch-ness, *n.* चालाकी, स्यान-
Arc-tic, *a.* उत्तरी ।
Ar-dent, *a.* सरगर्म, उत्सुक ।
Ardour, *n.* सरगर्मी ।
Ar-du-ous, *a.* कठिन, मुश्किल ।
A-re-a, *n.* क्षेत्रफल, आंगन, विस्तार ।
A-re-na, *n.* दंगल, अखाड़ा ।
Ar-gue, *v.* वाद विवाद क०, बहस क० । [मज़मून ।
Ar-gu-ment, *n.* बहस, दलील,
Ar-id, *a.* सूखा, ख़ुश्क । [पर ।
A-right, *ad.* ठीक, माक़ूल तौर
A-rise, *v.* (*Pt. arose, Pp. arisen*) उठना, चढ़ना ।
A-ris-toc-ra-cy, *n.* उमरा, शिष्टजन ।
A-ris-to-crat, *n.* अमीर ।
A-rith-met-ic, *n.* गणित विद्या, हिसाब ।
Ark, *n.* नाउ, सन्दूक़ ।
Arm, *n.* बाज़ू, बांह, डाली, खाड़ी; *v.* हथियार उठाना या बांधना ।
Arm-a-ment, *n.* जंगी फ़ौज ।
Ar-mis-tice, *n.* चंद रोज़ा सुलह ।
Arm-let, *n.* पछेली, ओढ़न ।
Armour, *n.* ज़िरह बक्तर ।
Ar-mour-er, *n.* हथियार बेचने या बनाने वाला ।
Ar-mour-y, *n.* हथियार खाना ।
Arms, *n.* हथियार, शस्त्र ।
Ar-my, *n.* फ़ौज, लश्कर, भीड़ ।
A-ro-ma, *n.* ख़ुशबू, सुगन्ध ।
A-ro-mat-ic, *a.* ख़ुशबूदार, महकीला । [रफ़, चौ फेर ।
A-round, *pr.* or *ad.* चारों त-
A-rouse, *v.* जगाना, उठाना, उसकाना । [नालिश क० ।
Ar-raign, *v.* दोषी ठहराना,
Ar-range, *v.* तर्तीब देना, ठीक क०, इन्तिज़ाम क० ।
Ar-rant, *a.* मशहूर, पूरा ।
Ar-ray, *n.* पोशाक़, फ़ौज की सफ़ बन्दी *v.* सजाना, पोशाक पहिनना, फ़ौज की सफ़ बन्दी क० ।
Ar-rears, *n.* बाक़ी, बक़ाया ।
Ar-rest, *n.* गिरिफ्तारी, पकड़; *v* गिरिफ्तार क०, पकड़ना ।
Ar-rive, *v.* पहुंचना, आ जाना ।
Ar-row, *n.* तीर ।

Ar-sen-al, *n.* फौजी मेगज़ीन, हथियार ख़ाना। [शाह।

Ar-son, *n.* आग लगाना, गृह-

Art, *n.* गुण, हुनर, कारीगरी।

Ar-ter-y, *n.* दिल से बदन के हिस्सों में ख़ून पहुंचाने वाली नली, रग।

Art-ful, *a.* मक्कार, छली।

Ar-ticle, *n.* चीज़, बात, मज़मून, दफ़ा *v.* अहदो पैमान क०।

Ar-tic-u-late, *a.* साफ़, खुला हुआ *v.* साफ़ २ उच्चारण क०।

Ar-ti-fice, *n.* चालाकी, हीला, तरकीब। [कली।

Ar-tificial, *a.* बनावटी, न-

Ar-til-ler-y, *n.* तोपख़ाना।

Ar-ti-san, *n.* कारीगर। [सव्वर।

Art-ist, *n.* कारीकर, गुणी, मु-

Art-less, *a.* भोला, अनारी।

As, *ad.* जैसा, जैसे, चूंकि।

Ascend, *v.* चढ़ना, ऊपर को उठना।

As-cen-sion, *n.* उठान, चढ़ाउ।

As-cent, *n.* चढ़ाउ, उंचाई।

As-cer-tain, *v.* जांचना, मालूम क०।

As-cribe, *v.* सबब बताना, ठहराना। [ज्जित।

A-shamed, *a.* शर्मिन्दा, ल-

Ash-es, *n.* राख, भस्म।

A-shore, *ad.* किनारे पर।

A-side, *ad.* अलग, एक तरफ़।

Ask, *v.* पूछना, मांगना।

A-sleep, *ad.* नींद में, सोते हुये।

Asp, *n.* ज़हरीलाछोटा सांप।

As-pect, *n.* नज़र, सूरत।

As-per-it-y, *n.* रुखाई, सख़्ती।

As-perse, *v.* दोषी ठहराना, इल्ज़ाम लगाना।

As-phalt, *n.* एक तरह की राल।

As-pi-rate, *n.* महा प्राण अक्षर; *v.* ज़ोर से उच्चारण क०। [चाह

As-pi-ra-tion, *n.* अभिलाषा,

As-pire, *v.* अभिलाषा क०, चाहना क०। [मारना।

As-sail, *v.* हमला क०, धावा

As-sas-sin, *n.* ख़ूनी।

As-sault, *n.* हमला, धावा *v.* हमला क०, चढ़ाई क०।

As-say, *n.* कोशिश, परख, *v.* कोशिश क०, परखना।

As-sem-ble, *v.* जमा क० या होना, इकट्ठा क० या होना।

As-sem-bly, *n.* सभा, जमायत, मज्मा।

As-sent, *n.* रज़ामन्दी, *v.* मानना, क़बूल क०।

As-sert, *v.* कहना, इक़रारक०।

As-sess, v. कर लगाना, कूतना, मोल ठहराना ।
As-sets, n. आइसार, पूंजी ।
As-sign, v. ठहराना, हवाला क०, देना । [का वायदा ।
As-sig-na-tion, n. देना, मिलने
As-sign-ment, n. सुपुर्दगी, तबदीली । [क० ।
As-sist, v. मदद देना, सहायता
As-sis-tant, n. सहायक, मददगार । [दालत ।
As-size, n. विचार सभा, अ-
As-so-ci-ate, n. साथी, साझी; v. मिलना, साथ क० ।
As-sort, v. अलग २ क०, तरतीब देना ।
As-sort-ment, n. तरतीब, छांट ।
Assuage, v. ठण्डा-क०, कम क० । [म्मा लेना ।
As-sume, v. मानना, लेना, ज़ि-
Assurance, n. विश्वास, बीमा, ढिठाई । [बीमा क० ।
As-sure, v. विश्वास कराना,
As-ton-ish, v. चकित क०, ताज्जुब में होना ।
As-tray, ad. भूला, भटका ।
As-tride, ad. टांग फैला कर ।
As-trol-ogy, n. ज्योतिष ।
As-tron-omy, n. ज्योतिष, खगोल विद्या ।
As-tute, a. चतुर, चालाक ।
As-sun-der, ad. अलग, जुदा २ ।
A-sy-lum, n. पनाह लेने की जगह, खैरात खाना ।
At, pr. में, पर, पास, से ।
A-the-ist, n. नास्तिक ।
Ath-let-ic, a. कसरती, मज़बूत ।
A-thwart, ad. or pr. आड़ा, आरपार ।
At-las, n. नकशों की किताब ।
At-mo-sphere, n. वायु मंडल, हवा ।
At-om, n. परिमाणु, ज़र्रा । [देना
A-tone, v. प्रायश्चित क०, दण्ड
A-troc-i-ty, n. महापाप ।
At-tach, v. मिलाना, रिझाना, कुर्क़ क० । [ब्बत, कुर्क़ी ।
At-tach-ment, n. प्यार, मुह-
At-tack, n. हमला, धावा, v. हमला क०, धावा मारना ।
At-tain, v. पाना, पहुंचना ।
At-tain-ment, n. पहुंच, लियाकत, प्राप्ति । [श क० ।
At-tempt, n. कोशिश, v. कोशि-
At-tend, v. ध्यानदेना, हाज़िर रहना, नौकरी क० ।
At-ten-dant, n. साथी, नौकर
At-ten-tion, n. ध्यान, आदर सन्मान ।

At-tent-ive, *a.* ध्यानी, साव-धान।

At-test, *v.* सही क०, गवाही देना।

At-tic, *n.* सब से ऊपर का कोठा, चौबारा।

At-tire, *n.* कपड़े, पोशाक, *v.* कपड़े पहिरना, सजाना। [लत।

At-ti-tude, *n.* ढंग, वज़ा, हा-

Attorney, *n.* वक़ील, मुख़्तार।

At-tract, *v.* खींचना, मोहलेना।

At-tract-ive, *a.* लुभाने वाला, दिलकश।

At-trib-ute, *v.* ठहराना, सम्ब-न्ध लगाना, देना।

At-tri-bute, *n.* गुण, सिफ़त।

Auburn, *a.* गेंहुआ।

Auction, *n.* नीलाम।

Au-da-cious, *a.* दिलेर, ढीठ।

Au-dac-ity, *n.* दिलेरी, ढिठाई।

Au-di-ble, *a.* सुनने के लाइक़, ऊंचा। [माअ्‌मत।

Au-di-ence, *n.* श्रोतागण, ज-

Au-dit, *n.* हिसाब की जांच, *v.* हिसाब जांचना।

Au-ger, *n.* बरमा।

Aught, *n.* कुछ, कोई चीज़।

Aug-ment, *v.* बढ़ना वा बढ़ाना।

Aug-ment, *n.* बढ़ती, ज़ियादती।

Au-gur, *n.* शगुन बताने वाला, पेशीनगो। [महीना।

Au-gust, *n.* अंगरेज़ी आठवां

Au-gust, *a.* मुबारक, प्रतापी, बड़ा।

Aunt, *n.* चाची, मामी, मौसी।

Aus-pices, *n.* बदौलत, पनाह, शरण।

Aus-pi-cious, *a.* शुभ, मुबारक।

Aus-tere, *a.* कठिन, सख़्त।

Au-then-tic, *a.* ठीक, प्रमाणि-क, तहक़ीक़ी। [तसदीक़ क०।

Au-then-ti-cate, *v.* सही क०,

Author, *n.* कर्त्ता, किताब ब-नाने वाला। [तबार।

Au-thor-i-ty, *n.* अधिकार, ए-

Au-thor-ize, *v.* अधिकार देना, इजाज़त देना।

Au-to-crat, *n.* स्वाधीन राजा।

Auxiliary, *n.* or *a.* सहायक, मददगार।

A-vail, *n.* लाभ, फ़ायदा, अर्थ *v.* लाभ उठाना, काम आना, मुफ़ीद होना।

Av-a-rice, *n.* लोभ, लालच।

A-vast, *i.* ठहरो, बस, थमो।

A-vaunt, *i.* दूर, दूर हो, चले आओ। [लेना।

A-venge, *v.* बदला लेना, दण्ड

Av-e-nue, *n.* रास्ता, कुंज, गैल।
Average, *n.* औसत, परता, *a.* औसती, *v.* औसत निकालना।
A-verse, *a.* विरुद्ध, ख़िलाफ़।
A-ver-sion, *n.* नफ़रत, घृणा।
A-vert, *v.* दूर करना, हटाना।
A-vid-i-ty, *n.* लालच, हिर्स।
A-void, *v.* बचा जाना, अलग रहना। [अङ्गीकार क०।
A-vow, *v.* साफ़ २ बयान क०,
A-vow-al, *n.* साफ़ बयान, अङ्गीकार। [क०।
A-wait, *v.* परखना, इन्तिज़ार
A-wake, *a.* जागता हुआ, *v.* जाग उठना या जगाना।
A-ward, *n.* डिकरी, फैसला, *v.* डिगरी क०, दिलाना या देना।
A-ware, *a.* ख़बरदार, आगाह।
A-way, *ad.* दूर, ग़ैरहाज़िर।
Awe, *n.* डर, *v.* डराना।
Aw-ful, *a.* ख़ौफ़नाक, डराउना।
A-while, *ad.* कुछ देर या अर्से तक। [बेडौल।
Awk-ward, *a.* अनारी, बेहूदा,
Awl, *n.* सुतारी।
Awn, *n.* टूंड़।
Awn-ing, *n.* शामियाना, पाल।
Awry, *a.* टेढ़ा, बेंड़ा।
Axe, *n.* कुल्हाड़ी।
Ax-is, *n.* अक्षरेखा।
Axle, *n.* धुरा या धुरी।
Ay, *i. ad.* हां, अरे।
Aye, *a. ad.* हमेशा। [नीला
Azure, *n.* नीलाआस्मान,

B.

Bab-ble, *v.* हूं हां क०, बकना।
Babe, *n.* बच्चा।
Ba-boon, *n.* लंगूर।
Ba-by, *n.* बच्चा।
Bach-e-lor, *n.* क्वारा, अनब्याहा।
Back, *n.* पीठ, पुश्त *a.* पिछला *ad.* पीछे, *v.* पच्छ क०, सहारा देना।
Back-bite, *v.* चुगली खाना, पीठ पीछे बुरा कहना।
Back-bone, *n.* रीढ़।
Back-ground, *n.* पिछवाड़ा, अंधेरी जगह। [सुस्त।
Back-ward, *a.* आलसी, बेदिल,
Ba-con, *n.* सुअर का सूखा नमकीन गोश्त। [कम्बख़्त।
Bad, *a.* ख़राब, खोटा, दुखदाई,
Badge, *n.* निशान, चिन्ह।
Baf-fle, *v.* हैरान क०, हराना।
Bag, *n.* थैला, बोरा *v.* थैले में भरना, फूलना, उमड़ना।
Bag-gage, *n.* असबाब, डेरा-डंडी।

Bail, *n.* ज़मानत, *v.* ज़मानतदेना।
Bail-iff, *n.* नाज़िर।
Bait, *n.* चारा, लोभ, लालच *v.* चारा डालना, जाल फैलाना।
Baize, *n.* मोटी बानात।
Bake, *v.* सुखाना, पकाना।
Bal-ance, *n.* तराज़ू, कांटा, बाकी, *v.* धड़ा बांधना, तौलना, चुकता क०।
Bal-co-ny, *n.* बरामदा।
Bald, *a.* गंजा। [चमा।
Bale, *n.* गठरी, मोटरी, *v.* उलि-
Bale-ful, *a.* बुरा, दुखदाई।
Balk, *n.* लट्ठा, *v.* निरास क०, बेकार क०। [नाच।
Ball, *n.* गोला, गेंद, अंगरेज़ी
Bal-lad, *n.* गीत।
Bal-last, *n.* बोझ जो जहाज़ को सीधा रखने के लिये लगाया जाता है।
Bal-loon, *n.* गुब्बारा।
Bal-lot, *n.* गुप्त अनुमति *v.* गुप्त रीति या गोली के द्वारा अनुमति देना।
Balm, *n.* शान्तिदायकमरहम।
Balm-y, *a.* शान्तिदायक, सुखदाई।
Bal-sam, *n.* पेड़ों से निकलने वाली एकतरह की राल।

Bal-us-ter, *n.* खंभा। [की कतार।
Bal-us-trade, *n.* कटेहरा, खंभों
Bamboo, *n.* बांस।
Ban, *n.* निषेध, मुमानियत, शाप।
Band, *n.* पट्टी, गिरोह, दल, *v.* इकट्ठा क०।
Band-age, *n.* पट्टी, बन्द।
Bane, *n.* विष, ज़हर, मुसीबत, आफ़त।
Bane-ful, *a.* घातक, मुज़िर।
Ban-ish, *v.* निकाल देना, बाहर करदेना।
Bank, *n.* टीला, कगारा, कोठी, *v.* बंध या पुश्ता बांधना, हिसाब किताब रखना, रुपिया जमा क०।
Bank-er, *n.* कोठीवाल, महाजन।
Bank-rupt, *n.* or *a.* दिवालिया।
Ban-ner, *n.* झंडा, निशान।
Banns, *n.* शादी का इश्तिहार।
Banquet. *n.* ज्योनार, ज़ियाफ़त।
Bap-tism, *n.* स्नान, ईसाई होने के समय का पहला संस्कार।
Bap-tist, *n.* एक फ़िरका जो बच्चों को बपतिस्मा देना बुरा मानता है। [देना।
Bap-tize, *v.* ईसाई क०, बपतिस्मा
Bar, *n.* सीखचा, कटेहरा, रोक, वकीलों की जमात।

Bar-ba-rian, *n* or *a*. जंगली, गंवार।
Bar-ba-rous, *a*. निठुर, गंवार।
Barbed, *a*. अंकड़ेदार, खारदार।
Barb-er, *n*. नाऊ, हज्जाम।
Bard, *n*. भाट, कवि। [उघारना।
Bare, *a*. नंगा, साफ़, *v*. नंगा क०
Bar-gain, *n*. क़रार, सस्ता सौदा, *v*. मोल क०, ठहराना, बेचना।
Barge, *n*. बजड़ा।
Bark, *n*. छिल्का, तीन मस्तूल की जहाज़, कुत्तेकी बोली, *v*. भूकना, छाल उतारना,।
Bar-ley *n*. जौ।
Barm, *n*. ख़मीर। [खार।
Barn, *n*. खलिहान, खत्ती, ब-
Bar-on, *n*. नवाब, तालुक़े दार।
Bar-on-et, *n*. छोटा नवाब।
Bar-rack, *n*. गोराबारिक।
Bar-rel, *n*. पीपा, *v*. पीपे में रखना।
Bar-ren, *a*. निष्फल, ऊसर।
Bar-ri-er, *n*. हद, रोक।
Bar-ris-ter, *n*. वकील।
Bar-row, *n*. ठेलागाड़ी।
Bar-ter, *n*. अदला बदला *v*. अदला बदला क०।
Base, *n*. नेंव, आधार, *a*.कमीना, नीच, *v*. नेंव या अड़ डालना।
Base-less, *a*. बेजड़, बेबुनियाद।
Base-ment, *n*. ज़मीन की सतह से नीचे की फ़र्श। [चपन।
Base-ness, *n*. कमीना पन, नी-
Bash ful, *a*. शरमिन्दा, लजीला।
Ba-sin, *n*. बर्तन, हौज़, खाल, बंदरगाह।
Bask, *v*. तापना, धूपखाना।
Bask-et, *n*. टोकरी,डौरी, पिटारा।
Bass, *n*. नीचा गहरा सुर, *a*. नीचा, गहिरा।
Bas-tard, *n*. दोगला, खचरा।
Baste, *v*. कच्ची सिलाईक०, चरबीका मक्खन लगाना। [डंडा।
Bat, *n*. चमगीदड़, गेंद खेलने का
Bath, *n*. नहानेका घर।
Bathe, *v*. नहाना, स्नान क०।
Battalion, *n*. पल्टन। [ना।
Bat-ten, *n*. मोटा ताज़ा *v*. मोटा-
Bat-ter, *n*. आटे दूध और अंडे की लपसी, *v*. कूटना, गिराना।
Bat-ter-y, *n*. मारपीट, तोपखाना, बुर्ज। [लड़ना।
Bat-tle, *n*. लड़ाई, युद्ध, *v*.
Bau-ble, *n*. खिलौना, तुच्छ-वस्तु।
Bawl, *v*. चिल्लाना, हांक मारना।
Bay, *n*. खाड़ी, तेजपात, *a*. सुरंग, कुम्मैद *v*. भूकना।

Bay-o-net, *n.* संगीन, *v.* संगीन से घायल क० या मारना।

Be, *v.* होना, रहना।

Beach, *n.* समुद्र का किनारा।

Beacon, *n.* माझियों को रास्ता दिखाने के लिये रोशनी घर।

Bead, *n.* गुरिया, गोली।

Beak, *n.* चोंच, टोंट।

Beam, *n.* लट्ठा, शहतीर, तराज़ू की डंडी, किरण, *v.* चमकना।

Bean, *n.* सेम, छीमी।

Bear, *n.* रीछ, भालू, *v.* (Pt. bore, Pp. born) जनना, बच्चा देना। (Pt. bore & Pp. borne) लेजाना, सहना।

Beard, *n.* डाढ़ी, *v.* सामनाक०।

Bear-er, *n.* मोटिया, कहार, चिट्ठीरसा।

Bear-ing, *n.* ढंग, चाल।

Bear-ish, *a.* रूखा, कड़ा।

Beast, *n.* पशु, चौपाया।

Beast-ly, *a.* पशुवत्, गंदा।

Beat, *n.* मार, चोट, *v.* (Pt. beat; Pp. beaten) मारना, हराना, धड़कना। [साफ़।

Beautiful, *a.* सुन्दर, ख़ूबसूरत,

Beau-ty, *n.* सुन्दरता, ख़ूबसूरती।

Be-cause, *c.* इसलिये, क्योंकि।

Beck, *n.* हाथ या सिर का इशारा।

Beck-on, *v.* इशारा क०।

Be-come, *v.* (Pt. became; Pp. become) होना, ठीक आना, सजना, खिलना।

Be-com-ing, *a.* उचित, मुनासिब, सजीला, सुन्दर।

Bed, *n.* खाट, पलंग, तह, कियारी, *v.* बैठाना, धरना, खाट पर सुलाना।

Bed-ding, *n.* बिछौना।

Bed-rid-den, *a.* खाटलगाहुआ।

Bed-room, *n.* सोने का कमरा।

Bed-stead, *n.* खाट, पलंग।

Bee, *n.* मधु या शहतकी मक्खी।

Beef, *n.* गौमांस।

Beer, *n.* जौ की शराब।

Beet, *n.* चुक़न्दर। [लटकाना।

Bee-tle, *n.* झुगरी, गुबड़ीला, *v.*

Be-fall, *v.* (Pt. befell; Pp. befallen) बीतना, आपड़ना।

Be-fit, *v.* फबना, सजना।

Before, *pr.* आगे, सामने, *ad.* सामने, *c.* पहिले। [पेसे।

Before-hand, *ad.* पहिलेसे, आ-

Beg, *v.* प्रार्थना या अर्ज़ क०, भीख मांगना।

Be-get, *v.* (Pt. begat, begot; Pp. begot, begotten) पैदा क०।

Be-gin-ning, *n.* आरम्भ, आदि, शुरू ।

Be-gone, *i.* दूर हो, चला जा ।

Beguile, *v.* भुलाना, ठगना, बहिलाना ।

Behalf, *n.* पक्ष, वास्ते, खातिर ।

Be-have, *v.* चाल चलना, निबाहना, बरतना ।

Be-hav-iour, *n.* चाल चलन, ढंग, व्यवहार । [काटना ।

Be-head, *v.* गर्दन मारना वा

Be-hest, *n.* आज्ञा, हुकुम ।

Be-hind, *pr.* पीछे ।

Be-hold, *v.* (Pt. and Pp. beheld) देखना, *i.* देखो ।

Be-hold-en, *a.* एहसानमन्द ।

Be-hold-er, *n.* देखने वाला ।

Be-hoof, *n.* फ़ायदा, लाभ ।

Be-ing, *n.* अस्ति, जानदार, अवस्था, दशा ।

Bel-fry, *n.* घंटाघर ।

Be-lie, *v.* झूठा क॰ वा बनाना ।

Belief, *n.* विश्वास, समझ, धर्म ।

Be-lieve, *v.* विश्वास वा भरोसा क॰, पतिआना, समझना ।

Bell, *n.* घंटा ।

Belle, *n.* सुन्दरी । [डंकारना ।

Bel-low, *n.* डंकार, गरज, *v.*

Bel-lows, *n.* धौंकनी ।

Bel-ly, *n.* पेट, उदर। [सरोकार रखना।

Be-long, *v.* किसी का होना, सम्बन्ध था

Be-low, *pr.* or *ad.* नीचे, तले ।

Belt, *n.* कमरबन्द, पेटी, परतला ।

Bench, *n.* चौकी, तख्ता, कचहरी, अदालत ।

Bend, *n.* टेढ़ाई, *v.* (Pt. and Pp. Bent) टेढ़ा क॰ वा होना, मुड़ना, मोड़ना । [तले ।

Be-neath, *pr.* नीचे, *ad.* नीचे,

Ben-e-fac-tor, *n.* भलाई करने वाला, उपकारी । [कारी ।

Beneficial, *a.* मुफ़ीद, गुण-

Ben-e-fit, *n.* मिहरबानी, फ़ायदा *v.* मिहरबानी क॰, फ़ायदा उठाना

Be-nev-o-lence, *n.* कृपा, उपकार, दया । [मुड़ा हुआ ।

Bent, *n.* झुकाव, इच्छा, चाह, *a.*

Be-queath, *v.* दे मरना, नाम लिख देना, वसीयत क॰ ।

Be-quest, *n.* वसीयत, संकल्प ।

Be-reave, *v.* (Pt. and Pp. bereaved and bereft), ले लेना, छीन लेना ।

Ber-ry, *n.* दाना, फल । [कोठरी ।

Berth, *n.* लंगरगाह, जहाज़ की एक

Be-seech, *v.* (Pt. and Pp. besought) बिन्ती क॰, गिड़गिड़ाना, मिन्नत क॰ ।

Be-set, *v.* घेरलेना।
Be-set-ting, *a.* आदी, अभ्यासी।
Be-side, *pr.* पास, निकट।
Be-sides, *ad.* or *c.* और भी, इस के उपरान्त, इस के अलावा।
Besiege, *v.* (Pt. and Pp. besieged) घेर लेना।
Be-speak, *v.* (Pt. bespoke, Pp. bespoken), आगे से कह रखना।
Best, *a.* सब से अच्छा, उम्दा।
Best-i-al, *a.* हैवानी, जानवर-की सी।
Be-stow, *v.* दे डालना, देना, टिकाना, रखना।
Bet, *n.* शर्त, बाज़ी, *v.* शर्त बदना, बाज़ी लगाना। [बीतना
Be-tide, *v.* आ पड़ना, गुज़रना.
Be-times, *ad.* ठीक समय या वक़्त पर। [खोलना।
Be-tray, *v.* दग़ाबाज़ी क०, भेद
Be-troth, *v.* सगाई क०।
Bet-ter, *a.* अच्छा, बेहतर *v.* सुधारना, बेहतरी क०।
Bet-ters, *n.* बड़े अच्छे।
Be-tween, *pr.* बीच, बीच में।
Bev-el, *n.* गुनिया *a.* टेढ़ा, झुका *v.* गुनिया लगाना।
Bev-er-age, *n.* शाक, शराब, भंग, अर्क़। [विलाप क०
Be-wail, *v.* हाथ मलना, रोना,
Be-ware, *v.* सावधान होना, ख़बरदार हो जाना।
Be-wil-der, *v.* भटकाना, भुलाना, घबड़ाना। [क०।
Bewitch, *v.* जादू क०, मोहित
Be-yond, *pr.* पार, उधर, *ad.* दूर, उस तरफ़।
Bi-as, *n.* पक्ष, तरफ़दारी, *v.* मेल क०, तरफ़दारी क०। [स्तक।
Bi-ble, *n.* ईसाइयों की धर्म्म पु-
Bib-li-cal, *a.* ईसाइयों की धर्म पुस्तक सम्बन्धी।
Bick-er, *v.* झगड़ना, लड़ना।
Bi-cy-cle, *n.* एक किस्म की दो पहिये की गाड़ी।
Bid, *n.* बोली, दाम, *v.* (Pt. bid, bade, Pp. bid, bidden), कहना, हुक्म देना, बोली बोलना।
Bid-ding, *n.* आज्ञा, दावत।
Bide, *v.* रहना, इन्तिज़ार क०, सहना। [जाने की गाड़ी।
Bier, *n.* अर्थी, जनाज़ा, मुर्दा ले
Big, *a.* बड़ा, गर्भिणी।
Big-a-my, *n.* दो स्त्री या दो पति का रखना।

Bight, *n.* उथली खाड़ी, रस्सी की लपेट। [पक्षपाती।
Big-ot, *n.* अपने मत का हठी,
Big-otry, *n.* हठ, पक्षपात।
Bile, *n.* पित्त।
Bilge, *n.* पेंदा, तह *v.* पेंदा फटना।
Bilious, *a.* पित्तहा।
Bill, *n.* चोंच, लेखा पत्र, *v.* दाना चुगाना या बदलना।
Bil-let, *n.* चिट्ठी, रुक्का, कुंदा *v.* टिकाना, उतारना।
Bil-low, *n.* लहर, हिलकोरा।
Bin, *n.* कोठी, खत्ती।
Bind, *v.* (Pt. & Pp. bound) बांधना, कसना, मजबूर क०।
Bind-ing, *n.* बंधन, जिल्द बन्दी *a.* वाजिब। [का वर्णन।
Bi-og-ra-phy, *n.* जीवनचरित्र
Bi-ped, *n.* द्विपद, दोपांव वाला।
Birch, *n.* सनोवर का पेड़।
Bird, *n.* चिड़िया, पखेरू।
Birth, *n.* जन्म, पैदाइश। [गिरह।
Birth-day, *n.* जन्मदिन, साल-
Biscuit, *n.* एक क़िस्मकी कड़ी रोटी, बिस्कुट।
Bi-sect, *v.* दो टूक क०, बीच में से बराबर २ काटना।
Bish-op, *n.* धर्म्माध्यक्ष, बड़ा लाट पादरी।
Bish-op-ric, *n.* वह जगह जो धर्म्माध्यक्ष के आधीन हो।
Bit, *n.* लगाम, टुकड़ा, बर्मा।
Bite, *n.* काट, चबाव, टुकड़ा, *v.* (Pt. bit, Pp. bitten) काटना, कतरना, पकड़ना।
Bitter, *a.* कड़ुआ, तीता, नागवार, कड़ा। [लन, डाह।
Bitterness, *n.* कड़ुआहट, ज-
Bi-tu-men, *n.* राल।
Blab, *v.* गप्प हांकना, बकना।
Black, *n.* कालापन, हबशी, *a.* काला, अंधेरा, *v.* काला क०।
Black-guard, *n.* गुंडा, पाजी।
Black-smith, *n.* लोहार। [फोला।
Blad-der, *n.* थैली, फुकनी, फ-
Blade, *n.* पत्ती, धार। [बला।
Blain, *n.* फोड़ा, फफोला, आ-
Blame, *n.* दोष, कलंक, *v.* दोष लगाना। [क०।
Blanch, *v.* सुफ़ैद क०, उजला
Bland, *a.* कोमल, नरम, मुलायम।
Blank, *n.* सादगी, कोरा काग़ज़, *a.* सादा, कोरा, बेतुका।
Blank-et, *n.* कम्मल, लोई। [क०।
Blas-pheme, *v.* ईश्वर की निन्दा
Blast, *n.* आंधी, झोंका, झंकोरा, *v.* बारूद से उड़ाना, सत्यानाश क०, फूंकना।

Blaze, *n.* लपट, धधक, *v.* भड़कना, फैलना।
Bleach, *v.* सुफ़ैद या उजलाक०।
Bleak, *a.* ठंडा, उदास, सूना, खुला।
Blear, *a.* चुंधा, चिपड़ा।
Bleat, *n.* बेंबें, भेड़ की अवाज़, *v.* बेंबें क०।
Bleed, *v.* (Pt. and Pp. bled.) लोहू निकलना या निकालना, फ़स्त खोलना।
Blem-ish, *n.* कलंक, दाग़, *v.* दाग़ लगाना, ऐब लगाना।
Blend, *v.* मिलना, घुलना। [गाना।
Bless, *v.* आशिर्बाद देना, गुण
Bles-sing, *n.* आशीर्वाद, ईश्वर की कृपा, बर्कत। [झाना।
Blight, *v.* पाला मार आना, मुर-
Blind, *n.* पर्दा; *a.* अंधा, बेसमझ; *v.* अंधा क०। [दानी।
Blind-ness, *n.* अंधा पन, ना-
Bliss, *n.* आनन्द, खुशी।
Bliss-ful, *a.* सुखी, आनन्दित।
Blis-ter, *n.* छाला, फफोला; *v.* छाला या फफोला पड़ना या डालना।
Blithe, *a.* हंसमुख, ख़ुशदिल।
Bloat, *v.* फूलना, सूजना। [छली।
Bloat-er, *n.* एक क़िस्म की म-

Block, *n.* कुन्दा, भाड़, कुप्पी; *v.* रोकना, भाड़ क०।
Block-ade, *n.* घेरा, मुहासिरा; *v.* घेर लेना, आना रोक देना।
Block-head, *n.* मूर्ख, बेवक़ूफ़, भकुआ।
Blood, *n.* रक्त, ख़ून।
Blood-y, *a.* ख़ून से भरा, ख़ूनी।
Blood-shed, *n.* ख़ून ख़राबा।
Blood-ves-sel, *n.* रुधिर नाड़ी।
Bloom, *n.* फूल, गालों की सुर्ख़ी; *v.* खिलना, फूलना।
Blos-som, *n.* फूल, कली; *v.* खिलना, फूलना।
Blot, *n.* धब्बा, कलंक; *v.* दाग़ लगाना, मिटाना।
Blotch, *n.* ददोरा, दाग़।
Blow, *n.* घूंसा, चोट, सदमा, मक्खी का अंडा; *v.* (Pt. blew; Pp. blown) बहना, हांफना, अंडा देना।
Blub-ber, *n.* ह्वेल नाम समुन्दरी जानवर की चरबी।
Bludgeon, *n.* सोंटा, लाठी।
Blue, *n.* नीला रंग; *a.* नीला, आसमानी; *v.* नीला रंगना।
Bluff, *n.* खड़ी पहाड़ी, कगारा; *a.* कड़्हर, ढीठ। [भूल चूक क०।
Blun-der, *n.* भूल, ग़लती; *v.*

Blunt, *a.* कुंद, मोथरा, रूखा; *v.* धार कुंद कर देना।
Blur, *n.* दाग़, धब्बा।
Blush, *n.* लाज, सुर्ख़ी; *v.* लजाना, सुर्ख़ होना।
Blus-ter, *n.* डींग; *v.* डींग हांकना।
Boar, *n.* सुअर।
Board, *n.* तख़्ता, मेज़, ख़ुराक, इजलास *v.* तख़्ता लगाना, दुश्मन के जहाज़ पर चढ़ जाना, ठीके पर खाना देना।
Boast, *n.* शेख़ी, घमंड, *v.* डींग मा०, शेख़ी क०।
Boat, *n.* नाव, किश्ती, डोंगी।
Boatswain, *n.* मांझी, मल्लाह।
Bob, *n.* लटकन, टेक, *v.* झटकना, हिलना।
Bob-bin, *n.* जाली बिनने की [सलाई।
Bode, *v.* आगम कहना, पहिले से चेताना।
Bod-kin, *n.* सूजा, सलाई।
Bod-y, *n.* शरीर, आदमी, समूह।
Bog, *n.* दलदल, फसाव।
Boil, *n.* फोड़ा, *v.* उबालना।
Boil-er, *n.* डेग, बटलोई।
Bois-ter-ous, *a.* तूफ़ानी, प्रबल।
Bold, *a.* बहादुर, दिलेर, साहसी।
Bold-ness, *n.* बहादुरी, साहस।
Bol-ster, *n.* तकिया *v.* तकिया लगाना, सहारा देना।
Bolt, *n.* चटकनी, खटका *v.* चटकनी लगाना।
Bomb, *n.* बम् का गोला।
Bom-bard-ment, *n.* गोलंदाज़ी
Bond, *n.* बन्धन, इक़रार नामा *a.* बन्धा हुआ।
Bond-age, *n.* ग़ुलामी।
Bonds-man, *n.* ज़ामिन।
Bone, *n.* हड्डी *v.* हड्डी निकालना।
Bon-net, *n.* ज़नानी टोपी।
Bon-ny, *a.* सुन्दर, ख़ूबसूरत।
Bo-nus, *n.* इनाम; नफ़ा का ज़ियादा हिस्सा।
Book, *n.* किताब, बही, पोथी, *v.* बही में लिखना।
Book-keep-ing, *n.* हिसाब किताब, बही खाता।
Boom, *n.* पाल फैलाने की लकड़ी, छड़ *v.* गोले की आवाज़ होना।
Boom-ing, *n.* तोप की आवाज़।
Boon, *n.* बरदान, दुआ, *a.* ख़ुश दिल, दयालु।
Boor, *n.* खल, गंवार।
Boot, *n.* जूता, मोज़ा।
Booth, *n.* छप्पर, छाया।
Boot-less, *a.* निष्फल, बेफ़ायदा।
Boot-y, *n.* लूट, लूट का माल।

Bor-der, *n.* किनारा, पटरी, हद, *v.* किनारा लगाना, मिला हुआ होना, पास होना।

Bore, *n.* सूराख़, छेद, मुहड़ी, दिक़्क़त, चढ़ाव, *v.* छेदना, दिक़ क॰।

Borough, *n.* वह क़सबा या नगर जिसको पार्लियामेंट में प्रतिनिधि (member) भेजने का इख़्तियार हो। [लेना।

Bor-row, *v.* उधार लेना, कर्ज़

Bo-som, *n.* छाती, दिल *a.* दिली।

Boss, *n.* फूल, बूटा।

Bot-a-ny, *n.* जड़ी बूटी की विद्या, बनस्पति विद्या। [काम क॰।

Botch, *n.* कच्चा काम, *v.* कच्चा

Both, *a.* दोनों *c.* भी।

Both-er, *n.* हैरानी, तकलीफ़ *v.* दिक़ क॰, हैरान क॰।

Bot-tle, *n.* बोतल, *v.* बोतल में भरना या बन्द क॰। [जड़।

Bot-tom, *n.* पेंदा, तला, नेंव,

Bough, *n.* शाखा, डाल।

Boul-der, *n.* बड़ा गोल पत्थर।

Bounce, *n.* or *v.* उछलना, कूदना, डींगमा॰, खटखट क॰।

Bound, *n.* उछल कूद, हद *a.* पाबन्द. जानेवाला, *v.* उछलना, कूदना, हद क़ायम क॰, सीमा बां॰

Bound-a-ry, *n.* सीमा, सरहद।

Bound-en, *a.* ज़रूरी। [सख़ी।

Boun-ti-ful, *a.* दाता, दान शील,

Boun-ty, *n.* उदारता, सख़ावत।

Bouquet, *n.* गुलदस्ता, फूलों का गुच्छा।

Bourn, *n.* छोर, किनारा, हद।

Bout, *n.* बारी. आंच।

Bow, *n.* बन्दगी, नमस्कार, जहाज़ का अगला हिस्सा, *v.* झुकना, सीस नवाना।

Bow, *n.* धनुष, प्रणाम, जहाज़ के आगे का हिस्सा, *v.* झुकना, प्रणाम क॰।

Bowels, *n.* आन्त।

Bow-er, *n.* कुंज, गुफा, बगीचे में साया दार मकान।

Bowl, *n.* प्याला, कटोरा।

Bowsprit, *n.* तिरछा मस्तूल, सबधरा।

Box, *n.* सन्दूक़, कोष बकस, घूंसा *v.* घूंसा मा॰।

Boy, *n.* लड़का।

Brace, *n.* बन्धन, पट्टी, जोड़ा *v.* बांधना, कसना।

Brace-let, *n.* पहुंची, कंगन।

Brack-et, *n.* टेक, चांड़, कोष्ट।

Brackish, *a.* नमकीन, खारा।

Brag, *n.* *v.* शेख़ी, डींग।

Brag gart, *n.* डींगिया। [बिनना।
Braid, *n.* गोटा, जाली; *v.* गूंथना,
Brain, *n.* भेजा, समझ, बुद्धि।
Brake, *n.* बीहड़, घोड़ा निकालने की गाड़ी, पहिया रोकने का पेंच।
Bram-ble, *n.* झाड़ी, झरबेरी।
Bran, *n.* भूसी, चोकर।
Branch, *n.* डाली, शाख़ *v.* डाली फूटना, फैलना।
Brand, *n.* लूकी, जलती हुई लकड़ी, दाग़, *v.* दागना, दागी क०।
Bran-dish, *v.* घुमाना, भांजना।
Bran-dy, *n.* ब्रांडी, एक तरह की शराब।
Brasier, *n.* ठठेरा, तमेर।
Brass, *n.* पीतल। [कारना।
Brave, *a.* बहादुर, दिलेर, *v.* ललकारना।
Bra-ver-y, *n.* बहादुरी, साहस।
Brawl, *n.* लड़ाई-झगड़ा *v.* झगड़ना, गुलगपाड़ा क०। [पुट्ठा।
Brawn, *n.* सुअर का गोश्त,
Brawn-y, *a.* संडमुसंड, सहज़ोर।
Bray, *n.* रेंक, गधे की बोली, *v.* रेंकना, कूटना, पीटना।
Braze, *v.* पीतल से मढ़ना या जोड़ना। [निर्लज्ज।
Bra-zen, *a.* पीतल का, बेहया,
Breach, *n.* दरार, खंडन, लड़ाई *v.* सेंधमारना, छेद क०।
Bread, *n.* रोटी।
Breadth, *n.* चौड़ाई।
Break, *n.* टूट, फूट, ठहराव, *v.* (Pt. broke; Pp. broken) तोड़ना, फोड़ना, हिलाना, सवेरा होना।
Break-er, *n.* तोड़नेवाला, लहर जो चट्टानों से टक्कर खावे।
Break-fast, *n.* कलेवा, नाश्ता, हाज़िरी।
Breast, *n.* छाती, *v.* छाती से लगाना, सामने क०।
Breath, *n.* सांस, श्वासा, दम।
Breathe, *v.* सांस लेना, चुपके से कहना, जीना। [दम।
Breath-less, *a.* श्वास हीन, बेदम।
Breech, *n.* तोप की पेंदी, पीछा।
Breeches, *n.* जांघिया।
Breed, *n.* वंश, नसल, जात, *v.* (Pt. and Pp. bred) पैदा क०, पालना।
Breed-ing, *n.* शिक्षा, तालीम, ढंग, वज़हदारी, पालन, पोषण।
Breeze, *n.* हलकी या धीमी बहती हुई हवा।
Brev-i-ty, *n.* संक्षेप। [नाना।
Brew, *v.* शराब खींचना या बनाना।
Brewery, *n.* शराब बनाने की जगह या भट्ठी।

Bribe, *n.* रिश्वत, घूंस, *v.* घूंस या रिश्वत देना।
Brick, *n.* ईंट *a.* ईंट का।
Brid-al, *n.* विवाह, शादी *a.* विवाह सम्बन्धी।
Bride, *n.* दुलहिन।
Bride-groom, *n.* दुलहा, वर।
Bridge, *n.* पुल।
Bri-dle, *n.* लगाम, *v.* लगाम देना, रोकना या दाबना।
Brief, *n.* or *a.* संक्षेप, खुलासा।
Bri-er, *n.* कांटेदार झाड़ी।
Brig, *n.* दो मस्तूल का जहाज़।
Bri-gade, *n.* पल्टन, फौज़ का एक हिस्सा। [तेज़फ़हम।
Bright, *a.* उज्ज्वल, चमकीला,
Brilliant, *a.* उज्ज्वल, चमकीला, रोशन।
Brim, *n.* लब, किनारा। [पानी।
Brine, *n.* खारा पानी, नमक का
Bring, *v.* (Pt. and Pp. brought) लाना, ले आना।
Brink, *n.* किनारा, करारा, तीर।
Brisk, *a.* फुर्तीला, भड़कीला।
Bris-ket, *n.* छाती का मांस।
Bris-tle, *n.* सुअर का बाल, *v.* रोवां खड़ा क०।
Brit-tle, *a.* मुलायम, अल्द टूटने वाला, फुसफुसहा।
Broach, *v.* छेदना, खोलना, निकालना।
Broad, *a.* चौड़ा, चकला।
Broad-cloth, *n.* बनात। [नना
Broil, *n.* झगड़ा, लड़ाई, *v.* भू-
Bro-ker, *n.* दलाल, कबाड़ी।
Bro-ker-age, *n.* दलाली, दस्तूरी।
Bronze, *n.* कांस, कसकुट।
Brooch, *n.* झुमनू, एक क़िस्म का गहना। [पर बैठना।
Brood, *n.* बच्चा, *v.* सेवना, अंडे
Brook, *n.* नाला, नदी *v.* सहना, बरदाश्त क०।
Broth, *n.* शोरुआ।
Broom, *n.* झाड़, सींक, झाड़ू।
Brother, *n.* भाई, बन्धु।
Brow, *n.* भौं, माथा।
Brown, *n.* भूरा रंग, *a.* भूरा।
Browse, *v.* चरना, साग पात खाना।
Bruise, *n.* चोट, *v.* कुचलना।
Bruit, *n.* चर्चा, शोहरत, *v.* मशहूर क०।
Brunt, *n.* झोंका, धक्का।
Brush, *n.* बालों की कूंची, बुरुश *v.* बुरुश क०. झाड़ना।
Brutal, *a.* कठोर, बेरहम।
Brute, *n.* पशु, हैवान, *a.* नादान, निर्बुद्धि, क्रूर।

Bub-ble, *n.* बुलबुला, *v.* बुलबुला उ०
Buck, *n.* हिरना, बांका ।
Buck-et, *n.* डोल ।
Buck-le, *n.* बकसुआ ।
Buck-ler, *n.* ढाल । [दार कपड़ा।
Buck-ram, *n.* मोम जामा, गोंद
Bud, *n.* कली, *v.* कलिआना ।
Budge, *v.* हटना, सरकना, टलना ।
Budget *n.* पूंजी, गठरी, मुल्क के सालाना आमदनी और खर्च का हिसाब । [दामी रंग का ।
Buff, *n.* मुलायम चमड़ा, *a.* बा-
Buf-fa-lo, *n.* भैंस, भैंसा, ।
Buf-fet, *n.* घूंसा, थप्पड़, *v.* घूंसा या थप्पड़ मारना ।
Bu-gle, *n.* बिगुल, तुरही ।
Build, *v.* (Pt. & Pp. built) बनाना, उठाना ।
Build-ing, *n.* घर, हवेली, इमारत ।
Bulb, *n.* पेटी, गड्डी ।
Bulge, *v.* फूलना, उभड़ना ।
Bulk, *n.* मोटाई, परिमाण, क़द ।
Bulk-y, *a.* बड़ा, मोटा । [मान ।
Bull, *n.* सांड़, बैल, पोप का फ-
Bul-let, *n.* गोली । [की ईंट ।
Bullion, *n.* चान्दी या सोने
Bul-lock, *n.* बैल ।
Bul-ly, *n.* लड़ाका, झगड़ालू, *v.* धमकाना, घुड़कना ।
Bul-wark, *n.* शहर पनाह, छार दिवारी ।
Bump, *n.* टक्कर, *v.* धक्कालगाना ।
Bump-er, *n.* मुंहतक भरा हुआ कटोरा या गिलास । [रोटी ।
Bun, *n.* एक क़िस्म की छोटी मीठी
Bunch, *n.* गुच्छा ।
Bun-dle, *n.* गठरी, मोटरी, *v.* गठरी मोटरी बांधना। [लगाना ।
Bung, *n.* गड्डा, डाट, *v.* डाट
Bungle, *n.* चूक, कच्चा काम, *v.* कच्चा काम क०, बिगाड़ना ।
Bunt-ing, *n.* एक क़िस्म का कपड़ा जिस के जहाज़ के झंडे बनते हैं ।
Buoy, *n.* लंगर का निशान या पानी पर तैरनेवाला निशान ।
Buoy-ant, *a.* बहता हुआ, हलका, *v.* तैराना, निबाहना ।
Bur-den, *n.* बोझ, भार, टेक, अन्तरा, *v.* लादना, दबाना ।
Bur-den-some, *a.* भारी, कड़ा ।
Bureau, *n.* लिखने की मेज़ ।
Burg or Burgh, *n.* वह नगर जिस को पार्लियामेंट में मेम्बर भेजने का अधिकार हो ।
Bur-gess, *n.* रईस, शहरी ।
Bur-glar, *n.* चोर, सेंध मारने वाला ।

Burial, *n.* दफ़नाना, गाड़ना।
Bur-ly, *a.* बड़ा, मोटा, ताज़ा।
Burn, *n.* जलन, नदी या नाला *v.* (Pt. and Pp. burned, burnt) जलाना, फुंकना।
Burn-ish, *n.* चमक, झलक *v.* चमकाना, झलकाना। [दना।
Burrow, *n.* बिल, *v.* बिल खो-
Bury, *n.* गाड़ना, तोपना।
Bush, *n.* झाड़ी।
Bush-el, *n.* बत्तीस सेर की तौल।
Bush-y, *a.* झाड़ीदार, गुप्फादार।
Business, *n.* काम, काज।
Bust, *n.* ऊपर के धड़ की तस्वीर।
Bustle, *n.* हलचल, दौड़ धूप, *v.* दौड़ धूप क०।
Busy, *a.* काम में लगा हुआ, मशग़ूल *v.* काम में लगना, मुस्तैद होना।
But, *c.* लेकिन, परन्तु।
Butcher, *n.* बधिक, कसाई *v.* मार डालना, हतना।
But-ler, *n.* खानसामा।
But-ment, *n.* पुश्ता। [पीपा।
Butt, *n.* कुन्दा, निशाना, बड़ा
But-ter, *n.* मक्खन।
But-ter-fly, *n.* तितिली।
But-tock, *n.* चूतड़।
But-ton, *n.* बुताम।
But-tress, *n.* पुश्ता।
Buy, *v.* (Pt. & Pp. bought) खरीदना, मोल लेना।
Buzz, *n.* भिनभिनाहट।
By, *pr.* पास, नज़दीक, से, *ad.* निकट। [जल्द।
By-and-by, *ad.* थोड़ी देर में,

C

Cab, *n.* एक घोड़े की बग्घी।
Cabal, *n.* साज़िश, गुट्टी *v.* साज़िश क०।
Cab-bage, *n.* कोभी, करमकल्ला।
Cab-in, *n.* कुटी, जहाज़ की कोठरी, *v.* कोठरी में बन्द क०।
Cab-i-net, *n.* आलमारी, मंत्री-समूह। [ज़ंजीर।
Ca-ble, *n.* जहाज़ का रस्सा या
Cack-le, *n.* चिड़ियों की बोली, बक २।
Ca-dence, *n.* लय, उतार, ढाल।
Ca-det, *n.* जंगी या जहाज़ी मदर्से का तालिबइल्म।
Cage, *n.* पिंजड़ा *v.* पिंजड़े में बन्द क०।
Ca-jole, *v.* फुसलाना, दम देना।
Cake, *n.* मीठी रोटी या चपाती *v.* पपड़ी जमना। [बला।
Cal-am-i-ty, *n.* आफ़त, बिपत,
Cal-cine, *v.* भस्म क०, फूंकना।

Cal-cu-late, *v.* गिनना, जोड़ना, जांचना। [नती, हिसाब।

Cal-cu-la-tion, *n.* लेखा, गि-

Cal-dron, *n.* कड़ाहा, डेग।

Cal-en-dar, *n.* पत्रा, जंत्री।

Cal-en-der, *v.* घोंटना, कुंदी क०।

Calf, *n.* बछवा या बछिया, पिंडली। [का मुंह।

Calibre, *n.* बन्दूक या तोप

Cal-i-co, *n.* छींट, ईरेस।

Calk, *v.* जहाज़ का छेद मूंदना, बन्द क०।

Call, *n.* हुकुम, पुकार, मुलाक़ात *v.* नाम रखना, कहना, बुलाना, पुकारना, तलब क०, मुलाक़ात क०।

Call-ing, *n.* काम, व्यवहार।

Cal-lous, *a.* कड़ा, निठुर, कठोर।

Cal-low, *a.* बेपर, मुंडा।

Calm, *n.* शांति, ख़ामोशी, *v.* चुप क०, शांति क० *a.* चुपचाप, ख़ामोश। [कलङ्क लगाना।

Cal-um-ni-ate, *v.* निन्दा क०,

Cal-um-ny, *n.* निन्दा, कलङ्क।

Calve, *v.* बियाना, बच्चा देना।

Cambric, *n.* किमिरिख।

Camel, *n.* ऊंट। [कपड़ा।

Cam-let, *n.* बकरी के ऊन का

Camp, *n.* कम्पू, पड़ाव, छावनी।

Campaign, *n.* लड़ाई, वह समय जब पल्टन लड़ाई के मैदान में हो।

Camphor, *n.* कपूर।

Can, *n.* प्याला, कलसा *v.* (P could) सकना।

Ca-nal, *n.* नहर, नाला। [क०।

Can-cel, *v.* मिटाना, काटना, रद्द

Can-cer, *n.* कर्क राशि, भगन्दर।

Can-did, *a.* साफ़, खरा, सीधा।

Can-di-date, *n.* उम्मेदवार।

Can-dle, *n.* मोमबत्ती, बत्ती।

Can-dour, *n.* साफ़दिली, खरापन।

Cane, *n.* बेत *v.* बेत मारना।

Ca-nine, *a.* कुत्ता सा, कुत्ते के मानिन्द। [कनस्तर।

Can-is-ter, *n.* टीन की सन्दूक,

Can-ker, *n.* कीड़ा, घुन *v.* सड़ना या सड़जाना।

Can-non, *n.* तोप। [तोपें चलाना।

Can-non-ade, *n.* गोलंदाज़ी *v.*

Canoe, *n.* डोंगी।

Can-on, *n.* नियम, क़ानून, शास्त्र।

Can-o-py, *n.* छत्र, चंदवा।

Cant, *n.* बोली, ज़ाहिर दारी, *a.* गंवारू, नाशायस्ता, *v.* बनाकर बोलना।

Can-teen, *n.* टीन की सन्दूक, बारकों में शराब रखने की जगह।

Can-tor, *n.* क़दम, मीठी पोइया।
Can-to, *n.* कांड, सर्ग।
Can-vas, *n.* किरमिज़, टाट। [ना।
Can-vass, *v.* जांचना, राय मांग-
Cap, *n.* टोपी, चोटी।
Ca-pa-bil-i-ty, *n.* सामर्थ, लियाक़त, योग्यता।
Ca-pa-ble, *a.* लायक़, योग्य।
Ca-pa-cious, *a.* चौड़ा, कुशादा, फैला।
Ca-pac-i-ty, *n.* गुंजाइश, समाई, दशा। [या चुगा।
Cape, *n.* अंतरीप, छोटा जामा
Ca-per, *n.* उछल कूद, कूद फांद।
Cap-i-tal, *n.* पूंजी, बड़ा अक्षर, राजधानी, सितून की चोटी *a.* ख़ास, मुख्य, बड़ा।
Ca-pit-u-late, *v.* सन्धि कर लेना, शर्त पर अधीन होना।
Ca-price, *n.* वहम, मन की चंचलता। [रदेना।
Cap-size, *v.* उलटना, औंधा क-
Cap-stan, *n.* बोझ उठाने की कल।
Cap-tain, *n.* कप्तान, सेनापति, जहाज़ या सेना का अध्यक्ष।
Cap-tious, *a.* बखेड़िया, हुज्जती।
Cap-tive, *n.* क़ैदी, जो लड़ाई में पकड़ा गया हो।

Cap-tiv-i-ty, *n.* क़ैद, गिरफ्तारी।
Cap-ture, *n.* गिरफ्तारी, पकड़, लूट *v.* पकड़ना।
Car, *n.* छोटी गाड़ी, छकड़ा।
Car-bine, *n.* छोटी बन्दूक़।
Car-bon, *n.* ख़ालिस कोयला।
Car-cass, *n.* लोथ, लाश।
Card, *n.* ताश, मुलाक़ात का टिकट, रुई या ऊन धुनने की धनुही *v.* धुनना।
Car-di-nal, *n.* कैथोलिक मत के ईसाइयों का महन्त। *a.* मुख्य, प्रधान।
Care, *n.* चिन्ता, फ़िक्र, ख़बरदारी, *v.* सोचना, समझना, पर्वाह क०।
Ca-reer, *n.* चाल, चलन, *v.* सरपट दौड़ना। [ख़बरदार।
Care-ful, *a.* होशियार, चौकस,
Ca-ress, *n.* दुलार, आदर, *v.* प्यार क०, चुमकारना। [झाई।
Car-go, *n.* खेप, जहाज़ की बो-
Car-mine, *n.* किरमिज़ी या लाल रंग।
Car-nage, *n.* क़तल, संहार।
Car-nal, *a.* शारीरिक, विषयी।
Car-na-tion, *n.* सुर्ख़ी, गोश्त का रंग, गुलेनार।
Car-niv-o-rous, *a.* मांसाहारी, गोश्त ख़ोर।

Car-ol, *n.* मंगलाचरण, आनन्द का गीत ।
Ca-rouse, *v.* डाट कर पीना ।
Carp, *n.* एक क़िस्म की मछली, *v.* ऐब निकालना ।
Car-pen-ter, *n.* बढ़ई ।
Car-pet, *n.* फ़र्श, गलीचा ।
Carp-ing, *n.* नुक्ता चीनी, *a.* हुज्जती, मीन मेखी ।
Carriage, *n.* गाड़ी, चाल, चलन, व्यवहार ।
Car-ri-on, *n.* सड़ामांस ।
Car-ry, *v.* ले जाना ।
Cart, *n.* छकड़ा *v.* छकड़े पर ले जाना ।
Car-til-age, *n.* कुर कुरी हड्डी ।
Car-tridge, *n.* कारतूस ।
Carve, *v.* खोदना, सूरत बनाना, काटना ।
Carv-er, *n.* संगतराश ।
Cas-cade, *n.* झरना ।
Case, *n.* डिबिया, घर, हालत, माजरा, कारक, मुक़दमा ।
Case-ment, *n.* झरोखा, खिड़की ।
Cash, *n.* नक़द, रुपया, *v.* भुंजाना, तुड़ाना ।
Cashier, *n.* ख़ज़ांची, रोकड़िया, *v.* मौक़ूफ़ क० ।
Cask, *n.* पीपा ।
Cask-et, *n.* डिब्बा, ज़ेवर का डिब्बा ।
Casque, *n.* टोप ।
Cas-sock, *n.* पादरी का कोट ।
Cast, *n.* फेंक, भिगा पन, सांचे की ढली हुई मूर्ति *v.* (Pt. and Pp. cast) फेंकना, डालना, हराना ।
Cast-a-way, *n.* निकम्मा, निकाला हुआ ।
Cast-er, *n.* फिर्की ।
Cast-ing, *n.* ढाल, फेंक, सांचे की ढाली हुई चीज़ ।
Castle, *n.* महल, कोट, गढ़ी, क़िला ।
Cas-u-al, *a.* आकास्मिक, दैवी, इत्तिफ़ाक़िया ।
Cas-u-al-ty, *n.* दैवी चोट ।
Cat, *n.* बिल्ली ।
Cat-a-comb, *n.* क़ब्रिस्तान ।
Cat-a-logue, *n.* फ़ेहरिस्त ।
Cat-a-ract, *n.* झरना, मोतिया बिन्द ।
Catarrh, *n.* सर्दी, ज़ुकाम ।
Catch, *n.* पकड़, लपक *v.* (Pt. and Pp. caught) पकड़ना ।
Catechise, *v.* सवाल जवाब में पढ़ाना ।
Cat-e-chism, *n.* प्रश्नोत्तरी, सवाल जवाब की किताब ।
Ca-ter, *v.* खाना देना ।
Cat-er-pil-lar, *n.* कीड़ा, झांझा ।
Cat-gut, *n.* तांत, रोदा ।
Ca-the-dral, *n.* बड़ा गिरजा ।

Cath-o-lic, *a.* सब, आम।
Cattle, *n.* गोरू, पशु।
Caul, *n.* झिल्ली।
Cause, *n.* मुक़द्दमा, कारण, सबब, पक्ष; *v.* पैदा क०, करवाना।
Cause-way, *n.* बन्ध, ऊंची सड़क। [*a.* तेज़, दाहक।
Caus-tic, *n.* तेज़ाब, दाहक लेप,
Cau-ter-ize, *v.* दागना, जलाना।
Cau-tion, *n.* होशियारी, ख़बरदारी, चौकसी, *v.* जताना, ख़बरदार क०। [दार।
Cau-tious, *a.* सावधान, ख़बर-
Cavalier, *n.* सवार, *a.* घमंडी।
Cav-al-ry, *n.* रिसाला।
Cave, *n.* गुफा, खोह।
Cav-ern, *n.* बड़ी गुफा या खोह।
Cav-il, *v.* पच निकालना, ऐब निकालना। [देना।
Cease, *v.* बंद क०, ठहरना, छोड़
Cede, *v.* देदेना, सौंप देना।
Ceiling, *n.* छत।
Cel-e-brate, *v.* सराहना, मशहूर क०, प्रशंसा क०। [नामवरी।
Ce-leb-ri-ty, *n.* कीर्ति, प्रशंसा,
Ce-ler-i-ty, *n.* तेज़ी, फुर्ती।
Ce-les-ti-al, *a.* स्वर्गीय, आस्मानी,।
Cell, *n.* कोठरी, ख़ाना।
Cel-lar, *n.* तहख़ाना।
Cel-lu-lar, *a.* ख़ाने दार।
Ce-ment, *n.* सरेस, जोड़ने का मसाला, *v.* जोड़ना, मिलाना।
Cem-e-te-ry, *n.* क़बरिस्तान।
Cen-so-ri-ous, *a.* ऐब निकालने में तत्पर, कड़ा।
Cen-sure, *n.* दोष, कलंक, *v.* दोष लगाना।
Cen-sus, *n.* मर्दुमशुमारी।
Cent, *n.* सौ।
Cen-tral, *a.* बीच का, मध्यवर्त्ती।
Centre, *n.* केन्द्र, बीच *v.* बीच में होना, जमा होना। [वर्ष।
Cen-tu-ry, *n.* सदी, शताब्दी, सौ-
Cer-e-mo-ni-ous, *a.* लौकिक, लोकाचारी।
Cer-e-mon-y, *n.* रीति, रस्म।
Cer-tain, *a.* निस्संदेह, कोई।
Cer-tain-ty, *n.* निश्चय, यथार्थता।
Cer-ti-fi-cate, *n.* नेक नामी की चिट्ठी, प्रमाण पत्र। [देना।
Cer-ti-fy, *v.* प्रमाण देना, साक्षी
Ces-sa-tion, *n.* अंत, ठहराव।
Ces-sion, *n.* समर्पण, सुपुर्दगी।
Chafe, *n.* रगड़, नाराज़ी; *v.* रगड़ना, नाराज़ होना।
Chaff, *n.* भूसी, चोकर।

Chaf-fer, *v.* ठहर ठहर कर दाम लगाना, रगड़ झगड़ के मोल लेना।

Chagrin, *n.* खिझावट, कुढ़न, रंजीदगी, *v.* कुढ़ाना, खिझाना।

Chain, *n.* सकड़ी, ज़ंजीर, *v.* ज़ंजीर से बांधना या कसना।

Chair, *n.* कुर्सी, चौकी।

Chair-man, *n.* सभा पति, मीर मजलिस।

Chaise, *n.* हल्की गाड़ी, इक्का [गाड़ी।

Chal-dron, *n.* ३६ बुशेल का परिमाण विशेष।

Chalk, *n.* खड़िया।

Chal-lenge, *n.* लड़ाई या मुक़ाबिले के लिये बुलावा, ललकार, इनकार, उज़्र, *v.* लड़ाई मांगना, मुक़ाबला करना, चाहना, उज़्र क०।

Chamber, *n.* कमरा।

Champ, *n.* चबाना, कुचलना।

Champion, *n.* सूरबीर, बहादुर।

Chance, *n.* संयोग, इत्तिफ़ाक़, भावी, *v.* आपड़ना। [हिस्सा।

Chan-cel, *n.* गिर्जे का पूर्वी

Chan-cel-lor, *n.* कचहरी का मुख्य अध्यक्ष, महाविद्यालय का सब से ऊंचे दर्जे का अफ़सर।

Chan-cer-y, *n.* दीवानी की बड़ी कचहरी।

Chand-ler, *n.* व्योपारी, बनिया।

Change, *n.* पलट, भांज, बदला, *v.* पलटना, बदलना, भुंजाना।

Change-a-ble, *a.* पलटने या बदलने के योग्य, अधीर।

Chan-nel, *n.* नाला, नाली, द्वारा।

Chant, *n.* गीत, राग, *v.* गाना।

Chaos, *n.* गड़बड़ी, गोलमाल।

Chap, *n.* दरार, फांक, आदमी।

Cap-el, *n.* छोटा गिर्जा।

Chap-lain, *n.* पादरी।

Chap-let, *n.* माला, हार।

Chap-ter, *n.* अध्याय, खण्ड।

Char, *v.* झुलसना।

Char-ac-ter, *n.* चिन्ह, अक्षर, स्वभाव, चाल चलन।

Char-coal, *n.* लकड़ी का कोइला।

Charge, *n.* रखवाली, लागत, खर्च, चढ़ाई, *v.* सौंपना, दोष लगाना, भरना, हुकुम क०।

Char-ger, *n.* परात, थाल, लड़ाई का घोड़ा।

Char-i-ot, *n.* हलकी गाड़ी, रथ।

Char-i-ta-ble, *a.* दाता, पुण्यात्मा।

Char-i-ty, *n.* दान, ख़ैरात।

Charm, *n.* मंत्र, जादू, मोह, टोना *v.* मोहना, मोहित क०।

Charm-ing, *a.* सुहावनी, मोहनी।

Chart, *n.* समुद्र के किनारे का नक़्शा।

Char-ter, *n.* राज पत्र, सनद, अहदनामा, अधिकार, हक़। *v.* जहाज़ केराया पर देना।

Chase, *n.* पीछा, शिकार, *v.* पीछा क०।

Chaste, *a.* शुद्ध, निर्मल, पाक, [पतिव्रता।

Chasten, *v.* सुधारना, सज़ा देना।

Chas-tise, *v.* दंड देना, सज़ा देना।

Chas-ti-ty, *n.* शुद्धता, पाकीज़गी, सतीत्व।

Chat-tels, *n.* असबाब, सामग्री।

Chat-ter, *v.* बर बराना, बक बक क०।

Cheap, *a.* सस्ता, कम दाम का।

Cheat, *n.* झांसा, धोखा, ठगा *v.* बेईमानी क० ठगाबाज़ी क०॥

Check, *n.* रोक, अटकाव, आंच *v.* रोकना, आंचना।

Cheek, *n.* गाल।

Cheer, *n.* आनन्द, खुशी, जैकार।

Cheer-ful, *a.* आनन्दित, मगन।

Cheese, *n.* पनीर।

Chemist, *n.* रसायनी, रस वग़ैरह का बेचने वाला।

Chem-is-try, *n.* रसायन विद्या।

Cheque, *n.* हुंडी, रुक्का।

Cher-ish, *v.* पालना, प्यारा समझना या जानना।

Cher-ub, *n.* स्वर्गीय दूत, फ़रिश्ता।

Chest, *n.* संदूक पेटारा, छाती।

Chew, *v.* चबाना, कुचलना।

Chick, *n.* चिड़िया का बच्चा, चूज़ा।

Chide, *v.* (Pt. chid, Pp. chidden) डाटना, बुरा भला कहना।

Chief, *n.* सरदार, मुखिया, *a.* मुख्य, ख़ास। [कर।

Chief-ly, *ad.* ख़ास कर, विशेष-

Child, *n.* बालक, बच्चा।

Child-bed, *n.* प्रसवावस्था, ज़च्चगी। [अवस्था।

Child-hood, *n.* बाल पन, बाल

Child-ish, *a.* बालक की सी, लड़कपन की सी, छोटी।

Chill, *n.* & *a.* ठंडा, शीतल *v.* ठंडा क०।

Chime, *n.* झनकार, घंटों की सुरीली आवाज़ *v.* घंटों का स्वर से बजना।

Chim-ney, *n.* धुंआ निकलने की जगह, धुंआरा।

Chin, *n.* ठुड्डी।

Chi-na, *n.* चीनी के बरतन।

Chink, *n.* दरार, झनकार, *v.* तड़कना, दरक़ना ।

Chintz, *n.* छींट । [छीलना ।

Chip, *n.* टुकड़ा, *v.* टुकड़ा क०,

Chirp, *n.* चें चें, चह चहापन ।

Chis-el, *n.* छेनी, रुखानी, *v.* टांकी लगाना, छेनी से काटना ।

Chivalrous, *a.* बहादुर, साहसी ।

Chiv-al-ry, *n.* शूरताई, वीरताई, बहादुरी ।

Choice, *n.* चुनाव, छटाव, पसन्द, *a.* चोखा, उम्दा, पसन्द के लायक़ । [दल ।

Choir, *n.* भजन गाने वालों का

Choke, *v.* गला घोंटना, नेरेटी दबाना ।

Choler, *n.* पित्त, क्रोध, ग़ुस्सा ।

Chol-er-ic, *a.* पित्तका, क्रोधी ।

Choose, *v.* (Pt. chose, Pp. chosen) चुनना, छांटना, पसन्द क० ।

Chop, *n.* मांसका टुकड़ा, बोटी, *v.* काटना, टुकड़ा क० ।

Cho-ral, *a.* रागका, भजनका ।

Chord, *n.* रस्सी, तांत ।

Chor-is-ter, *n.* गवैया ।

Chorus, *n.* अन्तरा, गीत का वह हिस्सा जिसको सबलोग मिलकर गावें ।

Christ, *n.* ईसामसीह ।

Christen, *v.* नाम रखना, बप्तीस्मा देना, क्रुस्तान क० ।

Christian, *n.* ईसाई, क्रुस्तान, *a.* ईसवी, मसीही ।

Christmas, *n.* बड़ादिन, ईसा मसीह का जन्म दिन जो २५ दिसम्बर को माना जाता है ।

Chron-ic, *a.* पुराना ।

Chron-i-cle, *n.* इतिहास, *v.* इतिहास लिखना । [की विद्या ।

Chro-nol-o-gy, *n.* समय जानने

Chro-nom-e-ter, *n.* एक क़िस्म की जहाज़ी घड़ी ।

Chrysalis, *n.* तितिली वग़ैरह जिनके पर न आये हों ।

Chub-by, *a.* गलफुल्ला, गोल मुह का ।

Chuck-le, *n.* दबी हुई हंसी, *v.* रुक कर या दब कर हंसना ।

Church, *n.* गिरजा, ईसाइयों का समुदाय । [का मालिक ।

Church-war-den, *n.* गिरजे

Church-yard, *n.* क़ब्रिस्तान ।

Churl, *n.* गंवार, उजड्ड ।

Churl-ish, *a.* औघड़, गंवार, बेढंगा ।

Churn, *n.* मथनेकी मांद, मटकी, *v.* मथना, मक्खन निकालना ।

Ci-der, *n.* सेव की शराब या शराब।
Ci-gar, *n.* चुरुट। [कोयला।
Cin-der, *n.* अंगारा, जलता हुआ
Cipher, *n.* शून्य, सिफ़र, निकम्मा, गुप्त लेख। *v.* हिसाब क०।
Circle, *n.* वृत्त, घेरा।
Cir-clet, *n.* छोटा वृत्त।
Cir-cuit, *n.* चक्कर, घेरा।
Circuitous, *a.* चक्करदार, गोल।
Cir-cu-lar, *n.* विज्ञापन, *a.* गोल।
Cir-cu-late, *v.* जारी क०, चलता क०, घुमाना। [घेरा।
Cir-cum-fer-ence, *n.* परिधि,
Cir-cum-flex, *n.* उच्चारण चिन्ह, आवाज़ का उच्चारण के चिन्ह के अनुसार उतार चढ़ाव।
Cir-cum-nav-i-gate, *v.* ज़मीन के गिर्द सफ़र क०। [बांधना।
Cir-cum-scribe, *v.* घेरना, हद
Cir-cum-spect, *a.* सावधान, चौकस। [ग, हालत।
Cir-cum-stance, *n.* दशा, संयो-
Cir-cum-stan-tial, *a.* ब्यौरेवार, इत्तिफ़ाक़िया।
Cir-cum-vent, *v.* ठगना, धोखा देना। [जगह।
Cir-cus, *n.* घोड़ों के खेल की
Cis-tern, *n.* चहबच्चा, कुंड, हौज़।
Cit-a-del, *n.* गढ़ी, कोट।
Ci-ta-tion, *n.* बुलाव, सम्मन, दृष्टान्त, क़ौल।
Cite, *v.* तलब क०, बुलाना, दृष्टान्त देना, हवाला देना।
Cit-i-zen, *n.* नगर वासी, शहर का रहने वाला।
Cit-y, *n.* शहर, नगर।
Civ-ic, *a.* शहरी, शहर का।
Civ-il, *a.* दीवानी, मुल्की, सुशील।
Civilian, *n.* मुल्की हाकिम।
Ci-vil-i-ty, *n.* सुशीलता, मुरव्वत, सभ्यता।
Civ-il-ize, *v.* सुधारना, सभ्य क०, तहज़ीब सिखलाना। [हक़।
Claim, *n.* or *v.* दावा, मांग,
Claim-ant, *n.* मुद्दई, दावादार।
Clam-ber, *v.* दिक्क़त से चढ़ना।
Clam-my, *a.* लसलसा, चिपचिपा।
Clamour, *n.* चिल्लाहट, शोर, ग़ुल, *v.* शोर मचाना, ग़ुल गपाड़ा क०।
Clamp, *n.* शिकंजा, पत्तर का जड़ना। [कुल।
Clan, *n.* क़ौम, फ़िर्क़ा, जाति,
Clang, *n.* झनकार, झनझनाहट।
Clank, *n.* झनकार, छनाका, *v.* झन झनाना। [पट पटाना।
Clap, *n.* ताली, *v.* ताली बजाना,

Clar-i-fy, *v.* साफ़ क० ।

Clash, *n.* टक्कर, खटाखट, *v.* खटखटाना, टकराना ।

Clash-ing, *a.* विरुद्ध ।

Clasp, *n.* खटका, ताला, गलबाहियां, *v.* पकड़ना, गले लगाना ।

Class, *n.* दर्जा, मर्तबा, जमात ।

Clas-si-fy. *v.* श्रेणी विभाग क०, तरतीब से रखना ।

Clat-ter, *n.* खड़खड़ाहट ।

Clause, *n.* वाक्यखण्ड, जुमला ।

Claw, *n.* चंगुल, पंजा ।

Clay, *n.* चिकनी मिट्टी, गारा ।

Clean, *a.* निर्मल, साफ़, *ad.* बिलकुल, सरासर, *v.* साफ़ क० ।

Cleanliness, *n.* सफ़ाई, निर्मलता ।

Cleanse, *v.* निर्मल क०, साफ़ [क० ।

Clear, *a.* साफ़, निर्मल, निर्दोष, *v.* बरी क०, साफ़ क० ।

Clear-ing, *n.* सफ़ाई, रिहाई ।

Cleave, *v.* (Pt. & Pp. cleav-ed), चिमटना, लगा रहना, (Pt. & Pp. cleft), चीरना, फाड़ना ।

Cleav-er, *n.* क़साई का छूरा ।

Cleft, *n.* दरार, छेद ।

Clem-en-cy, *n.* कोमलता, नर्मी ।

Clem-ent, *a*, कोमल, नर्म ।

Cler-gy, *n.* पादरी लोग ।

Cler-i-cal, *a.* पादरियों से सम्बन्धित, मुहर्रिर की ।

Clerk, *n.* लेखक, मुहर्रिर, दफ़्तर का बाबू ।

Clev-er, *a.* होशियार, चतुर । [पता ।

Clew, *n.* सूत की गोली, पेचक,

Cli-ent, *n.* मुवक्किल, आसामी ।

Cliff, *n.* टीला, ढालू चट्टान ।

Cli-mate, *n.* देश, आबो हवा ।

Climb, *v.* चढ़ना ।

Clime, *n.* देश, आबोहवा ।

Cling, *v.* (Pt. and Pp. clung) चिपटना, लगा रहना ।

Clink, *v.* झन झनाना, बजना ।

Clink-er, *n.* जली हुई ईंटों का ढोंका, धात का मैल ।

Clip, *v.* कतरना, काटना ।

Clip-per, *n.* एक तरह का तेज़ चलने वाला जहाज़ ।

Clique, *n.* सभा के लोग ।

Cloak, *n.* लबादा *v.* छिपाना ।

Clock, *n.* घड़ी ।

Clod, *n.* मिट्टी का लोंदा, ढेला ।

Clog, *n.* खड़ाऊं, रोक, *v.* रोकना ।

Close, *n.* अहाता, घेरा, *a.* बन्द, तङ्ग, पास, पूरा ।

Close, *n.* अन्त, आख़िर, *v.* बन्द क०, ख़तम क० ।

Clos-et, *n.* छोटी कोठरी ।

Clot, *n.* चकत्ता, ढोंका ।

Cloth, *n.* कपड़ा ।

Clothe, *v.* (Pt. and Pp. clad) कपड़े पहिनाना ।

Clothes, *n.* वस्त्र, कपड़े ।

Cloud, *n.* बादल ।

Clout, *n.* जोड़, लत्ता, पेवन्द, *v.* पेवन्द लगाना, जोड़ लगाना ।

Clown, *n.* देहाती, गंवार, नक़ाल ।

Cloy, *v.* अघाना, जी भरना ।

Club, *n.* लाठी, गदा, सभा, *v.* सभा जोड़ना ।

Clue, *n.* सूत की गोली, पता, निशान ।

Clump, *n.* कुंज, पेड़ों का समूह ।

Clum-sy, *a.* भद्दा, बेढङ्गा ।

Clus-ter, *n.* गुच्छा, समूह ।

Clutch, *n.* पंजा, पकड़ ।

Coach, *n.* चार पहिये की गाड़ी ।

Coach-man, *n.* कोचवान, गाड़ीवान ।

Coal, *n.* पत्थर का कोयला, *v.* कोयला लेना या देना ।

Coalition, *n.* मेल, सन्धि ।

Coarse, *a.* असभ्य, मोटा, कड़ा, खुरदरा ।

Coast, *n.* समुद्र का किनारा, *v.* किनारे २ जहाज़ चलाना ।

Coast-er, *n.* किनारे पर चलने वाला जहाज़ ।

Coat, *n.* कोट, खाल ।

Coat-ing, *n.* अस्तर, गिलाफ़ ।

Coax, *v.* फुसलाना ।

Cob-ble, *v.* बुरी तरह काम क०, बेढङ्गे तौर पर काम क० ।

Cob-bler, *n.* चमार, मोची ।

Cob-web, *n.* मकड़ी का जाला ।

Cock, *n.* मुर्ग़ा, बंदूक का घोड़ा, टोंटी, *v.* खड़ा क० ।

Cock-ade, *n.* फूल या फुंदना जो टोपी में लगाया जाता है ।

Cock-le, *n.* घोंघा ।

Cock-pit, *n.* जहाज़ की एक कोठरी जिस में घायल हुये लोग रक्खे जाते हैं ।

Cocoa, *n.* नारियल । [कोकवा ।

Co-coon, *n.* कच्चे रेशम का

Cod, *n.* एक तरह की मछली ।

Code, *n.* क़ानून का मजमूआ, धर्म शास्त्र ।

Cod-i-cil, *n.* वसीयत नामे का तितिम्मा, दान पत्र का अनुबंध ।

Co-erce, *v.* जब्र के साथ रोकना ।

Co-er-cion, *n.* जब्र के साथ रोक ।

Cof-fee, *n.* क़हवा ।

Cof-fin, *n.* कफ़न, ताबूत, सन्दुक़ जिस में मुर्दा रख कर गाड़ते हैं।

Cog, *n.* पहिये की खूंटी, काग ।

Co-gent, *a.* मज़बूत, बलवान, आवश्यक ।

Cog-ni-zant, *a.* वाक़िफ़ ।

Co-hab-it, *v.* सुहबत क०, पति स्त्री की नाईं रहना । [धिकारी।

Coheir, *n.* हम वारिस, समा-

Co-here, *v.* लिपटना, चिमटना।

Co-her-ent, *a.* मिलाहुआ, जुटा-हुआ, मुआफ़िक़ ।

Coil, *n.* रस्सी या सांप की कुण्डली, लपेट, घेरा ।

Coin, *n.* सिक्का *v.* सिक्का बनाना, गढ़ना, निकालना ।

Co-in-cide, *v.* मिलना, ठीक बैठना । [बुझा कोयला ।

Coke, *n.* पत्थर का अधजला या

Col-an-der, *n.* चलनी, छन्नी ।

Cold, *n.* सर्दी, ज़ुकाम, *a.* ठंडा, रूखा

Col-ic, *n.* बायुगोला ।

Col-lapse, *n.* पचकाव, नाकामयाबी, कमज़ोरी *v.* टक्कर खाना, पचकना, बैठ जाना ।

Col-lar, *n.* पट्टा, गरेबान *v.* पट्टा पकड़ना, गर्दन पकड़ना ।

Colleague, *n.* साथी, संगी ।

Col-lect, *v.* जमा क०, बटोरना ।

Col-lect, *n.* एक छोटी दुआ या स्तुति । [बटोर ।

Col-lec-tion, *n.* समूह, संग्रह,

Col-lec-tor, *n.* महसूल उगाहने वाला, कलक्टर । [लिज ।

Col-lege, *n.* महा विद्यालय, का-

Collier, *n.* कोयला खोदने या बेचने वाला, जहाज़ जिस में कोयले का ब्योपार होता है ।

Col-lier-y, *n.* कोयले की खान ।

Col-li-sion, *n.* टक्कर, धक्का ।

Col-lop, *n.* मांस की बोटी या टुकड़ा ।

Col-lu-sion, *n.* साजिश, सट्टी ।

Co-lon, *n.* अङ्गरेज़ी का एक विराम चिन्ह (:) [करनैल ।

Colonel, *n.* पल्टन का अफ़सर,

Co-lo-ni-al, *a.* नई बस्ती या आबादी से सम्बन्धित ।

Col-o-nize, *v.* नई बस्ती बसाना, बसाना, आबाद क० ।

Col-o-ny, *n.* नई बस्ती या आबादी।

Colour, *n.* रंग, बहाना, *v.* रंगना, शर्म से मुंह लाल होना ।

Col-our-able, *a.* ज़ाहिरी में ठीक।

Colours, *n.* झंडा ।

Colt, *n.* घोड़े का बछेड़ा ।

Col-ter, *n.* हल का लोहा या फाल।

Col-umn, *n.* सितून, खम्भा, सफ़े का ख़ाना, फ़ौज की पांती।

Comb, *n.* कंघा, मुर्ग़े की चोटी, शहत का छत्ता *v.* कंघी क०, धुनना।

Com-bat, *n.* लड़ाई, युद्ध *v.* लड़ना, सामना क०।

Combine, *v.* जुड़ना या जोड़ना, मिलना या मिलाना, एक राय होना।

Com-bus-ti-ble, *n.* जलने वाली चीज़, *a.* जलने के लायक़, जलने वाली।

Com-bust-ion, *n.* दाह, जलन।

Come, *v.* (Pt. came; Pp. come) आना, पहुंचना, आ पड़ना।

Com-e-dy, *n.* नाटक, स्वांग।

Comely, *a.* सुन्दर, रूपवान, ख़ूबसूरत।

Com-et, *n.* पुच्छलतारा, झाड़ू।

Comfort, *n.* आराम, धीरज, तस्कीन, *v.* तसल्ली देना, धीरज देना।

Com-fort-a-ble, *a.* सुखी, खुशहाल।

Com-fort-er, *n.* सुखदाई, गुलूबन्द, पाक रूह।

Com-ic, *a.* हंसाऊ, मसख़रा।

Com-ing, *n.* आना, आगमन, *a.* आनेवाला।

Com-ma, *n.* अंगरेज़ी का एक विराम चिन्ह (,)।

Com-mand, *n.* हुकम, अधिकार, *v.* हुक्म क०, हुकूमत या राज क०।

Com-mand-er, *n.* सेनापति, फौज में लफ़्टंट के ऊपर का अफ़सर।

Com-mand-ing, *a.* हुक्म देने या हुकूमत करने का अधिकार रखने वाला।

Com-mand-ment, *n.* हुक्म, आज्ञा, ईश्वर का हुक्म।

Com-mem-o-rate, *v.* किसी उत्सव के द्वारा यादगारी क०।

Com-mence, *v.* आरम्भ क०, शुरू क०। [शुरू।

Com-mence-ment, *n.* आरम्भ,

Com-mend, *v.* तारीफ़ क०, सौंपना।

Com-ment, *n.* टीका, टिप्पणी, राय *v.* टीका क०, राय देना।

Com-merce, *n.* or *v.* ब्योपार, तिजारत। [तिजारती।

Com-mer-cial, *a.* ब्योपारिक,

Com-mis-sion, *n.* सौंप, सनद, आज्ञा, दस्तूरी।

Com-mis-sion-er, *n.* अमीन ।
Com-mit, *v.* सौंपना, क़ैद क० ।
Com-mit-tee, *n.* सभा, मज़्लिस, कमेटी । [मुनासिब ।
Com-mo-di-ous, *a.* आराम का,
Com-mod-i-ty, *n.* लाभ, फ़ायदा, सौदागरी का माल, असबाब । [मामूली, साधारण ।
Com-mon, *n.* मैदान, *a.* आम,
Com-mon-er, *n.* रैयत ।
Com-mon-ly, *ad.* अमूमन, अक्सर, बहुधा ।
Com-mons, *n.* साधारण लोग, आम लोग, पार्लिआमेंट में आम लोगों के प्रतिनिधियों की सभा । [की भलाई ।
Com-mon-weal, *n.* आम लोगों
Com-mon-wealth, *n.* प्रजा राज्य । [माल ।
Com-mo-tion, *n.* हल चल, गोल
Com-mune, *v.* बतियाना ।
Com-mu-ni-cate, *v.* कहना, बतलाना, आगाह क० ।
Com-mu-ni-ca-tion, *n.* इत्तिला, चिठ्ठीपत्री, बात चीत, रास्ता ।
Com-mun-ion, *n.* बात चीत, ईसा मसीह की यादगारी का भोज । [लोग ।
Com-mu-ni-ty, *n.* साधारण

Com-mute, *v.* बदलना ।
Com-pact, *a.* ठोस, घना, *n.* शर्त ।
Com-pan-ion, *n.* साथी, संगी ।
Com-pa-ny, *n.* जमात, संगत, साथ । [रने वाली ।
Com-par-a-tive, *a.* मिलान क-
Com-pare, *v.* मिलाना, मुक़ाबला क० । [कमरा ।
Com-part-ment, *n.* हिस्सा,
Com-pass, *n.* घेरा, हद, क़ुतुब नुमा, *v.* घेरना, तदबीर क०, प्राप्त क० ।
Compasses, *n.* परकाल ।
Com-pas-sion, *n.* दया, कृपा ।
Com-pel, *v.* मजबूर क०, बल से कराना । [खुलासा ।
Com-pend-ious, *a.* संक्षिप्त,
Com-pen-sate, *v.* बदला देना, पारितोषिक देना ।
Cm-pen-sa-tion, *n.* बदला, पारितोषिक, दण्ड ।
Com-pete, *v.* बराबरी करने की कोशिश क० । [ख़ुशहाली ।
Com-pe-tence, *n.* योग्यता,
Com-pe-tent, *a.* योग्य, लायक़ ।
Com-pet-i-tor, *n.* प्रति पक्षी, हम सर ।
Com-pile, *v.* संग्रह क०, बटोरना ।
Com-pla-cent, *a.* राज़ी, ख़ुश, इत्मीनान हुआ ।

Com-plain, *v.* शिकायत क॰, नालिश क॰। [मुद्दई।
Com-plain-ant, *n.* फ़रयादी,
Com-plai-sant, *a.* सुशील, ख़लीक़।
Com-ple-ment, *n.* पूरा परिमाण।
Com-plete, *a.* पूरा, *v.* पूरा क॰।
Com-plex, *a.* पेचीदा, मिला हुआ।
Complexion, *n.* रंग, रूप।
Com-pli-ant, *a.* मुलायम, स्वीकार करने वाला।
Com-pli-cate, *v.* फसाना, पेचीदा क॰। [पेच।
Com-pli-ca-tion, *n.* उलझाव,
Com-pli-ment, *n.* प्रणाम, आदर, *v.* प्रणाम क॰, तारीफ़ क॰।
Com-ply, *v.* स्वीकार क॰, मानना।
Com-pose, *v.* लिखना, धीरज रखना या दिलाना, अक्षर जोड़ना, मिलाना।
Com-posed, *a.* धीर, ख़ामोश।
Com-po-si-tion, *n.* मेल, रचना।
Com-post, *n.* खाद, पांस। [रता।
Com-pos-ure, *n.* शान्ति, स्थि-
Com-pound, *n.* मेल, *a.* मिला हुआ
Com-pound, *v.* मिलाना, चुकाना। [शामिल क॰।
Com-pre-hend, *v.* समझना,
Com-pre-hen-sion, *n.* समझ।
Com-press, *v.* दबाना।
Com-prise, *v.* शामिल क॰।
Com-pro-mise, *v.* रज़ामंदी क॰ *n.* रज़ामंदी। [दबाव।
Com-pul-sion, *n.* ज़बरदस्ती,
Com-punc-tion, *n.* अफ़सोस, पछतावा।
Com-pu-ta-tion, *n.* गणना, गिन्ती, हिसाब।
Com-pute, *v.* गिनना, गिन्ती क॰, हिसाब क॰।
Com-rade, *n.* साथी, संघी।
Con-cave, *a.* खुखला, ख़ाली।
Con-ceal, *v.* छिपाना।
Con-ceal-ment, *n.* छिपाव।
Con-cede, *v.* मानना, मंज़ूर क॰।
Conceit, *n.* चिन्ता, विचार, अहङ्कार।
Con-ceit-ed, *a.* अहङ्कारी।
Conceive, *v.* विचार क॰, गर्भ से होना। [हमल।
Con-cep-tion, *n.* विचार, गर्भ,
Con-cern, *n.* चिन्ता, कार्य्य, सम्बन्ध। [रै में।
Con-cern-ing, *pr.* बाबत, बा-
Con-cert, *n.* मेल, रहस, राग रंग।
Con-cert, *v.* सलाह क॰।
Con-ces-sion, *n.* मन्ज़ूरी, इजाज़त, आज्ञा।

Con-cil-i-ate, *v.* राज़ी क॰, मिला लेना।
Con-cise, *a.* संक्षिप्त, मुख्तसर।
Con-clude, *v.* पूरा क॰, अनुमान क॰, नतीजा निकालना।
Con-clu-sion, *n.* समाप्ति, अन्त, नतीजा, फल। [तस्वीर क॰।
Con-coct, *v.* पचाना, पकाना,
Con-cord, *n.* मेल, एकता।
Con-cor-dant, *a.* मिला हुआ।
Con-course, *n.* जमावड़ा, मज्मा।
Con-cu-bine, *n.* धरोहर, उढ़री।
Con-cur, *v.* एक मत होना, मिलना।
Con-cus-sion, *n.* हिलाव, धक्का।
Con-demn, *v.* अपराधी ठहराना, बुरा बताना, सज़ा देना।
Con-dem-na-tion, *n.* सज़ा, तुहमत।
Con-dense, *v.* जमना या जमाना, गाढ़ा होना या क॰।
Con-de-scend, *v.* झुकना, नम्र होना, इनायत क॰।
Con-de-scen-sion, *n.* नम्रता, इनायत।
Con-dign, *a.* वाजिब, उचित।
Con-di-tion, *n.* दशा, हालत, नियम, शर्त। [विलाप क॰।
Con-dole, *v.* दूसरों के साथ
Con-done, *v.* क्षमा क॰।
Con-duce, *v.* सहारा देना, बढ़ाना।
Con-duct, *n.* चाल चलन, इन्तिज़ाम।
Con-duct, *v.* चलाना, निर्वाह क॰।
Con-duct-or, *n.* अगुआ, मुनीम, एक चीज़ से दूसरी चीज़ में गर्मी पहुचाने वाली वस्तु।
Conduit, *n.* पानी की मोरी, नहर।
Cone, *n.* शुण्डाकार वस्तु, गावदुम शकल।
Con-fed-er-ate, *a.* सन्धित, मिला हुआ। [साज़िश।
Con-fed-er-a-tion, *n.* मेल,
Con-fer, *v.* देना, बात चीत क॰।
Con-fer-ence, *n.* बात चीत, बहस या सलाह के लिये सभा।
Con-fess, *v.* स्वीकार क॰, इक़रार क॰।
Con-fes-sion, *n.* स्वीकार, इक़रार। [सा रखना।
Con-fide, *v.* बिश्वास क॰, भरो-
Con-fi-dence, *n.* बिश्वास, भरोसा
Con-fine, *n.* सीमा, हद।
Con-fine, *v.* सीमा बांधना, रोकना, बन्द क॰।
Con-fine-ment, *n.* रुकाव, क़ैद, ज़चगी।
Con-firm, *v.* पक्का क॰, मुस्तक़िल क॰, पूरा ईसाई क॰।

Con-fis-cate, *v.* कुर्क क०, ज़ब्त क०।
Con-fla-gra-tion, *n.* भारी आग।
Con-flict, *n.* झगड़ा, लड़ाई। [क०।
Con-flict, *v.* लड़ना, झगड़ना, सामना
Con-flu-ence, *n.* संगम, भीड़।
Con-form, *v.* मानना, एकसा क०।
Con-found, *v.* मिलाना, घबड़ाना, तबाह क०। [होना।
Con-front, *v.* सामना क०, सामने
Con-fuse, *v.* अब्तर क०, गड़बड़ाना। [ब्तरी।
Con-fu-sion, *n.* गड़बड़ी, अ-
Con-fute, *v.* हराना, झूठा क०।
Con-geal, *v.* जमना या जमाना।
Con-ge-ni-al, *a.* सजाती, मुआफ़िक़। [का जमाव।
Con-gest-ion, *n.* जमाव, ख़ून
Con-grat-u-late, *v.* जयकार मनाना, मुबारिक बादीदेना।
Con-grat-u-la-tion, *n.* बधाई, मुबारिक़बादी।
Con-gre-gate, *v.* इकट्ठा क०, बटोरना। [समाज।
Con-gre-ga-tion, *n.* जमात,
Con-gress, *n.* समाज, सभा, अमेरिका देश की पार्लीयामेंट।
Con-gru-ous, *a.* योग्य, उचित, वाजिब। [अटकल।
Con-jec-ture, *n.* or *v.* अनुमान,
Con-join, *v.* मिलाना, संयोग क०।
Con-ju-gal, *a.* विवाह संबन्धी।
Con-ju-gate, *v.* गरदानना, जोड़ना। [जुड़ाव।
Con-ju-ga-tion, *n.* गरदान,
Con-junc-tion, *n.* मेल, संगम, समुच्चय बोधक अव्यय।
Con-junc-ture, *n.* नाज़ुक समय।
Conjure, *v.* जादू क०, शपथ खिलाना।
Con-jur-er, *n.* जादूगर।
Con-nect, *v.* जोड़ना, मिलाना।
Con-nec-tion, *n.* जोड़, सम्बन्ध, सम्बन्धी।
Con-nive, *v.* आनाकानी क०, आंख मूंदना। [न्धी।
Con-nu-bi-al, *a.* विवाह सम्ब-
Conquer, *v.* जीतना, ज़ेर क०।
Con-que-ror, *n.* जीतनेवाला।
Con-quest, *n.* फ़तह, जीत।
Conscience, *n.* अंतःकरण, दिल।
Conscious, *a.* आगाह, वाक़िफ़, सचेत।
Con-se-crate, *v.* प्रतिष्ठा क०, अर्पण क०।
Con-sec-u-tive, *a.* लगातार, सिलसिलेवार।
Con-sent, *n.* सम्मति, रज़ामंदी, *v.* मानना, राज़ी होना।

Con-se-quence, *n.* फल, नतीजा, सबब। [शानशार।
Con-sequen-tial, *a.* घमंडी,
Con-serve, *n.* मुरब्बा, गुलक़न्द।
Con-serve, *v.* मुरब्बा डालना, अचार डालना।
Con-sid-er, *v.* सोचना, बिचारना, समझना।
Con-sid-er-a-tion, *n.* सोच, बिचार, ध्यान। [चार से।
Con-sid-er-ing, *pr.* इस वि-
Con-sign, *v.* सौंपना। [होना।
Con-sist, *v.* मिलना, अनुकूल
Con-sis-tence, *n.* गाढ़ापन, कारण, सबब।
Con-sis-tent, *a.* समान, एकसा।
Con-so-la-tion, *n.* धीरज, दिलासा, तसल्ली।
Con-sole, *v.* ढाढ़स देना, तसल्ली देना, दिल बहलाना।
Con-sols, *n.* सरकारी धन।
Con-so-nant, *n.* व्यञ्जन अक्षर, *v.* मुताबिक़, मुआफ़िक़।
Con-sort, *n.* पति वा स्त्री।
Con-sort, *v.* साथ रहना, संग रहना। [हिर, खुलासा।
Con-spic-u-ous, *a.* प्रत्यक्ष, ज़ा-
Con-spir-a-cy, *n.* कपट प्रबन्ध, साज़िश।
Con-spire, *v.* कपट प्रबन्ध क०, साज़िश क०। [निस्टबल।
Constable, *n.* चपरासी, का-
Con-stant, *a.* स्थिर, अचल।
Con-stel-la-tion, *n.* तारा समूह।
Con-ster-na-tion, *n.* डर, ख़ौफ़।
Con-stit-u-en-cy, *n.* चुननेवालों की जमात। [क़ायम क०।
Con-sti-tute, *v.* मुक़र्रर क०,
Con-sti-tu-tion, *n.* स्वभाव, प्रकृति, राजरीति। [क०।
Con-strain, *v.* तंग क०, मजबूर
Con-straint, *n.* दबाव, पाबन्दी।
Con-struct, *v.* बनाना, रचना।
Con-struc-tion, *n.* बनावट, ढांचा, तरकीब। [बयान क०।
Con-strue, *v.* समझाना, मतलब
Con-sul, *n.* एलची।
Con-sult, *v.* सलाह लेना, राय लेना, विचारना।
Con-sul-ta-tion, *n.* पंचायत, सलाह, बिचार।
Con-sume, *v.* नष्ट क०, काम में लाना, ख़र्च क०।
Con-sum-mate, *a.* पूरा *v.* पूरा क०, समाप्त क०।
Con-sump-tion, *n.* क्षई, तपेदिक़।
Con-tact, *n.* छूत, संयोग।

Con-tain, *v.* रखना, शामिल क०, मिलाना।

Con-temn, *v.* तुच्छ या हक़ीर जानना, घृणा क०। [चारना।

Con-tem-plate, *v.* सोचना, वि-

Con-tem-po-ra-ry, *n.* एक ही समय का रहनेवाला।

Con-tempt, *n.* घृणा, नफ़रत।

Con-tempt-ible, *a.* नीच, घृणित। [करना।

Con-tend, *v.* लड़ना, बिबाद

Con-tent, *n.* संतोष, *a.* संतुष्ट, *v.* संतुष्ट क०, राज़ी क०।

Con-ten-tion, *n.* वाद बिबाद, बहस, झगड़ा।

Con-tent-ment, *n.* संतोष।

Con-tents, *n.* बिषय, सूचीपत्र।

Con-test, *n.* हुज्जत, झगड़ा, बखेड़ा। [ड़ना।

Con-test, *v.* हुज्जत क०, झग-

Con-ti-nence, *n.* संयम, नियम, परहेज़गारी।

Con-ti-nent, *n.* महाद्वीप।

Con-tin-gent, *n.* बिहरी, दैवयोग, *a.* आधीन।

Con-tin-u-a-tion, *n.* लगातार, सिलसिला।

Con-tin-ue, *v.* जारी रहना या रखना, क़ायम रहना, थामना।

Contour, *n.* डौल, सूरत, नक्शा।

Con-tract, *n.* ठीका, प्रतिज्ञा पत्र, इक़रार नामा।

Con-tract, *v.* समेटना, सिकोड़ना, ज़िम्मा लेना, बात हारना। [ख़ुद ग़र्ज़।

Con-tract-ed, *a.* सिकुड़ा हुआ,

Con-trac-tion, *n.* सिकोड़, मड़ोर, संक्षेप।

Con-tra-dict, *v.* बात काटना, बिरुद्ध कहना, नकारना।

Con-tra-ri-wise, *ad.* or *c.* इसके बिपरीत या बरख़िलाफ़।

Con-tra-ry, *a.* बिपरीत, बिरुद्ध, ख़िलाफ़।

Con-trast, *n.* बिरोध, भेद।

Con-trast, *v.* मुक़ाबला क०, फ़रक़ बतलाना।

Con-trib-ute, *v.* देना, सहायता क०, हिस्सा या चन्दा देना।

Con-tri-bu-tion, *n.* कोई चीज़ जो दी गई हो, चन्दा, कर।

Con-trite, *a.* पश्चात्तापी।

Con-tri-tion, *n.* पछतावा।

Con-tri-vance, *n.* उपाय, यत्न।

Con-trive, *v.* उपाय क०, तदबीर क०।

Con-trol, *n.* अधिकार, रोक, *v.* बस क०, रोकना।

Con-tro-ver-sy, *n.* बहस, बि-
बाद ।
Con-tu-ma-cious, *a.* हठी, ढीठ ।
Con-tu-ma-cy, *n.* हठ, ढिठाई ।
Con-tume-ly, *n.* निन्दा, गुस्ताख़ी।
Contuse, *v.* कुचलना, भीतरी
मार मारना । [मार ।
Con-tu-sion, *n.* कुचल, भीतरी
Con-va-les-cence, *n.* चंगापन ।
Con-vene, *v.* इकट्ठाहोना या क० ।
Con-ve-ni-ence, *n.* सुभीता,
सुख । [योग्य ।
Con-ve-ni-ent, *a.* सुभीते का,
Con-vent, *n.* सन्यासिनियों का
मठ ।
Con-ven-ti-cle, *n.* ईसाइयों की
पूजार्थ सभा ।
Con-ven-tion, *n.* सभा, प्रतिज्ञा ।
Con-ven-tion-al, *a.* रीति का,
रस्म का । [कना ।
Con-verge, *v.* एक ही ओर झु-
Con-ver-sant, *a.* जानकार, वा-
क़िफ़ । [बरताव ।
Con-ver-sa-tion, *n.* बात चीत,
Con-verse, *n.* बात चीत, *a.*
बिलोम ।
Con-verse, *v.* बात चीत क० ।
Con-verse-ly, *ad.* उलटा, प्रति-
कूल ।

Con-ver-sion, *n.* मत परिवर्त्तन,
बुरा चाल को छोड़ अच्छी
चाल का ग्रहण । [करने वाला ।
Con-vert, *n.* अन्य मत का ग्रहण
Con-vert, *v.* बदलना, सुधारना ।
Con-vex, *a.* उभड़ा हुआ, उभाड़ा
Con-vey, *v.* ले जाना, बताना, दे
देना ।
Con-vey-ance, *n.* ले जाना, ढु-
लाई, दान, दानपत्र, गाड़ी ।
Con-vict, *n.* अपराधी, मुजरिम ।
Con-vict, *v.* अपराधी ठहराना ।
Con-vic-tion, *n.* अपराधी ठह-
राना, निश्चय ।
Con-vince, *v.* यक़ीन कराना,
निश्चय कराना । [मुख, दावती ।
Con-viv-ial, *a.* मिलनसार, हंस
Con-voke, *v.* इकट्ठा क० ।
Con-voy, *n.* पथरक्षक सिपाहियों
का दल ।
Con-vulse, *v.* मरोड़ना, ऐंठना ।
Con-vul-sion, *n.* मरोड़, ऐंठन ।
Cook, *n.* रसोइआ; *v.* रसोई बनाना,
पकाना ।
Cook-er-y, *n.* रसोईका काम ।
Cool, *a.* ठंढा, शीतल, *v.* ठंढा
करना । [करना ।
Coop, *n.* कुप्पा, पिंजड़ा, *v.* बंद
Coop-er, *n.* पीपा बनाने वाला ।

Co-op-er-ate, *v.* मिल कर काम करना।

Co-op-er-a-tion, *n.* मेल, किसी काम करनेवालों का दल।

Coot, *n.* पनडुब्बी। [सामना क॰।

Cope, *n.* पादरी का चोग़ा, *v.*

Cop-ing, *n.* मुंडेरी।

Co-pi-ous, *a*, बहुत, ज़्यादा।

Cop-per, *n.* तांबा, तांबे का बटला।

Copse, *n.* झाड़ी। [क़ल क॰।

Cop-y, *n.* नक़ल, नमूना, *v.* न-

Coquet, *v.* चोचला क॰, नखरा क॰। [बाज़।

Co-quette, *n.* चोचला या नखरे

Cord, *n.* रस्सी, डोरी, *v.* रस्सी से बांधना, कसना।

Cord-age, *n.* जहाज़ के पाल के रस्से, बन्धन।

Cor-di-al, *n.* रोचक या पुष्टि कारक वस्तु, *a.* दिली, पुष्टि कारक। [बनाने वाला।

Cord-wain-er, *n.* मोची, जूता

Core, *n.* हृदय, भीतरी हिस्सा।

Cork, *n.* काग, डाट, *v.* डाट लगाना, काग लगाना।

Corn, *n.* अनाज, गट्ठा।

Cor-ner, *n.* कोना, एकान्त स्थान।

Cor-nice, *n.* कंगनी, कगर।

Cor-o-na-tion, *n.* राज तिलक, राज्याभिषेक।

Cor-o-ner, *n.* अपमृत्यु का कारण दरिआफ़्त करने वाला अफ़सर।

Cor-o-net, *n.* मुकुट, ताज।

Cor-po-ral, *n.* पल्टन का एक छोटा अफ़सर, नायक, *a.* शारीरिक, देह सम्बन्धी।

Cor-po-ra-tion, *n.* पंचायत, जमात, नगरी समाज।

Cor-po-re-al, *a.* शारीरिक, देह सम्बन्धी।

Corps, *n.* पल्टन, रिसाला।

Corpsé, *n.* लोथ, मृत शरीर।

Cor-pu-lence, *n.* बड़ी मोटाई।

Cor-rect, *v.* दंड देना, सुधारना, ठीक क॰, *a.* ठीक।

Cor-rec-tion, *n.* दंड, सुधार, शुद्धि। [रुस्ती।

Cor-rect-ness, *n.* शुद्धता, दु-

Cor-res-pond, *v.* मिलना, बराबर होना, एक सा होना।

Cor-res-pond-ence, *n.* लिखा पढ़ी, मेल मिलाप।

Cor-rode, *v.* खा जाना, काट डालना। [काट कूट।

Cor-ro-sion, *n.* क्रम से क्षय,

Cor-rupt, *v.* घूस देना, बिगाड़ना, खराब क॰, *a.* खराब, खोटा, बुरा। [खराबी।
Cor-rup-tion, *n.* भ्रष्टता, बुराई,
Cor-sair, *n.* समुन्द्री डाकू।
Corse, *n.* लोथ, लाश। [तर।
Corse-let, *n.* हल्का ज़िरह बख्-
Cor-set, *n.* चोली, अंगिया।
Cost, *n.* मूल्य, लागत, *v.* खर्च होना या लगना। [कोष्ट बद्ध।
Cos-tive, *a.* कब्ज़ करने वाला,
Cost-ly, *a.* क़ीमती, महंगा।
Cos-tume, *n.* पहनावा, कपड़ा पहिरने का तर्ज़।
Co-sy, *a.* चुस्त, आराम देह।
Cot, *n.* झोपड़ी, कुटी, खाट, पलना। [कान।
Cot-tage, *n.* झोपड़ी, छोटा म-
Cotton, *n.* रुई, कपास, *a.* रुई का।
Couch, *n.* खाट, पलंग, कोच, *v.* लेटना, झुकना, बयानक॰, आंख का जाला निकालना।
Cough, *n.* खांसी।
Coun-cil, *n.* बिचार सभा।
Coun-sel, *n.* सलाह, उपदेश, वकील, *v.* सलाह देना।
Count, *n.* गिनती, राजा, पदवी, *v.* गिनना, समझना, लिहाज़ करना।
Coun-ten-ance, *n.* मुख, चेहरा, मिहर्बानी, *v.* उपकार क॰, दिलासा देना। [की मेज़।
Counter, *n.* गिननेवाला, दूकान
Counter, *ad.* उलटा, बरख़िलाफ़।
Coun-ter-act, *v.* काटना, रोकना, उलटा क॰।
Coun-ter-feit, *n.* जाल, झूठ, फ़रेब, *a.* जाली; *v.* जाल क॰, भेष बदलना, मचलई करना।
Coun-ter-mand, *n.* पहिली आज्ञाके बिरुद्ध आज्ञा, *v.* आज्ञा भंग क॰।
Coun-ter-pane, *n.* पलंग पोश।
Coun-ter-sign, *n.* गुप्त चिह्न, ख़ास इशारा। [दस्तख़त क॰।
Coun-ter-sign, *v.* सही करना,
Count-ess, *n.* बेग़म। [शुमार।
Count-less, *a.* अनगिनती, बे-
Coun-try, *n.* देश, मुल्क, गांव, जन्मभूमि, *a.* देशी, दिहाती।
Coun-try-man, *n.* देशी, गंवार, दिहाती।
Coun-ty, *n.* ज़िला, इलाक़ा।
Couple, *n.* दो, जोड़ा, *v.* मिलाना, जोड़ा लगाना।
Coup-let, *n.* दोहा, सोरठा, बैत।
Courage, *n.* ढिठाई, बीरता, दिलेरी, हिम्मत।

Cour-a-ge-ous, *a.* दिलेर, जवां मर्द, बहादुर।

Course, *n.* चाल, दौर, झुकाव, चक्कर, *v.* खदेरना, दौड़ाना।

Cour-ser, *n.* खूबतेज़ घोड़ा, शिकारी।

Court, *n.* राज महल, आंगन, दरबार, कचेहरी, अदालत।

Courteous, *a.* सुशील, नम्र।

Court-e-sy, *n.* सुशीलता, नम्रता, अदब, *v.* झुकना, सीश नवाना। [चापलूस।

Courtier, *n.* सभासद, दरबारी,

Court-mar-tial, *n.* जंगी या जहाज़ी अदालत। [बाज़ी।

Court-ship, *n.* चाह, इश्क-

Cousin, *n.* चचेरा भाई या बहिन, चचा या बुआ का लड़का।

Cove, *n.* कोल, खाड़ी।

Cove-nant, *n.* इक़रार, शर्त, *v.* इक़रार क०, शर्त बदना।

Cover, *n.* ढक्कन, आड़, टट्टी, शरण, बहाना, *v.* ढाकना, ओढ़ाना, शरण देना, छिपाना।

Covert, *n.* झाड़ी, जंगल, आड़, बचाव का स्थान, *v.* ढंका हुआ, छिपा हुआ। [करना।

Cov-et, *v.* लोभ क०, लालच

Cov-et-ous-ness, *n.* लोभ, लालच। [राना।

Cow, *n.* गौ, गाय; *v.* दबाना, ड-

Cow-ard, *n.* डरपोक, नामर्द।

Cow-ar-dice, *n.* नामर्दी, कम हिम्मती। [दबना।

Cow-er, *v.* डर से दबकना या

Cowl, *n.* पादरी (monk) लोगों की एक किस्म की पोशाक, चिमनी का ढक्कन।

Cox-comb, *n.* बांका, छैला।

Coy, *a.* शरमीला, हयादार, मुंह-चोर।

Coy-ness, *n.* लाज, हया, शरम।

Cozen, *v.* ठगना, धोखा देना।

Crab, *n.* केकड़ा।

Crab-bed, *a.* चिड़ चिड़ा, कडुआ, खट्टा, कठिन।

Crack, *n.* कड़क, चटक, दरार, *v.* फटना, फाड़ना, चटकना।

Crac-kle, *v.* कड़ कड़ाना, चड़ चड़ाना।

Cra-dle, *n.* हिंडोला, पलना, टूटी हड्डी या किसी चीज़ के रखने के लिये खाना।

Craft, *n.* हुनर, चालाकी, ठगी शिल्प विद्या, ढोंगी।

Craft-y, *a.* चालाक, धूर्त।

Crag, *n.* करारा, टीला।

Cram, *v.* ठूसना, मुहामुह भरना।

Cramp, *n.* ऐंठन, मड़ोर, *v.* रोकना, ऐंठना।

Crane, *n.* सारस, भारी बोझों को उठाने की कल।

Crank, *n.* धुरी की कजी या [मोड़।

Cran-ny, *n.* दरार।

Crape, *n.* करेप, एक प्रकार का झिर झिरा कपड़ा।

Crash, *n.* कड़ कड़ाहट, धड़ाका।

Crate, *n.* एक खुला हुआ खाना।

Cra-ter, *n.* ज्वाला मुखी पहाड़ का मुंह।

Crave, *v.* मांगना, मिन्नत क०।

Crav-ing, *n.* or *a.* लालसा, इच्छा।

Craw, *n.* पोटा, झोंझ।

Crawl, *v.* रेंगना, खिसकना।

Cray-on, *n.* चित्र खींचने की कूंची।

Cra-zy, *a.* टूटा हुआ, दिल शि- [कस्त, पागल।

Creak, *v.* चरचराना, कड़क-ड़ाना।

Cream, *n.* मलाई।

Crease, *n.* चुनन, शिकन, *v.* चुनना, शिकन डालना।

Cre-ate, *v.* रचना, बनाना, पैदा [क०।

Cre-a-tor, *n.* सृष्टि कर्त्ता, वि-धाता, ब्रह्मा।

Creature, *n.* जीव, प्राणी, जान-वर।

Cre-dence, *n.* विश्वास, एतबार।

Cred-i-ble, *a.* विश्वास योग्य, प्रमाणिक।

Cred-it, *n.* विश्वास, जमा, उ-धार, यश, *v.* विश्वास क०, जमा करना।

Cred-i-tor, *n.* महाजन, कर्ज़ देनेवाला या जमा करनेवाला।

Cre-du-li-ty, *n.* सीधापन, भोलापन।

Creed, *n.* धर्म, मत।

Creek, *n.* खाड़ी, कोल।

Creep, *v.* (Pt. & Pp. crept) रेंगना, आहिस्ता २ चलना।

Crest, *n.* कलगी, ताज, चोटी।

Crev-ice, *n.* दरार।

Crew, *n.* मल्लाहों की जमात।

Crib, *n.* चरनी, खरका, *v.* बंद क०।

Crick-et, *n.* झींगुर, गेंद डंडा का खेल।

Cri-er, *n.* ढंढोरा पीटनेवाला, मुना- [दी करने वाला।

Crime, *n.* अधर्म, अपराध, जुर्म।

Crim-i-nal, *n.* दोषी, अपराधी, मुजरिम, अधर्मी, बदकार।

Crim-i-nate, *v.* दोष लगाना, जुर्मी ठहराना।

Crimp, *a.* फुसफुसा, कमज़ोर।

Crim-son, *n.* or *a.* क़िरमिज़ी, बहुत लाल।

Cringe, *n.* खुशामद, ख़ाथाबरदारी *v.* खुशामद क०।

Crip-ple, *n.* लंगड़ा लूला v. लूला लंगड़ा क०, निर्बल क०।

Cri-sis, *n.* ठीक समय।

Crisp, *a.* फुसफुसा, भुरभुरा, *v.* चुनन डालना, बटना।

Crit-ic, *n.* इल्म या हुनर वग़ैरह का जांचने वाला, ऐब निकालने वाला।

Crit-i-cal, *a.* समायिक, ठीक, सही, वह जो इल्म या हुनर वग़ैरह के जांचने में ओस्ताद हो।

Crit-i-cism, *n.* ठीक परीक्षा, ख़ास कर विद्या या हुनर वग़ैरह की।

Croak, *n.* कड़कड़ाहट, मेंढक की बोली, *v.* कड़कड़ाना।

Crock, *n.* करवा, घड़ा।

Crock-er-y, *n.* मिट्टी या चीनी का बरतन।

Cro-co-dile, *n.* घड़िआल, मगर।

Croft, *n.* मकान के नज़दीक का एक छोटा खेत।

Crone, *n.* बूढ़ी, खप्पाट।

Crook, *n.* मोड़, गड़रिया की लग्घी *v.* मोड़ना, टेढ़ा क०।

Crook-ed, *a.* टेढ़ा, फरेबी, आलिया।

Crop, *n.* फसल, अनाज, पोटा *v.* काटना, नोचना।

Crosier, *n.* बड़े लाट पादरी का [आसा।

Cross, *n.* फांसी, दुख, बिपत्ति, चिन्ह + या ×, *a*, आड़ा, तिरछा, चिरचिरा, *v.* आड़ा रखना या लगाना, काटना, रद्द क०।

Crossing, *n.* चौराहा, रास्ता काटना।

Cross-ness, *n.* चिढ़, हठ।

Crotch-et, *n.* संगीत विद्या का एक चिन्ह, तरंग, मौज।

Crouch, *v.* दबकना, पांव पड़ना।

Croup, *n.* एक प्रकार का रोग जो बच्चों के गले में हो जाता है और खांसी आती है, घोड़े का पुट्ठा।

Crow, *n.* कौआ, मुर्ग़ की बोली, *v.* मुर्ग़ की तरह बोलना, डींग हांकना। [भीड़ करना।

Crowd, *n.* भीड़, ढेर, *v.* ठूंसना,

Crown, *n.* मुकुट, ताज, राज्य, पांच शिलिंग का *v.* मुकुट पहिनाना, अंत को पहुंचाना, पूरा क०।

Cru-ci-fy, *v.* सूली पर चढ़ाना।

Crude, *a.* कच्चा, कड़ा, सख़्त।

Cru-el, *a.* निर्दई, कठोर, बेरहम।
Cru-el-ty, *n.* निर्दयता बे रहमी।
Cruise, *n.* समुन्दरी सफर *v.* जहाज़ चलाना, समुन्दर में सफर क०।
Crumb, *n.* टुकड़ा।
Crum-ble, *v.* चूर होना या करना, टुकड़ा होना या कर डालना।
Crum-ple, *v.* झोल डालना, शिकन डालना।
Crup-per, *n.* घोड़े की दुमची।
Cru-sade, *n.* धर्म युद्ध, मज़हबी लड़ाई। [बोतल।
Cruse, *n.* एक छोटा पियाला या
Crush, *n.* धक्का, दबाव, चटाका, *v.* तोड़ना, दबाना, कुचलना, हराना। [चढ़ाना।
Crust, *n.* छिल्का, छाल. *v.* परत
Crust-y, *a.* परतदार. छिल्कादार, चिड़चिड़ा। [लिये लाठी।
Crutch, *n.* बैसाखी, लंगड़ के
Cry, *n.* पुकार, रोवाई, *v.* पुकारना, रोना, ढंढोरा पीटना।
Crypt, *n.* गुफा, ग़ार।
Cub, *n.* जानवर का बच्चा।
Cube, *n.* छ पहल. घन।
Cud, *n.* पागुर, जुगाली।
Cud-dle, *v.* चिमटना, चिमट कर सोना।

Cud-dy, *n.* जहाज़ में एक छोटी कोठरी।
Cudgel, *n.* लट्ठ, सोटा।
Cue, *n.* इशारा।
Cuff, *n.* घूंसा. थप्पड़, कोस, कफ।
Cuirass, *n.* ज़िरा बखतर।
Cull, *v.* चुनना, बिनना।
Cul-len-der, *n.* छन्ना, साफी।
Culm, *n.* अनाज का डंठा, छोटा कोयला। [चना, ऊंचा होना।
Cul-mi-nate, *v.* चोटी पर पहुं-
Cul-pa-ble, *a.* दंड योग, सज़ा के लायक। [मुजरिम।
Cul-prit, *n.* दोषी, अपराधी,
Cul-ti-vate, *v.* जोतना, सुधारना, ठीक क०।
Cul-ture, *n.* खेती. जोत, सुधार।
Cul-vert, *n.* पटी हुई मोरी।
Cum-ber, *v.* भारी क०, फंसाना, उलझाना।
Cun-ning, *n.* हिकमत, चालाकी, मक्कारी, *a.* धूर्त, सयाना, मक्कार।
Cup, *n.* प्याला, कटोरा।
Cup-board, *n.* बरतन वगैरह रखने की जगह या आलमारी।
Cur, *n.* लेंडी कुत्ता, निकम्मा आदमी।
Cu-rate, *n.* सहकारी पादरी, पुजारी।

Curb, *n.* लगाम की कड़ी, अट-काव, रोक, *v.* रोकना।
Curd, *n.* दही।
Curd-le, *v.* दही जमाना, जमाना।
Cure, *n.* उपाय, दवा, आराम, *v.* अच्छा क०, आराम क०।
Cu-ri-ous, *a.* भेदिया, जासूस, अनूठा, अजीब।
Curl, *n.* छल्ला, ज़ुल्फ़ *v.* बालों को मोड़ना, छल्ला डालना या पड़ना।
Cur-ren-cy, *n.* रिवाज, चलन, सिक्का जो रिवाज में हो।
Cur-rent, *n.* धारा, *a.* प्रचलित, आम। [माने वाला
Cur-ri-er, *n.* चमार, चमड़ा क-
Cur-ry, *v.* चमड़ा कमाना, खर-हरा क०, मालिश क०।
Curse, *n.* सराप, धिक्कार, *v.* स-राप देना, कोसना, लानत देना।
Curt, *a.* अल्प, संक्षेप, मुख़्तसर।
Cur-tail, *v.* काटना, घटाना, मु-ख़्तसर क०।
Curtain, *n.* पर्दा, मसहरी।
Curve, *n.* टेढ़ाई, ख़म, *a.* टेढ़ा, *v.* टेढ़ा क०। [या।
Cushion, *n.* मसनद, गद्दा, तकि-
Cus-to-dy, *n.* रखवाली, निगह-बानी, हवालात, हिरासत, क़ैद।
Cus-tom, *n.* रीत रस्म, चाल, गाहकी, ख़रीददारी।
Cus-toms, *n.* चुंगी, महसूल।
Cus-tom-er, *n.* गाहक, ख़रीददार।
Cut, *n.* काट, ज़ख़्म, *v.* काटना, चीरना।
Cut-lass, *n.* तेग़ा, शमशेर।
Cut-ler, *n.* चाकू छुरी बनाने वाला। [टुकड़ा।
Cut-let, *n.* एक छोटा गोश्त का
Cut-ter, *n.* काटने वाला, एक छोटी किश्ती।
Cut-ting, *n.* काट कटाई, चिंट, टुकड़ा, *a.* चुभता हुआ, सख़्त।
Cut-wa-ter, *n.* जहाज़ का आगा या माथा।
Cycle, *n.* दौर, चक्कर।
Cy-clo-pe-dia, *n.* कुल बातों का कोष, विद्यावली।
Cylinder, *n.* नल, डंडा, बेलन।
Cymbal, *n.* झांझ, करताल, म-जीरा।
Cynic, *n.* चिड़ चिड़ा, कुटिल।
Czar, *n.* रूस के राजा का ख़ि-ताब।

D

Dab, *n.* थप्पड़, थपकी, एक प्रकार की चपटी मछली *v.* लगाना, थपकी देना।

Dab-ble, *v.* पानी या कीचड़ में खेलना, भिगोना, तर क० ।
Dag-ger, *n.* खंजर, छूरी, कटार।
Dai-ly, *a.* or *ad.* प्रतिदिन, रोज़ ब रोज़ ।
Dain-ty, *n.* नियामत, नफीस चीज़, महाप्रसाद *a.* स्वादिष्ट, लज़ीज़ ।
Dai-ry, *n.* दूध या मक्खन वाले का कारखाना या घर ।
Dale, *n.* घाटी ।
Dal-ly, *v.* किलोल क०, खेलना, अठलाना, देर क० ।
Dam, *n.* जानवरों की मा, बांध *v* बंध बांधना, पानी रोकना ।
Dam-age, *n.* हानि, नुकसान *v.* हानि पहुंचाना, नुकसान क०।
Dam-ask, *n.* बूटेदार या फूलदार सुफेद कपड़ा ।
Dame, *n.* बहू, बीबी, बेगम, रानी।
Damn, *v.* धिक्कारना, बुरा कहना, नरक में भेजना ।
Dam-na-tion, *n.* नरक गमन, धत्तकार, फिटकार ।
Damp, *n.* सील, तरी, *a.* ओदा, गीला, *v.* भिगोना, गीला क०, उदास क० ।
Damp-er, *n.* वह जोकि रोकता [है ।
Dam-sel, *n.* कुमारी, लड़की ।
Dance, *v.* नाचना ।
Dan-dle, *v.* घुठनों पर नचाना, उछालना, कुदाना ।
Dan-druff, *n.* सिर की रूसी ।
Dan-dy, *n.* बांका, रंगीला, अलबेला ।
Danger, *n.* डर, ख़तरा, जोखिम।
Dang-le, *v.* लटकाना, हिलाना, झुलाना ।
Dank, *a.* ओदा, गीला, भीगा ।
Dap-per, *a.* चालाक, सुथरा साफ ।
Dap-ple, *a.* अबलक़, चितकबरा, गुलदार ।
Dare, *v.* (Pt. & Pp. durst) हिम्मत क०, लल कारना, धमकाना ।
Dar-ing, *n.* वीरता, दिलेरी, बहादुरी *a.* सूरबीर, दिलेर ।
Dark, *n.* अंधकार, जहालत, *a.* अंधेरा ।
Dark-ness, *n.* अंधकार ।
Dar-ling, *n.* or *a.* प्यारा ।
Darn, *v.* रफू क०, टांका मारना।
Dart, *n.* भाला, बरछी, *v.* फेंकना, चलाना, झपटना ।
Dash, *n.* टक्कर, ठोकर, चिन्ह जैसे (-) *v.* पटकना, दे मारना, टकराना ।

Das-tard, *n.* डरपोक ।
Date, *n.* तारीख़, खजूर *v.* तारीख़ देना या बांधना ।
Daub, *n.* अनाड़ी की पोताई या लिपाई *v.* थोपना, छोपना ।
Daughter, *n.* लड़की, बेटी ।
Daunt, *v.* धमकाना, डराना ।
Daunt-less, *a.* निर्भय, बेडर ।
Dawn, *n.* भोर, सुबह, *v.* दिन निकलना, भोर होना ।
Day, *n.* दिन ।
Daze, *v.* चका चौंध क०, चुन्धियाना, पागल क० ।
Daz-zle, *v.* चका चौंध क०, तिरमिराना ।
Deacon, *n.* छोटा पादरी ।
Dead, *n.* मुर्दा, सून सान, *v,* मुर्दा, मरा हुआ, बेजान । [क० ।
Deaden, *v.* ज़ोर कम क०, धीमा
Dead-ly, *a.* प्राण नाशक, क़ातिल, कड़ा ।
Deaf, *a.* बहिरा ।
Deal, *n.* भाग, बांट, परिमाण, मिक़दार *v.* हिस्सा क०, व्यापार क०, (Pt. & Pp. dealt) बांटना । [दुकानदार ।
Deal-er, *n.* व्यापारी, रोज़गारी,
Dean, *n.* बिशप से नीचे दर्जे का पादरी ।
Dear, *a.* महंगा, प्यारा ।
Dearth, *n.* अकाल, क़हत ।
Death, *n.* मृत्यु, मौत ।
Death-less, *a.* अमर, अविनाशी ।
De-bar, *v.* रोकना, निकालना ।
De-base, *v.* घटाना, छोटा क० ।
De-bate, *n.* बहस, वादाविवाद *v.* बहस क० । [क०, ख़राब क० ।
Debauch, *n.* ज़ियादती *v.* भ्रष्ट
Debil-ity, *n.* कमज़ोरी, दुर्बलता ।
Deb-it, *n.* बही के ख़र्चे के तरफ़ की रक़म *v.* नाम लिखना ।
Debris, *n.* टुकड़े ।
Debt, *n.* ऋण, उधार, क़र्ज़ ।
Debt-or, *n.* ऋणी, क़र्ज़दार ।
De-ca-dence, *n.* घटाव, उतार ।
Dec-a-logue, *n.* परमेश्वर की दस आज्ञायें ।
De-camp, *v.* कूच कर जाना, भाग जाना ।
De-cant, *v.* पसाना, ढालना ।
De-cant-er, *n.* शराब के लिये शीशे का गिलास ।
De-cay, *n.* ख़राबी, बुराई, क्षय, घटती *v.* घटना, बिगड़ना, ख़राब होना । [मरना ।
De-cease, *n.* मृत्यु, मौत, *v.*
De-ceit, *n.* कपट, छल, दग़ा, फ़रेब ।
De-ceive, *v.* धोखा देना, छल क० ।

De-cen-cy, *n.* सुशीलता, अदब, शायस्तगी।

De-cent, *a.* उचित, योग्य।

De-cep-tion, *n.* धोखा, दग़ा।

De-cide, *v.* ठहराना, निश्चय क॰।

De-cid-ed, *a.* निश्चय, दृढ़।

Dec-i-mal, *n.* दशमलव *a.* दशक।

De-ci-pher, *v.* समझना, खोलना, हल क॰।

De-cis-ion, *n.* निर्णय, फैसला।

De-ci-sive, *a.* पूरा, दो टूक।

Deck, *n.* जहाज़ का तख्ताबन्दी वाला कोठा *v.* सजाना, संवारना।

De-claim, *v.* बकबाद क॰, लंबी चौड़ी हांकना।

De-cla-ra-tion, *n.* बयान, इज़हार।

De-clare, *v.* कहना, बयान क॰, जताना।

De-clen-sion, *n.* बिभक्ति, गरदान।

De-cline, *n.* घटती, उतार *v.* ढलना, झुकना, इनकार क॰।

De-cliv-ity, *n.* उतार, ढाल।

De-coc-tion, *n.* उबाल, काढ़ा।

De-com-po-si-tion, *n.* जुदाई, अलाहिदगी।

Dec-o-rate, *v.* संवारना, सजाना।

De-co-rous, *a.* योग्य, लायक, सभ्य।

De-co-rum, *n.* सभ्यता, सलीक़ा।

De-coy, *n.* फंदा, लासा *v.* फंसाना।

De-crease, *n.* घटी, कमी, *v.* घटना या घटाना।

De-cree, *n.* हुकुम *v.* हुकुम देना, डिगरी क॰ या दिलाना।

De-cry, *v.* निन्दा क॰, बदनाम क॰।

Ded-i-cate, *v.* अर्पण क॰, नज़र क॰।

Ded-i-ca-tion, *n.* भेंट, नज़र।

De-duce, *v.* फल निकालना, निकालना।

De-duct, *v.* घटाना, काटना।

De-duc-tion, *n.* घटी, कमी, फल।

Deed, *n.* काम, प्रमाण पत्र।

Deem, *v.* सोचना, बिचारना, अनुमान क॰।

Deep, *n.* समुद्र *a.* गहिरा, गम्भीर।

Deepen, *v.* गहिरा क॰।

Deer, *n.* हिरन।

De-face, *v.* बिगाड़ना, कुरूप क॰,

De-fa-ma-tion, *n.* बदनामी, अपयश।

De-fame, *v.* निन्दा क॰, बदनाम क॰।

De-fault, *n.* भूल, चूक।

De-feat, *v.* पराजय क॰, हराना, भगाना।

De-fect, *n.* दोष, ऐब, कमी।

De-fect-ive, *a.* दोषी, अधूड़ा।
De-fence, *n.* बचाव, रक्षा।
De-fend, *v.* बचाना, रक्षा क०।
De-fer, *v.* टालना, देर क०।
Def-er-ence, *n.* आदर, सनमान।
De-fi-ance, *n.* ललकार, हांक।
De-fi-cient, *a.* छोटा, अधूड़ा।
De-file, *n.* तंग रास्ता, *v.* पंक्ति में चलना, गंदा क०।
De-file-ment, *n.* अपवित्रता, गंदगी।
De-fine, *v.* हद बांधना, व्याख्या [क०।
Def-i-nite, *a.* ठीक, मुक़र्रर।
De-fini-tion, *n.* व्याख्या, परिभाषा।
De-flour, *v.* बिगाड़ना, नथुनी [उतारना।
De-form, *v.* कुरूप क०, रूप बिगाड़ना।
De-form-ed, *a.* बेडौल, कुरूप।
De-fraud, *v.* छलना, ठगना।
De-fray, *v.* खरच करना।
De-funct, *a.* मुर्दा, निर्जीव।
De-fy, *v.* ललकारना।
De-gen-er-ate, *a.* अधम, नीच, *v.* नीचदशा आना, बिगड़ जाना।
De-grade, *v.* दर्जा घटाना, ज़लील क०।
De-gree, *n.* पद, हद, दर्जा, वृत्त का ३६० वां हिस्सा।

Deign, *v.* मानना, क़बूल क०।
De-ist, *n.* ब्रह्मज्ञानी, योगी।
De-it-y, *n.* ईश्वर, देवता।
De-ject, *v.* उदास क०, रंजीदा क०।
De-jec-tion, *n.* मलीनता, उदासी।
De-lay, *n.* देरी *v.* देरी क०, भर्सा क०, ठहर जाना।
Del-e-gate, *n.* प्रतिनिधि *v.* प्रतिनिधि भेजना।
Delf, *n.* चीनी का बरतन।
De-lib-er-ate, *a.* पक्का, सुस्त, *v.* सोचना, विचारना, समझना।
Del-i-ca-cy, *n.* लज्ज़त, मिठास, मुलायमियत।
Del-i-cate, *a.* उम्दा, कोमल, मृदु।
De-li-ci-ous, *a.* स्वादिष्ट।
Delight, *n.* आनन्द, खुशी *v.* खुश खुश क०, आनन्दित क०।
De-lin-quent, *n.* दोषी, पापी, गुनहगार।
De-lir-i-um, *n.* मूर्छा, बेहोशी।
De-liv-er, *v.* छोड़ना, छोड़ाना, सौंप देना।
De-liv-er-ance, *n.* छुटकारा, रिहाई।
Dell, *n.* छोटी घाटी या खाल।
De-lude, *v.* बहकाना, धोखा देना।
De-luge, *n.* पानी की बाढ़, बूड़ा *v.* डुबा देना, तर कर देना।

De-lu-sion, *n.* धोखा, कपट।
Dem-a-gogue, *n.* अधम लोगों का दल पति, गुरूघंटाल। [दावा।
De-mand, *n.* or *v.* चाह, पूछ,
De-mean, *v.* ओछा बरताव क०, नीचा करना, हलका क०।
De-mean-our, *n.* आचरण, ढंग, चाल चलन।
De-mer-it, *n.* दोष, गुनाह।
De-mise, *n.* मृत्यु, मरण *v.* दे कर मरना, हिबा करना।
De-moc-ra-cy, *n.* प्रजा राज्य।
De-mol-ish, *v.* नष्ट क०, तोड़ना।
De-mon, *n.* भूत, प्रेत, देव।
De-mo-ni-ac, *n.* वह जिस पर भूत लगा हो। [बतलाना।
De-mon-strate, *v.* दिखलाना,
De-mor-a-lize, *v.* बिगाड़ना, खराब क०।
De-mur, *n.* शक, शुभा, तामुल *v.* शक क०, आगा पीछा क०।
De-mure, *a.* गम्भीर, बकुला भगत।
Den, *n.* मांद, खोह, गुफा।
De-ni-al, *n.* इनकार। [पुकारना।
De-nom-i-nate, *v.* नाम रखना,
De-nom-i-na-tor, *n.* भिन्न में लकीर के नीचे का अंक।
De-note, *v.* बतलाना, इशारा क०, समझाना।

De-nounce, *v.* दोषी ठहराना, धमकाना।
Dense, *a.* घना, गाढ़ा, मोटा।
Dens-i-ty, *n.* मोटाई, गाढ़ापन।
Dent, *n.* प्रहार, आघात, चिन्ह। [आ।
Dent-al, *a.* दांत से सम्बन्ध रखने वा।
Dent-ist, *n.* दांत बनाने वाला।
De-nude, *v.* नंगा क०, खाली क०।
De-nun-ci-a-tion, *n.* धमकी, झिड़की।
De-ny, *v.* इनकार क०, नाटना।
De-part, *v.* चला जाना, विदा होना। [हकमा, विभाग।
De-part-ment, *n.* सरिश्तह, मु-
De-part-ure, *n.* रवानगी, कूच।
De-pend, *v.* लटकना, भरोसा रखना। [सरा, अधीनता।
De-pend-ence, *n.* भरोसा, आ-
De-pend-ent, *n.* ताबेदार *a.* ताबे, अधीन।
De-pict, *v.* चित्र वा तस्वीर खींचना, बयान क०। [ताना।
De-plore, *v.* विलाप क०, पछ-
De-po-nent, *n.* गवाह, साक्षी, *v.* उजाड़ना वा उजड़ना।
De-port-ment, *n.* ढंग, चाल, बरताव।
De-pose, *v.* उतारना, छुड़ाना, गवाही देना।

De-pos-it, *n.* धरोहर, अमानत, गिरौ, *v.* रखना, सौंपना।

Dep-o-si-tion, *n.* राज्य से उतारना, गवाही।

Depot, *n.* गुदाम, भंडार, डीपू।

De-prave, *v.* बिगाड़ना, ख़राब क॰।

De-prav-i-ty, *n.* ख़राबी, बुराई।

De-pre-ci-ate, *v.* क़ीमत घटाना, कम क़दर क॰,।

De-pre-da-tion, *n.* लूट, लूटमार।

De-press, *v.* दबाना, घटाना, नीचा क॰, तंग क॰।

De-pres-sion, *n.* गढ़ा, उदासी, दबाव, दिल की तंगी।

De-pri-va-tion, *n.* कमी, नुक़सान।

Depth, *n.* गहराई।

De-pute, *v.* भेजना, नियुक्त क॰।

Dep-u-ty, *n.* डिप्टी, नायब।

De-range, *v.* गोल माल क॰, उलट पुलट क॰। [विक्षिप्त।

De-rang-ed, *a.* घबड़ाया हुआ।

De-ride, *v.* ठट्ठा मारना, किसी पर हंसना।

De-ri-sion, *n.* ठट्ठा, उपहास।

De-rive, *v.* पाना, हासिल क॰, जड़ या बुनियाद दरियाफ़्त क॰।

De-scend, *v.* उतरना।

De-scend-ant, *n.* सन्तान, औलाद।

De-scent, *n.* उतार, हार, वंश।

De-scribe, *v.* बयान क॰।

De-scrip-tion, *n.* बयान ज़िक्र।

Des-cry, *v.* ताकना, देखना, दूर से ताड़ लेना। [पाक क॰।

Des-e-crate, *v.* भ्रष्ट क॰, ना-

De-sert, *n.* योग्यता, *v.* छोड़ देना, छोड़ भागना।

Des-ert, *n.* जंगल, वीरान, रेगिस्तान, *a.* ख़ाली।

De-sert-er, *n.* भगा हुआ सिपाही या मल्लाह, भग्गू। [होना।

De-serve, *v.* योग्य होना, लायक़

De-sign, *n.* नक़शा, ढांचा, इरादा, उपाय, बंदिश, *v.* बंदिश क॰, मन्सूबा क॰, नकशा खींचना।

Des-ig-nate, *v.* जताना, नाम रखना।

De-sign-ing, *a.* कपटी, चालाक।

De-sire, *n.* इच्छा, ख़्वाहिश, *v.* चाहना, ख़्वाहिश रखना या करना।

De-sir-ous, *a.* इच्छुक, ख़्वाहां।

De-sist, *v.* रुक जाना, बाज़ रहना या आना।

Desk, *n.* ढालू मेज़।

Des-o-late, *a.* उजाड़, सून सान, उदास।

Des-pair, *n.* निरासा, ना उम्मेदी, *v.* निरास या ना उम्मेद होना।

De-spatch, *n.* ख़त, डाक, जल्दी, फुरती, *v.* भेजना, पूरा क०।

Des-pe-rate, *a.* निरास, ना उम्मेद, बेडर।

Des-pi-ca-ble, *a.* नीच, कमीना।

De-spise, *v.* घृणा क०, हिक़ारत क०, तुच्छ जानना।

De-spite, *n.* बिरोध, बैर *v.* छेड़ना, बैर क० Pr. बजाय।

De-spond, *v.* निरास या ना उम्मेद होना। [लिम।

Des-pot, *n.* मनमौजी राजा, ज़ा-

Des-pot-ic, *a.* मनमौजी।

Des-sert, *n.* भोजन के पीछे खाने के मेवे व फल।

Des-tine, *v.* ठहराना, मुक़र्रर क०।

Des-ti-ny, *n.* भाग्य, क़िस्मत।

Des-ti-tute, *a.* रहित, लाचार, गरीब। [उजाड़ना।

De-stroy, *v.* नष्ट क०, बर्बाद क०,

De-struc-tion, *n.* नाश, बरबादी, क़तल।

De-struct-ive, *a.* उजाड़ू, मुज़िर।

De-tach, *v.* जुदा क०, अलाहिदा क०।

De-tach-ment, *n.* जुदाई, फ़ौजी भगी, फ़ौज।

De-tail, *n.* ब्यौरा, तफ़सील *v.* ब्योरे वार या तफ़सील वार बयान क०।

De-tain, *v.* अटकाना, रोकना।

De-tect, *v.* पकड़ पाना, ज़ाहिर क०।

De-ter, *v.* डराकर रोकना, या देर कराना। [क़स्द।

De-ter-mi-na-tion, *n.* इरादा,

De-term-ine, *v.* तै करना, निश्चय क०, पक्का इरादा क०।

De-test, *v.* घृणा क०, नफ़रत क०, तुच्छ जानना।

De-throne, *v.* गद्दी या तख्त पर से उतारना। [बदनाम क०।

De-tract, *v.* घटाना, कम क०,

Det-ri-ment, *n.* हानि, नुक़सान।

Dev-as-tate, *v.* उजाड़ना, तबाह क०। [क०।

De-vel-op, *v.* खोलना, ज़ाहिर

De-vi-ate, *v.* भटकना, चूकना, गुमराह होना। [दान।

De-vice, *n.* उपाय, तदबीर, नि-

Dev-il, *n.* भूत, प्रेत, शैतान।

De-vi-ous, *a.* भटका हुआ, गुमराह।

De-vise, *v.* उपाय या तदबीर क०, हिबा क०।

De-void, *a.* खाली, रहित, बगैर ।
De-vote, *v.* भेंट क०, चढ़ाना, सौंपना, लगाना ।
Dev-o-tee, *n.* योगी, बैरागी ।
De-vo-tion, *n.* पूजा, ध्यान ।
De-vour, *v.* खा जाना ।
De-vout, *a.* तपस्वी, भक्त ।
Dew, *n.* ओस, शबनम । [निपुण।
Dex-ter-ous, *a.* चतुर, चालाक,
Di-a-dem, *n.* मुकुट, ताज ।
Di-ag-o-nal, *n.* कर्ण, एक कोने से दूसरे कोने तक । [चित्र ।
Di-a-gram, *n.* सांचा, नक़सा,
Di-al, *n.* धूपघड़ी ।
Di-a-logue, *n.* बात चीत, सवाल जवाब ।
Di-am-e-ter, *n.* व्यास ।
Di-a-mond, *n.* हीरा ।
Di-a-per, *n.* बेल बूटे दार रेशमी कपड़ा, जामदानी ।
Diaphragm, *n.* सूराख़दार परदा।
Diarrhœa, *n.* संग्रहणी ।
Di-a-ry, *n.* रोज़ नामचा ।
Dib-ble, *n.* कुदाली, खुर्पी ।
Dic-tate, *n.* आज्ञा, हुकुम *v.* आज्ञा देना, लिखाना ।
Dic-ta-tor, *n.* स्वतन्त्र, खुद मुख्तार, लिखाने वाला ।
Dic-tion-a-ry, *n.* कोश ।

Die, *n.* पासा, ठप्पा, छाप, *v.* मरना ।
Di-et, *n.* भोजन, आहार, *v.* परहेज़ी खाना खिलाना, खिलाना।
Dif-fer, *v.* भिन्न या ख़िलाफ होना, जुदा होना । [जुदा ।
Dif-fer-ent, *a.* भिन्न, अलाहिदा,
Dif-fi-cult, *a.* कठिन, मुशकिल ।
Dif-fi-culty, *n.* कठिनता, सख्ती। दिक्क़त, संकट ।
Dif-fuse, *v.* फैलाना, छितराना ।
Dif-fuse, *a.* फैला हुआ, छितर बितर ।
Dif-fu-sion, *n.* फैलाव ।
Dig, *v.* (Pt. and Pp. dug खोदना । [मजमुआ
Digest, *n.* नीति या क़ानूनों का
Digest, *v.* पचना या पचाना, हज़म क० । [के अंक ।(
Digit, *n.* उंगली, एक से नौ तक
Dig-ni-fy, *v.* मर्तबा बढ़ाना, बढ़ाना, ऊंचा क० ।
Dig-ni-ta-ry, *n.* बड़ा पादरी ।
Dig-ni-ty, *n.* बड़प्पन, मर्यादा, दर्जा ।
Di-gress, *v.* फिरना, भटकना ।
Di-gres-sion, *n.* भूल, भटक ।
Dike, *n.* नाला, खाई, मेंड़ ।
Di-late, *v.* बढ़ाना, फैलाना ।

Dil-a-to-ry, *a.* देर, आलसी, सुस्त।

Di-lem-ma, *n.* दुबधा, चिन्ता, पसोपेश।

Dil-i-gence, *n.* तन्देही, मिहनत, [कोशिश।

Dil-i-gent, *a.* मिहनती, मुस्तैद।

Di-lute, *v.* दुबला क०, कमज़ोर क०।

Dim, *a.* धुंधला, अंधेरा, *v.* धुंधला क०, अंधेरा क०।

Di-men-sion, *n.* परिमाण, विस्तार, लम्बाई चौड़ाई।

Dim-in-ish, *v.* घटाना, कम क०।

Dim-i-ty, *n.* एक प्रकार का बूटीदार कपड़ा, डोरिआ।

Dim-ple, *n.* गाल या ठुड्डी का गड़हा या पिचक।

Din, *n.* शोर, गुल। [मना।

Dine, *v.* खाना, भोजन क०, जी-

Ding-le, *n.* घाटी, दर्रा।

Din-gy, *a.* काला, खाकी।

Din-ner, *n.* खाना, रसोई, रात का खाना, ब्यालू।

Dint, *n.* घूसा, चोट, बल, ताक़त, *v.* चोट से दाग डालना या पचकाना।

Di-o-cese, *n.* धर्माध्यक्ष या पादरी का इलाक़ा।

Dip, *n.* डुबकी, बुड़की, *v.* डुबकी मारना, गोता लगाना।

Diphthong, *n.* दो स्वरों का मिला हुआ उच्चारण।

Dire, *a.* भयानक, खौफ नाक।

Di-rect, *a.* ठीक, सीधा, *v.* हुकुम देना, बतलाना।

Di-rec-tion, *n.* इन्तिज़ाम, शिक्षा विभाग, रास्ता, पता, सरनामा।

Di-rect-ly, *ad.* सीधे, फ़ौरन, अभी। [वाला।

Di-rect-or, *n.* इन्तिज़ाम करने

Dirge, *n.* मरसिया, मातमी गीत।

Dirk, *n.* एक प्रकार का छुरा या कटार। [मैला क०।

Dirt, *n.* कीचड़, मैल, मट्टी *v.*

Dirt-y, *a.* मैला, गंदा, कमीना, *v.* मैला क०, गंदा क०। [क०।

Dis-a-ble, *v.* बलहीन क०, बेकार

Dis-ad-van-tage, *n.* हानि, नुक़सान, दिक़्क़त।

Dis-a-gree, *v.* बेमेल होना, मुआफ़िक़ न होना।

Dis-a-gree-a-ble, *a.* अप्रिय, नागवार, नापसन्द।

Dis-ap-pear, *v.* अलोप होना गायब होना।

Dis-ap-point, *v.* निरास क०, नाउम्मेद क०।

Dis-ap-prove, *v.* नापसन्द क०, ना मंज़ूर क०।

Dis-arm, *v.* हथियार छीन लेना, निहत्था क०, बे खौफ क०।
Dis-as-ter, *n.* आफत, मुसीबत।
Dis-a-vow, *v.* न मानना, इनकार क०। [तोड़ देना।
Dis-band, *v.* छुड़ा देना, फौज
Dis-be-lieve, *v.* विश्वास न क०, न मानना। [लना।
Dis-burse, *v.* ख़र्च क०, दे डा-
Disc, *n.* मंडल,—— [देना।
Dis-card, *v.* छुड़ा देना, निकाल
Dis-cern, *v.* देखना, पहिचानना, मालूम क०।
Dis-charge, *n.* बे बाक़ी, कड़ाका, छुटकारा, *v.* छुड़ा देना, बोझ उतार लेना, हलका क०।
Dis-ci-ple, *n.* शिष्य, चेला।
Dis-ci-pline, *n.* शिक्षा, तालीम, *v.* सिखाना, क़ायदा बतलाना।
Dis-claim, *v.* न मानना, इनकार क०। [प्रगट क०।
Dis-close, *v.* खोलना, उघारना,
Dis-com-fit, *v.* हराना, शिकस्त देना। [शान क०।
Dis-com-pose, *v.* घबड़ाना, हे-
Dis-con-cert, *v.* हराना, तोड़ना, भंग डालना।
Dis-con-nect, *v.* अलाहिदा क०, जुदा क०।
Dis-con-so-late, *a.* उदास, रं-जीदा। [कृत।
Dis-cord, *n.* फूट, नामुआफ-
Dis-cor-dant, *a.* बेमेल, नामु-आफ़िक़।
Dis-count, *n.* बट्टा, फ़िरता।
Dis-count, *v.* ब्याज बट्टा देना या काटना। [*v.* बातचीत क०।
Dis-course, *n.* बातचीत, उपदेश
Dis-cour-te-sy, *n.* असभ्यता, रूखाई। [मालूम क०।
Dis-cov-er, *v.* खोलना, उघारना,
Dis-cov-er-y, *n.* प्रकाश्य, तह-क़ीक़ात, वह चीज़ जो मालूम हो गई हो।
Dis-cred-it, *n.* अविश्वास, बे-एतबारी, बदनामी, *v.* विश्वास न क०, एतबार न क०। [मन्द।
Dis-creet, *a.* बुद्धिमान, अक़ल-
Dis-cre-tion, *n.* बुद्धि, समझ, विवेक। [फ़रक़ देखना।
Dis-crim-i-nate, *v.* पहचानना,
Dis-cur-sive, *a.* बे डौल, बे क़ायदा। [बहस क०।
Dis-cuss, *v.* वादानुवाद क०,
Dis-cuss-ion, *n.* बहस।
Dis-dain, *n.* घृणा, नफ़रत, *v.* घृणा क०, तुच्छ स०, नफ़रत क०।

Dis-ease, *n.* रोग, बीमारी।

Dis-em-bark, *v.* जहाज़ या किश्ती पर से किनारे पर उतरना या उतारना।

Dis-en-gage, *v.* छोड़ना या छुड़ाना, आज़ाद क०।

Dis-en-tan-gle, *v.* सुलझाना, खोलना, आज़ादक०।

Dis-fa-vour, *n.* अरुचि, नफ़रत।

Dis-fig-ure, *v.* कुरूप क०, सूरत बिगाड़ना, खराब क०।

Dis-fran-chise, *v.* राय देने के अधिकार से रहित करना।

Dis-gorge, *v.* रद्द क०, कै करना, लौटा देना, वापिस क०।

Dis-grace, *n.* अपमान, कलंक, बेइज़्ज़ती, *v.* अपमान क०, बेइज़्ज़त क०।

Dis-guise, *n.* भेस, स्वांग, *v.* भेस बनाना, सूरत बदलना।

Dis-gust, *n.* घृणा, नफ़रत, अरुचि, *v.* घृणा या नफ़रत पैदा करना।

Dish, *n.* थाली, रकाबी। [तोड़ना।

Dis-heart-en, *v.* निरास क०, दिल

Dis-hon-est, *a.* कपटी, बेईमान।

Dis-hon-our, *n.* बेइज़्ज़ती, अपमान, *v.* अपमान क०, बेइज़्ज़त क०।

Dis-in-fect, *v.* साफ़ क०।

Dis-in-ter, *v.* क़बर में से निकालना, उखाड़ना।

Dis-join, *v.* अलग क०, जुदा क०।

Dis-joint-ed, *a.* मख़लूहिदा, बेमेल।

Dis-like, *n.* अरुचि, नफ़रत, *v* ना पसन्द क०, घृणा क०।

Dis-lo-cate, *v.* हटाना, जोड़ उखाड़ना। [निकाल देना।

Dis-lodge, *v.* खाली कराना,

Dis-loy-al, *a.* नमक हराम, बेवफ़ा। [अंधेरा।

Dis-mal, *a.* भयानक, उदास

Dis-man-tle, *v.* नंगा क०, उतार लेना, तोड़ डालना।[घबड़ाना।

Dis-may, *n.* भय, ख़ौफ़, *v.* डराना,

Dis-miss, *v.* बिदा क०, छुड़ादेना।

Dis-mount, *v.* उतरना या उतारना।

Dis-o-be-di-ence, *n.* हठ, ना फ़रमां बरदारी। [मानना।

Dis-o-bey, *v.* आज्ञा या हुकुम न

Dis-or-der, *n.* बीमारी, घबड़ाहट, *v.* बेतरतीब क०, गड़बड़ क०।

Dis-or-der-ly, *a.* घबडाया हुआ, बेतरतीब, उलट पलट, तितर बितर।

Dis-or-ga-nise, *v.* तोड़ना तितर बितर क॰।

Dis-own, *v.* नाटना, इनकार क॰, अङ्गीकार न करना।

Dis-par-i-ty, *n.* अन्तर, फरक़।

Dis-patch, *v.* इस शब्द को ठीक हिज्जय despatch, है।

Dis-pel, *v.* दूर क॰, छितराना, उड़ाना, नष्ट क॰।

Dis-pen-sa-ry, *n.* दवाखाना, वह स्थान जहां गरीबों को मुफ़्त दवा मिले। [सीम, मुआफ़ी।

Dis-pen-sa-tion, *n.* बांट, तक़-

Dis-pense, *v.* बांटना, देना।

Dis-perse, *v.* छिटकाना, फैलाना, तितर बितर क॰।

Dis-play, *n.* धूम धाम, तमाशा, *v.* खोल देना, ज़ाहिर कर देना।

Dis-please, *v.* नाराज़ क॰, ना ख़ुश क॰। [ख़ुशी।

Displeasure, *n.* नाराज़ी, ना

Dis-port, *n.* सैर, खेल, *v.* सैर क॰, दिल बहलाना। [इन्तिज़ाम।

Dis-po-sal, *n.* अधिकार, तरतीब,

Dis-pose, *v.* तरतीब में रखना, ठीक क॰, चाहना, बेचना

Dis-po-si-tion, *n.* सजावट, बनावट, स्वभाव, मिज़ाज, रुचि, शौक़, चाह।

Dis-proof, *n.* वाक्य खण्डन, झुठाव।

Dis-prove, *v.* झूठा ठहराना।

Dis-pute, *n.* बहस, हुज्जत, *v.* बहस क॰, तकरार क॰, झगड़ना।

Disqualify, *v.* नालायक़ क॰।

Disquiet, *n.* बेचैनी, घबड़ाहट, बेसब्री, *a.* बे चैन, *v.* घबड़ाना, दुख देना,

Dis-re-pute, *n.* बदनामी, बेइज़्ज़ती। [अदबी।

Dis-re-spect, *n.* अनादर, बे

Dis-sat-is-fac-tion, *n.* असन्तोष, नाराज़ी, ना ख़ुशी।

Dis-sat-is-fy, *v.* ख़ुश न कर सकना। [फाड़ना।

Dis-sect, *v.* काटना, चीरना,

Dis-sem-ble, *v.* छिपाना, बहाना क॰, भेस बनाना,

Dis-sem-bler, *n.* कपटी, मक्कार, बनावटी।

Dis-sen-sion, *n.* झगड़ा, लड़ाई, बिगाड़।

Dis-sent, *n.* विरुद्ध राय, *v.* विरुद्ध राय होना।

Dis-sent-er, *n.* वह शख़्स जो प्रसिद्ध मत के विरुद्ध हो।

Dis-ser-ta-tion, *n.* बयान, लेख।

Dis-sim-i-lar, *a.* भिन्न, बे मेल।
Dis-sim-u-la-tion, *n.* कपट, बनावट, ज़ाहिरदारी।
Dis-si-pate, *v.* छितराना, उड़ाना।
Dis-si-pa-tion, *n.* फैलाव, ऐय्याशी।
Dis-so-lute, *a.* लम्पट, दुराचारी, आवारा।
Dis-so-lu-tion, *n.* बरख़ास्तगी, जुदाई, घुलाव, मौत।
Dis-solve, *v.* गलाना, पिघलाना, अलग २ क॰।
Dis-suade, *v.* रोकना, समझाना, बहकाना, दिल फेरना। [शब्द।
Dis-syl-la-ble, *n.* दो टुकड़े का
Dis-taff, *n.* सन या ऊनकी पूनी।
Dis-tance, *n.* बीच, अन्तर, दूरी, *v.* पीछे छोड़ना।
Dis-tant, *a.* दूर, अलग, रूखा।
Dis-taste, *n.* घृणा, नफ़रत, अरुचि। [ज़ाजी।
Dis-tem-per, *n.* रोग, बद मि-
Dis-tend, *v.* तनना या तानना, फैलना या फैलाना।
Distich, *n.* मिसरा, दोहा।
Dis-til, *v.* टपकना या टपकाना, चूना, चुआना, अर्क़ खींचना।
Dis-tinct, *a.* अलग, जुदा, साफ़।
Dis-tinc-tion, *n.* अन्तर, भेद, फ़र्क़।
Distinguish, *v.* पहिचानना, जानना, मशहूर क॰, फ़र्क़ या भेद निकालना।
Dis-tin-guish-ed, *a.* प्रसिद्ध, नामवर। [क॰।
Dis-tract, *v.* घबड़ाना, पागल
Dis-train, *v.* कुर्क़ क॰, ज़ब्त क॰।
Dis-traint, *n.* कुर्क़ी।
Dis-tress, *n.* दुःख, संकट, ग़रीबता *v.* दुःख देना, सताना।
Dis-trib-ute, *v.* बांटना, तक़सीम क॰।
Dis-trict, *n.* ज़िला।
Dis-trust, *n.* सन्देह, बे ऐतबारी, *v.* शक क॰, बे ऐतबारी क॰।
Dis-turb, *v.* घबड़ाना, छेड़ना।
Dis-use, *n.* बेकारी, बेइस्तेमाली।
Dis-use, *v.* इस्तेमाल न क॰, आदत छोड़ना।
Ditch, *n.* खंदक़, नाला, *v.* खंदक़ या नाली खोदना।
Dit-to, *n.* तथा, वही।
Dit-ty, *n.* गीत।
Dive, *v.* गोता लगाना या मारना।
Di-verge, *v.* फैलना, फूटना।
Di-vers, *a.* नाना प्रकार का, कई एक, मुख़्तलिफ़।
Di-ver-si-fy, *v.* बदलाना, रंग बरंग क॰।

Di-ver-sion, *n.* मोड़, फेर, सफ़रीह, तमाशा। [फ़र्क़।
Di-ver-si-ty, *n.* विचित्रता, भेद,
Di-vert, *v.* मोड़ना, फेरना, दिल बहलाना या खुश क०। [क०।
Di-vest, *v.* उतारना, छीनना, नंगा
Di-vide, *v.* भाग क०, बांटना, काटना, तक़सीम क०।
Div-i-dend, *n.* भाज्य, हिस्सा।
Di-vine, *n.* पादरी, *a.* पाक, पवित्र, *v.* भविष्यत कहना, आगम कहना। [ब्रह्मज्ञान।
Di-vin-i-ty, *n.* ईश्वरता, खुदाई,
Di-vis-ion, *n.* भाग, तक़सीम, खंड, टुकड़ा।
Di-vi-sor, *n.* भाजक।
Di-vorce, *n.* त्याग, स्त्री पुरुष की जुदाई, *v.* त्यागना, तिलाक देना। [क०, मशहूर क०।
Di-vulge, *v.* प्रचार क०, प्रगट
Diz-zy, *a.* चक्कर लाने वाला, सिर घुमाने वाला।
Do, *v.* (Pt. did: Pp. done) करना, बनाना, पूरा क०, ठीक होना।
Docile, *a.* सिखलाने लायक़।
Dock, *n.* जहाज़ों के ठहरने की जगह, खाड़ी, घाट, *v.* घटाना कम क०।
Dock-et, *n.* डाकट, पता *v.* चिट्ठी का खुलासा लिखना।
Doc-tor, *n.* आलिम, वैद्य।
Doc-tri-nal, *a.* उसूल के मुतअल्लिक़। [मसला।
Doc-trine, *n.* शिक्षा, मत, उसूल,
Doc-u-ment, *n.* कागज़, सनद।
Dodge, *v.* टाल मटोल क०, बचाना।
Doe, *n.* हरिणी।
Do-er, *n.* कर्ता, करने वाला।
Doff, *v.* उतारना, टालना।
Dog, *n.* कुत्ता, *v.* पीछे पड़ना या लगना। [कुत्ता।
Dog-ged, *a.* हठी, बे मुरव्वत,
Dog-ma, *n.* सिद्धान्त, मत।
Dog-mat-i-cal, *a.* पक्का, हठी।
Do-ings, *n.* करतूत, काम।
Dole, *n.* भाग, हिस्सा, *v.* बांटना।
Dole-ful, *a.* उदास, रंजीदा।
Doll, *n.* गुड़िया।
Dollar, *n.* एक प्रकार का सिक्का।
Dol-phin, *n.* ह्वेल के क़िस्म की एक मछली।
Dolt, *n.* मूर्ख, अहमक़।
Do-main, *n.* राज्य, अमल्दारी।
Dome, *n.* घर, गुम्बज़।
Do-mes-tic, *n.* घर का नौकर, *a.* घरेलू, पालतू। –

Dom-i-nant, *a.* प्रधान, ज़बरदस्त।

Dom-i-neer, *v.* अत्याचार क॰, ज़ोर ज़ुल्म से हुकूमत क॰।

Do-min-ion, *n.* हुकूमत, राज्य, सल्तनत।

Do-na-tion, *n.* दान, पुण्य, नज़र।

Don-key, *n.* गदहा।

Do-nor, *n.* दाता, देने वाला।

Doom, *n.* दंड, आज्ञा, भाग्य, *v.* दंड या सज़ा का हुक्म देना।

Dooms-day, *n.* महा प्रलय या क़यामत का दिन।

Door, *n.* दरवाज़ा।

Dor-mant, *a.* सोता हुआ, सुस्त।

Dor-mi-tory, *n.* सोने का घर।

Dor-sal, *a.* पिछला।

Dose, *n.* मात्रा, मौताद, *v.* मात्रा क॰, मौताद क॰।

Dot, *n.* बिन्दु, *v.* बिन्दु या धुब्बा देना।

Dotage, *n.* बुद्धि का नाश, बड़ा दुलार।

Dote, *v.* सठिआना, मोहित होना।

Doub-le, *n.* दो गुना, छल, धोखा, दूना, दोहरा, कपटी, दुरंगा, *v.* दूना क॰, दोहराना, गिर्द जाना।

Doub-let, *n.* जोड़ा, जुफ्त, फतूही, मिरज़ई।

Doubt, *n.* शंका, शक, *v.* शक क॰, पसो पेश क॰।

Doubt-ful, *a.* शक्की।

Doubt-less, *ad.* बेशक।

Dough, *n.* साना या गुन्धा हुआ आटा, ख़मीर। [मर्द।

Doughty, *a.* बहादुर, दिलेर, जवां

Dove, *n.* फ़ाख़्ता, कबूतर।

Dow-a-ger, *n.* बेवा, विधवा।

Dow-dy, *n.* बे ढंगी या बे सलीक़ा औरत, *a.* बे ढंगी, फूहर।

Dow-el, *n.* जोड़ना, दर्ज मिलाना।

Do-wer, *n.* दहेज़।

Down, *n.* पहाड़ के ऊपर का मैदान, रोवां, *a.* उदास, *Pr*, or *ad.* नीचे, तले। [नाश।

Down-fall, *n.* पतन, ख़राबी,

Down-right, *a.* साफ़, पूरा, आख़िर, *ad.* सीधा, साफ़ २।

Dox-ol-o-gy, *n.* स्तुति, गुणानुवाद।

Doze, *n.* ऊंघ, *v.* ऊंघना, आंख लगना या झपकना।

Dozen, *n.* or *a.* दर्जन, बारह।

Drab, *n.* वेश्या, ख़ानगी, *a.* बादामी। [परिमाण विशेष।

Drachm, *n.* पौने दो माशे का

Draft, *n.* हुंडी, मसौदा, सिपाहियों का दल, *v.* खींचना, मसौदा बनाना, जुदा क॰।

Drag, *v.* घसीटना, खींचना।
Drag-on, *n.* अजगर, पर दार सांप।
Dra-goon, *n.* सवार।
Drain, *n.* मोरी, परनाला, *v.* पानी निकालना, सुखाना, खाली क०, छानना।
Drake, *n.* हंस, बत्त। [विशेष।
Dram, *n.* थोड़ी सी शराब, परिमाण,
Dra-ma, *n.* नाटक। [चने वाला
Dra-per, *n.* बज़ाज़, कपड़ा बे-
Dra-per-y, *n.* बज़ाज़ी, कपड़े का कारोबार। [कड़ा।
Dras-tic, *n.* जुलाब, *a.* सख़्त,
Draught, *n.* खिंचाव, शराब, अर्क़, घूंट, नक़्शा, वह गहराई जिस में नाव या जहाज़ डूबा रहे, पकड़ी हुई मछलियों की तायदात। [बीस।
Draughts-man, *n.* नक़्शा न-
Draw, *v.* (Pt. drew, Pp. drawn.) लुभाना, मोह लेना, खींचना, घसीटना। [तुक्स।
Draw-back, *n.* फिरता, ऐब,
Draw-er, *n.* दराज़, ख़ीना।
Draw-ers, *n.* पाय जामा, इज़ार।
Draw-ing, *n.* नक़्शा।
Drawl, *v.* आहिस्ता २ बोलना, हकला कर बोलना।
Dray, *n.* एक प्रकार की गाड़ी, छकड़ा। [*v.* डरना।
Dread, *n.* भय, डर, *a.* भयानक,
Dread-ful, *a.* भयानक, डरावना।
Dream, *n.* स्वप्न, ख़्वाब, वह्म, ख़ाम ख़्याल, *v.* (Pt. and Pp. dreamed, dreamt.) स्वप्न या ख़्वाब देखना, ख़्या-ल क०। [उदास।
Drear-y, *a.* भयानक, सुनसान,
Dredge, *n.* एक प्रकार का जाल, बेसुरड़, *v.* जाल से पकड़ना, छींटना, बुरकना।
Dredg-er, *n.* मछुआ, माहीगीर।
Dregs, *n.* मैल, तलछट, जूठन।
Drench, *v.* भिगोना, तर क०।
Dress, *n.* पोशाक, कपड़े, *v.* (Pt. and Pp. dressed, drest) कपड़े पहनाना, आरा-स्ता क०, पकाना, घाव साफ कर के मरहम पट्टी क०। [मेज़।
Dress-er, *n.* बावर्ची ख़ाने की
Drib-ble, *v.* टपकना, चूना।
Drift, *n.* अभिप्राय, इरादा, ढेर, बौछार, *v.* बहना, बहा या उड़ा कर ढेर कर देना।
Drill, *n.* बरमा, *v.* छेदना, सालना।
Drink, *n.* शराब, घूंट, *v.* (Pt. drank, Pp. drunk.) पीना

Drip, *v.* टपकना, चूना।

Drive, *n.* गाड़ी की सवारी, या हांकने की जगह, *v.* (Pt. drove, Pp. driven) हांकना, चलाना, ढकेलना, निकालना।

Driz-zle, *v.* फुहार पड़ना, छोटे २ बून्दों में बरसना।

Droll, *a.* मसख़रा, हंसी मज़ाक़ का, अद्भुत, अजीब।

Drone, *n.* नर मधु मक्खी।

Droop, *v.* झुकना, मुरझाना, कमज़ोर होना।

Drop, *n.* बूंद, बाली, झुमका, फांसी का तख़्ता, *v.* टपकना, गिरना, गिराना, आहिस्ते से कहना, छोड़ना।

Drop-sy, *n.* जलंधर।

Dross, *n.* मैल, कीट।

Drought, *n.* सूखा, प्यास।

Drove, *n.* झुंड, भीड़, जमाव।

Drown, *v.* डुबाना, गर्क़ क०।

Drow-sy, *a.* निंदासा, आलसी।

Drub, *v.* मारना, पीटना, ठोकना।

Drub-bing, *n.* मार पीट।

Drudge, *n.* टहलू, मज़दूर, *v.* मिहनत क०, मज़दूरी क०।

Drug, *n.* औषध, दवा, *v.* दवा बनाना या मिलाना, मात्रा से ज़्यादा देना, बेहोश क०।

Drug-get, *n.* मोटा कपड़ा।

Drug-gist, *n.* पंसारी, अत्तार, दवा बेचने वाला।

Drum, *n.* ढोल, तबला, कान का ढोलना या पर्दा, *v.* बजाना।

Drunk, *a.* मतवाला, बेहोश, नशे में चूर।

Drunk-ard, *n.* शराबी, नशाबाज़

Dry, *a.* सूखा, प्यासा, रूखा, *v.* सुखाना। [प्यास।

Dry-ness, *n.* सूखापन, खुश्की,

Du-bi-ous, *a.* शंकनीय, दुब्धा का।

Du-cal, *a.* नव्वाबी।

Duch-ess, *n.* बेगम, रानी।

Duch-y, *n.* नवाब की रियासत, राज्य।

Duck, *n.* बतक, मुरग़ाबी, किरमिज़, *v.* डुबकी मारना, गोता लगाना।

Duck-ing, *n.* गोता, डुबकी।

Duct, *n.* नली, मोरी।

Duc-tile, *a.* मुलायम, नरम, जिसका तार आसानी से खिंच सके।

Dudgeon, *n.* रंजिश, ख़फ़गी।

Due, *n.* क़र्ज़, हक़, *a.* वाजिब, सबब से।

Du-el, *n.* कुश्ती, दो आदमियों की लड़ाई।

Duet, *n*. राग या गीत जिसे दो आदमी मिलकर गावें।
Dug, *n*. थन, जानवरों की चूची।
Duke, *n*. नवाब, राजा।
Dull, *a*. सुस्त, कुंद, अहमक, बेवकूफ, उदास, *v*. मन्द क०, सुस्त क०, बे रौनक क०।
Dul-ness, *n*. सुस्ती, आलस्य।
Du-ly, *ad*. ठीक २, वाजिब तौर पर।
Dumb, *a*. गूंगा, चुपका।
Dump-ling, *n*. गुल गुला।
Dun, *n*. काला रंग, कड़ा तगादा।
Dunce, *n*. मूर्ख, बेवकूफ।
Dung, *n*. गोबर, लीद, खाद, पांस।
Dungeon, *n*. कैद, जेल खाना।
Dupe, *n*. भोला, सीधा, *v*. ठगना, धोखा देना।
Du-pli-cate, *n*. नकल, उतार, *a*. दोहरा, दूना०, *v*. दोहराना, दूना क०।
Du-pli-ci-ty, *n*. छल, दग़ा, कपट।
Dur-a-ble, *a*. टिकाऊ, मज़बूत।
Du-rance, *n*. कैद, हिरासत।
Du-ra-tion, *n*. अर्सा, मुद्दत।
Dur-ing, *pr*. में बीच।
Dusk, *n*. संध्याकाल *a*. धुंधला।
Dust, *n*. धूल, मट्टी। [बरदार।
Du-ti-ful, *a*. आज्ञाकारी, फरमां
Du-ty, *n*. सेवा, कर्तव्य, महसूल।
Dwarf, *n*. बौना, नाटा, *v*. बढ़ने न देना।
Dwell, *v*. (Pt. and Pp. dwelt) बसना, रहना, ठहरना।
Dwelling, *n*. घर, मकान।
Dwin-dle, *v*. सिकुड़ना, घटना, कम होना।
Dye, *n*. रंग; *v*. रंगना।
Dyer, *n*. रंगरेज़।
Dyn-as-ty, *n*. राजाओं की श्रेणी।
Dys-en-ter-y, *n*. अतीसार, आंव का रोग।
Dys-pep-si-a, *n*. बदहज़मी, अजीर्ण।

E.

Each, *a*. प्रत्येक, हर एक।
Eager, *a*. उत्सुक, चावक।
Ea-gle, *n*. गिद्ध।
Ear, *n*. कान, ध्यान, कुंडा, *v*. कान लगाना।
Earl, *n*. पदवी विशेष, इंगलिस्तान के तीसरे दर्जे के अमीर का खिताब।
Ear-ly, *a*. सवेरे, उचित काल में, अवसर पर, *ad*. जल्द।
Earn, *v*. कमाना, लायक होना।

Ear-nest, *n.* साई, बयाना, *a.* उत्साही, उद्योगी ।

Earth, *n.* पृथ्वी, भूमि, मट्टी; *v.* गाडना, तोपना ।

Earth-en, *a.* मट्टी का, ख़ाकी ।

Earth-ly, *a.* दुनियवी, पृथ्वी से सम्बंधित । [डोल ।

Earth-quake, *n.* भूकम्प, भुइ-

Ease, *n.* सुख, चैन, आराम, *v.* आराम देना, दुख रहित क० । [था ठाट ।

Eas-el, *n.* रंगने वाले का ढांचा

East, *n.* पूरब; *a.* or *ad.* पूरबी ।

Easter, *n.* ईसाईयों का एक त्योहार ।

East-ern, *a.* पूरबी । [का ।

Ea-sy, *a.* सहज, सुगम, आराम

Eat, *v.* (Pt. ate; Pp. eaten) भोजन क०, खाना ।

Eat-able, *n.* खाद्य, ख़ोराक; *a.* खाने के योग्य ।

Eaves, *n.* ओलौती, परछत्ती ।

Ebb, *n.* भाटा, उतार, घटती ।

Eccentric, *n.* पहिया मध धुरी के, *a.* अजीब । [मज़हबी ।

Ec-cle-si-as-ti-cal, *a.* दीनी,

Echo, *n.* गूंज; *v.* गूंजना, आवाज़ लौटना । [अंधेरा क० ।

E-clipse, *n.* ग्रहण, अंधेरा, *v.*

E-clip-tic, *n.* क्रांति वृत्त ।

E-con-o-my, *n.* कम ख़रची, किफ़ायत शारी, अच्छा इन्तिज़ाम । [ख़ुशी ।

Ecstasy, *n.* आनन्द, बड़ी भारी

Ed-dy, *n.* भंवर, चक्कर; *v.* चक्कर खाना ।

Edge, *n.* धार, क़िनारा; *v.* तज़ क०, क़िनारा लगाना ।[ग्ज़ी ।

Edg-ing, *n.* गोट, क़िनारा, म-

E-dict, *n.* राज आज्ञा, आज्ञा पत्र, फरमान, क़ानून । [रत ।

Ed-i-fice, *n.* हवेली, मकान, इमा-

Ed-i-fy, *v.* बढ़ाना, सुधारना, सिखाना । [क० ।

Ed-it, *v.* छापने के लिये तैयार

E-di-tion, *n.* छापा, जितनी प्रति एक बार में छपें । [सिखाना ।

Ed-u-cate, *v.* पढ़ाना, लिखाना,

Ed-u-ca-tion, *n.* शिक्षा, तालीम ।

Ef-face, *v.* छेकना, मिटाना, छीलना ।

Ef-fect, *n.* असर, फल, नतीजा; *v.* पैदा क०, असर क०, पुरा क० ।

Ef-fects, *n.* असबाब ।

Ef-fect-ive, *a.* काम का ।

Ef-fect-u-al, *a.* फल दायक ।

Ef-fete, *a.* बुड्ढा, पुराना ।

Ef-fer-vesce, *v.* उबलना, बुर बुराना ।

Ef-fi-ca-cy, *n.* गुण, ताक़त।
Ef-fi-gy, *n.* प्रतिमा, मूर्ति।
Ef-flu-vi-um, *n.* खराब भाफ, बदबू, दुर्गंधि।
Ef-flux, *n.* बहाव। [कोशिश।
Ef-fort, *n.* दौड़ धूप, मिहनत,
Ef-front-er-y, *n.* ढिठाई, गुस्ताख़ी, बेशर्मी।
Egg, *n.* अंडा।
E-go-tist, *n.* खुद गर्ज़, घमंडी।
E-gress, *n.* निकास, खानगी।
Either, *pr.* एक न एक, कोई, हर एक; *c.* जब कि or के साथ हो।
E-jac-u-la-tion, *n.* दुआ, फेंक।
E-ject, *v.* निकालना, फेंकना।
Eke, *v.* बढ़ाना, फैलाना, *ad.* सिवा, भी। [गुज़र जाना।
E-lapse, *v.* बीतना, जाता रहना,
E-last-ic, *a.* लचीला, दमदार।
E-las-tic-it-y, *n.* लचक, असली हालत पर आ जाने की ताक़त।
El-bow, *n.* कुहनी, कोना, *v.* धक्का धक्की क०। [बुजुर्ग।
El-der, *n.* or *a.* बड़ा, बूढ़ा,
El-dest, *a.* उम्र में सब से बड़ा या जेठा।
E-lect, *n.* or *a.* चुना हुआ, पसन्दीदह; *v.* चुनना, पसन्द क०।
E-lec-tion, *n.* चुनाई, पसन्द।
E-lec-tor, *n.* चुनने या पसन्द करने वाला। [की।
E-lec-tric, *a.* विद्युन्मय, बिजुली
E-lec-tric-it-y, *n.* विद्युत् शक्ति, बिजुली।
E-lec-tri-fy, *v.* बिजुली की शक्ति पहुंचाना, ताज्जुब में करना। [कत, खुबसूरती।
El-e-gance, *n.* कोमलता, नज़ा-
El-e-gant, *a.* पसन्द, खुशनुमा. कोमल। [गति।
El-e-gy, *n.* मरसिहा या मातमी
El-e-ment, *n.* तत्व, मूल, उसूल।
El-e-vâte, *v.* उठाना, ऊंचा क०. खुश क०।
Elf, *n.* परी।
E-lic-it, *v.* खींचना, निकालना, ज़ाहिर क०। [लायक़।
El-i-gi-ble, *a.* योग्य, क़ाबिल.
Ell, *n.* लम्बान, नापने का एक पैमाना, पांच गज़।
El-lipse, *n.* अंडाकार वृत्त।
El-o-cu-tion, *n.* बोलने या बयान करने का तर्ज़, उच्चारण। [हो जाना।
E-lope, *v.* भाग जाना, गायब
El-o-quence, *n.* बोलने की शक्ति, उत्तम वाणी।

Else, *ad.* परन्तु, नहीं तो, अथवा।
Else-where, *ad.* और कहीं।
E-lude, *v.* बचना, धोखा देकर-भागना। [होना।
Em-a-nate, *v.* निकलना, पैदा
E-man-ci-pate, *v.* छोड़ देना, बरी क०।
Embalm, *v.* मसाला वगैरह दे कर सड़ने से बचाना।
Em-bank-ment, *n.* बांध, पुश्तह बंदी।
Em-bar-go, *n.* घाट बंदी, जहाज़ के चलाने की सरकारी मनाही।
Em-bark, *v.* जहाज़ पर चढ़ना या सवार होना। [शान क०।
Em-bar-rass, *v.* घबड़ाना, परे-
Em-bas-sy, *n.* पैग़ाम, संदेसा।
Em-bel-lish, *v.* संवारना, सजाना।
Em-bers, *n.* अंगारा, चिनगारी।
Em-bez-zle, *v.* खा जाना, उड़ा देना।
Em-blem, *n.* सूरत, शकल, निशान, चिन्ह।
Em-bold-en, *v.* साहस देना, उभाड़ना।
Em-boss, *v.* फूल बनाना, बूटा काढ़ना।
Em-brace, *n.* अंकवार, बग़ल गीरी. *v.* छाती से लगाना, चिपटाना। [रोखा।
Em-bra-sure, *n.* तोप का झ-
Em-bro-ca-tion, *n.* लेप, तेल।
Em-broid-er, *v.* बेल बूटा काढ़ना या बनाना।
Em-broil, *v.* फ़साद में डालना, दिक़ क०। [का कच्चा पन।
Em-bry-o, *n.* गर्भ, किसी वस्तु
E-merge, *v.* निकलना, उभड़ना, ज़ाहिर होना।
E-mer-gen-cy, *n.* आकास्मिक आपत्ति, आफ़त, सख़्त ज़रूरत।
E-met-ic, *n.* क़ै की दवा।
Em-i-grant, *n.* परदेस जाने वाला, परदेसी।
Em-i-grate, *v.* अपने देश को छोड़ कर दूसरे देश में जा बसना। [वरी, प्रसिद्धि।
Em-i-nence, *n.* उंचाई, नाम-
Em-i-nent, *a.* प्रतापी, नामवर।
Em-is-sar-y, *n.* भेदिया, जासूस।
E-mit, *v.* निकालना, भेजना, छोड़ना। [यदा।
E-mol-u-ment, *n.* लाभ, फ़ा-
E-mo-tion, *n.* जोश, मौज, लहर, चित्त विकार।

Em-pale, *v.* सूली देना या च-
ढ़ाना।

Em-per-or, *n.* महाराजाधिराज।

Emphatic, *a.* भारी, ज़ोरदार।

Em-pire, *n.* राज्य, सल्तनत।

Em-ploy, *n.* काम, नौकरी;
v. काम में लगाना, नौकर
रखना। [करी, पेशा।

Em-ploy-ment, *n.* काम, नौ-

Em-pow-er, *v.* अधिकार या
इख़्तियार देना।

Em-press, *n.* महारानी।

Emp-ty, *a.* ख़ाली, उजाड़, सूना,
v. ख़ाली क०, उंडेलना। [क०।

Em-u-late, *v.* हिस्का या रश्क

Em-u-la-tion, *n.* बराबरी, हि-
स्का, रश्क। [देना।

En-a-ble, *v.* लायक़ क०, शक्ति

En-act, *v.* प्रचलित क०, क़ानून
बनाना। [मीना।

En-am-el, *n.* जड़ाऊ काम,

En-camp, *v.* डेरा डालना, खेमा-
डालना। [ना, जादू क०।

En-chant, *v.* मोहित क०, रिझा-

En-chant-ment, *n.* जादूगरी,
जादू-टोना।

En-com-pass, *v.* घेरना।

En-count-er, *n.* समागम, मु-
क़ाबला, लड़ाई; *v.* मिलना।

En-cou-rage, *v.* उभाड़ना, स-
हारा देना। [डालना।

En-croach, *v.* दख़ल देना, हाथ

En-cum-ber, *v.* रोकना, बो-
झना, लादना। [कावट, बोझ।

En-cum-brance, *n.* आड़, रु-

End, *n.* सिरा, छोर, मक़सद,
अंत, नाश; *v.* ख़तम क०,
पूरा क०।

En-deav-our, *n.* यत्न, उद्योग,
कोशिश, *v.* कोशिश क०,
यत्न क०।

En-dow, *v.* देना, दान क०।

En-dure, *v.* बना रहना, भोगना,
सहना, संतोष क०।

En-e-my, *n.* शत्रु, दुश्मन। [वर।

En-er-get-ic, *a.* बहादुर, ज़ोरा-

En-er-gy, *n.* बल, ताक़त, शक्ति।

En-fi-lade, *v.* सीधी लकीर में
छेदना। [दबाना, पुष्ट क०।

En-force, *v.* जारी क०, चलाना,

En-fran-chise, *v.* बरी क०,
छोड़ना, देश के हक़ या इ-
ख़्तियारों को देना।

En-gage, *v.* भिड़ना, लड़ना,
ज़िम्मा लेना, नौकर रखना,
जहाज़ पर सवार होना।

En-gage-ment, *n.* लड़ाई, प्र-
तिज्ञा, शर्त।

En-gine, *n.* कल।

En-gi-neer, *n.* कल बनानेवाला या चलाने वाला, कल के कामों में वाक़िफ़।

En-grave, *v.* (Pt. and Pp. engraved) खोदना, नक्क़ाशना, जड़ना।

En-grav-ing, *n.* खोदाई, जड़ाई, खुदे हुये पत्तर की छापी हुई तस्वीर। [क्षरों में लिखना।

En-gross, *v.* ले लेना, मोटे अ-

En-hance, *v.* चढ़ाना, बढ़ाना।

E-nig-ma, *n.* पहेली, मुइम्मा।

En-join, *v.* आज्ञा देना, कहना, ताकीद क०।

En-joy, *v.* भोग क०, खुशी मनाना, लगना।

En-large, *v.* बढ़ाना, फैलाना।

En-light-en, *v.* सिखाना, बताना, चमकाना।

En-list, *v.* नौकर रखना, भरती क०, फ़िहरिस्त में दाख़िल क०।

En-liv-en, *v.* हंसाना, खुश क०।

En-mi-ty, *n.* बैर, बिरोध, दुश्मनी, घृणा।

E-nor-mi-ty, *n.* महापाप।

E-nor-mous, *a.* बहुत बड़ा, अत्यन्त, बहुत बुरा। [काफ़ी तौर से।

Enough, *n.* or *a.* काफ़ी, बहुत, *ad.*

En-quire, *v.* पूछना, दरियाफ़्त क०।

En-rage, *v.* भड़काना, जलाना, कोपित क०, नाराज़ क०।

En-rol, *v.* नाम लिखना, फ़िहरिस्त पर चढ़ाना।

En-sam-ple, *n.* नमूना, दृष्टान्त।

En-sign, *n.* निशान झंडा।

En-sue, *v.* पीछा क०, पीछे निकलना, होना।

En-tail, *n.* स्थिरधन या जायदात; *v.* एक ख़ास शर्त पर हिबा क०।

En-tan-gle, *v.* घबड़ाना, फांसना।

En-ter, *v.* अन्दर जाना, घुसना, घुसेड़ना, नाम लिखना।

En-ter-prise, *n.* भारी काम, इरादा, क़स्द।

En-ter-tain, *v.* सत्कार क०, मेहमानदारी क०, दिल बहलाना, ध्यान देना, सोचना।

En-thu-si-asm, *n.* उत्साह, जोश, सर गरमी।

En-tice, *v.* फुसलाना, लोभाना।

En-tire, *a.* सम्पूर्ण, कुल, सब।

En-ti-tle, *v.* अधिकार देना, ख़िताब देना, लायक़ क०, हक़ क़ायम क०।

En-trails, *n.* अंतड़ियां, आंतें।

En-trance, *n.* दरवाज़ा, आरम्भ, पैठ, रसाई। [खुश क०।

En-trance, *v.* खूब लुभाना या

En-treat, *v.* बिन्ती क०, हाथ जोड़ना, घिघियाना।

En-treat-y, *n.* बिन्ती, मिन्नत।

En-try, *n.* प्रवेश, गुज़र, दाख़िला।

E-nu-mer-ate, *v.* गिनना, हिसाब क०।

E-nun-ci-ate, *v.* साफ़ बयान क०, बयान क०, कहना।

En-vel-op, *v.* लिफ़ाफ़े में बन्द क०, ढकना, छिपाना।

En-ve-lope, *n.* लिफ़ाफ़ा, गिलाफ़, खोल, ढकन। [योग्य।

En-vi-a-ble, *a.* डाह या हसद के

En-vious, *a.* डाह या हसद करने वाला। [क०।

En-vi-ron, *v.* घेरना, मुहासरा

En-vi-rons, *n.* पड़ोस, इर्द गिर्द।

En-voy, *n.* राज एल्ची।

En-vy, *n.* डाह, हसद; *v.* डाह या हसद क०।

Ep-au-let, *n.* फुंदा जो सिपाहियों के वर्दी में कंधेपर लगा रहता है।

Ep-ic, *n.* वह काव्य जिस में सूरबीरों का हाल बयान किया गया हो; *a.* वीरता का।

Ep-i-cure, *n.* चटोरा, पेटू।

Ep-i-dem-ic, *n.* फैलाऊ या उड़नी बीमारी, वबा।

Ep-i-gram, *n.* सालिल छोटा काव्य, चुटकुला, लतीफ़ा।

Ep-i-lep-sy, *n.* मिर्गी।

Ep-i-logue, *n.* जो नक़ल या तमाशे के अन्त में कहा जावे।

E-pis-co-pa-cy, *n.* बड़े पादरी की हुकूमत। [हत का।

E-pis-co-pal, *a.* पादरी के मात-

Ep-i-sode, *n.* बात में बात, क़िस्सा दर क़िस्सा।

Epistle, *n.* चिट्ठी, पत्र।

Epitaph, *n.* क़बर के ऊपर के पत्थल पर का लेख। [नाम।

Ep-i-thet, *n.* लक्षण, सिफ़त,

E-pit-o-me, *n.* संक्षेप, खुलासा।

Epoch, *n.* युग, सन, सम्वत्।

E-qua-ble, *a.* समान, एकसा, बराबर।

E-qual, *n.* हमजोली, बराबर का; *a.* बराबर, समान, सदृश; *v.* बराबर करना।

E-qual-i-ty, *n.* समानता, बराबरी।

E-qual-ly, *ad.* बराबर, एकसा।

E-qua-tor, *n.* भूमध्य रेखा।

E-qui-dis-tant, *a.* समानान्तर।

E-qui-lat-er-al, *a.* समभुज।
E-qui-lib-ri-um, *n.* समता, बराबरी।
E-qui-nox, *n.* वह समय जब रात दिन बराबर होता है।
E-quip, *v.* सजाना, संवारना, हथियार बन्द होना।
E-qui-page, *n.* साज़, सामान।
E-quip-ment, *n.* सजावट, साज़, सामग्री। [खरा।
E-qui-ta-ble, *a.* यथार्थ, ठीक,
E-qui-ty, *n.* न्याय, इन्साफ़, सफ़ाई।
E-quiv-a-lent, *n.* or *a.* बराबर का, एक क़ीमत या वज़न का।
E-quiv-o-cal, *a.* गोल मोल, दोमानी। [दोमानी बात कहना।
E-quiv-o-cate, *v.* पेचदार या
Era, *n.* सम्वत्, सन। [ड़ना।
E-rad-i-cate, *v.* उखाड़ना, उजा-
E-rase, *v.* खुरचना, छीलना, मिटाना। [छाल।
E-ra-sure, *n.* काट कूट, छील
Ere, *ad.* पहिले। [ना, खड़ा क०।
E-rect, *a.* सीधा, खड़ा; *v.* उठा-
E-rec-tion, *n.* उठाव, ऊंचाई, मकान। [राह होना।
E-rr, *v.* भूलना, भटकना, गुम
Er-rand, *n.* संदेसा, ख़बर।
Er-rant, *a.* भटका हुआ, गुमराह।
Er-rat-ic, *a.* आवारह, गुमराह।
Er-ra-tum, *n.* अशुद्धिपत्र, ग़लत नामा। [ग़लत।
Er-ro-ne-ous, *a.* अशुद्ध, भूल,
Er-ror, *n.* भूल, ग़लती। [फोड़ा।
E-rup-tion, *n.* फुफकार, धधक,
Es-cape, *n* भागना, छुटकारा, बचाव; *v.* बचना, भागना। [बचना।
Es-chew, *v.* छोड़ना, त्यागना,
Es-cort, *n.* रक्षक, पहरा।
Es-cort, *v.* रक्षा के लिये साथ में जाना।
Es-pal-i-er, *n.* दरख़्तों की टट्टी या दरख़्तों के आड़ के लिये टट्टी।
Es-pe-ci-al, *a.* प्रधान, ख़ास।
Es-pouse, *v.* सगाई क०, विवाह क०, ज़िम्मा लेना।
Es-py, *v.* ताकना, देखना, तड़ना।
Es-quire, *n.* पदवी विशेष, सरदार। [दका, मज़मून।
Es-say, *n.* उद्योग, कोशिश, रु-
Es-say, *v.* उद्योग क०, जांचना।
Es-sence, *n.* तत्व, मूल, सुगन्धि।
Es-sen-tial, *n.* असली बात; *a,* असली, आवश्यक।
Es-tab-lish, *v.* क़ायम क०, नेव डालना, ठहराना, जारी क०।

Es-tate, *n.* सम्पत्ति, रियासत, जागीर, हालत।

Es-teem, *n.* आदर, इज़्ज़त; *v.* बड़ा जानना, आदर क०।

Es-ti-ma-ble, *a.* आदर के योग्य, मुअज़्ज़िज़।

Es-ti-mate, *n.* तख़मीना, अंदाज़ा; *v.* आंकना, अंदाज़ा क०। [वीज़, तख़मीना।

Es-ti-ma-tion, *n.* राय, तज-

Es-trange, *v.* दूर रखना, चित्त फेर लेना। [का कोल।

Est-u-ar-y, *n.* खाड़ी, समुद्र

Etch, *v.* तेज़ाब छिड़क कर नक़्क़ाशी क०।

E-ter-nal, *a.* सनातन, दायमी।

E-ter-ni-ty, *n.* सनातनत्व, हमेशगी, क़यामत।

E-the-re-al, *a.* आकाशी, आस्मानी, हवाई।

Et-i-quette, *n.* सभ्यता, अदब, क़ायदा।

Et-y-mol-o-gy, *n.* व्युत्पत्ति।

Eu-cha-rist, *n.* भाट, तारीफ़ करने वाला। [रीफ़ क०।

Eu-lo-gize, *v.* स्तुति क०, ता-

Eu-lo-gy, *n.* स्तुति, तारीफ़।

E-vac-u-ate, *v.* ख़ाली क०, छोड़ना, निकालना।

E-vac-u-a-tion, *n.* परित्याग, मलमूत्र, पायख़ाना।

E-vade, *v.* बचना, भगना, अलग होना। [मुताबिक़।

E-van-gel-i-cal, *a.* इंजील के

E-van-ge-list, *n.* ईसाई मत का प्रचार करने वाला।

E-vap-o-rate, *v.* भाफ़ होजाना, उड़ जाना। [टाल मटोल

E-va-sion, *n.* हीला, बहाना,

Eve, *n.* संध्या, शाम। [राबर।

E-ven, *a.* चौरस, एकसां, ब-

E-ven-ing, *n.* संध्या, शाम।

E-vent, *n.* माजरा, वारदात, फल। [दात से भरा हुआ।

E-vent-ful, *a.* माजरा या वार-

Ev-er, *ad.* सदा, हमेशा।

Ev-er-green, *n.* वृक्ष या झाड़ी जो सदा हरी भरी रहे। [श्मी

Ev-er-last-ing, *a.* अनन्त, शा-

Ev-e-ry, *a.* हर एक।

Ev-i-dence, *n.* साक्षी, गवाही या गवाह।

Ev-i-dent, *a.* प्रसिद्ध, प्रगट, ज़ाहिर, साफ़ २।

E-vil, *n.* मुसीबत, बुराई, *a.* बुरा, ख़राब। [निश्चय कराना।

E-vince, *v.* प्रगट क०, जताना,

E-voke, *v.* पुकारना, बुलाना।

Ewe, *n.* भेड़ी।

Ewer, *n.* करवा, बड़ा लोटा।

Ex-act, *a.* ठीक, सही, चौकस; *v.* मांगना, जबरन वसूल क०।

Ex-ag-ger-ate, *v.* बढ़ाकर कहना, लम्बी चौड़ी हांकना।

Ex-alt, *v.* बढ़ाना, ऊंचा क०, तारीफ़ क०। [दर्जे का।

Ex-alt-ed, *a.* ऊंचे या आला

Ex-am-i-na-tion, *n.* परीक्षा, जांच, इम्तिहान।

Ex-am-ine, *v.* अच्छी तरह देखना, परीक्षा क०, जांचना, इज़हार लेना, तहक़ीक़ात क०।

Ex-am-ple, *n.* दृष्टान्त, ढांचा, नमूना, मिसाल।

Ex-as-per-ate, *v.* भड़काना, गुस्सा दिलाना।

Ex-ca-vate, *v.* खोदना, खोखला या पोला क०।

Ex-ceed, *v.* बढ़ जाना, निकल जाना या बड़ा होजाना।

Ex-ceed-ing, *a.* बहुत बड़ा।

Ex-cel, *v.* बढ़जाना, निकल जाना। [ख़ूबी।

Ex-cel-lence, *n.* प्रतिष्ठा, बड़ाई,

Ex-cel-lent, *a.* उत्तम, उम्दा, ख़ूब।

Ex-cept, *v.* छोड़ देना, अलाहिदा क०, निकाल देना; *pr.* छोड़ कर, सिवा, बग़ैर।

Ex-cep-tion, *n.* छूट, त्याग, रोक।

Ex-cess, *n.* अधिकता, ज़ियादती, बद परहेज़ी।

Ex-ces-sive, *a.* अधिक, ज़ियादा, बेहद।

Ex-change, *n.* अदला बदला; *v.* अदला बदला क०, बदलना।

Ex-cise, *n.* महसूल। [मुस्तैद क०।

Ex-cite, *v.* उभाड़ना, उसकाना,

Ex-cite-ment, *n.* हल चल, घबड़ाहट। [बोलना।

Ex-claim, *v.* चिल्लाना, ज़ोर से

Ex-cla-ma-tion, *n.* शोर, गुल, चिन्ह विशेष। [क०, रोकना।

Ex-clude, *v.* निकालना, बाहर

Ex-clu-sion, *n.* रुकावट, मनाही।

Ex-com-mu-ni-cate, *v.* जात से बाहर क०, हुक्का पानी बन्द क०।

Ex-cre-ment, *n.* गुह, गोबर, मैला। [कष्ट देने वाला।

Ex-cru-ci-a-ting, *a.* दुखदाई,

Ex-cul-pate, *v.* निरपराधी ठहराना, बे गुनाह ठहराना।

Ex-cur-sion, *n.* सैर सपाटा, चढ़ाई, धावा।

Ex-cur-sive, *a.* घूमता हुआ, फिरता हुआ। [हाना।

Ex-cuse, *n.* छुटकारा, हीला, ब-

Ex-cuse, *v.* छोड़ना, माफ क०।

Ex-e-cra-ble, *a.* निन्दनीय, घृणित।

Ex-e-crate, *v.* सरापना, कोसना।

Ex-e-cute, *v.* करना, बजाना, निबाहना, पूरा क०, मार डालना।

Ex-ec-u-tive, *n.* हाकिम, कार गुज़ार।

Ex-ec-u-tor, *n.* साधक, वसीयत के मुताबिक़ करने वाला।

Ex-em-plar, *n.* उदाहरण, डौल, नमूना, मिसाल। [अच्छा।

Ex-em-pla-ry, *a.* दृष्टांत के योग्य,

Ex-em-pli-fy, *v.* उदाहरण देना, मिसाल देना।

Ex-empt, *a.* छुटा हुआ, बचा हुआ, *v.* छोड़ देना।

Ex-emp-tion, *n.* छुटकारा, रिहाई।

Ex-er-cise, *n.* अभ्यास, कसरत, मिहनत, *v.* अभ्यास क०, मश्क़ क०।

Ex-ert, *v.* उद्योग क०, ज़ोर मारना, कोशिश क०, मिहनत क०।

Ex-er-tion, *n.* परिश्रम, उद्योग, मिहनत।

Ex-ha-la-tion, *n.* भाफ।

Ex-hale, *v.* भाफ की तरह उड़ाना या निकालना।

Ex-haust, *v.* उठा डालना, काम में लाना, थकाना।

Ex-hib-it, *v.* दिखलाना, पेश क०।

Ex-hi-bi-tion, *n.* प्रदर्शिनी, दिखाई, मुमायश।

Ex-hort, *v.* शिक्षा देना, नसीहत, क०, ।

Ex-hor-ta-tion, *n.* सत्योपदेश, नेक सलाह।

Ex-i-gent, *a.* ज़रूरी, आवश्यक।

Ex-ile, *n.* देश निकाला, जला वतनी, देश से निकाला हुआ, *v.* देश से निकालना, जला वतन क०।

Ex-ist, *v.* होना, जीना, रहना।

Ex-ist-ence, *n.* प्रकाश, जीव, ज़िन्दगी। [बहुत।

Ex-or-bi-tant, *a.* अत्यन्त, बेहद,

Ex-pand, *v.* फैलाना, खोलना, खिलना।

Ex-panse, *n.* बिस्तार, फैलाव।

Ex-pect, *v.* उम्मेद क०, आशा रखना, राह देखना।

Ex-pec-ta-tion, *n.* चाह, आशा, उम्मद, इन्तिज़ारी।

Ex-pec-to-rate, *v.* खंखारना, बलग़म गिराना।

Ex-pe-di-ent, *n.* उपाय, सहारा, *v.* उचित, योग्य, आवश्यक।

Ex-pe-dite, *v.* जल्दी करना।

Ex-pe-di-tion, *n.* फुर्ती, जल्दी, सफ़र, मुहिम। [रना।

Ex-pel, *v.* निकालना, बाहर क-

Ex-pend, *v.* उड़ाना, खर्च क०, काम में लाना।

Ex-pend-i-ture, *n.* खर्च।

Ex-pense, *n.* खर्च, क़ीमत, लागत। [उड़ाऊ।

Ex-pens-ive, *a.* क़ीमती, महंगा,

Ex-pe-ri-ence, *n.* परीक्षा, इम्तिहान, तजरुबा, वाकिफ़कारी; *v.* जांचना, परखना, तजरुबा क०।

Ex-per-i-ment, *n.* परीक्षा, परख, जांच; *v.* परखना, जांचना। [धूर्त, फुर्तीला।

Ex-pert, *a.* निपुण, चालाक,

Ex-pi-ate, *v.* प्रायश्चित्त क०, तौबा क०। [तौबा।

Ex-pi-a-tion, *n.* प्रायश्चित्त,

Ex-pire, *v.* सांस या दम छोड़ना, मरना, गुज़र जाना।

Ex-plain, *v.* समझाना, बतलाना।

Ex-pla-na-tion, *n.* सफ़ाई, अर्थ, टीका। [ज़ाहिर।

Ex-pli-cit, *a.* ठीक, साफ़, स्पष्ट,

Ex-plode, *v.* भक से फूटना या उड़ना। [का काम।

Ex-ploit, *n.* बहादुरी या वीरताई

Ex-plo-ra-tion, *n.* खोज, जांच, ढूंढ़ढांढ़। [ढूंढ़ना।

Ex-plore, *v.* खोजना, जांचना,

Ex-plo-sion, *n.* भक से फूट जाने की आवाज़, कड़ाका।

Ex-port, *v.* एक देश से दूसरे देश के लिये लादना या भेजना, बाहर भेजना, दूसरे देश में भेजना।

Ex-port, *n.* रवानगी, दूसरे देश के लिये भेजा हुआ माल।

Ex-por-ta-tion, *n.* भरती, रवानगी।

Ex-pose, *v.* खोलना, खोल कर रखना, खतरे में डालना।

Ex-pos-tu-late, *v.* गीला क०, रद्द व बदल क०। [ताना।

Ex-pound, *v.* बयान क०, ब-

Ex-press, *n.* हलकारा, संदेसा, डाक का जहाज़; *a.* साफ़ २, खुला हुआ; *v.* निचोड़ना, दबाना, कहना। [यान।

Ex-press-ion, *n.* उच्चारण, ब-

Ex-press-ly, *ad.* साफ़ २ ।
Ex-pul-sion, *n.* निकाला ।
Ex-punge, *v.* मिटाना, पोछना, छील डालना ।
Ex-qui-site, *n.* बांका, छैला ; *a.* उम्दा, खूब ठीक, बहुत अच्छा ।
Ex-tant, *a.* वर्तमान, मौजूद ।
Ex-tem-po-re, *a.* or *ad.* पहिले बिना सोचा हुआ या बिना तैयारी का, नागहानी ।
Ex-tend, *v.* फैलाना, बढ़ाना ।
Ex-ten-sion, *n.* विस्तार, फैलाव, बढ़ाव ।
Ex-ten-sive, *a.* बड़ा ।
Ex-tent, *n.* हद, फैलाव, विस्तार।
Ex-te-ri-or, *n.* बाहरी हिस्सा, ऊपरी सतह ; *a.* बाहरी, ज़ाहिरा । [लना, सत्यानाश क० ।
Ex-ter-mi-nate, *v.* उखाड़ डा-
Ex-ter-nal, *a.* बाहरी, ऊपरी ।
Ex-tinct, *a.* बुझा हुआ, मुर्दा, नष्ट । [क० ।
Extinguish, *v.* बुझाना, नष्ट
Ex-tol, *v.* सराहना, बड़ाई क० ।
Ex-tort, *v.* खींच लेना, छीन लेना । [ज़बरदस्ती, छीन छोर ।
Ex-tor-tion, *n.* उत्पात, ज़ुल्म,
Ex-tra, *a.* फ़ालतू, ज़ियादा ।
Ex-tract, *n*, निचोड़ हीर. खुलासा, अरक़ ।
Ex-tract, *v.* खींचना, निकालना ।
Ex-trac-tion, *n.* वंश, खान्दान, खिंचाव ।
Ex-tra-or-di-nary, *n.* अनोखी, अजीब, गैर मामूली ।
Ex-trav-a-gance, *n.* फ़ज़ूल ख़र्ची, ज़ियादती ।
Ex-trav-a-gant, *a.* उड़ाऊ, फ़ज़ूल ख़र्च, बे हद ।
Ex-treme, *n.* हद, अंत, छोर ; *a.* आख़ीर, निहायत, ज़ियादा ।
Ex-trem-i-ty, *n.* छोर, हद, ज़रूरत, तंगी । [ड़ाना ।
Ex-tri-cate, *v.* सुलझाना, छो-
Ex-u-ber-ant, *a.* बहुत, अधिक, माला माल । [आना ।
Ex-ude, *v.* पसीजना, पसीना
Ex-ult, *v.* ख़ूब ख़ुश होना । [ख़ुशी
Ex-ul-ta-tion, *n.* आनन्द, बड़ी
Eye, *n.* आंख, नज़र ; *v.* देखना

F

Fa-ble, *n.* झूठी कहानी, क़िस्सा; *v.* कहानी कहना या बनाना ।
Fab-ric, *n.* मकान, इमारत, बनावट । [बनाना ।
Fab-ri-cate, *v.* निर्माण क०,

Fab-ri-ca-tion, *n*, झूठ बन्दिश, पाखण्ड। [क़िस्सा आमेज़।
Fab-u-lous, *a*. झूठा, बनाया हुआ
Face, *n*. मुंह, चेहरा *v*. लड़ना, मुक़ाबिला क०, सामने होना।
Fa-ce-tious, *a*. हंस मुख, खुश-मिज़ाज।
Fa-cil-i-tate, *v*. सुगम क०, सहज क०। [नी।
Fa-cil-i-ty, *n*. सुगमता, आसा-
Fa-cing, *n*. सामना, अस्तरकारी।
Fact, *n*. काम, वाक़िया, सच्चाई, हक़ीक़त।
Fac-tion, *n*. जथा, दल, फ़िर्क़ा।
Fac-tious, *a*. बखेड़िया, फ़सादी।
Fac-tor, *n*. गुमाश्ता, कारिन्दा, टुकड़ा, गुणक।
Fac-to-ry, *n*. कारख़ाना, ब्योपार घर। [उड़ना।
Fade, *v*. सूखना, मुर्झाना, रंग
Fag, *n*. कुली, मज़दूर; *v*. मज़दूरी क०, थकना या थकाना, हैरान क०।
Fag-ot, *n*. गट्ठा, आंटी।
Fail, *n*. कमी, घटती; *v*. चूकना, भूलना, छोड़ना।
Fail-ing, *n*. अपराध, ऐब, भूल चूक। [कमी।
Fail-ure, *n*. नाकामयाबी, घटी,
Fain, *a*. प्रसन्न, खुश; *ad*. खुशी से।
Faint, *a*. मूर्छित, निर्बल; *v*. मूर्छित होना, हिम्मत हारना।
Fair, *n*. मेला; *a*. गोरा, साफ़, रूपवान, अच्छा।
Fair-ly, *ad*. साफ़ साफ़, धर्म से।
Fair-y, *n*. अप्सरा, सुन्दरी, परी।
Faith, *n*. निश्चय, बिश्वास, सचाई, धर्म, मत। [वफ़ादार।
Faith-ful, *a*. बिश्वासी, सच्चा,
Fall, *n*. गिराव, घटती; *v*. (Pt. fell; Pp. fallen) गिरना, पड़ना, होना।
Fal-li-ble, *a*. भ्रम या भूल के योग्य।
Fal-low, *n*. परती, बे बोया हुआ खेत; *a*. हिरन की एक क़िस्म।
False, *a*. झूठा, बेवफ़ा।
False-hood, *n*. झूठ।
Fal-ter, *v*. हकलाना, अटकना, डगमगाना।
Fame, *n*. कीर्ति, नामवरी।
Fa-mil-iar, *n*. दोस्त, भूत; *a*. मैत्री, हिलामिला, बे तकल्लुफ़।
Fa-mil-i-ar-i-ty, *n*. हेलमेल, दोस्ती। [वंश।
Fam-i-ly, *n*. बाल बच्चे, घराना,
Fam-ine, *n*. दुर्भिक्ष, अकाल, क़हत।

Fam-ish, *v.* भूख के मारे मरना।

Fa-mous, *a.* यशस्वी, नामवर, मशहूर। [हवा क॰।

Fan, *n.* पंखा; *v.* पंखा हांकना,

Fa-nat-ic, *n.* हठी, दीवाना।

Fa-nat-i-cism, *n.* मज़हबी हठ।

Fan-ci-ful, *a.* उमंगी, ख़याली, बे बुनियाद।

Fan-cy, *n.* ख़याल, वहम, लहर, चाह, चाट, *v.* समझना, ख़याल क॰। [दांत।

Fang, *n.* नोकीला या ज़हरीला

Far, *a.* दूर; *ad.* बहुत दूर पर।

Farce, *n.* प्रहसन, नक़ल, स्वांग।

Fare, *n.* भाड़ा, केराया, उतराई, भोजन; *v.* आ पड़ना, बुरी या भली हालत में होना, खिलाना।

Farm, *n.* पट्टी, चक, काश्त; *v.* ठीके में देना, जोतना, बोना।

Farm-er, *n.* पट्टेदार, किसान।

Far-ri-er, *n.* नाल बन्द।

Far-row, *n.* सुअर का झोल; *v.* बियाना। [दूर।

Far-ther, *a.* दूर तर, ज़्यादा

Fas-ci-nate, *v.* जादू क॰, मोहित क॰, रिझाना।

Fashion, *n.* सूरत, डौल, ढंग, चाल, पहनावा, तर्ज़; *v.* बनाना, ढालना।

Fast, *n.* उपास, लंघन; *a.* जल्दबाज़, तेज़, पक्का, दृढ़; *v.* उपास क॰; *ad.* तेज़ी से, जल्दी से।

Fasten, *v.* कसना, जकड़ना।

Fast-ness, *n.* तेज़ी, मज़बूती, कोट। [चिकना।

Fat, *n.* चरबी, *a.* मोटा, ताज़ा,

Fa-tal, *a.* तीव्र घातक, क़ातिल।

Fate, *n.* भावी, होनी, प्रारब्ध।

Father, *n.* पिता, बाप।

Fath-om, *n.* छ फ़ूट, *v.* पहुंचना, थाह लेना, नापना।

Fath-om-less, *a.* अथाह।

Fatigue, *n.* थकावट, *v.* थकाना, मान्दा क॰।

Fat-ten, *v* मोटा होना या क॰।

Fault, *n.* भूल, अपराध, दोष।

Fault-y, *a.* अशुद्ध, गलत, नाक़िस, बुरा।

Fa-vour, *n.* सहारा, कृपा, तरफ़दारी, छाती पर लगाने का रेशम का गुच्छा, *v.* सहारा क॰, मदद क॰।

Fa-vour-a-ble, *a.* हितकारी, लाभदायक, मिहर्बान।

Fa-vour-ite, *n* or *a.* प्यारा, मित्र।

Fawn, *n*, हिरन का बच्चा, *v.* गिड़गिड़ाना, ख़ुशामद क॰।

Fay, *n.* अप्सरा, परी।

Fe-al-ty, *n.* सचाई, वफादारी।

Fear, *n.* भय, डर, *v.* डरना।

Fear-ful, *a.* भयजनक, भयानक।

Feas-i-ble, *a.* सुसाध्य, सहल।

Feast, *n.* जेवनार, दावत, तेव-हार, *v.* भोजन क०, जेवनार क०।

Feat, *n.* बड़ी बहादुरी का काम, मुहिम।

Feath-er, *n.* पंख, पर।

Feat-ure, *n.* सूरत, शक्ल, चेहरा।

Fe-cun-di-ty, *n.* फलदारी, बच्चा पैदा करने की ताक़त।

Fed-er-al, *a.* सन्धिविषयक, इ-क़रारी।

Fed-er-a-tion, *n.* सन्धि, मेल।

Fee, *n.* इनाम, मिहन्ताना, रसूम, *v.* इनाम या मिहन्ताना देना।

Fee-ble, *a.* निर्बल, कमज़ोर, दु-र्बल।

Feed, *n.* खाना, घास, ख़ोराक, *v.* (Pt. and Pp. fed) खि-लाना, खाना, चराना, चुगाना, पूरा क०।

Feel, *n.* ज्ञान, स्पर्श, *v.* (Pt. and Pp. felt) मालूम क०, छूना, रंजीदा होना।

Feel-ing, *n.* ज्ञान, स्पर्श, *a.* जल्द असर करने वाली। [बनाना।

Feign, *v.* बहाना क०, सूरत

Feint, *n.* बहाना, धोखा।

Fe-lic-i-ty, *n.* आनन्द, बड़ी खुशी।

Fe-line, *a.* बिल्ली सा।

Fell, *a.* निर्दई, कठोर, *v.* काटना, गिराना।

Fel-low, *n.* साथी, संगी, जोड़े का एक, पदवी विशेष।

Fel-low-ship, *n.* साथ, संग।

Fel-ly, *n.* पहिया का किनारा।

Fel-on, *n.* अपराधी, मुजरिम, *a.* निर्दई, कठोर।

Fel-on-y, *n.* बड़ा पाप या अप-राध, बड़ा जुर्म।

Felt, *n.* नम्दा।

Fe-male, *n.* स्त्री, औरत, मादा।

Fem-i-nine, *a.* स्त्री वर्ग या औरत का सा, कोमल, मुला-यम, स्त्री लिंग।

Fen, *n.* कीचड़, दल दल, फंसाव, धंसाव।

Fence, *n.* घेरा, आड़, छार दी-वारी, *v.* हाता घेरना, बन्द क०, बचाना, हथियार चलाना।

Fend, *v.* रोकना, आड़ क०, दूर रखना।

Fend-er, *n.* आग के सामने रखने का लोहे का तवा। [तवा।

Fer-ment, *n.* ख़मीर, उबाल, ब-

Fer-ment, *v.* फुलाना, उबालना, जोश देना।

Fe-ro-cious, *a.* जंगली, कठोर।

Fe-roc-i-ty, *n.* जंगलीपन, निठुरता।

Fer-ret, *n.* नेवले के क़िस्म का एक जानवर, *v.* ढूंढ़ना, निकालना।

Fer-ry, *n.* नदी पार उतरने का घाट, घाट, उतराई, *v.* पार क०, उतारना।

Fer-tile, *a.* उपजाऊ, फलदायक, ज़रखेज़। [गरम, तेज़।

Fer-vent, *a.* उत्सुक, शौक़ीन,

Fer-vour, *n.* गर्मी, उत्साह, शौक।

Fest-al, *a.* तेवहारी।

Fest-er, *n.* घाव का पकाव या सड़ना, *v,* पकना, सड़ना।

Fes-ti-val, *n.* जेवनार, उत्सव, तेवहार।

Fes-toon, *n.* बन्धनवार।

Fetch, *v.* ले आना या लाना।

Fet-id, *a.* सड़ा हुआ, दुर्गंधित।

Fet-lock, *n.* घोड़े का टखना।

Fet-ter, *n.* बेड़ी, ज़ंजीर, *v.* बेड़ी डालना, ज़ंजीर में बांधना।

Feud, *n.* लड़ाई, फ़साद, झगड़ा।

Feud-al, *a.* फ़ौजी नौकरी के बदले का जागीरदार।

Fev-er, *n.* ज्वर, बोख़ार।

Few, *a.* थोड़ा, अल्प।

Fibre, *n.* रेशा, सूत।

Fick-le, *a.* चंचल, बेठिकाना।

Fic-tile, *a.* मट्टी का बना हुआ।

Fic-tion, *n.* कल्पना, बनावटी या झूठी कहानी।

Fid-dle, *n.* सारंगी।

Fi-del-i-ty, *n.* सचाई, वफ़ादारी।

Fidget, *n.* चुल बुलाना, बे चैन होना।

Field, *n.* खेत, मैदान। [प्रेत।

Fiend, *n.* महाशत्रु, जानी दुश्मन,

Fi-erce, *a.* जंगली, क्रोधी, भयानक।

Fi-er-y, *a.* आग सा, क्रोधी।

Fife, *n.* बांसुरी, बंसी।

Fight, *n.* लड़ाई, युद्ध, *v.* (Pt. and Pp. fought) लड़ना।

Fig-u-ra-tive, *a.* रूपी, शक्ली, रंगीन, सुन्दर।

Fig-ure, *n.* आकार, शकल, अंक, अदद, अक्षर, *v.* बनाना खींचना, सोचना, ख़याल क०।

Filch, *v.* तुच्छ या छोटी चीज़ चुराना।

File, *n.* रेती, तार, पंक्ति, श्रेणी, *v.* रेतना, नत्थी क०, पंक्ति में चलना।

Fil-i-al, *a.* सच्चा, वफ़ादार।

Fill, *n.* पूर्ति, भरपेट, *v.* पूरा क०, भरना।

Fil-let, *n.* सिर का डोरा, पुट्ठे का गोश्त, *v.* बांधना।

Fil-lip, *n.* चुटकी, *v.* चुटकी बजाना।

Fil-ly, *n.* बछेड़ी।

Film, *n.* झिल्ली। [क०।

Filter, *n.* छन्ना, *v.* छानना, साफ़

Filth, *n.* मैल, गंदगी।

Fin, *n.* मछली का पर, नथना।

Fi-nal, *a.* पिछला, आख़िरी, शेष।

Find, *n.* तहक़ीक़ात, ढूंढ, *v.* (Pt. and Pp. found) मालूम क०, पता लगाना, पाना।

Fine, *n.* दंड, जुर्माना, *a.* उम्दा, चोखा, *v.* दंडदेना, जुर्माना क०।

Fin-er-y, *n.* सजावट, टीपटाप।

Fin-ger, *n.* उंगली, *v.* छूना।

Fin-ish, *v.* पूरा क०, समाप्त क०।

Fi-nite, *a.* परिमित, बन्धेजी।

Fir, *n.* देवदार, सनोबर।

Fire, *n.* आग, क्रोध, जोश, *v.* जलाना, आग लगाना, चलाना, छोड़ना, जिलाना, उत्तेजित क०। [की नाप।

Fir-kin, *n.* बत्तीस सेर के करीब

Firm, *n.* साझे का कारख़ाना या कोठी, *v.* दृढ़, ठोस, कड़ा, मज़बूत। [समान।

Fir-ma-ment, *n.* आकाश, आ-

Firm-ness, *n.* पोढ़ाई, मज़बूती।

First, *a.* आदि, पहिला, अव्वल, *ad.* पहिले, आदि में।

Firth, *n.* आबनाय।

Fish, *n.* मछली, *v.* मछली मारना या पकड़ना।

Fish-e-ry, *n.* मछली का शिकार, मछली पकड़ने का स्थान।

Fissure, *n.* दरार, छेद।

Fist, *n.* मुट्ठी, घूंसा।

Fit, *n.* एका एकी ऐंठन या मड़ोर, *a.* ठीक, वाजिब, *v.* सजना, ठीक होना।

Fit-ful, *a.* लहरी, बौरहा, जोश में।

Fit-ly, *ad.* ठीक २, वाजिब तौर पर।

Fix, *v.* लगाना, जड़ना, ठहराना।

Fix-ture, *n.* जोड़, पेवन्द।

Flab-by, *a.* ढीला, पिलपिला, मुलायम।

Flag, *n.* एक प्रकार का जल में का पौधा, फ़र्श का पत्थर, पत्ता का, झंडा, चिन्ह, *v.* लटकना, ढीला होना, सिल्लियां बिछाना।

Flag-on, *n.* सुराही, झझझर।

Fla-grant, *a.* जलता हुआ, प-

सिद्ध, ज़ाहिर।

Flail, *n.* सांट, पिटना।

Flake, *n.* टुकड़ा, तह, परत, पपड़ी, *v.* तह देना, पपड़ी बांधना।

Flame, *n.* ज्वाला, आंच, जोश, प्रीति, *v.* जलना, धधकना।

Flank, *n.* कोख, किनारा, फौज का बगली हिस्सा, *v.* बगली हिस्से पर धावा क०, छूना।

Flan-nel, *n.* एक प्रकार का मुलायम ऊनी कपड़ा, फलालैन।

Flap, *n.* कोई चीज़ जो ढीली लटकती हुई हो; *v.* फट फटाना, झाड़ना।

Flare, *n.* चौड़ी झिलमिलाती हुई रोशनी; *v.* झिल मिलाना, ठीक २ न जलना।

Flash, *n.* भभक, चमक; *v.* चमक पड़ना, चम चमाना।

Flask, *n.* शीशा, कुप्पी, बारूदरान। [था।

Flask-et, *n.* बड़ा टोकरा, डलि-

Flat, *n.* चौरस ज़मीन, एकसां या बराबर की चीज़, स्वर विशेष, *a.* चौरस, चिकना, बेरस, बेमज़ा। [क०।

Flat-ten, *v.* चौरस क०, चिपटा

Flat-ter, *v.* खुशामद क०, फुसलाना।

Flat-ter-y, *n.* खुशामद।

Flaunt, *v.* शौकीनी दिखलाना, ऐंठ कर चलना।

Fla-vour, *n.* स्वाद, लज़्ज़त, सुगन्धि; *v.* स्वादिष्ट बनाना या क०।

Flaw, *n.* दोष, ऐब, धब्बा, दरार।

Flax, *n.* पटुआ, सन या सुतरी का पेंड। [उधारना।

Flay, *v.* खाल खींचना, चमड़ा

Flea, *n.* पिस्सू, कैक।

Fleam, *n.* नश्तर।

Fledge, *v.* परदार क०।

Flee, *v.* (Pt. and Pp. fled) भागना।

Fleece, *n.* भेड़ का ऊन; *v.* लूटना, ठगना, मूंड़ना।

Fleet, *n.* जहाज़ों का बेड़ा; *a.* तेज़। [रोज़ा।

Fleet-ing, *a.* बे बुनियाद, चन्द

Fleet-ness, *n.* तेज़ी, जल्दी।

Flesh, *n.* मांस, गोश्त।

Flesh-y, *a.* मोटा, ताज़ा, गोश्तदार। [मुलायम।

Flex-i-ble, *a.* लचदार, नरम,

Flick-er, *v.* तिलमिलाना, झिलमिलाना।

Flight, *n.* भगान, उड़ान, चिड़ियों का झुंड, सीढ़ियां।

Flight-y, *a.* वहमी, भगेड़ू, चंचल।

Flim-sy, *a.* झिरझिरा, कमज़ोर।

Flinch, *v.* हटना, फिरना, हिचकना।

Fling, *n.* फेंक; *v.* (Pt. and Pp. flung) फेंकना।

Flint, *n.* चक्रमक पत्थर, पथरी।

Flip-pant, *a.* बकवादी, बक्की।

Flirt, *n.* दिल्लगी बाज़ या चिलबिली औरत; *v.* नख़रा क०, चोचला क०।

Flit, *v.* उड़जाना, फटफटाना, मकान छोड़ना।

Flitch, *n.* सुअर के बगल का गोश्त।

Float, *n.* जोकि पानी पर तैर रहा हो, डोंगी, तैरइया; *v.* तैरना, बहना।

Flock, *n.* जानवरों का झुंड, समूह; *v.* इकट्ठा होना।

Floe, *n.* पानीपर बहता हुआ बरफ़ का टुकड़ा।

Flog, *v.* कोड़े से मारना, बेत लगाना, सज़ा देना।

Flood, *n.* बाढ़, तूफ़ान; *v.* डूबना, बोरना।

Floor, *n.* ज़मीन, फ़र्श, की मंज़िल, *v.* तख़ता लगाना, स बनाना। [शोभायमा

Flor-id, *a.* रंगीन, चमक

Flor-in, *n.* मुद्रा विशेष, दो लिंग का।

Flor-ist, *n.* माली, फूलवाला

Flounce, *n.* तड़प, संजाफ़, लर, *v.* झालर लगा तड़पना।

Floun-der, *v.* तड़फड़ाना, पटाना।

Flour, *n.* आटा, पिसान, पिसान लगाना या बिखरा

Flourish, *n.* बाजा, *v.* फल मालामाल होना, घुमाना, फि ना।

Flow, *n.* धारा, बहाव, बहुताय रेल पेल, *v.* बहना। [लन

Flow-er, *n.* फूल, *v.* फलना, f

Flue, *n.* धुंआरा, धूमघर।

Flu-ent, *a.* सुबक्ता, तरोर साथ बोलने वाला।

Flu-id, *n.* पानी, भरक, *a.* पा सा, पतला।

Fluke, *n.* लंगड़ की नोक।

Flush, *n.* or *v.* फूलना, चमक सुर्खरू होना, *a.* ताज़ा, पूर।

Flute, *n.* बांसुरी, मुरली, *v.* बांसुरी बजाना ।

Flut-ter, *n.* फड़फड़ाहट, घबड़ाहट, *v.* पंख झाड़ना, फट फटाना ।

Flux, *n.* बहाव ।

Fly, *n.* मक्खी, मच्छड़, *v.* (Pt. flew, Pp. flown) उड़ना, भागना । [का बचा ।

Foal, *n.* बछेड़ा या बछेड़ी, घोड़ी

Foam, *n.* फेन, झाग, *v.* फेन आना, झाग उठना, गुस्सा होना ।

Fob, *n.* घड़ी की जेब ।

Fod-der, *n.* चारा, घास भूसा ।

Foe, *n.* बैरी, दुश्मन, बुरा चाहने वाला ।

Fog, *n.* कुहिरा ।

Foi-ble, *n.* ऐब, नुक्स ।

Foil, *n.* गतका, पटा, वरक़, पत्री, *v.* हराना, शिकस्त देना ।

Fold, *n.* परत, तह, गोंड़ा, *v.* लपेटना, घेरना ।

Fo-li-age, *n.* पत्तियां या पत्ते ।

Fo-li-o, *n.* एक साव कागज़ के दो वरक़, वरक़ ।

Folk, *n.*, लोग, आदमी लोग ।

Follow, *v.* पीछे २ जाना, साथ जाना ।

Fol-low-er, *n.* चेला, शागिर्द, साथी । [कूफ़ी ।

Fol-ly, *n.* नादानी, मूर्खता, बेव-

Fo-ment, *v.* गरम पानी से नहलाना, सेंकना, उसकाना ।

Fond, *a.* आशिक़, शायक़ ।

Fon-dle, *v.* पुचकारना, दुलार क०, प्यार क० ।

Fond-ness, *n.* प्यार, चाह ।

Font, *n.* बपतिस्मा का हौज़ ।

Food, *n.* आहार, भोजन ।

Fool, *n.* मूर्ख, जड़, अहमक़, बेवकूफ़; *v.* धोखा देना, अहमक़ बनाना ।

Fool-ish, *a.* नादान, मूर्ख, बेहूदा ।

Foot, *n.* पांव, आधार, बुनियाद, १२ इंच का, *v* पांव रखना, चलना ।

Foot-ing, *n.* पांव रखने की जगह, जड़, गुज़र ।

Foot-man, *n.* पियादा, सिपाही ।

Foot-step, *n.* पांव का चिन्ह या निशान, रास्ता । [लिये ।

For, *pr.* or *c.* क्योंकि, वास्ते, इस

For-age, *n.* चारा, घास भूसा; *v.* चारा घास इकट्ठा क० ।

For-bear, *v.* (Pt. forbore, Pp. forborne,) छोड़ना, सब्र क०, बाज़ रहना ।

For-bear-ance, *n.* धैर्य, सब्र, परहेज़ । [मना क०, रोकना ।
For-bid, *v.* (Pp. forbidden.)
Force, *n.* शक्ति, बल, दबाव, दल, फौज़: *v.* दबाना. लाचार क० । [वर, भारी ।
Forc-i-ble, *a.* बलवान, ताक़त-
Ford, *n.* थाह, नदी का उपरी भाग । [पहिले, पेश्तर ।
Fore, *a.* सामने का, अगला; *ad.*
Fore-bode, *v.* भविष्यत कहना, पेश गोई क० । [का भाग ।
Forecastle *n.* जहाज़ के आगे
Fore-close, *v.* मना क०, रोकना, बाज़ रखना ।
Fore-fa-ther, *n.* पुरखा, पूर्व पुरुष, बुजुर्ग । [सब्र क० ।
Fore-go, *v.* त्यागना, छोड़ना,
Fore-head, *n.* माथा, लिलार ।
Foreign, *a.* बाहरी, परदेसी, अजनबी, बेगाना ।
For-eign-er, *n.* परदेसी, बिदेसी।
Fore-land, *n.* अन्तरीप ॥
Fore-man, *n.* वह आदमी जो दूसरों के ऊपर रक्खा गया हो, दारोगा ।
Fore-most, *a.* पहिला, बड़ा ।
Fore-noon, *n.* दुपहर के पहिले का समय ।
Fore-part, *n.* पहिला हिस्सा, आगा ।
Fore-run-ner, *n.* आगे आने वाला, अगुआ । [तदबीर !
Fore-sight, अग्र दृष्टि, पूर्व ज्ञान,
For-est, *n.* जंगल, बन ।
For-est-er, *n.* बन रक्षक ।
Fore-warn, *v.* पहिले से चेताना, होशियार क० ।
Forfeit, *n.* दंड, तवान, जुर्माना, ज़ब्ती; *v.* गुनहगारी या दंड देना ।
Forge, *n.* लोहार का कारख़ाना, लोहसारी; *v.* तपाकर चोट लगाना या पीटना, नक़ल क०, जाल क० ।
Forg-er-y, *n.* जालसाज़ी ।
For-get, *v.* (Pt. forgot; Pp forgotten.) भूलना, बिसराना, गफ़लत क० ।
For-give, *v.* (Pt. forgave, Pp. forgiven,) क्षमा क०, माफ़ क० । [लना ।
Fork, *n.* कांटा; *v.* शाख निक-
For-lorn, *a.* उजाड़, लाचार, अनाथ ।
Form, *n.* रूप, डौल, ढंग, रीत, लंबी तिपाई, दबंच, *v.* तरतीब क०, ढालना, बनाना ।

Form-al, *a.* रीत के माफ़िक, ठीक, चोकस। [कीब।

For-ma-tion, *n.* बनावट, तर-

Form-er, *a.* पहिला, अगिला।

For-ni-ca-tion, *n.* बेश्या गमन, छिनारा, ज़िना।

For-sake, *v.* (Pt. forsook, Pp. forsaken.) त्यागना, छोड़ देना। [चमुच।

For-sooth, *ad.* हक़ीक़त में, स-

Fort, *n.* गढ़, क़िला।

Forth, *ad.* आगे, सामने।

Forth-with, *ad.* अभी, फ़ौरन्।

For-ti-fi-ca-tion, *n.* गढ़ बनाने की विद्या, क़िला बन्दी, शहर पनाह। [क०।

For-ti-fy, *v.* दृढ़ क०, मज़बूत

For-ti-tude, *n.* धीर्य, साहस, दृढ़ता, मज़बूती।

Fort-night, *n.* पक्ष या पाख।

Fort-ress, *n.* गढ़ी, कोट।

For-tu-nate, *a.* भाग्यवान, क़िस्मत वर, कामयाब।

For-tune, *n.* भाग्य, क़िस्मत, धन, सम्पत्ति।

For-ward, *a.* मुस्तैद, शोख़, *ad.* आगे, सामने *v.* बढ़ाना, भेजना।

Fos-sil, *n.* धातु, खान से निकाली हुई चीज़, वह जानवर या वृक्ष जो पृथ्वी के नीचे दब कर पत्थर सा हो गया हो।

Fos-ter, *v.* पालना, परवरिश क०, मदद देना।

Foul, *a.* मैला, गंदा, *v.* गंदला क०, फंसाना, टकराना।

Found, *v.* नेव या बुनियाद डालना, क़ायम क०, ढालना।

Foun-da-tion, *n.* जड़, बुनियाद, नेव।

Found-ling, *n.* तजा हुआ लड़का, बे वारिस लड़का।

Found-ry, *n.* ढालने का हुनर या कार ख़ाना।

Fount-ain, *n.* सोता, चश्मा, बुनियाद, जड़।

Fowl, *n.* चिड़िया, मुर्ग़ा या मुर्ग़ी।

Fowl-er, *n.* बहेलिया, चिड़ीमार।

Fox, *n.* लोमड़ी।

Fraction, *n.* भिन्न, टुकड़ा।

Fractious, *a.* झगड़ालू, चिड़चिड़हा।

Frac-ture, *n.* टूट फूट, दरार, सिकुड़न, *v.* तोड़ना, चटकाना।

Fra-gile, *a.* भुर भुरा, मुलायम, नाज़ुक।

Frag-ment, *n.* टुकड़ा। [बूदार।

Fra-grant, *a.* सुगन्धित, ख़ुश-

Frail, *a.* मुलायम, नरम, कमज़ोर।
Frame, *n.* ढांचा, डौल, बनावट, चौखट, हालत, *v.* बनाना, गढ़ना, निकालना। [धिक्कार।
Fran-chise, *n.* राय देने का अ-
Frank, *a.* खरा, साफ़, बेलाग।
Fran-tic, *a.* उन्मत्त, दीवाना।
Fraud, *n.* धोखा, दगा, चालाकी।
Fraud-u-lent, *a.* अधर्मी, बेई-मान।
Fray, *n.* लड़ाई, झगड़ा, बखेड़ा।
Freak, *n.* वहम, लहर, मौज।
Freck-le, *n.* शरीर पर का दाग या धब्बा, चित्ती।
Free, *a.* बे खटका, स्वतन्त्र, आ-ज़ाद, *v.* छोड़ना, छुड़ाना, आ-ज़ाद क०। [छुटकारा।
Free-dom, *n.* स्वतंत्रता, आज़ादी,
Free-hold, *n.* जागीर, ज़मींदारी।
Free-man, *n.* स्वतंत्र, अधिका-री, हक़दार।
Freeze, *v.* (Pt. froze, Pp. frozen.) जमाना, ठंढा क०।
Freight, *n.* बोझ, माल, भाड़ा, *v.* लादना।
Fren-zy, *n.* पागल पन, दीवानगी।
Fre-quent, *a.* बहुधा, अक्सर, बार बार।
Fre-quent, *v.* आया जाया क०।
Fres-co, *n.* ताज़े अस्तर पर खिं-ची हुई तस्वीर। [मीठा।
Fresh, *a.* ठंढा, टटका, नया, ताज़ा,
Fret, *n.* घबड़ाहट, क्रोध, *v.* चि-ढ़ाना, खिझाना, रगड़ना, छी-लना।
Fret-work, *n.* नक्कासी का काम।
Fri-ar, *n.* महन्त, तपस्वी, फ़क़ीर।
Fric-tion, *n.* रगड़, घिस्सा।
Friend, *n.* मित्र, दोस्त, साथी।
Friend-ship, *n.* मित्रताई, दोस्ती।
Frig-ate, *n.* लड़ाई का जहाज़।
Fright, *n.* भय, डर, ख़ौफ़।
Frighten, *v.* डराना, दहलाना।
Frigid, *a.* ठंढा, उदास, निर्मोही।
Frill, *n.* झालर, संजाफ़।
Fringe, *n.* झालर, किनारा।
Frisk, *v.* उछलना, कूदना, खेल-कूद क०।
Frisk-y, *a.* रंगीला, चंचल।
Frit-ter, *n.* मालपुआ के क़िस्म का एक पकवान, टुकड़ा, *v.* बिगाड़ना, खराब क०।
Fro, *ad.* पीछे से, से।
Frock, *n.* ढीली ऊपर की पोशाक, चोग़ा, आबा।
Frog, *n.* मेंढक।
Frol-ic, *n.* or *a.* चंचल, खेलाड़ी।
From, *pr.* से।

Front, *n.* सामना, आगा, *v.* सामना क०, सामने खड़ा होना।

Front-age, *n.* आगे का भाग या हिस्सा। [हद्दी।

Front-ier, *n.* सीमा, हद, *a.* सर-

Frost, *n.* जमाव, जाड़ा, पाला।

Froth, *n.* फेन, झाग, *v.* फेन या झाग उठाना।

Fro-ward, *a.* हठी।

Frown, *n.* घुड़की, *v.* तेवरी चढ़ाना, भौं सिकोड़ना।

Fru-gal, *a.* किफ़ायती, कमख़र्च।

Fruit, *n.* फल, नतीजा।

Fruit-ful, *a.* फलदार, उपजाऊ।

Fru-i-tion, *n.* भोग बिलास, कामयाबी।

Frus-trate, *v.* निरास क०, भंग क०, हराना।

Fry, *n.* मछली के बहुत छोटे २ बच्चे, *v.* भूंजना।

Fu-el, *n.* ईंधन, लकड़ी।

Fu-gi-tive, *n.* चंचल या भगेड़ू आदमी, *a.* भगा हुआ, भगेड़ू।

Ful-crum, *n.* टेक, चोटी।

Ful-fil, *v.* पूरा क०, बजा लाना।

Full, *n.* पूरा वज़न या नाप, *a.* पूरा, भरा हुआ, भर पूर, बहुत, *ad.* पूरा, बिलकुल।

Ful-some, *a.* नापसन्द, घृणित।

Fume, *n.* धुआं, *v.* भभकना, गुस्सा होना।

Fun, *n.* खेल, तमाशा। [काम।

Func-tion, *n.* अधिकार, पदवी,

Fund, *n.* पूंजी, मूलधन, *a.* जमा क०। [के सम्बन्धी।

Fu-ner-al, *n.* क्रिया कर्म, *a.* क्रिया

Fung-us, *n.* कूकर मुत्ता, हराम गोश्त। [की नली।

Fun-nel, *n.* धुआंरा, धुआं भरने

Fun-ny, *a.* खेलवाड़ी, मसख़रा।

Fur, *n.* रोवां। [देना।

Fur-bish, *v.* चमकाना, जिला

Fu-ri-ous, *a.* क्रोधी, जल्द बाज़।

Furl, *v.* लपेटना, खींचना।

Fur-long, *n.* एक मील का आठवां हिस्सा। [छुट्टी।

Furlough, *n.* एक प्रकार की

Fur-nace, *n.* भट्टी, भार।

Fur-nish, *v.* सजाना, पहुंचाना, ठीक क०।

Fur-ni-ture, *n.* सामान, अस्बाब।

Fur-row, *n.* or *v.* हल चलाना, लकीर खींचना, किआरी बनाना।

Fur-ther, *a.* दूर का, अलावा, *ad.* आगे, और दूर, *v.* बढ़ाना, तरक्क़ी देना।

Fur-thest, *a.* सब से दूर का।

Fu-ry, *n.* क्रोध, पागलपन।
Fuse, *v.* गलना, पिघलना।
Fu-sil, *n.* हल्की तोड़े दार बन्दूक़।
Fu-sion, *n.* गलाव, पिघलाव, मिलाव।
Fuss, *n.* दौड़ धूप, हंगामा।
Fus-ti-an, *n.* मोटा सूती कपड़ा।
Fus-ty, *a.* बदबूदार।
Fu-tile, *a.* हल्का, बेहूदा, तुच्छ।
Fu-ture, *n.* भविष्यत काल, *a.* भविष्यत, आने वाला।
Fu-tu-ri-ty, *n.* भविष्यत काल।

G.

Gab-ar-dine, *n.* ढीली और कम कीमती कपड़े की ऊपरी पोशाक।
Ga-ble, *n.* मकान का कोना, पाख।
Gag, *n.* डट्ठी, *v.* डट्ठी बांधना।
Gage, *n.* जाकड़, गिरवी।
Gai-e-ty, *n.* खुशी, रौनक़।
Gain, *n.* प्राप्ति, लाभ, फल, *v.* कमाना, पैदा क०।
Gain-say, *v.* बात काटना, खिलाफ़ कहना।
Gait, *n.* चाल, ढंग।
Gait-er, *n.* मोज़ा।
Gale, *n.* आंधी।
Gall, *n.* पित्त, *v.* रगड़ना, चमड़ा छीलना, छड़ना।
Gal-lant, *n.* दोस्त, आशिक़, *a.* आशिक़ मिज़ाज।
Gal-lant, *a.* साहसी, सूरबीर, बहादुर।
Gal-ler-y, *n.* बराम्दा, छज्जा।
Galley, *n.* लम्बी नाव जो लग्गियों से खेई जाती हो।
Gal-lon, *n.* परिमाण विशेष, ३ सेर १० छटाक।
Gal-lop, *n.* दौड़, सरपट, *v.* दौड़ना, फलांगना।
Gal-lows, *n.* फांसी, फांसी देने की टिकटी।
Gam-ble, *v.* जुआ खेलना।
Gam-bol, *n.* खेल, कूद।
Game, *n.* खेल, बाजी, शिकार, *v.* खेलना।
Gam-mon, *n.* सुअर की टांग।
Gam-ut, *n.* राग, स्वर।
Gan-der, *n.* हंस, बत्तख़।
Gang, *n.* दल, गोल।
Gang-rene, *n.* मांस का सड़ाव।
Gang-way, *n.* राह, रास्ता।
Gaol, *n.* बन्दीखाना, जेलखाना।
Gaol-er, *n.* जेल खाना का दरोगा।
Gap, *n.* छेद, दरार।
Gape, *v.* जम्हुआना।
Garb, *n.* कपड़ा, पोशाक, सूरत।
Garb-age, *n.* जूठन, अखोर।
Gar-ble, *v.* अपने मतलब का चुनलेना, गड़बड़ क०।

Gar-den, *n.* फुलवारी, बाग़, *v.* बाग़ लगाना ।

Gar-gle, *n.* कुल्ला, *v.* कुल्ला क० ।

Gar-land, *n.* फूल की माला ।

Gar-ment, *n.* कपड़ा, पोशाक ।

Gar-ner, *n.* खत्ती, बखारी ।

Gar-nish, *v.* संवारना, सजाना ।

Gar-ret, *n.* अटारी, कोठा ।

Gar-ri-son, *n.* क़िले की फ़ौज, *v.* मुर्चा बन्दी क० ।

Gar-ter, *n.* मोज़ा बांधने का बन्द ।

Gas, *n.* हवा, बुखार ।

Gash, *n.* गहिरा घाव; *v.* गहिरा घाव क० ।

Gasp, *n.* सांस; *v.* कठिनता के साथ सांस लेना ।

Gas-tric, *a.* पेट का ।

Gate, *n.* फाटक, दरवाज़ा ।

Gate-way, *n.* फाटक में होकर रास्ता ।

Gath-er, *n.* चुनन, सह; *v.* बटोरना, इकट्ठा क० ।

Gaud-y, *a.* भड़कीला, रंगीला ।

Gauge, *n.* or *v.* माप, पैमाना ।

Gaunt, *a.* दुबला, पतला ।

Gaunt-let, *n.* लोहे का दस्ताना ।

Gauze, *n.* महीन रेशमी कपड़ा ।

Gawk-y, *a.* बेडौल, गंवार ।

Gay, *n.* खुश, चटकीला ।

Gaze, *n.* ताक; *v*, ताकना, घुरना ।

Ga-zette, *n.* समाचार पत्र, गज़ट ।

Ga-zet-teer, *n.* भूगोल सम्बन्धी विषयों का कोष ।

Gear, *n.* असबाब, घोड़ों की साज़ ।

Gem, *n.* मणि, जवाहर ।

Gender, *n.* जाति, लिङ्ग ।

Ge-ne-al-o-gy, *n.* वंसावली ।

Gen-er-al, *n.* सेनापति; *a.* साधारण, आम ।

Gen-er-al-ly, *a.* प्रायः, अकसर ।

Gen-er-ate, *v.* पैदा क०, उपजाना ।

Gen-er-a-tion, *n.* वंश, ख़ान्दान, पीढ़ी, युग, उपज ।

Gen-er-os-i-ty, *n.* उदारता ।

Gen-er-ous, *a.* दाता, उदार ।

Ge-ni-al, *a.* आनन्दी, दिल पसन्द ।

Ge-ni-us, *n.* प्रेत, योग्यता, चालाक आदमी ।

Gen-teel, *a.* सुशील ।

Gen-tile, *n.* प्रतिमा पूजक, जो यहुदी न हो ।

Gen-tle, *a.* सुशील, सभ्य, सीधा ।

Gen-tle-man, *n.* सत्पुरुष, भलामानुष ।

Gent-ly, *ad.* हल्के से, आहिस्ते से, होशियारी से ।

Gen-u-ine, *a.* सच्चा, साफ़, निर्मल ।

Ge-og-ra-phy, *n.* भूगोलविद्या, वह विद्या जिसमें पृथ्वी पर के चीज़ों का बयान हो।

Ge-ol-o-gy, *n.* वह विद्या जिस में पृथ्वी या उसके भीतरी चीज़ों का बयान हो।

Ge-om-e-try, *n.* रेखा गणित।

Germ, *n.* अंकुर, जड़, कली।

Germ-i-nate, *v.* अंखुआना, कलियाना, ऊगना।

Ges-ta-tion, *n.* गर्भ।

Ges-ture, *n.* भाव, चेष्टा।

Get, *v.* (Pt. and Pp. got) पाना, लाना।

Ghast-ly, *a.* मुर्दे सा, पीला।

Ghost, *n.* आत्मा, प्रेत, रूह।

Giant, *n.* देव, लम्बा और मज़बूत आदमी।

Gib-bet, *n.* वह लट्ठा जिस पर फांसी दी जाती है, *v.* फांसी लटकाना।

Gib-bous, *a.* कुबरा, टेढ़ा।

Gibe, *n.* ताना, लानत मलामत, *v.* ताना मारना। [तानेवाली।

Gid-dy, *a.* चंचल, बेक़रार, चक्कर

Gift, *n.* दान, नज़र।

Gift-ed, *a.* गुणी, लायक़।

Gig, *n.* हल्का टमटम, जहाज़ के साथ की किश्ती।

Gild, *v.* (Pt. gilded, Pp. gilt) सोना चढ़ाना, क़लई क०।

Gill, *n.* सवा छटाक के क़रीब की एक नाप।

Gill, *n.* मछली का गलफड़ा।

Gim-let, *n.* बरमा। [मी डोरी।

Gimp, *n.* कलाबत्तू की या रेश-

Gin, *n.* प्रेत, कल, फन्दा, जाल।

Ginger, *n.* अदरक।

Gip-sy, *n.* घूमने फिरने वाला।

Gird, *v.* (Pt. and Pp. girded girt) घेरना, लपेटना, बांधना।

Gird-er, *n.* बड़ी धन्नी, शहतीर।

Gird-le, *n.* करधनी, कमरबन्द, *v.* घेरना, लपेटना।

Girl, *n.* बालिका, लड़की।

Girth, *n.* तंग, पेटी, घेरा।

Gist, *n.* असलबात।

Give, *v.* (Pt. gave, Pp. given.) देना, सौंपना।

Gla-ci-er, *n.* बरफ़ की चट्टान।

Glad, *a.* प्रसन्न, खुश।

Glade, *n.* जंगल के बीच का खुला हुआ मैदान।

Glance, *n.* झलक; *v.* चमकना, झलकना, उचट जाना।
Gland, *n.* गिल्टी, गांठ।
Glare, *n.* चमक, जगमगाहट।
Glar-ing, *a.* स्पष्ट, चमकीला, भड़कीला।
Glass, *n.* कांच, शीशा, ऐना, गिलास, *a.* कांचका।
Glaze, *v.* शीशा लगाना या जड़ना, घोटना।
Gleam, *n.* चमक; *v.* चमकना।
Glean, *v.* बिनना, चुनना।
Glebe, *n.* ज़मीन, गिर्जे के ताल्लुक़ की ज़मीन।
Glee, *n.* खुशी, टप्पा।
Glen, *n.* तंग घाटी।
Glide, *v.* फिसलनां, बहना।
Glim-mer, *n.* धीमी रोशनी।
Glimpse, *n.* झलक।
Glis-ten, *v.* चमकना।
Glis-ter, *v.* चमचमाना।
Glit-ter, *n.* चमक; *v.* चमकना।
Gloat, *v.* बड़े शौक़ से देखना।
Globe, *n.* गोला, पृथ्वी।
Gloom, *n.* अंधेरा, रंज, उदासी।
Gloom-y, *a.* अंधेरा, उदास।
Glo-ri-fy, *v.* बड़ाई क०, स्तुति क०।
Glo-ri-ous, *a.* प्रतापी, नामवर।
Glo-ry, *n.* कीर्ति, नामवरी, *v.* खुश होना, अकड़ना।
Glos-sy, *a.* चिकना, चमकीला।
Glove, *n.* दस्ताना।
Glow, *n.* चमक, दहक; *v.* चमकना, दहकना।
Glue, *n.* सरेस, लेई। [ठूंसना।
Glut, *n.* बहुतात, ज़ियादती, *v.*
Glut-ton, *n.* पेटू, खाऊ।
Gnarled, *a.* गंठीला।
Gnash, *v.* दांत पीसना।
Gnat, *n.* मच्छड़। [आना।
Gnaw, *v.* कतरना, चबाना, खा
Go, *v.* (Pt. went, Pp. gone.) जाना, चलना। [सकाना।
Goad, *n.* आंकुस; *v.* गोदना, उ-
Goal, *n.* ठिकाना, घुड़दौड़ का पाल्हा।
Goat, *n.* बकरी।
Gob-let, *n.* पियाला, कटोरा।
Gob-lin, *n.* भूत, प्रेत।
God, *n.* ईश्वर, परमेश्वर। [गुरू।
God-fa-ther, *n.* धर्म शिक्षक,
God-head, *n.* ईश्वरत्व, खोदाई।
God-less, *a.* नास्तिक, बे दीन।
God-li-ness, *n.* नियम धर्म, दीनदारी।
God-ly, *a.* धर्मिष्ट, भक्तिमान।
Gold, *n.* सोना।

Gold-en, *n.* सोनहिला, सोनेका।

Gold-smith, *n.* सोनार।

Good, *n.* भलाई, फ़ायदा; *a.* अच्छा, भला, नेक।

Good-ly, *a.* अच्छा, सुडौल।

Good-ness, *n.* नेकी, भलाई।

Goods, *n.* माल, अस्बाब।

Goose, *n.* हंस, बत्त।

Gore, *n.* गाढ़ा खून, अंगावगैरह की कली; *v.* चुभाना।

Gorge, *n.* गला; *v.* लील लेना, निगल जाना

Gor-ge-ous, *a.* चमकीला, भड़कीला।

Gorse, *n.* कांटेदार झाड़ी।

Gos-ling, *n.* हंस का बच्चा।

Gos-pel, *n.* खुश खबरी, इंजील।

Gos-sip, *n.* गप सप।

Gouge, *n.* हलानी, छेनी।

Gout, *n.* गठिया का रोग।

Govern, *v.* बस में क०, हुकूमत क०।

Gov-ern-ment, *n.* अमलदारी, हुकूमत।

Gov-ern-or, *n.* हाकिम, सर्दार, मुख्य अधिकारी।

Gown, *n.* लहंगा, चोगा।

Grace, *n.* कृपा, दया, शोभा, प्रार्थना; *v.* सजाना।

Grace-ful, *a.* सुशोभित, सुन्दर।

Gra-cious, *a.* दयालु, मिहर्बान।

Grade, *n.* ओहदा, दरजा।

Grad-u-al, *a.* क्रमसः, सिलसिलावार।

Graft, *n.* कलम; *v.* कलम लगाना।

Grain, *n.* अन्न, दाना, टुकड़ा; *v.* रंगकरने में लकड़ी के से रेसे बनाना।

Gram-mar, *n.* व्याकरण।

Gran-a-ry, *n.* खत्ती, बखारी।

Grand, *a.* बड़ा, प्रतापी, ख़ास।

Grandeur, *n.* बड़प्पन, दबदबा।

Grange, *n.* अहाता, मकानात।

Grant, *n.* दान, मंजूरी; *v.* देना, मान लेना।

Grape, *n.* अंगूर।

Grap-nel, *n.* छोटा लंगर।

Grap-ple, *n.* आंकड़ा; *v.* भिड़ जाना, जुट जाना।

Grasp, *n.* चंगुल, पंजा; *v.* पकड़ना।

Grass, *n.* घास।

Grate, *n.* अंगीठी; *v.* घिसना, रगड़ना, पीसना।

Grate-ful, *a.* एहसानमन्द, शुक्रगुज़ार।

Gra-ter, *n.* झांवां।

Grat-i-fi-ca-tion, *n.* तृप्ति, खुशी, आनन्द।

Grat-i-fy, *v.* संतुष्ट क०, खुश क०।

Gra-ting, *n.* झंझरी, जाली, दांतों के कट कटाने की आवाज़; *a.* कड़ा।

Gra-tis, *ad.* सेंत में, बे दाम को।
Grat-i-tude, *n.* धन्यवाद, एहसान मन्दी, शुक्र।
Grave, *n.* क़बर, समाधि; *a.* गम्भीर, भारी; *v.* (Pt. graved; Pp. graven) खोदना, नक्कासना।
Grav-el, *n.* कंकड़, रेत।
Gra-ver, *n.* छेनी, नक्कासने का औज़ार। [पन।
Grav-i-ty, *n.* गम्भीरता, भारी-
Gra-vy, *n.* मांस का अर्क़, यखनी। [भूरा।
Gray, Grey, *a.* चित्तीदार,
Graze, *v.* चरना, चराना, रगड़ना।
Grazier, *n.* चरवाहा।
Grease, *n.* चरबी; *v.* चरबी लगाना, चुपरना। [गर्भिणी।
Great, *a.* बड़ा, प्रधान, नामवर,
Great-ness, *n.* बड़ाई, ऊंचा दर्जा, अधिकार।
Greed-y, *a.* लालची, पेटू।
Green, *n.* हरा, हरियाली; *a.* हरा, ताज़ा, कच्चा।
Greet, *v.* नमस्कार क०, बन्दगी क०।
Grid-dle, *n.* तावा।
Gridiron, *n.* मांस भूंजने के लिये लोहे की अंगीठी।
Grief, *n.* रंज, अफ़सोस।
Grievance, *n.* रंज, विपत्ति, अपराध।
Grieve, *v.* रोना, रंज क०।
Grill, *v.* लोहे की अंगीठी पर भूनना।
Grim, *a.* भयानक, डरावना।
Gri-mace, *n.* दांत निपोरना, मुंह बनाना। [गंदा क०।
Grime, *n.* मैल; *v.* मैला क०,
Grin, *n.* खीस, हंसी; *v.* दांत निपोरना।
Grind, *v.* (Pt. and Pp. ground) पीसना, सताना।
Grip, *n.* पकड़।
Gripe, *n.* दबाव, मड़ोर, पेचिश; *v.* पकड़ना, नोचना।
Gris-ly, *a.* भयानक, ख़ौफ़नाक।
Gristle, *n.* कुर कुरी हड्डी।
Grit, *n.* भूसी, चोकर।
Groan, *n.* हाय मारने की आवाज़; *v.* हाय मारना।
Groat, *n.* एक प्रकार का सिक्का करीब ३ आने का।
Groats, *n.* जौ का आटा।
Gro-cer, *n.* पंसारी।
Groin, *n.* जांघ और पेट के बीच का भाग।
Groom, *n.* सईस।

Groove, *n.* नाली; *v.* नाली बनाना।

Grope, *v.* टटोलना।

Gross, *n.* बड़ा, ढेर, १२ दर्जन; *a.* मोटा, भद्दा, खराब।

Grot, Grot-to, *n.* गुफा, खोह।

Ground, *n.* ज़मीन; *v.* ठहराना, जमाना।

Ground-less, *a.* बे सबब, नाहक़।

Group, *n.* झुंड, जमात; *v.* जमा क०, बटोरना।

Grove, *n.* कुंज।

Grov-el, *v.* रेंगना।

Grow, *v.* (Pt. grew; Pp. grown) बढ़ना, पनपना, उठाना।

Growl, *n.* or *v.* गुर्राना।

Grub, *n.* घुन. कीड़ा; *v.* खोदना।

Grudge, *n.* ईर्षा, दुश्मनी; *v.* ईर्षा क०, द्वेष क०।

Gru-el, *n.* मांड़, लपसी।

Gruff, *a.* कड़ा, भारी, रूखा।

Grum-ble, *v.* कुड़कुड़ाना, गुनगुनाना।

Grunt, *n.* सुअर की आवाज़ *v.* सुअर की तरह बोलना।

Guar-an-tee, *n.* ज़िम्मा, ज़मानत, *v.* ज़िम्मा लेना, ज़मानत क०।

Guard, *n.* पहरुआ, रक्षक, हिफ़ाज़त, *v.* पहरा देना, हिफ़ाज़त क०।

Guard-ian, *n.* रक्षक, वली, *a.* निगहबान, मुरब्बी।

Guess, *n.* or *v.* अटकल, क़यास।

Guest, *n.* मेहमान।

Guide, *n.* अगुआ, पेशवा, *v.* राह बताना, उपदेश क०।

Guile, *n.* बहाना, दग़ाबाज़ी।

Guile-less, *a.* सीधा, भोला।

Guilt, *n.* अपराध, क़ुसूर।

Guilty, *a.* अपराधी, मुजरिम।

Guin-ea, *n.* अंगरेज़ी अशर्फी क़रीब १६ रुपये की।

Guise, *n.* भेस, सूरत, पोशाक।

Gulf, *n.* खाड़ी, गढ़ा।

Gull, *v.* कपट, छल।

Gul-let, *n.* गले की नली, नरेटी।

Gul-ly, *n.* नाली।

Gulp, *n.* or *v.* कौर, गप्फा।

Gum, *n.* मसकुर, गोंद, *v.* गोंद लगाना।

Gun, *n.* बन्दूक़, तोप।

Gun-ner-y, *n.* गोलन्दाज़ी।

Gun-wale, *n.* जहाज़ के ऊपर का किनारा।

Gur-gle, *n.* आवाज़ करते हुये बहना।

Gush, *n.* फूट, एकायक बहाव, *v.* फूट बहना, निकल पड़ना।

Gus-set, *n.* चौबग़ला ।
Gust, *n.* झोंका ।
Gut, *n.* अंतड़ी, ओझ ।
Gut-ter, *n.* नाला, परनाला ।
Gym-na-si-um, *n.* अखाड़ा, दंगल ।
Gypsum, *n.* खरिया मट्टी, मुला- [यम पत्थर ।
Gy-rate, *v.* घुमाना ।

H

Hab-er-dash-er, *n.* बिसाती, पटवा ।
Hab-it, *n.* आदत, स्वभाव, ढंग, पोशाक, *v.* पहिनना ।
Hab-i-ta-tion, *n.* घर, मकान ।
Ha-bit-u-al, *a.* मामूली, दस्तूरी ।
Ha-bit-u-ate, *v.* आदत डालना ।
Hack, *n.* केराये का घोड़ा, कमेरा, *v.* टुकड़े २ क०, चूर २ क० ।
Hack-le, *n.* कंघी, कलगीं ।
Hack-ney, *n.* भाड़े का घोड़ा या गाड़ी, ठीका गाड़ी, *a.* केराये पर, *v.* काम में ज़्यादा लाना, बहुत मिहनत लेना ।
Haft, *n.* कब्ज़ा, मुट्ठा ।
Hag, *n.* चुड़यल, डायन, गुस्सा ।
Hag-gard, *a.* मुंह ज़ोर, बहशी, मरियल ।
Hag-gle, *v.* झांव २ क०, तक-रार क० ।
Hail, *n.* ओला, नमस्कार, बन्दगी, *v.* ज़ोर से पुकारना, ओला पड़-ना ।
Hail-stone, *n.* ओला ।
Hair, *n.* बाल, रोवां, कांटा ।
Hale, *a.* भला, चंगा, तन्दुरुस्त ।
Half, *n.* आधा ।
Hall, *n.* बड़ा कमरा ।
Hal-low, *v.* पवित्र क० ।
Halt, *n.* or *v.* पड़ाव, टिकना, लंगड़ाना, *a.* लंगड़ ।
Halt-er, *n.* बागडोर, *v.* रस्सी से बांधना । [टूक क० ।
Halve, *v.* आधो आध क०, दो
Hal-yard, *n.* पाल का रस्सा ।
Ham, *n.* सुअर की नमकीन रान, पुट्ठा ।
Ham-let, *n.* पुरवा, गांव ।
Ham-mer, *n.* हथौड़ा; घन; *v.* पीटना, गढ़ना ।
Ham-per, *n.* टोकरी, डलिया, बेड़ी; *v.* अटकाना, बेड़ी डालना ।
Hand, *n.* हाथ, पंजा, लिखना, *v.* देना, ले जाना ।
Hand-i-craft, *n.* कारीगरी, द-स्तकारी, *a.* तिज़ारती ।
Hand-ker-chief, *n.* रूमाल ।

Hand-le, *n.* बेंट, क़ब्ज़ा, *v.* छूना, हाथ लगाना, सलूक क॰।
Hand-some, *a.* सुन्दर, उचित, दाता, धर्मात्मा।
Hand-y, *a.* कारीगर, तैयार।
Hang, *v.* (Pt. and Pp. hang-ed, hung,) लटकाना, अटक रहना, फांसी देना।
Hank, *n.* लच्छा, पेचक, कुखुड़ी।
Hank-er, *v.* लालसा क॰, चाहना।
Hap, *n.* संयोग, भावी, *v.* आ पड़ना।
Hap-less, *a.* अभागा, बेनसीब।
Hap-ly, *ad.* कदाचित्, इत्तिफ़ाक़न्।
Hap-pen, *v.* आ पड़ना, हो जाना।
Hap-pi-ness, *n.* आनन्द, सुख, खुशी।
Hap-py, *a.* आनन्दी, सुखी, खुश।
Har-ass, *v.* थकाना, हराना, सताना।
Har-bin-ger, *n.* अगुआ, हरकारा।
Har-bour, *n.* बन्दर, रक्षा का स्थान, ठिकाना; *v.* आसरा देना, ख़ातिर क॰।
Hard, *a.* ठोस, कड़ा, कठोर, खड्डा; *ad.* पास।
Hard-i-hood, *n.* अक्खड़ पन, दिलेरी।
Hard-ly, *ad.* कठिनता से, मुशकिल से।
Hard-ship, *n.* कष्ट, सख्ती।
Hard-ware, *n.* लोह पीतल वग़ैरह की चीज़ें।
Hard-y, *a.* बहादुर, मिहन्ती।
Hare, *n.* ख़रगोश।
Hark, *v.* or *i.* सुनना।
Harm, *n.* हानि, चोट; *v.* नुक़सान क॰, चोट पहुंचाना।
Har-mon-y, *n.* मेल, एक लय।
Har-ness, *n.* घोड़े की साज़ सामान।
Har-poon, *n.* नोकदार बरछी।
Har-ri-er, *n.* ख़रगोशों के शिकार करने वाला कुत्ता।
Har-row, *n.* हेंगा, पहटा; *v.* पहटाना, हेंगा फेरना, सताना।
Harsh, *a.* कड़ा, कठोर, खट्टा।
Hart, *n.* मृगा, हिरण।
Har-vest, *n.* अनाज काटने का समय, फसल; *v.* अनाज काटना।
Hash, *n.* क़ीमा, कोफ़्ता; *v.* क़ीमा क॰, कोफ़्ता बनाना।
Hasp, *n.* कुंडा, कोंढा, कुलाबा।
Has-sock, *n.* वह बिछौना या तिपाई जिसपर गिरजे में ध्यान करते समय लोग गिठुना टेकते हैं।

Haste, *n.* जल्दी, तेज़ी; *v.* जल्दी क०, झपटना। [तेज़।

Hast-y, *a.* फुर्तीला, जल्दबाज़,

Hat, *n.* टोपी।

Hatch, *v.* अंडे सेना, बच्चे निकालना, तदबीर क०।

Hatchet, *n.* छोटी तेज़ कुल्हाड़ी।

Hatch-way, *n.* जहाज़ के मंज़िलके दरवाज़े की राह।

Hate, *n.* घृणा, नफ़रत; *v.* घृणा क०।

Ha-tred, *n.* घृणा।

Haugh-ty, *a.* घमंडी, घृणित।

Haul, *n.* खींच, घसीट; *v.* खींचना, घसीटना।

Haunch, *n.* चूतड़, पुट्ठा।

Haunt, *n.* अड्डा, अखाड़ा; *v.* आना जाना, घूमना फिरना।

Have, *v.* (Pt. and Pp. had) रखना, पाना, लेना।

Ha-ven, *n.* बन्दर, जहाज़ों के ठहरने का स्थान।

Hav-oc, *n.* खराबी, तहस नहस, तबाही। [बेचते फिरना।

Hawk, *n.* बाज, शिकरा; *v.*

Haws-er, *n.* छोटा जहाज़ का रस्सा।

Hay, *n.* सूखी घास।

Haz-ard, *n.* चिंता, अंदेशा, जोखिम; *v.* ख़तरे या जोखिम में डालना।

Haze, *n.* कुहिरा, गुबार।

Ha-zel, *n.* सुपारी का सा एक प्रकार का वृक्ष; *a.* भूरा।

He, *pr.* वह, उसने।

Head, *n.* सिर, मूड़, सरदार; *v.* सरदार होना, हुकूमत क०।

Head-land, *n.* अन्तरीप।

Head-long, *a.* खड़ा, सीधा; *ad.* जल्दी, बे सोचे समझे।

Head-strong, *a.* हठी, मुंहज़ोर।

Heal, *v.* चंगा क०, घाव को भर लाना। [दुरुस्ती।

Health, *n.* आरोग्यता, तन्दु-

Health-y, *a.* आरोग्य, चंगा।

Heap, *n.* ढेर; *v.* ढेर लगाना, इकट्ठा क०।

Hear, *v.* सुनना, कान लगाना।

Heark-en, *v.* सुनना।

Hear-say, *n.* चर्चा, अफ़वाह।

Hearse, *n.* मुर्दा ले जाने की गाड़ी। [बीच, हिम्मत।

Heart, *n.* हृदय, दिल, दिलेरी,

Hearth, *n.* अंगीठी के सामने का पत्थर, अंगीठी, घर।

Heart-y, *a.* सच्चा, दिली, ज़ोरावर। [करना।

Heat, *n.* गर्मी, तपिश; *v.* गर्म

Heath, *n.* झाड़ी, झाड़ीदार मैदान। [पूजक, बुत्परस्त।
Hea-then, *n.* or *a.* प्रतिमा
Heave, *n.* ठंडीसांस, उकलाई, उछाल; *v.* (Pt. and Pp. heaved, hove.) उठाना, फेंकना, ठंडीसांस लेना। [स्वर्ग
Heav-en, *n.* आकाश, आस्मान,
Heav-y, *a.* भारी, कठिन, सुस्त।
Hec-tic, *n.* क्षई, तपेदिक्; *a.* क्षईवाला।
Hedge, *n.* झाड़ी कांटे की टट्टी, बाड़ा; *v.* बाड़ा बनाना, घेरना।
Heed, *n.* ध्यान, ख़याल, होशियारी; *v.* ध्यान देना, ख़याल करना।
Heel, *n.* एंड़ी।
Heif-er, *n.* बछिया।
Height, *n.* ऊंचाई।
Heinous, *a.* कड़ा, सख्त।
Heir, *n.* उत्तराधिकारी, वारिस।
Hell, *n.* यमलोक, नरक।
Hel-lish, *a.* नरकी, यमलोकी।
Helm, *n.* पतवार।
Hel-met, *n.* लोहे का टोप।
Help, *n.* सहायता, मदद; *v.* सहायता क०।
Help-mate, *n.* साथी, सहायक।
Helve, *n.* कुल्हाड़ी का बेंट।
Hem, *n.* कोर, गोट; *v.* घेरना, गोट लगाना।
Hemisphere, *n.* आधागोला।
Hemp, *n.* पटुआ, सन।
Hen, *n.* मुरगी।
Hence, *ad.* यहां से, इस समय से, इसलिये। [आगे।
Hence-forth, *ad.* इस समय से
Hep-ta-gon, *n.* सातभुजों का क्षेत्र।
Her, *pr.* उसे, उसको।
Her-ald, *n.* आगे२ पुकारते हुए दौड़नेवाला, नक़ीब; *v.* आगे आगे पुकारना, ढिंढोरा पीटना।
Herb, *n.* जड़ी, बूटी। [घास।
Herb-age, *n.* वनस्पति, घास
Herd, *n.* झुंड; *v.* इकट्ठा क०।
Herds-man, *n.* चरवाहा, अहीर।
Here, *ad.* इधर, यहां। [बाद।
Here-af-ter, *ad.* आगे, इसके
He-red-i-tary, *a.* बपौती, मौरूसी। [मत।
Her-es-y, *n.* मत की भूल, कच्चा
Heretic, *n.* कच्चा मत का धारण करने वाला।
Her-i-tage, *n.* बपौती, मीरास।

Her-mit, *n.* योगी, बैरागी ।
He-ro, *n.* सूर बीर आदमी ।
He-ro-ic, *a.* बहादुराना, बीराना ।
Her-o-ine, *n.* बहादुर औरत ।
Her-o-ism, *n.* बीरता, बहादुरी ।
Hes-i-tate, *v.* संदेह क०, पसो पेश क०, ठहर जाना ।
Hew, *v.* (Pt. hewed; Pp. hewn.) काटना, टुकड़े २ क० ।
Hex-a-gon, *n.* षट् भुज क्षेत्र ।
Hiccough, *n.* हिचकी या हुचकी ।
Hid-den, *a.* गुप्त, पोशीदा ।
Hide, *n.* खाल, चमड़ा; *v.* (Pt. hid; Pp. hidden, hid) छिपाना । [ना ।
Hid-e-ous, *a.* भयानक, डराव-
Hie, *v.* जल्दी क०, तेज़ चलना ।
Hig-gler, *n.* बकसवाला, फरीवाला ।
High, *a.* ऊंचा, महंगा; *ad.* ऊंचा ।
High-land, *n.* पहाड़ी देश ।
High-ness, *n.* ऊंचाई, राजा महाराजा लोगों की पदवी ।
High-way, *n.* आम सड़क ।
Hill, *n.* पहाड़ी ।
Hilt, *n.* तलवार का कब्ज़ा या मूठ ।
Him, *pr.* उसे, उसको । [पिछला ।
Hind, *n.* हिरनी, बारह सिंघी; *a.*

Hind-er, *a.* पिछला ।
Hin-der, *v.* रोकना, अटकाना ।
Hin-der-ance, *n.* आड़, रोक टोक । [का, आखिरी ।
Hind-er-most, *a.* सब से पीछे-
Hinge, *n.* केंवाड़े का चूल, कब्ज़ा; *v.* घूमाना, फिराना ।
Hint, *n.* इशारा; *v.* इशारा क० ।
Hip, *n.* चूतड़, पुट्ठा ।
Hire, *n.* भाड़ा कराया; *v.* मिहन्ताने पर रखना, केराये पर लेना या देना ।
Hire-ling, *n.* ठीकेदार, मज़दूर ।
His, *pr.* उसका, अपना ।
Hiss, *n.* फुफकार; सर्प की बोली; *v.* फुफकारना । [लिखने वाला ।
His-to-ri-an, *n.* इतिहास का
His-to-ry, *n.* इतिहास ।
Hit, *n.* मार, टक्कर; *v.* मारना, टकराना, लग जाना ।
Hitch, *n.* पकड़, आड़, रोक ।
Hith-er, *ad.* इधर, यहां ।
Hive, *n.* छत्ता ।
Hoard, *n.* गुप्त पूंजी या ख़ज़ाना; *v.* गुप्तरीति से जमा क० बटोरना । [आवाज़ ।
Hoarse, *a.* भारी या बैठी हुई
Hoar-y, *a.* सफेद, भूरा ।
Hoax, *n.* झांसा, छल; *v.* झुत्ता

देना, धोखा देना। [नारा।

Hob, *n.* अंगीठी का चपटा कि-

Hob-ble, *v.* लंगड़ाना।

Hob-by, *n.* लड़कों का प्रिय खेल जैसे लकड़ी का घोड़ा वगरह।

Hod, *n.* गारा या चूने के लिये तसला।

Hoe, *n.* कुदारी, खुरपी।

Hog, *n.* सुअर; *v.* झुकना।

Hogs-head, *n.* ६३ गलन का एक पीपा।

Hoist, *v.* उठाना, चढ़ाना।

Hold, *n.* पकड़, अधिकार, कैद, जहाज़ का पेट; *v.* (Pt. and Pp. hold) ठहरना, पकड़ना, रखना।

Hole, *n.* छेद, बिल।

Hol-i-day, *n.* तेवहार, छुट्टी।

Ho-li-ness, *n.* भक्ताई, पाकीज़गी।

Hol-low, *n.* गढ़ा, खंदक; *a.* खोखला, पोला; *v.* खोखला क०, पोला क०। [घर।

Hol-ster, *n.* पिस्तौल रखने का

Ho-ly, *a.* निर्दोष, भक्त, धर्मात्मा।

Hom-age, *n.* सत्कार, सेवा।

Home, *n.* जन्म भूमि, घर; *a.* घर की, देसी। [साफ २।

Home-ly, *ad.* घर का सा, सादा,

Home-stead, *n.* घर और चारों तरफ़ के मकानात।

Hom-i-cide, *n.* नर हिंसा, मनुष्य बध। [दीनी नसीहत।

Hom-i-ly, *n.* मतानुजाई उपदेश,

Hone, *n.* सिल्ली, सान।

Honest, *a.* सच्चा, खरा, ठीक, इमानदार।

Honey, *n.* मधु, शहद।

Hon-our, *n.* आदर, सत्कार, बड़ाई, इज्ज़त, *v.* आदर सत्कार क०, इज्ज़त बढ़ाना।

Hon-our-a-ble, *a.* आदर सत्कार के योग्य, पूजनीय।

Hood, *n.* ओढ़नी, पगड़ी, टोपी।

Hood-wink, *v.* झांसा देना, धोखा देना।

Hoof, *n.* खुर।

Hook, *n.* कांटा, कंटिया, हंसिया, *v.* कंटिया से पकड़ना, अटकाना।

Hoop, *n.* घेरा, हल्का।

Hoot, *n.* or *v.* चल्ल कारना, लूलू या हूहू करना, उल्लू की बोली।

Hop, *n.* एक प्रकार का पौधा जो शराब बनाने में काम में आता है, *v.* एक टांग के बल उछलना, फुदकना। [सा क०, उम्मेद क०।

Hope, *n.* आशा, उम्मेद, *v.* भरो-

Hop-per, *n.* नल जिस में होकर अनाज चक्की में पहुंचता है।
Horde, *n.* फिरने वाली क़ौम, दल, गिरोह। [आकाश गर्भ।
Hor-i-zon, *n.* आकाश का घेरा,
Hor-i-zon-tal, *a.* बराबर।
Horn, *n.* सींग, पियाला, तुरही।
Hor-ri-ble, *a.* भयानक, ख़ौफ़नाक।
Hor-rid, *a.* भयंकर, डरावना।
Hor-ror, *n.* कपकपी, बड़ा डर, ख़ौफ़।
Horse, *n.* घोड़ा, सवार, लकड़ी या किसी और चीज़ का घोड़ा।
Hose, *n.* मोज़, चमड़े की नली।
Hosier, *n.* मोज़ा बेचने वाला।
Hos-pi-ta-ble, *a.* मेहमान्दार, दानी। [ख़ाना।
Hos-pi-tal, *n.* अस्पताल, शफ़ा
Host, *n.* मेहमानी करने वाला, भठियारा, सेना, फ़ौज। [मान्दारी।
Host-age, *n.* शरीर बन्धक, मेह-
Host-ess, *n.* मेहमान्दार औरत, भठियारिन।
Hos-tile, *a.* बिपरीत, बैरी, दुश्मन।
Host-ler, *n.* सराय में घोड़ों की रक्षा करने वाला। [कामी।
Hot, *a.* गरम, चरपरा, उत्सुक,
Ho-tel, *n.* सराय, होटल।

Hot-ly, *ad.* तेज़ी से, शौक़से।
Hough, *n.* जांघ के नीचे का हिस्सा, *v.* लंगड़ा क०, रान की नस काटना।
Hound, *n.* शिकारी कुत्ता।
Hour, *n.* एक घंटा, रात दिन का चौबीसवां हिस्सा। [कारख़ाना।
House, *n.* घर, घराना, कोठी।
House, *v.* छाना, उतारना, टिकाना।
House-hold, *n.* घराना, कुन्बा।
House-wife, *n.* घरवाली, मकान की मलकिन।
Hov-el, *n.* झोपड़ी, छप्पर।
Hov-er, *v.* फिरना, फड़फड़ाना।
How, *ad.* कैसे, किस तरह, क्योंकर। [साथ।
How-be-it, *c.* इस पर भी, इसके
How-ever, *ad.* तौभी, तथापि।
Howl, *n.* कुत्ता वगैरह की बोली, *v.* भूंकना, गुर्राना।
Hoy, *n.* एक छोटी नाव।
Hub, *n.* पहिये की नाह।
Huck-ster, *n.* बिसाती, फेरी फिरने वाला।
Hud-dle, *v.* जल्दी में मिला देना, जल्दी क०, भीड़ क०।
Hue, *n.* रंग, शोरगुल।
Huff, *n.* ताव, क्रोध, *v.* चिढ़ाना, नाराज़ क०।

Hug, *n.* अंकवार, *v.* छपटाना, प्यार क०, पास रखना।
Huge, *a.* बड़ा, फैला हुआ।
Hulk, *n.* पुराने जहाज़ का पेटा।
Hull, *n.* जहाज़ की कोठी या पेटा, सुपारी का छिल्का।
Hum, *n.* भन भनाहट, *v.* मन मनाना, भन भनाना।
Hu-man, *a.* आदमी का, इन्सानी।
Hu-mane, *a.* दयालु, रहम दिल।
Hu-man-i-ty, *n.* दया, भलमन्साहत, आदमियत।
Humble, *a.* नम्र, नीचा, *v.* घटाना, नीचा क०।
Hu-mid, *a.* गीला, तर्र, तर।
Hu-mil-i-ate, *v.* दबाना, ज़लील क०। [ज़ी।
Hu-mil-i-ty, *n.* नम्रता, आजि-
Hu-mor-ous, *a.* मन मौजी, दिलगीबाज़।
Humour, *n.* सील, तरी, दिल्लगी, *v.* दिल्लगी क०, हंसी क०।
Hump, *n.* कूबड़।
Hunch, *n.* उभाड़, सूजन, फूलन, गांठ। [चाहना।
Hung-er, *n.* भूख, *v.* भुखाना,
Hung-ry, *n.* भूखा। [कार क०।
Hunt, *n.* अहेर, शिकार; *v*, शि-
Hur-dle, *n.* टट्टी, टट्टर।
Hurl, *v.* ज़ोर से फेंकना, गिरा देना। [या वाह २ के शब्द।
Hur-ra, Hur-rah, *n.* जै जै
Hur-ri-cane, *n.* बड़ी भारी आंधी या तुफान।
Hur-ry, *n.* जल्दी, *v.* जल्दी क०।
Hurt, *n.* हानि, चोट; *v.* दुख देना, नुक़सान पहुंचाना।
Hus-band, *n.* पति, खस्मविन्द; *v.* किफायत या होशियारी से चलना।
Hus-band-man, *n.* क़िसान।
Hus-band-ry, *n.* क़िसानी, खेती।
Hush, *n.* चुपकी, ख़ामोशी; *v.* चुप होना, *i.* चुप रहो।
Husk, *n.* भूसी, छिलका।
Hus-sar, *n.* विलायती सवारों का रिसाला। [उछल क०।
Hus-tle, *v.* रेल पेल क०, उछल
Hut, *n.* झोपड़ी।
Hutch, *n.* पिंजड़ा, सन्दूक।
Huz-za, *n.* or *v.* जै जै कार।
Hy-drop-a-thy, *n.* जल चिकित्सा।
Hy-dro-pho-bi-a, *n.* वह बीमारी जिस में पानी से डर पैदा होता है जैसे कुत्ता काटने का रोग।
Hy-dro-stat-ics, *n.* द्रव वस्तुवों

को स्थिर रखने की विद्या।
Hymn, *n.* भजन, स्तुति की गीत।
Hyphen, *n.* चिन्ह विशेष (-)।
Hy-poc-ri-sy, *n.* बनावट, कपट, पाखंड, जितना हो उस से ज़ियादा बतलाने वाला।
Hyp-o-crite, *n.* कपटी, पाखंडी।
Hys-ter-ics, *n.* मूर्छा, मुर्छित।

I.

I, *pr.* मै।
Ice, *n.* बरफ़।
Ice-berg, *n.* पानी पर बहती हुई बरफ़ की सिला या चट्टान।
Ic-i-cle, *n.* बरफ की लटकती हुई सिला या चट्टान।
I-de-a, *n.* ध्यान, ख़याल, समझ।
I-de-al, *n.* पूरापन या पुख़्तगी का ख़्याल; *a.* ख़याली।
I-den-ti-cal, *a.* केवल, वही, एकही। [पहिचान बतलाना।
I-den-ti-fy, *v.* साबित क०,
Id-i-o-cy, *n.* पागलपन, खब्त।
Id-i-ot, *n.* जनम का पागल, सिड़ी। [*v.* समय खोना।
I-dle, *a.* बेकार, निकम्मा, सुस्त;
I-dle-ness, *n.* बेकारी, आलस, सुस्ती।
I-dol, *n.* मूर्त्ति, बुत। [परस्ती।
I-dol-a-try, *n.* मूर्ति पूजा, बुत
I-do-lize, *v.* बड़ा प्रेम क०, बेहद प्यार क०।
If, *c.* यदि, अगर।
Ig-nite, *v.* आग लगाना, जलाना।
Ig-no-ble, *a.* तुच्छ, नीच।
Ig-nom-in-y, *n.* अपमान, बेइज़्ज़ती। [ज्ञानी।
Ig-no-rance, *n.* अज्ञानता, ना-
Ig-no-rant, *a.* अपढ़, अज्ञान, मूर्ख। [बनना।
Ig-nore, *v.* न मानना, अनजान
Ill, *a.* आपत्ति, दुख, बीमारी; *a.* बुरा, बीमार।
Ill-bred, *a.* बुरी तरह। [न्याय।
Il-le-gal, *a.* शास्त्र विरुद्ध, अ-
Illegible, *a.* जो पढ़ा न जा सके, गिचपिच।
Il-le-git-i-mate, *a.* दोगला।
Il-lib-er-al, *a.* कंजूस, अधम, कमीना। [यज़।
Il-lic-it, *a.* शास्त्र विरुद्ध, नाजा-
Il-lit-er-ate, *a.* अनपढ़।
Ill-ness, *n.* बीमारी।
Il-lude, *v.* धोखा देना, झांसा देना। [शन क०।
Il-lu-mi-nate, *v.* सजाना, रौ-
Il-lum-ine, *v.* प्रकाशित क०, रौशन क०।
Il-lu-sion, *n.* धोखा, झांसा।

Il-lus-trate, *v.* बयान क०, समझाना मिसाल देना।

Il-lus-tra-tion, *n.* वर्णन, उदाहरण, मिसाल। [वर।

Il-lus-tri-ous, *a.* प्रसिद्ध, नाम-

Im-age, *n.* मूर्ति, प्रतिमा।

Im-ag-in-a-ry, *a.* खयाली, कल्पित।

Im-ag-i-na-tion, *n.* कल्पना, ख़याल। [ना।

Im-ag-ine, *v.* सोचना, विचार-

Imbecile, *a.* दुर्बल, कमज़ोर।

Im-bibe, *v.* सोख लेना, चूस लेना।

Im-brue, *v.* गीला क०, तर क०।

Im-bue, *v.* गहिरे रंग से रंगना।

Im-mor-al, *a.* दुराचारी, बुरा।

Im-i-tate, *v.* मेलमिलाना, नकल क०।

Im-i-ta-tion, *n.* नक़ल, पैरवी।

Im-ma-te-ri-al, *a.* तुच्छ, बेक़दर, रूहानी।

Im-ma-ture, *a.* कच्चा, अधूड़ा।

Im-me-di-ate, *a.* बे वास्ता, फ़िलहाल, जल्द।

Im-me-mo-ri-al, *a.* बहुत पुराना, याद से बाहर।

Im-mense, *a.* बहुत बड़ा, बेहद।

Im-merge, *v.* डुबाना, बोरना।

Im-merse, *v.* डुबाना, ख़ूबामिड़ जाना।

Im-mi-grate, *v.* किसी दूसरे देश से आ बसना। [पास का।

Im-mi-nent, *a.* नज़दीक का,

Im-mod-er-ate, *a.* अत्यन्त, बेठिकाना। [हया, बेशरम।

Im-mod-est, *a.* निर्लज्ज, बे

Im-mor-al, *a.* दुराचारी, बुरा।

Im-mor-al-i-ty, *n.* दुराचार, बुराई। [नाशी।

Im-mor-tal, *a.* अमर, अवि-

Im-mor-tal-i-ty, *n.* अमरता।

Im-mov-a-ble, *a.* अचल, दृढ़।

Im-mu-ta-ble, *a.* अचल, स्थिर।

Imp, *n.* छोटा शैतान। [क०।

Im-pair, *v.* बिगाड़ना, खराब

Im-pale, *v.* कठेहरा लगाना, घेरना। [झाना।

Im-part. *v.* देना, बतलाना, सु-

Im-par-tial, *a.* पक्षपात रहित, सच्चा। [चैनी।

Im-pa-tience, *n.* बेसब्री, बे-

Im-pa-tient, *a.* व्याकुल, बेचैन।

Im-peach, *v.* अपराध लगाना, जुर्म लगाना, नालिश क०।

Im-peach-ment, *n.* अपराध नालिश।

Im-pede, *v.* रोकना, अटकाना।
Im-ped-i-ment, *n.* रोक टोक, मुमानियत।
Im-pel, *v.* ठेलना, ढकेलना।
Im-pend, *v.* धमकाना, डराना।
Im-pen-i-tence, *n.* निठुरता, ढिठाई।
Im-pen-i-tent, *a.* कठोर, निठुर।
Im-per-a-tive, *a.* हुक्मी, ज़रूरी।
Im-per-fect, *a.* अधूड़ा, कच्चा।
Im-per-fec-tion, *n.* अधूड़ापन, ऐब।
Im-pe-ri-al, *a.* राज सम्बन्धी, बादशाही, शाही।
Im-per-il, *v.* ख़तरे में डालना।
Im-pe-ri-ous, *a.* घमंडी, शेखी बाज़।
Im-per-ti-nence, *n.* ढिठाई, बेअदबी। [ख़, बे मौक़ा।
Im-per-ti-nent, *a.* ढीठ, गुस्ता-
Im-pet-u-os-i-ty, *n.* तेज़ी, ज़ोर।
Im-pet-u-ous, *a.* तेज़, क्रोध में भरा हुआ।
Im-pe-tus, *n.* बल, बेग।
Im-pi-et-y, *n.* अधर्म।
Im-pi-ous, *a.* अधर्मी, भ्रष्ट, बेदीन। [संगदिल।
Im-pla-ca-ble, *a.* निर्दई, कठोर,
Im-plant, *v.* गाड़ना, घुसाना, जमाना। [ज़ार।
Im-ple-ment, *n.* हथियार, औ-
Im-pli-cate, *v.* पेंच में डालना, फंसाना। [रित, एतबारी।
Im-plic-it, *a.* समझा हुआ, नि-
Im-plore, *v.* बिन्ती क०, घिघियाना। [रखना।
Im-ply, *v.* समझा जाना, मतलब
Im-pol-i-tic, *a.* ना मुनासिब, बेजा।
Im-port, *v.* बाहर से आना, दूसरे मुल्क से लाना, माने रखना।
Im-port, *n.* दूसरे देश से आई हुई चीज़, मतलब, अभिप्राय।
Im-port-ance, *n.* पदवी, रुतबा, ज़रूरत। [रूरी।
Im-port-ant, *a.* आवश्यक, ज़-
Im-port-u-nate, *a.* बिनती करने वाला, मिन्नत करने वाला।
Im-por-tune, *v.* पीछे पड़ना, हठ क०।
Im-pose, *v.* रखना, धोखा देना।
Im-po-si-tion, *n.* धोखा, कर, दंड, रखना। [ना मुम्किन।
Im-pos-si-ble, *a.* असम्भव,
Im-post, *n.* चुंगी, महसूल, कर।
Im-pos-tor, *n.* ठग, पाखंडी।
Im-pos-ture, *n.* धोखा, दग़ा।

Im-po-tence, *n.* नपुंसकता, नामर्दी, कमज़ोरी । [कमज़ोर ।
Im-po-tent, *a.* नपुंसक, नामर्द,
Im-pov-e-rish, *v.* निर्धन क०, दरिद्र क० । [मुफ़लिस ।
Im-prac-ti-ca-ble, *a.* असाध्य,
Im-pre-cate, *v.* सरापना, कोसना ।
Im-preg-na-ble, *a.* अगम्य, जो कि आसानी से फतह न हो सके । [ना, गर्भिणी कराना ।
Im-preg-nate, *v.* गाभिन करा-
Im-press, *v.* छापना, मोहर क०, चिन्ह क० ।
Im-press, *n.* चिन्ह, मोहर ।
Im-press-ion, *n.* चिन्ह, छापा, असर ।
Im-press-ive, *a.* गम्भीर, कारगर, गुणकारी ।
Im-print, *v.* छापना ।
Im-pris-on, *v.* कैद क०, बन्द क०
Im-prob-a-ble, *a.* असम्भव, ख़्याल से बाहर ।
Im-prop-er, *a.* अनुचित, बेजा ।
Im-pro-pri-e-ty, *n.* अयोग्यता, नामुनासिबत ।
Im-prove, *v.* सुधारना, तरक़्क़ी क०
Im-prove-ment, *n.* वृद्धि, बढ़ती तरक़्क़ी, ।

Im-prov-i-dent, *a.* असावधान, गाफ़िल ।
Im-pru-dence, *n.* अविचार, बेपरवाही । [बेपरवाह ।
Im-pru-dent, *a.* ढीठ, गुस्ताख़,
Im-pu-dence, *n.* बेअदबी, बेशर्मी, ढिठाई । [अदब ।
Im-pu-dent, *a.* बेशरम, ढीठ, बे
Im-pugn, *v.* खण्डन क०, काटना, जिरह क० ।
Im-pulse, *n.* धक्का ।
Im-pure, *a.* मैला, गंदा, लम्पट ।
Im-pur-i-ty, *n.* मैलापन ।[लंक ।
Im-pu-ta-tion, *n.* अपराध, क-
Im-pute, *v.* कलंक लगाना, रखना ।
In, *pr.* में, बीच, *ad.* अन्दर, पास ।
In-a-bil-i-ty, *n.* अयोग्यता, असमर्थ । [बाहर ।
In-ac-ces-si-ble, *a.* पहुंच से
In-ac-cu-rate, *a.* गलत, बेठीक ।
In-ac-tion, *n.* बेकारी, सुस्ती ।
In-ac-tive, *a.* बेकार, सुस्त ।
In-ad-vert-ence, *n.* बेखबरी या बे परवाही की भूल ।
In-ad-vert-ent, *a.* बे परवाह ।
In-ane, *a.* खाली, बेहूदा ।
In-an-i-mate, *a.* निर्जीव, बेजान ।
In-ap-pli-ca-ble, *a.* अयोग्य, बेमेल ।

In-ap-pro-pri-ate, *a.* बेठीक, बेमेल।
In-as-much, *ad.* इससे, इसपर।
In-at-ten-tion, *n.* भूल, बेखबरी।
In-aud-i-ble, *a.* जो सुनाई न पड़े।
In-born, *a.* स्वाभाविक, असली।
In-bred, *a.* पैदायशी, स्वाभाविक।
In-cal-cu-la-ble, *a.* बेहिसाब, अन गिनती।
In-ca-pa-ble, *a.* छोटा, कमज़ोर।
In-ca-pa-ci-ty, *n.* अयोग्यता, असमर्थ। [स्मानी।
In-car-nate, *a.* शारीरिक, जि-
In-cau-ti-ous, *a.* बे परवाह, बे खबर। [आग लगाऊ।
In-cen-di-a-ry, *n.* घर जलाऊ,
In-cense, *n.* सुगंधि, महक।
In-cense, *v.* गुस्सा दिलाना।
In-cen-tive, *n.* बढ़ावा, साहस, *a.* साहस देने वाला।
In-cess-ant, *a.* लगातार, बराबर।
In-cest, *n.* बड़ा भारी व्यभिचार।
Inch, *n.* गज़ का १६ वां हिस्सा।
In-ci-dent, *n.* घटना, माजरा।
In-ci-dent-al, *a.* आकस्मिक, इत्तिफ़ाक़ी।
In-cis-ion, *n.* काट।
In-ci-sor, *n.* आगे का दांत।
In-cite, *v.* उसकाना, उभाड़ना।
In-cite-ment, *n.* कारण, सबब।
In-clem-ent, *a.* निर्दई, तूफ़ानी।
In-cli-na-tion, *n.* झुकाव, मिलान, रुचि, इच्छा। [इच्छा क०।
In-cline, *v.* झुकना या झुकाना,
In-clude, *v.* शामिल क०, मिलाना।
In-clu-sive, *a.* मिलाकर, शामिलकर। [बेमेल।
In-co-he-rent, *a.* ढीला, बेजोड़,
In-com-bus-ti-ble, *a.* जो जल न सके।
In-come, *n.* लाभ, आमदनी, प्राप्ति।
In-com-mode, *v.* दुखदेना, लाड़ना क०, सताना।
In-com-pa-ra-ble, *a.* बे मिसाल, अनुपमेय।
In-com-pe-tence, *n.* अयोग्यता, नालियाक़ती। [नालायक़।
In-com-pe-tent, *a.* अयोग्य,
In-com-plete, *a.* खण्डित, अधूरा। [चिन्त्य, समझ से बाहर।
In-com-pre-hen-si-ble, *a.* अ-
In-con-ceiv-a-ble, *a.* अशोच्य, समझ से बाहर।
In-con-gru-ous, *a.* बे डौल, बे मेल, अयोग्य। [मुनासिब।
In-con-sist-ent, *a.* विरुद्ध, ना-
In-con-so-la-ble, *a.* असंतोषनीय, रंजीदा।

In-con-stant, *a.* चंचल, अस्थिर।

In-con-ve-ni-ence, *n.* नामुआफ़िक़त, दुख, पीड़ा, बाधा।

In-con-ve-ni-ent, *a.* बेजा, बेमौक़ा, अयोग्य, दुखदाई।

In-cor-rect, *a.* अशुद्ध, ग़लत।

In-cor-ri-gi-ble, *a.* जो ठीक न हो सके।

In-cor-rupt, *a.* शुद्ध, पवित्र।

In-cor-rupt-i-ble, *a.* अक्षय, नष्ट न होने वाला, न बिगड़ने वाला।

In-cor-rup-tion, *n.* अविनाशी, वह जो कि बिगड़ने से रहित हो।

In-crease, *v.* बढ़ना, बढ़ाना, [अधिक होना, फैलना।

In-crease, *n.* बढ़ती, बढ़ाव, फैलाव।

In-cred-i-ble, *a.* अविश्वास, [बे एतबार।

In-cred-u-lous, *a.* अविश्वासी, शक्की।

In-cul-cate, *v.* समझाना, दिल [में बैठा देना।

In-cum-ben-cy, *n.* सहारा, ओहदेदारी।

In-cum-bent, *n.* ओहदेदार, सहारा लिये हुये, सिर पर रखा हुआ।

In-cur, *v.* उठाना, अपने ऊपर [लेना।

In-cur-sion, *n.* चढ़ाई, दौड़।

In-debt-ed-ness, *n.* ऋण, क़र्ज़दारी।

In-de-cen-cy, *n.* बेअदबी, बे- [हयाई।

In-de-cent, *a.* बेअदब, बेहया।

In-de-co-rum, *n.* बेअदबी, गुस्ताख़ी।

In-deed, *ad.* सचमुच, हक़ीक़त में।

In-de-fat-i-ga-ble, *a.* मिहनती, न थकनेवाला।

In-def-i-nite, *a.* बेहद, ग़ैर मु- [क़र्रर।

In-del-i-cate, *a.* भद्दा, निर्लज्ज।

In-dem-ni-fy, *v.* हर्जे का इतमीनान क॰, या दिल जमई क॰।

In-dem-ni-ty, *n.* हर्जे की ज़मानत, दिल जमई।

In-den-ta-tion, *n*, दान्ता।

In-dent-ure, *n.* प्रतिज्ञा पत्र, इक़रार नामा।

In-de-pen-dence, *n.* स्वाधीनता, ख़ुदमुख़्तारी, अधिकार।

In-de-pen-dent, *a.* स्वाधीन, ख़ुदमुख़्तार।

Index, *n.* सूचीपत्र।

In-di-cate, *v.* दिखाना, बताना, प्रगट क॰।

In-di-ca-tion, *n.* लक्षण, चिन्ह, [निशान।

In-dict, *v.* अपराध लगाना।

In-dict-ment, *n.* अपराध, कलंक।

In-dif-fer-ent, *a.* मध्यम, बेपरवाह।
In-di-gent, *a.* दरिद्र, मोहताज।
In-di-gest-i-ble, *a.* भारी, अपचनीय। [हज़मी।
In-di-gest-ion, *n.* अजीर्ण, बद
In-dig-nant, *a.* क्रोधी, घृणा के साथ क्रोध। [ज़ीहत।
In-dig-ni-ty, *n.* अपमान, फ-
In-dis-creet, *a.* बुद्धि रहित, बे तमीज़। [तमीज़ी।
In-dis-cre-tion, *n.* मूर्खता, बे-
In-dis-pens-a-ble, *a.* आवश्यक, ज़रूरी।
In-dis-po-si-tion, *n.* अरुचि, बीमारी, नाराज़ी। [बेइज़्ज़त।
In-dis-pu-ta-ble, *a.* निश्चय,
In-dis-tinct, *a.* अस्पष्ट, मिलाजुला, गोलमोल।
In-di-vid-u-al, *n.* अकेला आदमी, एकजन, *a.* अकेला, एक।
In-doc-ile, *a.* जो पाला या सधाया न जा सकता हो।
In-do-lence, *n.* सुस्ती, आलस।
In-do-lent, *n.* आलसी, सुस्त।
In-dom-i-ta-ble, *a.* जो पाला न जा सकता हो।
In-dorse, *v.* पीठ पर लिखना।
In-duce, *v.* उसकाना, उभाड़ना, पुचकारा देना। [बब।
In-duce-ment, *n.* मतलब, स-
In-due, *v.* पहिराना, देना, दुरुस्त क०, सजाना। [ख़ातिर क०।
In-dulge, *v.* खुश क० या होना,
In-dul-gence, *n.* उपकार, मिहरबानी। [बान।
In-dul-gent, *a.* दयालु, मिहर-
In-dus-tri-ous, *a.* परिश्रमी, मिहनती।
In-dus-try, *n.* परिश्रम, मिहनत।
In-ef-fa-ble, *a.* अकथनीय, बयान से बाहर। [फ़ायदा।
In-ef-fec-tu-al, *a.* निष्फल, बे-
In-ef-fi-ca-cy, *n.* कमज़ोरी, नाताक़ती। [कम्मा, बेकार।
In-ef-fi-ci-ent, *a.* निष्फल, नि-
In-el-i-gi-ble, *a.* अयोग्य, नालायक़।
In-ert, *a.* जड़, सुस्त।
In-es-ti-ma-ble, *a.* अमूल्य या अनमोल। [टल न सके।
In-ev-i-ta-ble, *a.* अवश्य, जो
In-ex-act, *a.* अशुद्ध गलत।
In-ex-o-ra-ble, *a.* कठोर, निर्दई, बेरहम।
In-ex-pe-di-ent, *a.* अनुचित, बेजा, ना मुनासिब।

In-ex-pert, *a.* अनारी, बे हुनर ।
In-ex-pres-si-ble, *a.* अकथनीय, बयान से बाहर ।
In-fal-li-ble, *a.* बे चूक, बे ख़ता ।
In-fa-mous, *a.* दुष्ट, बुरा, बदनाम ।
In-fa-my, *a.* अत्यन्त दुष्टता ।
In-fan-cy, *n.* बचपन, लड़कपन, आदि, शुरू ।
In-fant, *n.* बालक, बच्चा, लड़का ।
In-fan-try, *n.* पद दल, पैदल फौज । [र्खता, अहमक़ पन ।
In-fat-u-a-tion, *a.* अत्यन्त मू-
In-fect, *v.* बीमारी की छूत लगाना, सड़ाना, बिगाड़ना ।
In-fec-tion, *n.* छूत, दोष ।
In-fe-lic-i-ty, *n.* क्लेश, दुख, कम्बख़्ती ।
In-fer, *v.* फल निकालना, अनुमान क॰, समझना । [नतीजा ।
In-fer-ence, *n.* अनुमान, फल,
In-fe-ri-or, *n.* छोटा, मातहत, *a.* छोटा, नीचा । [म का ।
In-fer-nal, *a.* नरक या जहन्नु-
In-fest, *v.* सताना, पीड़ा देना ।
In-fi-del, *n.* अधर्मी, बे दीन ।
In-fi-del-i-ty, *n.* धर्म या मत में अविश्वास, बेदीनी ।
In-fi-nite, *a.* अपरिमित, बेहद ।
In-fin-i-ty, *n.* बेहद्दी, बेइंतिहाई ।
In-firm, *a.* दुर्बल, कमज़ोर ।
In-firm-a-ry, *n.* चिकित्सालय, अस्पताल । [क़सर ।
In-firm-i-ty, *n.* निर्बलता, पीड़ा,
In-flame, *v.* आग लगाना, जलाना, उसकाना ।
In-flam-ma-tion, *n.* ज्वाला, जलन, सुर्ख़ी । [फूंकना ।
In-flate, *v.* फूलना, फुलाना,
In-fla-ted, *a.* फूला हुआ, घमंडी ।
In-flect, *v.* झुकाना, विभक्ति कहना ।
In-flec-tion, *n.* मोड़, विभक्ति, आवाज़ का उतार चढ़ाव ।
In-flex-i-ble, *a.* कड़ा, पक्का ।
In-flict, *v.* लगाना, डालना, रखना ।
In-flic-tion, *n.* दंड, सज़ा ।
In-flu-ence, *n.* फैलाव, असर, ज़ोर, *v.* दबाव डालना, असर करना ।
In-flux, *n.* बहाव, रेल पेल ।
In-form, *v.* बतलाना, जताना, कहना । [स्तूर ।
In-form-al, *a.* अनुचित, बे द-
In-for-ma-tion, *n.* ज्ञान, ख़बर ।
In-frac-tion, *n.* खंडन, भंग ।
In-fre-quent, *a.* बहुत कम ।

In-fringe, *v.* तोड़ना, खलल डालना। [डालना, डालना।

In-fuse, *v.* भिगोना, चित्त में

In-fu-sion, *n.* मदिरा।

In-ge-ni-ous, *a.* चतुर, चालाक।

In-ge-nu-i-ty *n.* चतुरता, चालाकी।

In-gen-u-ous, *a.* साफ, खरा।

In-got, *n.* किसी धातु का छड़, सोने चांदी का ईंटा।

In-grat-i-tude, *n.* कृतघ्नता, नमक हरामी। [साला।

In-gre-di-ent, *n.* सामग्री, म-

In-gress, *n.* पहुंच, प्रवेश, रसाई।

In-gulf, *v.* निगल जाना।

In-hab-it, *v.* रहना, टिकना।

In-hab-i-tant, *n.* निवासी, बाशिन्दा।

In-hale, *v.* सांस लेना या खींचना।

In-he-rent, *a.* स्वाभाविक, पेशयवी। [लिक या वारिस होना।

In-her-it, *v.* अधिकार लेना, मा-

In-hu-man, *a.* कठोर, निर्दई, बेदर्द।

In-im-i-cal, *a.* विरोधी, वैरी, दुशमन।

In-i-qui-tous, *a.* अन्याई, बुरा।

In-i-qui-ty, *n.* अन्याय, बुराई, अपराध। [*a.* पहिला।

In-i-tial, *n.* नाम का पहिला अक्षर,

In-ject, *v.* भीतर फेंकना या पहुंचाना। [नामा, साक्षीद।

In-junc-tion, *n.* आज्ञा, हुकम-

In-jure, *v.* दुख देना, अन्याय क०, घायल क०।

In-ju-ry, *n.* चोट, नुक़सान, हर्ज।

In-jus-tice, *n.* अन्याय, बेइन्साफ़ी।

Ink, *n.* स्याही, रोशनाई।

In-land, *a.* भीतरी, देशी।

In-let, *n.* अन्दर आने का राह, मार्ग, खाड़ी। [रहने वाला।

In-mate, *n.* सहवासी, साथ का

In-most, *a.* भीतरी, अन्दरूनी।

Inn, *n.* सराय, धरम शाला, मुसाफ़िर ख़ाना। [तिक।

In-nate, *a.* स्वाभाविक, प्राकृ-

In-ner, *a.* भीतरी, कुछ ज्यादा भीतर का। [भीतर का।

In-ner-most, *a* सब से ज़्यादा

In-no-cence, *n.* निर्दोषता, साधुता। [साधु।

In-no-cent, *a.* निरपराध, निर्दोष,

In-nox-ious, *a.* निर्दोष, निष्कलंक, भला चंगा। [ती, बेशुमार।

In-nu-mer-a-ble, *a.* अन गिन-

In-o-dor-ous, *a.* निर्गंध, बेबू।

In-of-fens-ive, *a.* निर्दोषी, सादा।

In-op-por-tune, *a.* बेमौक़ा, बेवक़्त।

In-or-di-nate, *a.* अत्यन्त, बहुत ज़्यादा।

In-or-gan-ic, *a.* अंगरहित।

In-quest, *n.* किसी मौत के बारे की जांच या तलाशी।

In-quire, *v.* पूछना, दरियाफ्त क०।

In-qui-ry, *n.* पूछ पाछ, तहक़ीक़ात।

In-quis-i-tive, *a.* पूछने के लायक़, अनोखा।

In-road, *n.* धावा, यकायक हमला।

In-sa-lu-bri-ous, *a.* अस्वस्थ, नामुआफ़िक़।

In-sane, *a.* सिड़ी, पागल।

In-san-i-ty, *n.* पागलपन, सिड़ीपन। [बे हद।

In-sa-ti-a-ble, *a.* जो तृप्त न होवे,

In-scribe, *v.* खोदना, ऊपर लिखना।

In-scrip-tion, *n.* लिखत, जो कुछ किसी पर लिखा हो।

In-scru-ta-ble, *a.* जो कि ढूंढा न जा सके।

In-sect, *n.* कीड़ा, मकोड़ा।

In-se-cure, *a.* बे आड़, ग़ैर महफ़ूज़

In-se-cur-i-ty, *n.* ख़ौफ़, अन्देशा, अन्देशा युक्त।

In-sens-ate, *a.* बेवक़ूफ़, अहमक़।

In-sens-i-ble, *a.* बे होश, बे ख़बर।

In-sens-i-bly, *ad.* आस्ते २, बेहोशी से।

In-sert, *v.* लिख देना, शामिल क०।

In-side, *n.* भीतरी हिस्सा।

Insight, *n.* पूरा ज्ञान, पूरी पहिचान।

In-sig-ni-fi-cant, *a.* छोटा, तुच्छ।

In-sin-cere, *a.* झूठा, दग़ा बाज़।

In-sin-u-a-tion, *n.* इशारा, भेद।

In-sip-id, *a.* फीका, बेमज़ा।

In-sist, *v.* हठ क०, ज़िद क०।

In-snare, *v.* जाल में फंसाना, फंसाना। [नशा बाज़ी।

In-so-bri-e-ty, *n.* मतवालापना,

In-so-lence, *n.* ढिठाई, शोखी, बे अदबी।

In-so-lent, *a.* ढीठ, गुस्ताख़।

In-sol-vent, *a.* मुफ़लिस, दिवालिया। [क़दर।

In-so-much, *ad.* यहां तक, इस

In-spect, *v.* देखना भालना, जांचना। [जांच।

In-spec-tion, *a.* देख भाल,

In-spect-or, *n.* देखने जांचने वाला, दरोगा।

In-spi-ra-tion, *n.* सांस लेना या खींचना, ईश्वर की प्रेरणा।

In-spire, *v.* सांस लेना या खींचना, सांस डालना।

In-stall, *v.* अधिकार देना, गद्दी पर बैठाना। [गद्दी।
In-stal-la-tion, *n.* राज तिलक,
In-stal-ment, *n.* क़िस्त।
In-stance, *n.* दृष्टान्त, मिसाल, *v.* उदाहरण देना, मिसाल देना।
In-stant, *n.* क्षण, लहमा, *a.* अत्यन्त, हाल का, ज़रूरी।
In-stan-ta-ne-ous, *a.* उसी दम, आननफानन, बर वक़्त।
In-stead, *ad.* बजाय, जगह में।
In-step, *n.* पांव का ऊपरी हिस्सा।
In-sti-gate, *v.* उभाड़ना, भड़काना, बहकाना। [डालना।
In-stil, *v.* टपकाना, हृदय में बै-
In-stinct, *n.* स्वाभाविक बुद्धि।
In-sti-tute, *n.* सभा, नियम; *v.* क़ायम क०, जारी क०।
In-sti-tu-tion, *n.* अस्थापन, क़याम, शिक्षा, सभा।
In-struct, *v.* सिखाना, समझाना, आज्ञा क०।
In-struc-tion, *n.* शिक्षा, आज्ञा।
In-stru-ment, *n.* शस्त्र, औज़ार, कल, गुमाश्ता, लेख, दस्तावेज़।
In-sub-or-di-na-tion, *n.* उदूल हुक्मी, आज्ञा भंग। [सख़्त।
In-suf-fer-a-ble, *a.* असह्य,
In-suf-fi-ci-ent, *a.* कम. अयोग्य।
In-su-lar, *a.* पानी से घिरा हुआ।
In-su-late, *v.* जुदा क०, अलग क०।
In-sult, *n.* अनादर, हिक़ारत।
In-sult, *v.* अनादर क०, अपमान क०। [मई।
In-sur-ance *n.* बीमा, दिल ज-
In-sure, *v.* बीमा क०, दिल जम-ई क०। [वत क०।
In-sur-gent, *n.* बाग़ी; *v.* बग़ा-
In-sur-rec-tion, *n.* बग़ावत, बलवा।
In-sus-cep-ti-ble, *a.* बे असर।
In-te-ger, *n.* पूरा अंक।
In-teg-ri-ty, *n.* सम्पूर्णपन, खरापन, सचाई।
In-tel-lect, *n.* बुद्धि, समझ।
In-tel-li-gence, *n.* बोध, समझ, समाचार। [बुद्धिमान।
In-tel-li-gent, *a.* चतुर, निपुण,
In-tem-per-ance, *n.* ज़ियादती, बद परहेज़ी। [मतवाला, क्रोधी।
In-tem-per-ate, *a.* बद परहेज़,
In-tend, *v.* चाहना, इरादा क०।
In-tense, *a.* अत्यन्त, बहुत, बढ़ी हुई।
In-tens-i-ty, *n.* ज़ियादती, अन्त दर्जे को पहुंची हुई।

In-tent, *n.* मतलब, इरादा; *a.* लगा हुआ, मशगूल ।

In-ten-tion, *n.* अभिप्राय, मतलब, इरादा ।

In-ter, *v.* गाड़ना । [बीच क० ।

In-ter-cede, *v.* बीच में पड़ना,

In-ter-cept, *v.* राह में रोकना या पकड़ना, ठहराना । [भराई ।

In-ter-ces-sor, *n.* मध्यस्थ, बि-

In-ter-course, *n.* आना जाना, व्यवहार, लेन देन ।

In-ter-dict, *v.* मना क० ।

In-ter-est, *n.* सम्बन्ध, भाग, साझा, ब्याज, सूद ।

In-ter-est, *v.* दिल लगाना, लगना, सम्बन्ध रखना ।

In-ter-fere, *v.* बीच बिचाव क०, दखल देना ।

In-ter-fer-ence, *n.* बिचवई, दस्तन्दाज़ी ।

In-te-ri-or, *n.* भीतरी भाग, अन्दरुनी हिस्सा; *a.* भीतरी, अन्दरुनी । [धक शब्द ।

In-ter-jec-tion, *n.* बिस्मय बो-

In-ter-lo-per, *n.* हाथ डालने वाला, दस्तन्दाज़ी करने वाला ।

In-ter-me-di-ate, *a.* बीचका, दरमियानी । [देना ।

In-ter-ment, *n.* गाड़ना, मट्टी

In-ter-mi-nable, *a.* अनन्त, बेहद । [लत ।

In-ter-mis-sion, *n.* छुट्टी, मोह-

In-ter-mit, *v.* थोड़ी देरके लिये ठहर जाना या रुक जाना ।

In-ter-mit-tent, *a.* पारी २ आने वाला, अन्तरीय ।

In-ter-nal, *a.* भीतरी, देसी ।

In-ter-na-tion-al, *a.* आपस का, क़ौमी ।

In-ter-pose, *v.* बीच में रखना, दख़ल देना । [जुमा क० ।

In-ter-pret, *v.* समझाना, तर-

In-ter-pre-ter, *n.* उल्था या तरजुमा करने वाला ।

In-ter-ro-gate, *v.* पूछना, सवाल क० । [सवाल ।

In-ter-ro-ga-tion, *n.* प्रश्न,

In-ter-rupt, *v.* रोकना, अटकाना । [आड़, नागा ।

In-ter-rup-tion, *n.* रोकावट,

In-ter-sect, *v.* काटना, बीचसे दो टूक क० । [फैलाना ।

In-ter-sperse, *v.* छितराना,

In-ters-tice, *n.* बीच की जगह, फांक ।

In-ter-val, *n.* फ़ासिला, अर्सा ।

In-ter-vene, *v.* बीच में आना या पड़ना ।

In-ter-ven-tion, *n.* बिचवई ।
In-ter-view, *n.* भेट, मुलाक़ात।
In-tes-tate, *n.* जो बे वसीयत के मरजावे ; *a.* बे वसीयत के मरनेवाला । [रूनी ।
In-tes-tine, *a.* भीतरी, अन्द-
In-tes-tines, *n.* आंत ।
In-ti-ma-cy, *n.* मेल, मित्रता, दोस्ती ।
In-ti-mate, *n.* दिली दोस्त, सच्चा मित्र ; *a.* दिली, सच्चा ; *v.* खबर देना, इशारा क० ।
In-ti-ma-tion, *n.* खबर, समाचार, इशारा । [दना ।
In-tim-i-date, *v.* डराना, डा-
In-to, *pr.* में, भीतर, बीच में ।
In-tol-er-a-ble, *a.* असहनीय, दुस्सह । [पन, बेहोशी ।
In-tox-i-ca-tion, *n.* मतवाला-
In-tract-a-ble, *a.* मुहज़ोर, सरकश, हठी ।
In-trans-i-tive, *a.* अकर्मक ।
In-trench, *v.* खाई या खंदक खोदना, मुर्चाबन्दी क० ।
In-trep-id, *a.* निडर, बे ख़ौफ़ ।
In-tri-cate, *a.* पेंचदार, कठिन ।
In-trigue, *n.* बंदिश, साजिश ; *v.* बंदिश क० । [सली, सच्चा ।
In-trin-sic, *a.* स्वाभाविक, अ-
In-tro-duce, *v.* चलाना, प्रचार क०, ले आना, दाखिल क० ।
In-tro-duc-tion, *n.* प्रचार, भूमिका । [क० ।
In-trude, *v.* घुसना, दस्तन्दाज़ी
In-tru-sion, *n.* बिना आज्ञा का प्रवेश या आगमन ।
In-trust, *v.* सौंपना, सुपुर्द क० ।
In-un-date, *v.* डुबो देना ।
In-un-da-tion, *n.* बाढ़, बूड़ा, चढ़ाव । [डालना ।
In-ure, *v.* अभ्यास, या आदत
In-vade, *v.* चढ़ाई क०, दबा लेना ।
In-val-id, *a.* बलहीन, व्यर्थ ।
In-va-lid, *n.* बुड्ढा, बलहीन आदमी । [रद्द क० ।
In-val-i-date, *v.* बेकार क०,
In-val-u-a-ble, *a.*, बड़ी क़ीमती अनमोल । [कसा ।
In-va-ri-a-ble, *a.* अचल, ए-
In-va-sion, *n.* चढ़ाई, धावा ।
In-vent, *v.* नई बात निकालना, रचना, ईजाद क० ।
In-ven-tion, *n.* रचना, तदबीर।
In-ven-tory, *n.* चीजों की फेहरिस्त । [ओहदा क० ।
In-vert, *v.* उलटना, पलटना,
In-vest, *v.* पोशाक पहिनाना,

देना. घेरना, आमदनी की नियत से किसी चीज़ में रुपया लगाना या देना। [अना।
In-vesti-gate, *v.* ढूंढ़ना, खो-
In-vet-er-ate, *a.* पक्का, पुराना, गहिरा। [पेशा करने वाला।
In-vid-i-ous, *a.* डाह या हसद
In-vig-o-rate, *v.* बलवान क०, बल बढ़ाना। [अीत।
In-vin-ci-ble, *a.* अजय, अ-
In-vi-o-late, *v.* बेनुक़सान, बेज़रर।
In-vis-i-ble, *a.* अदृश्य, अलोप।
In-vi-ta-tion, *n.* न्यौता, बोलौवा। [फुसलाना।
In-vite, *v.* बुलाना, लालच देना,
In-vo-ca-tion, *n.* स्तुति, प्रार्थना।
In-voice, *n.* चालान, बीजक।
In-voke, *v.* बोलाना, प्रार्थना क०। [पेटना, उलझाना।
In-volve, *v.* शामिल रखना, ल-
I-ras-ci-ble, *a.* क्रोधी, ग़ुस्सावर।
Ire, *n.* क्रोध, ग़ुस्सा, कोप।
Irk-some, *a.* भारी, नागवार।
Iron, *n.* लोहा; *a.* लोहे का, सख़्त; *v.* लोहा फेरना, स्त्री क०।
I-ro-ny, *n.* ताना, बोली, ठिठोली। [समझ।
Ir-ra-tion-al, *a.* अनजान, बे
Ir-reg-u-lar, *a.* नियम के विरुद्ध, बे क़ायदा। [फ़ायदा।
Ir-rel-e-vant, *a.* निष्फल, बे-
Ir-rep-a-ra-ble, *a.* अटल, अचल। [सके।
Ir-re-pres-si-ble, *a.* जो दब न
Ir-re-sist-i-ble, *a.* जो रुक न सके। [ढंग।
Ir-res-o-lute, *a.* अस्थिर, दु-
Ir-re-spec-tive, *a.* बे लिहाज़।
Ir-rev-er-ence, *n.* अपमान, अनादर। [चल।
Ir-rev-o-ca-ble, *a.* अटल, अ-
Ir-ri-ta-ble, *a.* चिर चिरहा, तुनक मिज़ाज।
Ir-ri-tate, *v.* चिढ़ाना, खिझाना।
Ir-ri-ta-tion, *n.* चिढ़, ग़ुस्सा।
Ir-rup-tion, *n.* चढ़ाई, धावा।
Is, *v.* है, होना।
Is-land, *n.* द्वीप, टापू।
Is-le, *n.* द्वीप।
Is-sue, *n.* सन्तान, लड़का, अन्त, बहाव, फल, पैदावारी।
Isth-mus, *n.* अन्तरीप, ख़ाक नाय।
It, *p.* यह, वह।
Itch, *n.* खुजुली, खाज।

I-tem, *n.* रकम, चीज़, मद।

I-tin-er-ant, *a.* चलता फिरता, दौड़ा करने वाला।

It-self, *p.* आप, आपही आप।

I-vo-ry, *n.* हाथी दांत की चीज़ें, हाथी दांत। [के फूल का पेड़।

I-vy, *n.* इश्क पेचा, एक प्रकार

J.

Jab-ber, *v.* बक बक क॰, गल गलाना।

Jack, *n.* कल, घुर्गा, भड़ुवा।

Jack-ass, *n.* गधा।

Jack-boot, *n.* घुटनों तक का जूता। [कुर्ता।

Jack-et, *n.* कमरबंदी, कुर्ती या

Jade, *n.* व्यभिचारिणी या कुचाल स्त्री; *a.* थका हुआ; *v.* थकाना।

Jag, *n.* गठरी, दांता।

Jail, *n.* बन्दीखाना, जेलखाना।

Jail-er, *n.* जेल खाना का दरोगा या बड़ा अफसर।

Jam, *n.* मुरब्बा, अचार; *v.* दबाना, कुचलना।

Jamb, *n.* पाखा।

Ja-pan, *n.* or *v.* रंगने और चमकाने का रोग़न।

Jar, *n.* घड़ा, मटका, झनकार; *v.* हिलना, लड़खड़ाना।

Jaunt, *n.* सैर, भ्रमण।

Jav-e-lin, *n.* बरछी।

Jaw, *n.* जाबड़ा, मुंह की हड्डी जिसमें सब दांत लगे रहते हैं।

Jeal-ous, *a.* संदेही, शक्की, फ़िकरमन्द।

Jeal-ousy, *n.* संदेह, शक, ईर्षा।

Jeer, *v.* ताना मारना, ठिठोली क॰।

Je-ho-vah, *n.* परमेश्वर, सर्व शक्तिमान। [ब्बा।

Jel-ly, *n.* लवाबदार चीज़, मुर-

Jeop-ar-dy, *n.* ख़तरा, अन्देशा।

Jerk, *n.* झटका; *v.* झटकना।

Jest, *n.* हंसी, ठट्ठा; *v.* हंसी ठिठोली क॰। [ज़।

Jest-er, *n.* मसख़रा, दिल्लगीबा-

Jet, *n.* उम्दा क़िस्म का कोयला, नली, टोंटी।

Jew-el, *n.* मणि, जवाहर।

Jew-el-ry, *n.* गहना, जवाहरात।

Jib, *n.* जहाज़ के सब से आगे का पाल।

Jilt, *n.* बेवफ़ा या नखरे बाज़ औरत; *v.* झांसा बुत्ता देना, छलना। [छनाना।

Jin-gle, *n.* or *v.* झनकार, छन

Job, *n.* छोटा काम, काज।

Jock-ey, *n.* घुड़ दौड़ का सवार।

Jo-cose, *a.* ठठोलिया, मसख़रा।

Joc-u-lar, *a.* रसिक, ठट्ठेबाज़।

Joc-und, *a.* आनन्दी, खुश दिल।

Jog, *v.* हलका धक्का देना।

Join, *n.* हल्का धक्का; *v.* जोड़ना, मिलाना।

Join-er, *n.* जोड़ने वाला, बढ़ई।

Joint, *n.* जोड़, गांठ, मिलाप; *a.* साझे का; *v.* मिलाना।

Joint-ure, *n.* स्त्री धन, मेह्र।

Joist, *n.* कड़ी, धन्नी। [दिल्लगी क०।

Joke, *n.* हंसी, दिल्लगी ; *v.* हंसना,

Jol-ly, *a.* खुश, मोटा ताज़ा।

Jolt, *n.* or *v.* हिलाना, झिटकना।

Jos-tle, *v.* ढकेलना, ठेलना।

Jot, *n.* कण, ज़र्रा; *v.* टांकना, लिख रखना।

Jour-nal, *n.* रोज़नामचा, पत्र।

Jour-ney, *n.* or *v.* यात्रा, सफ़र, चलना। [ज़दूर।

Jour-ney-man, *n.* कमेड़ा, म-

Jo-vi-al, *a.* आनन्दी, खुश, हंस मुख। [होना।

Joy, *n.* खुशी, बिलास; *v.* खुश

Joy-ous, *a.* खुश, हंस मुख।

Ju-bi-lant, *a.* मगन, बिजयकारी।

Ju-bi-lee, *n.* उत्सव या बड़े खुशी का तेवहार।

Judge, *n.* न्याय कर्ता, क़ाज़ी।

Judg-ment, *n.* फैसला, राय।

Ju-di-ca-ture, *n.* न्यायालय वा अधिकार। [सम्बन्धी।

Ju-di-cial, *a.* न्यायालय से स-

Ju-di-cious, *a.* बुद्धिमान, आक़िल।

Jug, *n.* झझ्झर, सुराही।

Jug-gle, *n.* नज़र बन्दी; *v.* [illegible] बुत्ता क०, नज़र बन्दी क०।

Juice, *n.* रस, अर्क़।

Jum-ble, *n.* मेल जोल, गड़ बड़; *v.* मिलाना, गड़ बड़ क०।

Jump, *n.* or *v.* उछलना, कूदना।

Junc-tion, *n.* जोड़, मेल।

Junc-ture, *n.* ऐन वक़्त, ठीक समय।

Jung-le, *n.* जंगल, बन।

Ju-ni-or, *n.* or *a.* छोटा।

Ju-ris-dic-tion, *n.* अधिकार, इख़्तियार, राज्य।

Ju-ror, *n.* जिसने किसी मुक़द्दमे में ठीक २ साक्षी देने के लिये क़सम खाई हो, पंच।

Ju-ry, *n.* पंचायत, जिन लोगों ने किसी मुक़द्दमे में ठीक२ साक्षी देने के लिये कसम खाया हो।

Just, *a.* सच्चा, सही, उचित, वाजिब ; *ad.* ठीक २।

Jus-tice, *n.* नियाव, इन्साफ़।

Jus-ti-fi-ca-tion, *n.* जवाब, उज्रदारी, छुटकारा।
Jus-ti-fy, *v.* निर्दोषी ठहराना, बे गुनाह साबित क०।
Just-ly, *ad.* ठीक २, ईमानदारी से।
Just-ness, *n.* यथार्थता, दुरुस्ती।
Jut, *v.* उमड़ना, बाहर निकलना।
Ju-ve-nile, *a.* तरुण, नौजवान।

K.

Kale, *n.* एक प्रकार की गोभी।
Kedge, *n.* जहाज़ का छोटा लंगर।
Keel, *n.* जहाज़ या नाव का पेंदा।
Keen, *a.* लौलीन, शौक़ीन, चोखा।
Keep, *n.* कोट में घात की जगह, *v.* (Pt. and Pp. kept.) रखना, रक्षा क०, पालना, खबरदारी क०, क़ायम रहना, टिकाना।
Keep-sake, *n.* निशानी, यादगारी।
Kelp, *n.* समुन्दरी घास पात की राख। [घर, मोरी, परनाला।
Ken-nel, *n.* कुत्तों के रहने का
Kern-el, *n.* गूदा, उस फल के बीज के बीच की गरी जिसका छिलका खूब कड़ा होता है।
Ket-tle, *n.* देग, बटलोई।
Key, *n.* कुंजी, चाभी, टीका।
Key-stone, *n.* मेहराब के बीच का पत्थल। [मारना।
Kick, *n.* पांव का ठोकर, *v.* लात

Kid, *n.* बकरी का बचा।
Kid-nap, *v.* लड़कों को चोराना या भगा ले जाना।
Kid-ney, *n.* गुरदा।
Kill, *v.* मार डालना।
Kiln, *n.* आंवां, भट्ठी।
Kin, *n.* गोती, सम्बन्ध या नाता।
Kind, *n.* भांत, प्रकार, जाति; *a.* कृपालु, दयालु, मिहरबान।
Kin-dle, *v.* सुलगाना, जलाना।
Kind-ness, *n.* दया, कृपा, मिहरबानी। [बन्धु; *a.* सगोत्र।
Kin-dred, *n.* सम्बन्धी, भाई,
King, *n.* राजा, भूपाल, बादशाह।
King-dom, *n.* राज्य, बादशाहत।
Kins-man, *n.* गोती, कुटुम्बी।
Kiss, *n.* चुम्मा; *v.* चुम्मा लेना, चूमना।
Kitch-en, *n.* रसोई, बावरची खाना।
Kit-ten, *n.* बिल्ली का बचा।
Knack, *n.* फुर्ती, युक्ति, हिकमत।
Knap-sack, *n.* झोला, बुक़चा।
Knave, *n.* झूठा, दग़ाबाज़ या पाखंडी आदमी।
Knead, *v.* सानना, गूंधना।
Knee, *n.* घुटना।
Kneel, *v.* घुटनों के बल बैठना, घुटना टेकना।
Knell, *n.* मातमी घंटे की आवाज़।

Knife, *n.* चाकू, छूरी ।

Knight, *n.* बहादुर, सूरबीर ।

Knight-hood, *n.* बहादुरी, बीरता ।

Knit, *v.* (Pt. and Pp. knit, knitted) बिनना, सांटना, गूथना, मिलाना ।

Knob, *n.* गांठ । [खटखटाना ।

Knock, *n.* ठोकर, मार; *v.* मारना,

Knot, *n.* गांठ, गिरह, जथा, जमात; *v.* गांठ देना ।

Know, *v.* (Pt. knew, Pp. known.) जानना, बूझना, समझना ।

Knowledge, *n.* ज्ञान, बोध, ख़बर ।

Knuckle, *n.* अंगुली की गांठ या जोड़ ।

L.

La-bel, *n.* सरनामा के लिये चिप्पी या पारचा; *v.* पता निशान लिख कर चिपकाना ।

La-bour, *n.* or *v.* काम, मिहनत, मज़दूरी ।

La-bour-er, *n.* मज़दूर ।

La-bo-ri-ous, *a.* मिहनती, सख्त ।

Lace, *n.* बेल, लैस, डोरी; *v.* डोरी या बेल लगाना ।

Lac-er-ate, *v.* चीड़ना, फाड़ना ।

Lack, *n.* or *v.* अभाव, कमी, हाजत ।

Lack-ey, *n.* खिदमतगार, पियादा ।

La-con-ic, *a.* संक्षेप, छोटा ।

Lacquer, *n.* or *v.* रोग़न, वा निश ।

Lad, *n.* लड़का, बालक ।

Lad-der, *n.* सीढ़ी । [बांझना ।

Lade, *v.* (Pp. laden) लादना

Lad-ing, *n.* बोझ, माल, अस्बाब ।

La-dle, *n.* कलछुली, डोई, चमचा ।

La-dy, *n.* बाईजी, बीबी, रानी ।

Lag, *v.* पिछड़जाना ।

Lair, *n.* जंगली जानवरों के रहने के लिये जगह । [लाग ।

La-i-ty, *n.* गृहस्त, दुनियादार

Lake, *n.* झील ।

Lamb, *n.* भेड़ का बच्चा, मेमना ।

Lame, *a.* लंगड़ा; *v.* लंगड़ा क० ।

La-ment, *v.* रोना, रंज क० ।

Lam-en-ta-tion, *n.* रोवाई, विलाप, रंज ।

Lamp, *n.* दीया, चिराग, लम्प ।

Lance, *n.* बरछी, भाला; *v.* भाला मारना, बरछी भोंकना ।

Lan-cet, *n.* नश्तर, शलाका ।

Land, *n.* देश, ज़मीन, भूमि; *v.* किनारे पर आना, उतरना ।

Land-la-dy, *n.* भटियारिन, मकानदारिन । [म्हार, भठियारा ।

Land-lord, *n.* मकानदार, ज़मी-

Land-mark, *n.* मेड़, डांड़, धुही।

Land-scape, *n.* जितनी पृथ्वी दिखाई देवे, किसी देश की तस्वीर।

Lane, *n.* गली, कूंचा।

Language, *n.* भाषा, बोली।

Lan-guid, *a.* दुर्बल, सुस्त, कमज़ोर।

Lan-guish, *v.* दुर्बल होना, कमज़ोर होना। [कमज़ोरी।

Lan-guor, *n.* दुर्बलता, निर्बलता,

Lank, *a.* दुर्बल, पतला।

Lant-ern, *n.* लाल टेन। [चाटना।

Lap, *n.* अंचल, गोदी; *v.* उड़ाना,

Lapse, *n.* बहाव, गिराव; *v.* बीतना, गुज़रना, गिरना।

Lar-ce-ny, *n.* छोटी चोरी।

Larch, *n.* एक प्रकार का देवदार।

Lard, *n.* सुअर की चरबी।

Lard-er, *n.* खाने की चीज़ों का भंडार।

Large, *a.* बड़ा।

Lar-ynx, *n.* हवा के नल का ऊपरी भाग, टेंटुआ।

Lash, *n.* कोड़े की डोरी, कोड़ा; *v.* कोड़ा मारना।

Lass, *n.* लड़की, बालिका।

Lass-i-tude, *n.* आलस्य, सुस्ती, थकावट।

Last, *n.* जूते की लकड़ी; *a.* पिछिला, आखिरी; *v.* टिकना, रहना, ठहरना; *ad.* अन्त में, आखिर को।

Latch, *n.* बिल्ली, चिटकनी।

Late, *a.* देर, अबेर, बैकुंठ बासी; *v.* देर करके, बाद। [गुप्त।

La-tent, *a.* भीतरी, छिपा हुआ,

La-ter, *a.* पिछिला, आखिरी।

Lath, *n.* तख्ते की पट्टी या धज्जी।

Lathe, *n.* उलटने की कल, यन्त्र।

Lath-er, *n.* साबुन का फेन।

Lat-i-tude, *n.* अक्षांस, चौड़ाई, स्वतन्त्रता।

Lat-ter, *a.* दो में पिछिला।

Lat-tice, *n.* झिलमिली, झंझरी।

Laud, *n.* प्रशंसा, स्तुति, तारीफ़।

Laud-a-ble, *a.* प्रशंसा के लायक़, सराहने योग्य।

Laugh, *n.* हंसी; *v.* हंसना, खिलखिलाना। [लाहट।

Laugh-ter, *n.* हंसी, खिलखि-

Launch, *n.* or *v.* पानी में खसकाना या खसकना।

Laun-dress, *n.* धोबिन।

Laun-dry, *n.* धोबियों के कपड़ा धोने का घाट या स्थान।

Lav-ish, *a.* उड़ाऊ, फ़ज़ूल खर्च; *v.* उड़ाना, व्यय खर्च क०।

Law, *n.* नियम, क़ायदा, क़ानून, धर्मशास्त्र, आज्ञा।

Law-ful, *a.* शास्त्रीय, ठीक नियमानुसार। [उम्दा मलमल।

Lawn, *n.* खुला हुआ हरा मैदान,

Law-suit, *n.* नालिश, मुक़द्दमा।

Law-yer, *n.* शास्त्रज्ञ, वकील।

Lax, *a.* ढीला, पिलपिला, थल-थल।

Lay, *n.* गीत; *a.* गृहस्त, दुनियादार; *v.* (Pt. & Pp. laid) रखना, धरना, पेश क०, अंडे देना।

Lay-er, *n.* बिस्तर, तह।

Lay-man, *n.* गृहस्त।

La-zy, *a.* आलसी, सुस्त।

Lead, *n.* सीसा, रांगा।

Lead, *v* (Pt. & Pp. led) आगे जाना, ले जाना, रास्ता बताना।

Leaf, *n.* पत्ती, पन्ना, वरक़।

League, *n.* मेल, ३ मील की नाप।

Leak, *n.* छेद, दरार; *v.* रसना, टपकना, चूना।

Lean, *n.* दुबलापन, बे चरबी का मांस; *a.* दुबला, पतला, *v.* झुकना, टेकना, सहारा लेना।

Leap, *n.* छलांग, कूद; *v.* कूदना।

Learn, *v.* सीखना, खबर पाना।

Lease, *n.* पट्टा, ठीका; *v.* ठीके पर देना। [दाद।

Lease-hold, *n.* ठीके की जाय-

Leash, *n.* पट्टी, डोरी।

Least, *a.* सब से छोटा; *ad.* बहुतही कम। [हुआ चमड़ा।

Leath-er, *n.* पक्का या कमाया

Leave, *n.* छुट्टी, बिदाई; *v.* (Pt. and Pp. left.) छोड़ना, दे मरना।

Leav-en, *n.* ख़मीर; *v.* खमीर उठाना।

Lec-ture, *n.* व्याख्यान, वक्तृता; *v.* व्याख्यान देना, बयान क०। [हुआ हिस्सा।

Ledge, *n.* पहाड़ का निकला

Ledg-er, *n.* पक्की बही।

Lee, *n.* हवा के प्रतिकूल की दिशा।

Leech, *n.* जोंक।

Leer, *n.* तिर्छी नज़र।

Lees, *n.* तलछट, सीठी।

Left, *a.* बायां।

Leg, *n.* टांग, पैर।

Leg-a-cy, *n.* दान, हिबा।

Le-gal, *a.* शास्त्रानुकूल, क़ानूनी।

Legend, *n.* इतिहास, अपूर्व किस्सा।

Leg-ging, *n.* पांव का ढकना।

Legible, *a.* साफ, पढ़ने लायक़।

Legion, *n.* भीड़, दल, फौज।

Leg-is-late, *v.* क़ानून बनाना।

Leg-is-la-ture, *n.* क़ानून बनाने की सभा, राज्य में सब से बड़ा अधिकार। [सिल।

Le-git-i-mate, *a.* सच्चा, अ-

Leisure, *n.* छुट्टी, फ़ुर्सत, मोहलत। [उधार देना।

Lend, *v.* (Pt. and Pp. lent)

Length, *n.* विस्तार, फैलाव, मुद्दत, अर्सा।

Length-en, *v.* बढ़ाना, लंबा क०।

Le-ni-ent, *a.* कोमल, नरम।

Lens, *n.* दुर्बीन या ख़ुर्दबीन का शीशा।

Lent, *n.* अंगेज़ी ईस्टर नाम के तेवहार के ४० रोज़ पहिले।

Lep-er, *n.* कोढ़ी।

Lep-ro-sy, *n.* कुष्ट, कोढ़।

Less, *a.* or *ad.* थोड़ा, कम।

Les-sen, *v.* घटाना, कम क०।

Less-on, *n.* पाठ, शिक्षा।

Lest, *n.* ऐसा न हो कि, शायद।

Let, *n.* आड़, रोक, देरी; *v.* आज्ञा देना, भाड़े पर देना, रोकना, अटकाना।

Let-ter, *n.* अक्षर, पत्र, चिट्ठी।

Let-ters, *n.* विद्या।

Lev-el, *n.* समानता, बराबरी; *a.* समान, बराबर; *v.* बराबर क०, चौरस क०।

Le-ver, *n.* टेकन, डंडा; *v.* उठाना।

Lev-i-ty, *n.* हलकापन।

Lev-y, *v.* लगाना, उगाहना, इकट्ठा क०।

Lewd, *a.* लंपट, ऐयाश।

Li-a-ble, *a.* जवाब देह, ज़िम्मेदार, योग्य।

Li-ar, *n.* झूठा।

Li-bel, *n.* बदनामी का लेख; *v.* बदनाम क०, दोष लगाना।

Lib-er-al, *a.* उदार, धर्मात्मा, सख़ी। [ख़ावत।

Lib-er-al-i-ty, *n.* उदारता, स-

Lib-er-ate, *v.* छोड़ देना, रिहा करना। [ज़ादी।

Lib-er-ty, *n.* स्वतन्त्रता, आ-

Li-bra-ry, *n.* पुस्तकालय।

Li-cense, *n.* आज्ञा, सनद, अधिकार पत्र; *v.* अधिकार देना।

Li-cen-tious, *n.* लंपट, दुराचारी।

Lick, *v.* चाटना। [झूठ बोलना।

Lie, *n.* झूठ; *v.* (Pt. and Pp. lied)

Lie, *v.* (Pt. lay and Pp. lain) लेटना, पड़ना, होना।

Liege, *n.* स्वामी, जहांपनाह; *a.* वफ़ादार, पाबन्द।

Lien, *n.* दावा, हक़।

Lieu, *n.* एवज़, बदला।
Lieutenant, *n.* कप्तान के नीचे के दर्जे का अफसर।
Life, *n.* प्राण, जान, चरित्र, चाल, साहस, आयुर्बल।
Life-less, *a.* निर्जीव, बेजान।
Lift, *v.* उठाना।
Lig-a-ment, *n.* हड्डियों के मिलने के लिये बन्धन या पट्टी।
Lig-a-ture, *n.* बन्धन, पट्टी।
Light, *n.* प्रकाश, ज्योति, रोशनी; *a.* चमकदार, उजला, हलका; *v.* सुलगाना, जलाना, उजला क०।
Light-en, *v.* चमकाना, रोशन क०, उजियाला क०, सालिल क०, हलका क०।
Light-ly, *ad.* हलके से, आहिस्ते से, फुर्ती से। [पन।
Light-ness, *n.* चमक, हलका-
Light ning, *n.* बिजुली।
Like, *a.* सदृश, मिस्ल, बराबर, शायद; *v.* पसन्द क०, चाहना।
Like-li-hood, *n.* भरोसा, संभावना।
Like-ly, *a.* संभव, कदाचित।
Li-ken, *v.* मिलाना, मुकाबिला क०। [तस्वीर।
Like-ness, *n.* सादृश्यता, रूप,
Like-wise, *ad.* इसी तरह से, इसी तौर पर।
Lik-ing, *n.* चाह, चाव, अनुराग।
Limb, *n.* अंग, जोड़, डाली, किनारा।
Lim-ber, *a.* लचीला, नरम।
Lime, *n.* चूना, सुर्फेदी; *v.* फंसाना, बझाना, चिपकाना।
Lim-it, *n.* हद, सिवाना; *v.* हद बांधना, रोकना।
Lim-i-ta-tion, *n.* हद, रोक।
Limp, *v.* लंगड़ा कर चलना।
Lim-pid, *a.* निर्मल, साफ।
Line, *n.* डोरा, पंक्ति, रास्ता, रेखा, लकीर, पद; *v.* लकीर देना।
Lin-e-age, *n.* घराना, खान्दान, वंश।
Lin-e-al, *a.* लकीरदार, बपौती, खान्दानी।
Lin-e-a-ment, *n.* आकार, सूरत, शकल। [समका।
Lin-en, *n.* सन का कपड़ा; *a.*
Ling-er, *v.* विलम्ब या देरी क०, ठहरना। [जोड़ना, मिलाना।
Link, *n.* कड़ी, फन्दा, मसाल; *v.*
Lint, *n.* बत्ती, पट्टी।
Lin-tel, *n.* धुर गहना, पटाव।
Lip, *n.* ओंठ।

Li-que-fy, v. गलाना, पिघलाना।
Liquid, n. or a. पतला, पानीसा।
Li-quid-ate, v. साफ़ क०, भुगताना, बेबाक़ क०।
Liquor, n. मदिरा, शराब।
Lisp, n. तुतलापन।
List, n. बन्द, फेहरिस्त; v. फेहरिस्त में लिखना, सुनना।
Listen, v. कान लगाना, सुनना।
List-less, a. गाफ़िल, बेख़बर।
Lit-a-ny, n. ईसाइयों में एक आम प्रार्थना की रीति। [अक्षर।
Lit-er-al, a. ठीक २, अक्षर प्रति
Lit-er-a-ture, n. विद्या।
Lithe, a. लचीला, नरम, मुलायम।
Lit-i-ga-tion, n. क़ानुनी बहस, झगड़ा।
Li-ti-gious, a. झगड़ालू, बखेड़े का,
Lit-ter, n. डाली, सुअर का झोल, डडरी, लटकती हुई चीज़; v. बिछाना, छितराना।
Lit-tle, a. or ad. छोटा, थोड़ा।
Lit-ur-gy, n. ईसाइयों के प्रार्थना करने का एक क़ायदा।
Live, a. जीता हुआ, ज़िन्दा।
Live, v. जीना, रहना; टिकना।
Live-ly, a. फ़ुर्तीला, तेज़, खुशदिल।
Liv-er, n. कलेजा।
Liv-er-y, n. सिपाहियों की वर्दी या पोशाक।
Liv-id, a. कुचला हुआ, बदरंग।
Liv-ing, n. जीविका।
Lo, I. देखो, ले।
Load, n. बोझ, माल, v. (Pt. loaded. and Pp. laden) लादना, बोझना।
Load-stone, n. चुंबक पत्थल।
Loaf, n. रोटी, लोई।
Loam, n. पिंडोर, चिकनीमिट्टी।
Loan, n. क़र्ज़, उधार।
Loath, ad. नाराज़।
Loathe, v. घृणा क०, नफरत क०।
Loath-some, a. घृणित, नागवार।
Lob-by, n. डेवढ़ी, चौपार।
Labe, n. फेफड़ा या कान का भाग।
Lo-cal, n. स्थानिक, देशी।
Lo-cal-i-ty, n. स्थान, जगह।
Loch, n. झील, खाड़ी।
Lock, n. ताला, बन्दूख का घोड़ा, लट, पेच; v. तालादेना, बन्द क०, लपेटना। [का गहना।
Lock-et, n. एक प्रकार का सिर
Lo-co-mo-tion, n. चाल।
Lo-co-mo-tive, n. रेल का इंजिन।
Lodge, n. छोटा घर, v. टिकना, रहना। [ज़ा मकान।
Lodg-ing, n. ठिकाना, चन्द रो-
Loft, n. कांड़, मचान।

Loft-y, *a.* ऊंचा, सिरचढ़ा, घमंडी।
Lag, *n.* लकड़ी का कुंदा, लट्ठा, लग्घी।
Lo-gic, *n.* न्यायशास्त्र, तर्कशास्त्र।
Loin, *n.* कमर, कूल।
Loi-ter, *v.* देर क०, टालमटोल क०।
Lone-ly, *a.* निर्जन, अकेला, सूनसान।
Long, *a.* लम्बा, बड़ा, भारी; *v.* खूब चाहना, तरसना, *ad.* कुछ देर तक।
Long-ing, *n.* लालसा, अभिलाषा।
Lon-gi-tude, *n.* मध्यान्ह रेखा से पुर्वी वा पश्चिमी दुरी।
Look, *n.* सूरत, छबि, आंख, *v.* देखना, ताकना, ढूंढ़ना।
Look-ing-glass, *n.* दर्पण, आइना, शीशा।
Loom, *n.* तांत, जोलाहों के बिनने का साछ, *v.* धुंधला दिखाई पड़ना।
Loop, *n.* फन्दा, फांसी।
Loose, *a.* खुला हुआ, ढीला ढाला; *v.* खोलना, ढीला क०, छोड़ना।
Lop, *v.* काटना, छांटना, क़लम क०।
Lord, *n.* मालिक, सर्दार, ठाकूर, ईश्वर; *v.* हुकूमत क०, चलाना।
Lord-ly, *a.* मालिकाना, अकड़कर।
Lord-ship, *n.* महाराज, हुज़ूर।
Lose, *v.* (Pt. and Pp. lost) खोना, भूलना, बिगाड़ना, हारना।
Loss, *n.* घटी, हानि, टूटा, नुक़सान।
Lot, *n.* भाग्य, हिस्सा; *v.* बांटना।
Lo-tion, *n.* घाव वगैरह धोने की दवा।
Lot-ter-y, *n.* चिट्ठी डालने का [खेल।
Loud, *a.* भारी, ज़ोर का। [शोर।
Loud-ness, *n.* भारी आवाज़,
Lough, *n.* झील।
Lounge, *v.* समय वृथा खोना, व्यर्थ पड़े रहना।
Love, *n.* स्नेह, प्यार, मोहब्बत; *v.* प्यार क०, मोह क०।
Love-ly, *a.* प्यारा, सुन्दर।
Lov-er, *n.* प्यार करने वाला, आशिक़।
Lov-ing, *a.* प्यार के लायक़, [कोमल।
Low, *a.* नीचा, थोड़ा, कम; *v.* गाय की तरह बोलना।
Lower, *v.* नीचा क०, घटाना, अंधेरा होना, धमकाना, दबाना।
Low-er-most, *a.* सब से नीचे का, तरे का। [धीनता।
Low-li-ness, *n.* नीचापन, आ-
Low-ly, *a.* नम्र, आधीन, नीच।
Loy-al, *a.* आज्ञाकारी, सच्चा, वफ़ादार।

Loy-al-ty *n.* सचाई, वफ़ादारी ।
Loz-enge, *n.* मिठाई ।
Lu-cid, *a.* साफ़, उज्वल ।
Luck, *n.* भाग्य, संयोग ।
Luck-y, *a.* भाग्यमान ।
Lu-cra-tive, *a.* लाभदायक, फ़ायदे का । [नी ।
Lucre, *n.* लाभ, फ़ायदा, आमद-
Lu-di-crous, *a.* हंसी का या हंसने योग । [ओर फेरना ।
Luff, *v.* जहाज़ का मुंह हवा की
Lug-gage, *n.* गठरी, मोटरी ।
Luke-warm, *a.* गुनगुना या कुन कुन, कम गरम । [क० ।
Lull, *v.* सुलाना, धीमा क०, चुप
Lum-ba-go, *n.* कमर का दर्द ।
Lum-bar, *a.* कमर का ।
Lum-ber, *n.* निकम्मी चीज़, काठकबाड़ । [चान्द ।
Lu-mi-na-ry, *n.* तारा गण, सूर्य,
Lu-mi-nous, *a.* चमकीला, चमकदार, साफ़ ।
Lump, *n.* ढेला, छोटा ढेर ।
Lu-na-cy, *n.* उन्मत्तता, सिड़ ।
Lu-nar, *a.* चन्द्रमा का या चन्द्रमा कासा ।
Lu-na-tic, *n.* सिड़ी या पागल आदमी; *a.* पागल, सिड़ी ।
Lunch, *n.* जलखवा, नाश्ता ।
Lung, *n.* फेफड़ा ।
Lurch, *n.* जहाज़ या नाव की लुढ़क, आपत्ति; *v.* लुढ़कना, उलटना । [लाना ।
Lure, *n.* लालच, जाल; *v.* फुस
Lu-rid, *a.* धुंधला, फीका ।
Lurk, *v.* घात में बैठना, छिप कर बैठना ।
Luscious, *a.* मीठा, स्वादिष्ट ।
Lust, *n.* मस्ती, बड़ी चाह; *v.* खूब चाहना कामान्ध होना ।
Lus-tre, *n.* चमक, उजियाला, रौनक़ । [रौशन ।
Lus-trous, *a.* चमकीला, उज्वल,
Lust-y, *a.* मोटा ताज़ा, मज़बूत ।
Lux-u-ri-ance, *n.* अमन चैन, बहुतायत, रेल पेल, ज़ियादती ।
Lux-u-ri-ate, *v.* फूलना, चैन क० । [ज़ेवारी ।
Lux-u-ry, *n.* भोग बिलास, न-
Lye, *n.* सज्जीदार पानी ।
Ly-ing, *n.* झूठ, मिथ्या; *a.* झूठा ।
Lyre, *n.* बीन ।

M.

Mace, *n.* गदा, सोंटा, आसिया ।
Mac-er-ate, *v.* दुबला क०, पचाना, भिगोना ।
Ma-chine, *n.* यन्त्र, कल ।
Mad, *a.* पागल ।

Mad-am, *n.* बहूजी, आर्य्ये, औरतों की पदवी। [ना।
Mad-en, *v.* पागल क०, भड़का
Mad-ly, *ad.* पागल की तरह।
Mad-ness, *n.* पागलपन, बेवकूफी। [कजरी।
Mad-ri-gal, *n.* गंवारू गीत.
Magazine, *n.* मालगुदाम, बारूदखाना, बहुत से विषय के ग्रंथों का पत्र। [लहर, मौज।
Mag-got, *n.* कृमी, कीड़ा, वहम,
Magic, *n.* जादू, तिलिस्म।
Magician, *n.* जादूगर।
Mag-is-trate, *n.* फौजदारी का हाकिम। [बड़े हौसले का।
Mag-nan-i-mous, *a.* बहादुर,
Mag-net, *n.* चुम्बक पत्थल।
Mag-nif-i-cense, *n.* ठाटबाट, रौनक। [बड़े ठाट बाट का।
Mag-nif-i-cent, *a.* रौनकदार,
Mag-ni-fy, *v.* बढ़ाना, बड़ाई करना। [मिकदार।
Mag-ni-tude, *n.* बड़प्पन, क़द्र,
Maid, *n.* कुमारी, नौकरानी।
Maid-en, *n.* कुमारी, कन्या; *a.* नया, कोरा, ताज़ा।
Mail, *n.* ज़िरहबख्तर, डाक।
Maim, *v.* लूला लंगड़ा क०। [ख़ास।
Main, *n.* महासागर; *a.* अव्वल,
Main-land, *n.* महाद्वीप। [करके।
Main-ly, *ad.* विशेष करके, ख़ास
Main-tain, *v.* रखना, रक्षा क०, थामना, उपस्थित रखना, पुष्टि क०, पालना। [बड़ा।
Ma-jes-tic, *a.* शाही, शानदार,
Maj-es-ty, *n.* प्रताप, महाराजाओं की पदवी।
Major, *n.* फौजों में कप्तान के ऊपर का अफ़सर या अधिपति; *a*, अधिक, विशेष।
Ma-jor-i-ty, *n.* बेशी, बढ़ोत्तरी।
Make, *n.* बनावट, सूरत, शक्ल; *v.* (Pt. and Pp. made) करना, बनाना।
Mal-a-dy, *n.* बीमारी।
Mal-con-tent, *n.* वह जो सरकारी क़ानून या कारवाइयों से खुश न हो।
Male, *n.* or *a.* पुल्लिङ्ग, पुरुष।
Mal-e-dic-tion, *n.* शाप या सराप। [पराधी।
Mal-e-fac-tor, *n.* कुकर्मी, अ-
Mal-ice, *n.* कीना, डाह, बैर।
Ma-li-cious, *a.* कपटी, द्रोही।
Ma-lign, *v.* बदनाम क०।
Ma-lig-nant, *a.* द्रोही, कपटी।
Mal-le-able, *a.* नरम, पीटने से बढ़ने लायक़।

Mal-let, *n.* मुंगरी।
Malt, *n.* जौ जो मदिरा बनाने के लिये तैयार किया गया हो।
Mal-treat, *v.* खराब बरताव क०, बदसलूकी क०।
Mam-mal, *n.* वह पशु जो अपने बच्चों को दूध पिलाते हैं।
Mam-mon, *n.* धन, दौलत।
Man, *n.* मनुष्य, आदमी, पुरुष, मर्द; *v.* आदमियों को भरना।
Man-age, *v.* चलाना, बन्दोबस्त क०, इन्तिज़ाम क०।
Man-age-ment, *n.* बन्दोबस्त, इन्तिज़ाम।
Man-a-ger, *n.* सम्पादक, कामदार।
Man-date, *n.* आज्ञा, हुक्म।
Mane, *n.* अयाल, घोड़ों के गले पर का बाल।
Man-ful, *a.* साहसी, दिलेर।
Mange, *n.* जानवरों की खुजली या खारिश।
Man-ger, *n.* चरनी।
Mang-le, *n.* कपड़ा साफ़ करने की कल; *v.* काटना, फाड़ना, टुकड़े २ क०, कपड़ा साफ़ क०।
Man-hood, *n.* जवानी।
Ma-ni-a, *n.* सिड़, पागलपन।
Ma-ni-ac, *n.* सिड़ी, पागल।
Man-i-fest, *a.* स्पष्ट, साफ़, ज़ाहिर; *v.* प्रगट क०, ज़ाहिर क०।
Man-i-fest-o, *n.* इश्तिहार।
Man-i-fold, *a.* बहुत से।
Man-kind, *n.* मनुष्य जाति, मनुष्य।
Man-ly, *a.* साहसी तौर से, दिलेराना।
Man-ner, *n.* चाल, प्रकार।
Man-ners, *n.* चालचलन, ढंग।
Manœuvre, *n.* दांव, घात, युक्ति, चालाकी; *v.* चालाकी के साथ क०।
Man-or, *n.* सीर, जागीर, ज़मींदारी।
Man-sion, *n.* महल, हवेली, बड़ा मकान।
Man-slaugh-ter, *n.* मनुष्य हत्या।
Man-tel, *n.* अग्नि स्थान के ऊपर रखने का ताखा।
Man-tle, *n.* चोग़ा, लबादा।
Man-u-al, *n.* एक छोटी किताब, रिसालह; *a.* हाथ का।
Man-u-fac-tory, *n.* कारखाना, वह स्थान जहां अस्बाब बनता है।
Man-u-fac-ture, *n.* कारीगरी, दस्तकारी; *v.* बनाना, गढ़ना।
Ma-nure, *n.* पांस, खाद; *v.* पांसना, खाद डालना।

Man-u-script, *n.* हाथ की लिखी हुई किताब या कागज़।
Many, *n.* बहुत लोग; *a.* बहुत।
Map, *n.* नक्शा।
Mar, *v.* खराब क०, बिगाड़ना।
Ma-raud-er, *n.* डाकू, लुटेरू।
Mar-ble, *n.* संग मरमर; *a.* संग मरमर की।
March, *n.* कूच, अंगरेज़ी साल का तीसरा महीना।
Mare, *n.* घोड़ी।
Mar-gin, *n.* कोर, किनारा।
Marine, *n.* जहाज़ी सिपाही, जंगी जहाज़, जहाज़ों का बेड़ा; *a.* समुन्दरी।
Ma-ri-ner, *n.* मल्लाह, केवट।
Ma-ri-time, *a.* समुन्दरी।
Mark, *n.* चिन्ह, निशानी, निशाना; *v.* निशान,क०, खयाल क०।
Market, *n.* बाज़ार, हाट।
Marks-man, *n.* निशाने बाज़।
Marl, *n.* पिड़ोर, चिकनी मट्टी।
Mar-riage, *n.* बिवाह, शादी।
Mar-riage-a-ble, *a.* बिवाह के योग्य, शादी के लायक।
Mar-row, *n.* मज्जा, हांडुयों का गूदा, मिग्गी। [क०।
Mar-ry, *v.* बिवाह क०, शादी
Marsh, *n.* दलदल, कीचड़।
Mar-shal, *n.* सेनापति, फौजी अफसरों में सब से बड़ा दरजा; *v.* तरतीब में क०।
Marsh-y, *a.* दलदलदार, कीचड़ दार।
Mart, *n.* हाट, बाज़ार। [जंगी।
Mar-tial, *a.* युद्ध सम्बन्धी,
Mar-tyr, *n.* सत्य या दीन के लिये मरने वाला, शहीद।
Mar-tyr-dom, *n.* सत्य या दीन के लिये मौत, शहादत।
Mar-vel, *n.* आश्चर्य, ताज्जुब; *v.* ताज्जुब क०। [जीब।
Mar-vel-ous, *a.* अद्भुत, अ-
Mas-cu-line, *a.* पुलिङ्ग, मर्दाना, दिलेर।
Mash, *n.* गरम खाना।
Mask, *n.* बुरका, नकाब; *v.* ढकना, छिपाना।
Ma-son, *n.* राज, संगतराश।
Mass, *n.* ढेर, समूह। [मारना।
Massacre, *n.* कतल, काटना,
Mas-sive, *a.* बड़ा, भारी।
Mast, *n.* मस्तूल।
Mas-ter, *n.* मालिक, शिक्षक, ओस्ताद; *v.* आधीन क०, बस में क०। [काम, खूबी।
Mas-ter-piece, *n.* सब से उम्दा

Mat, *n.* चटाई, सीतल पाटी; *v.* चटाई बिछाना या बिनना।
[M]atch, *n.* युद्ध, जोड़, होड़, विवाह सलाई; *v.* ठीक क०, व्याहना, लड़ाना।
[Ma]tch-less, *a.* बे जोड़। [फ़सर।
Mate, *n.* साथी, जहाज़ का अ-
Ma-te-ri-al, *n.* पदार्थ, सामान; *a.* मुख्य, शरीर सम्बन्धी।
Ma-ter-nal, *a.* मातृक, मातरी।
Ma-ter-ni-ty, *n.* मां का रिश्ता।
Math-e-mat-ics, *n.* गणित विद्या।
Mat-ri-mo-ny, *n.* विवाह, शादी।
Ma-tron, *n.* दाई, बुढ़िया।
Mat-ter, *n.* पदार्थ, वस्तु, पीब, मवाद; *v.* पीब बहाना।
Mat-tock, *n.* फरसा, कुदाल।
Mat-tress, *n.* तोशक।
Ma-ture, *a.* पूरा, सयाना, पक्का; *v.* पूरा होना, पकना, पकाना।
Ma-tur-i-ty, *n.* पुख्तगी, पक्कापन।
Maw, *n.* पोटा, झोझ।
Mawk-ish, *a.* फीका, नागवार।
Max-im, *n.* कहावत, मसला।
Max-i-mum, *n.* सब से बड़ी संख्या या अवस्त।
May, *n.* अंगरेज़ी साल का पांचवां महीना; *v.* सकना।
Mayor, *n.* कोतवाल।
Maze, *n.* भूल भुलैया, हैरानी, परेशानी; *v.* भटकना, भूलना।
Me, *pr.* मुझे।
Mead-ow, *n.* चरागाह, गोरुओं के चरने की जगह।
Meagre, *a.* दुबला, पतला, गरीब।
Meal, *n.* आटा, आहार, भोजन।
Mean, *n.* औसत; *a.* सूम, कंजूस, नीच; *v.* (Pt. and Pp. meant) चाहना, मतलब रखना।
Mean-ing, *n.* मतलब, मानें।
Mean-ness, *n.* नीचता, कमीनापन।
Means, *n.* कारण, ज़रीया, वसीला।
Measure, *n.* नाप, तौल, अन्दाज़ा, पैमाइश; *v.* नापना, अन्दाज़ना।
Meas-ure-ment, *n.* प्रमाण, नाप।
Meat, *n.* आहार, गोश्त।
Mechanic, *n.* कारी गर।
Me-chan-i-cal, *a.* यन्त्र या कल सम्बन्धी।
Me-chan-ics, *n.* यन्त्र विद्या।
Med-al, *n.* तमगा। [डालना।
Med-dle, *v.* दखल देना, हाथ
Me-di-ate, *v.* बीच में पड़ना, बीच बिचाव क०।
Me-di-a-tion, *n.* बीच बिचाव।

Me-di-a-tor, *n.* बिचवई ।

Med-i-cal, *a.* औषध या दवा सम्बन्धी ।

Medicine, *n.* औषध, दवा ।

Med-i-tate, *v.* सोचना, बिचारना ।

Me-di-um, *n.* कारण, ज़रीया, वसीला ।

Meek, *a.* कोमल, सुशील, हलीम ।

Meekness, *n.* कोमलता, सुशीलता ।

Meet, *a.* ठीक, मेलका; *v.*, (Pt. and Pp. met) मिलना, आमने सामने होना ।

Meet-ing, *n.* सभा, भेट, मुलाकात ।

Melancholy, *n.* उदासीनता; *a.* उदास ।

Mel-low, *a.* पक्का, मुलायम; *v.* [पकना, पकाना ।

Mel-o-dy, *n.* लय, स्वर ।

Melt, *v.* घुलना, पिघलना ।

Mem-ber, *n.* अंग, सभासद ।

Mem-brane, *n.* झिल्ली ।

Memoir, *n.* चरित्रोपाख्यान, तज़्किरा ।

Mem-o-ra-ble, *a.* यादगारी के लायक़, प्रसिद्ध ।

Mem-o-ran-dum, *n.* याद दाश्त ।

Me-mo-ri-al, *n.* यादगार, निवेदन पत्र; *a.* यादगारी में ।

Mem-o-ry, *n.* यादगारी, याददाश्त ।

Men-ace, *n.* घुड़की, धमकी; *v.* घुड़कना, डाटना ।

Mend, *v.* सुधारना, मरम्मत क० ।

Men-dac-i-ty, *n.* झूठापन ।

Men-di-cant, *n.* भिक्षुक, भिखियारी ।

Me-ni-al, *n.* नौकर, चाकर; *a.* छोटा, नीच ।

Men-su-ra-tion, *n.* क्षेत्र मिति, [मसाहत ।

Ment-al, *a.* मानसिक, दिली ।

Men-tion, *n.* चरचा, ज़िक्र; *v.* चरचा क०, ज़िक्र क०, लिखना ।

Mer-can-tile, *a.* ब्योपारी, तिजारती ।

Mer-ce-na-ry, *n.* भाड़े का; *a.* खुद गर्ज़, लालची, लोभी ।

Mer-cer, *n.* रेशमी चीज़ों का रोज़गार करने वाला ।

Mer-chan-dise, *n.* सौदागरी माल, असबाब ।

Mer-chant, *n.* सौदागर, ब्योपारी ।

Mer-chant-man, *n.* ब्योपारी या तिजारती जहाज़ ।

Mer-ci-ful, *a.* दयालु, रहम दिल, मिहरबान ।

Mer-cy, *n.* दया, कृपा, रहम ।

Mere, *n.* झील, ताल; *a.* सिर्फ़, केवल ।

Merge, *v.* डूबना, डुबाना, तद्रूप होना ।

Me-rid-i-an, *n.* दुपहर, मध्यान्ह, मध्यान्ह रेखा ।

Mer-it, *n.* गुण, योग्यता, खूबी. *v.* योग्य होना, लायक़ होना ।

Me-ri-to-ri-ous, *a.* योग्य, लायक़ ।

Mer-ri-ment, *n.* आनन्द, खुशी ।

Mer-ry, *a.* खुश, मगन, आनन्दित ।

Mesh, *n.* जाल की झंझरी या छेद, *v.* फंसाना, पकड़ना ।

Mess, *n.* आहार, खाना, मेल मिलाव; *v.* इकट्ठा खाना, साथ खाना ।

[ख़बर ।

Mes-sage, *n.* समाचार, संदेसा,

Mes-sen-ger, *n.* दूत, हरकारा ।

Mes-si-ah, *n.* इसामसीह, कृस्तान ।

Met-al, *n.* धातु यानी सोना, चान्दी, लोहा वग़ैरह ।

Me-tal-lic, *a.* धातु का ।

Met-al-lur-gy, *n.* धातु के साफ करने का काम ।

Mete, *v.* नापना ।

[तारा ।

Me-te-or, *n.* उल्का, टूटता हुआ

Me-te-o-rol-o-gy, *n.* आकाश या वायु विद्या ।

Me-ter, *n.* नापने की चीज़ ।

Meth-od, *n.* ढंग, तौर, तर्ज़, तरीक़ा ।

Me-tre, *n.* छन्द, पद ।

Me-trop-o-lis, *n.* राजधानी, मुख्य शहर ।

[माद्दह ।

Met-tle, *n.* साहस, दिलेरी, तत्त्व,

Mi-cro-scope, *n.* एक प्रकार का यन्त्र जिस से छोटी चीज़ें खूब बड़ी दिखाई देती हैं, खुर्दबीन ।

Mid, *a.* बीच का, दरमियानी ।

Mid-day, *n.* दुपहर, मध्यान्ह समय ।

Mid-dle, *n.* बीच, मध्य ; *a.* बीच का, दरमियानी ।

Midst, *n.* बीच, दरमियान ।

Mid-wife-ry, *n.* प्रसव कर्म, दाई पना ।

Mien, *n.* रूप, छवि, चाल ।

Might, *n.* पराक्रम, बल, ताक़त ।

Might-y, *a.* पराक्रमी, ताक़तवर ।

Mi-grate, *v.* एक देश को छोड़ कर दूसरे देश में आना ।

Milch, *a.* दूध देनेवाली, दुधार ।

Mild, *a.* दयालु, मिहरबान, हलीम ।

Mil-dew, *n.* भूआ, फफूंदी, चित्ती, पौधों का रोग ।

[रहम ।

Mild-ness, *n.* दया, मिहरबानी,

Mile, *n.* १७६० गज़ का, आधा कोस ।

Mil-i-tant, *a.* लड़ाका, जंगी।
Mil-i-ta-ry, *n.* सेना, फौज; *a.* जंगी, फौजी।
Militia, *n.* देशी सिपाही लोग जो सिर्फ लड़ाई के समय काम देते हैं।
Milk, *n.* दूध; *v.* दूध दुहना।
Mill, *n.* चक्की, जांता।
Mill-er, *n.* चक्की चलानेवाला।
Mill-i-ner, *n.* अंगरेज़ी ज़नानी टोपी और पोशाक बनाने वाला।
Million, *n.* दस लाख। [नुत्फ़ा।
Milt, *n.* मछली का अंडा या
Mim-ic, *n.* बहुरूपिया, भेष बनानेवाला; *v.* भेष बनाना, नक़ल क०। [क्र०।
Mince, *v.* क़ीमा क०, टुकड़े २
Mind, *n.* चित्त, हृदय, दिल, समझ, इच्छा; *v.* विचारना, सोचना, ख़याल क०, लिहाज़ क०।
Mind-ed, *a.* अभिलाषी, राग़िब।
Mind-ful, *a.* सचेत, ख़बरदार, होशियार। [p. मेरा।
Mine, *n.* खान; *v.* खान खोदना;
Mi-ner, *n.* खान खोदनेवाला, सुरंग लगाने वाला।
Min-er-al, *n.* खानिक पदार्थ, धातु; *a.* खानिक, धातु सम्बन्धी। [खान विषयक विद्या।
Min-er-al-o-gy, *n.* धातु या
Min-gle, *v.* मिलना। [कम।
Min-i-mum, *n.* सब से छोटा या
Min-is-ter, *n.* दीवान, मंत्री, वज़ीर, पादरी; *v.* देना, सेवा क०। [समत, मंत्री समूह।
Min-is-try, *n.* पद विशेष, खि-
Mi-nor, *n.* नाबालिग़, २१ वर्ष से कम उम्र का; *a.* छोटा।
Mi-nor-i-ty, *n.* बालपन, नाबालिग़ी, कमी।
Min-ster, *n.* गिर्जा विशेष।
Min-strel, *n.* गवैया, जोगियों की तरह गाते हुये फिरने वाले।
Mint, *n.* टकसाल, रुपिया पैसा ढालने का स्थान; *v.* रुपिया पैसा ढालना या बनाना।
Min-u-et, *n.* नाच विशेष।
Minute, *n.* पल, घंटे का साठवां हिस्सा, लेख, याद दाश्त; *v.* राय का सार लिखना।
Mi-nute, *a.* बारीक, बहुत छोटा।
Miracle, *n.* आश्चर्य जनक कर्म, करामात। [अद्भुत।
Mi-rac-u-lous, *a.* आश्चर्य जनक,
Mire, *n.* कीचड़, चहला।
Mir-ror, *n.* दर्पण, आइना।

Mirth, *n.* आनन्द, खुशी ।

Mis-ap-ply, *v.* बेजा लगाना या काम में लाना ।

Mis-ap-pre-hend, *v.* विरुद्ध समझना, खिलाफ़ समझना ।

Mis-ap-pre-hen-sion, *n.* भूल, ग़लती । [अश्चलनी ।

Mis-be-hav-iour, *n.* कुचाल,

Mis-car-riage, *n.* नाकाम याबी, गर्भपात ।

Mis-car-ry, *v.* उलट आना, कामयाब न होना, गर्भ गिराना ।

Mis-cel-la-ne-ous, *a.* पचमेल, मुतफ़र्रक़ात् ।

Mis-cel-la-ny, *n.* पचमेल, संग्रह, नाना विषयक लेखों की संग्रह । [सीबी ।

Mis-chance, *n.* दुर्भाग्य, बद न-

Mis-chief, *n.* बदी, खराबी, बुराई ।

Mis-chie-vous, *a.* बुरा, मुज़िर ।

Mis-con-cep-tion, *n.* भूल, ग़लत ख्याल या समझ । [चलनी ।

Mis-con-duct, *n.* कुचाल, बद

Mis-con-duct, *v.* कुचाल चलना, बुराई के साथ पेश आना ।

Mis-cre-ant, *n.* कुकर्मी, बदज़ात ।

Mis-deed, *n.* कुकर्म, पाप ।

Mis-de-mean-our, *n.* कुचाल, ऐब ।

Mi-ser, *n.* कृपिण, कंजूस ।

Mis-er-a-ble, *a.* बे नसीब, कम्बख़्त ।

Mis-er-y, *n.* दुर्भाग्य, कम्बख़्ती ।

Mis-for-tune, *n.* दुर्भाग्य, शामत ।

Mis-giv-ing, *n.* धोखा, चूक, अविश्वास ।

Mis-hap, *n.* आपत्ति, दुर्भाग्य ।

Mis-in-form, *v.* झूठी खबर देना ।

Mis-lead, *v.* धोखा देना, बहकाना । [बयान क० ।

Mis-rep-re-sent, *v.* हेर फेर कर

Miss, *n.* कुमारी, कन्या; *v.* चूक जाना, बहक जाना ।

Mis-sile, *n.* भाला, बर्छा, फेंक कर मारने का अस्त्र ।

Mis-sing, *a.* गायब, खोया हुआ ।

Mis-sion, *n.* भेजे हुये लोग ।

Mis-sion-a-ry, *n.* जो मज़हबी शिक्षा देने के लिये भेजा गया हो ।

Mis-state-ment, *n.* झूठा बयान ।

Mist, *n.* कुहिरा ।

Mis-take, *n.* भूल, ग़लती; *v.* भूल क०, और का और समझना । [ताइन, स्वामिन ।

Mis-tress, *n.* गुरुआइन, पंडि-

Mis-trust, *n.* सन्देह, शक; *v.* सन्देह क०, शक क० ।

Mis-trust-ful, *a.* अविश्वासी, शक्की। [हुआ।
Mist-y, *n.* धुंधला, कुहिरा से भरा
Mis-under-stand, *v.* कुछ का कुछ समझना, गलत समझना।
Mis-use, *v.* बुरी तरह काम में लाना, बुरी तरह पेश आना।
Mite, *n.* कण, कीड़ा, पाई।
Mitre, *n.* बड़े पादरी का ताज।
Mit-i-gate, *v.* घटाना, कम क०, धीमा क०, मुलायम क०।
Mix, *v.* (Pt. and Pp. mixed) मिलाना, मिलना।
Mix-ture, *n.* मेल, मिलाव। [ना।
Moan, *n.* or *v.* कांखना, कराह-
Moat, *n.* खन्दक।
Mob, *n.* शोर मचाने वालों की भीड़ या जमाव; *v.* भीड़ क०, इकट्ठा होकर धावा क०।
Mock, *a.* झूठा; *v.* चिढ़ाना, खिझाना।
Mock-er-y, *n.* हंसी, ठट्ठा।
Mode, *n.* ढंग, तर्ज़, तरीका।
Mod-el, *n.* बानगी, नमूना; *v.* बनाना, डौल पर लाना।
Mod-er-ate, *a.* मातदिल, मध्यम, हलका; *v.* घटाना, कम क०।
Mod-er-a-tion, *n.* धैर्य्य, सब्र, परहेज़।
Mod-ern, *a.* नया, हाल का।
Mod-est, *a.* सुशील, लज्जावान, संकोची, ठीक। [ख़ाकसारी।
Mod-est-y, *n.* सुशीलता, शरम,
Mod-i-fy, *v.* सूरत बदलना, सुधारना।
Moi-e-ty, *n.* आधा।
Moist, *a.* गीला, ओदा। [क०।
Moisten, *v.* गीला क०, ओदा
Mois-ture, *n.* सील, ओदा पन।
Mo-lar, *n.* डाढ़। [श्ता, छछूंदर।
Mole, *n.* तिल, मसा, खंभा, पु-
Mo-lest, *v.* सताना, छेड़ना, कष्ट देना।
Mo-les-ta-tion, *n.* पीड़ा, दुःख।
Mol-li-fy, *v.* मुलायम क०, नरम क०, घटाना। [ग़रज़।
Mo-ment, *n.* क्षण, पल, कारण,
Mo-ment-ous, *a.* बड़ा आवश्यक।
Monarch, *n.* राजा, बादशाह।
Mon-ar-chy, *n.* राज्य, बादशाहत। [धर्मशाला।
Mon-as-ter-y, *n.* मठ, मन्दिर,
Mon-e-ta-ry, *a.* रुपये पैसे का।
Money, *n.* द्रव्य, रुपिया पैसा।
Mongrel, *n.* दोगला जानवर; *a.* दोगला। [लिये लोहे की डोंगी।
Mon-i-tor, *n.* उपदेशक, तोपों के

Monk, *n.* योगी, सन्यासी।

Mon-o-ma-nia, *n.* चित्तका किसी एक खास बात से विरोध।

Mon-op-o-ly, *n.* व्योपार के लिये स्वतन्त्र अधिकार।

Mon-o-syl-la-ble, *n.* एक टुकड़े का शब्द।

Mon-o-tone, *n.* एकही स्वर।

Mon-ot-o-ny, *n.* एकही ढंग।

Mons-ter, *n.* देव, राक्षस।

Mon-strous, *a.* अजीब, राक्षसी।

Month, *n.* मास, महीना।

Mon-u-ment, *n.* यादगारी, निशानी।

Mood, *n.* स्वभाव, तर्ज़, तरीक़ा।

Mood-y, *a.* चिड़चिड़हा, तुनक मिज़ाज।

Moon, *n.* चन्द्रमा। [लंगर डालना।

Moor, *n.* दलदल, वीरान, उजाड़; *v.*

Moot, *a.* बहस के योग्य, हुज्जती; *v.* वाद विवाद क०।

Mop, *n.* झाड़न; *v.* झाड़ना, साफ़ क०। [होना।

Mope, *n.* उदास, सुस्त; *v.* उदास

Mor-al, *n.* उपदेस, अभिप्राय, फल; *a.* ठीक, उचित।

Mo-ral-i-ty, *n.* भलमनसाहत, धर्माचार। [त विद्या।

Mor-als, *n.* शिक्षा, आचार, नीति

Mo-rass, *n.* चहला, कीचड़, दल दल।

Mor-bid, *a.* रोगीला, बीमार सा।

Mor-dant, *n.* वह चीज़ जो रंग चढ़ाने में काम आती है।

More, *a.* or *ad.* अधिक, ज़्यादा।

More-o-ver, *ad.* सिवाय इसके, और भी।

Morn-ing, *n.* सबेरा, सुबह।

Mo-rose, *a.* चिड़चिड़हा, रूखा।

Mor-row, *n.* आने वाले दिन, कल्ह।

Mor-sel, *n.* टुकड़ा, कौर।

Mor-tal, *n.* मनुष्य, आदमी; *a.* मरने वाला, फ़ानी। [नाश।

Mor-tal-i-ty, *n.* मृत्यु, मौत,

Mor-tar, *n.* ईंटों के जोड़ने का चूना या गारा, ओखली, गुब्बारा, बान। [*v.* गिरो रखना।

Mort-gage, *n.* गिरवी, ज़मानत;

Mor-ti-fi-ca-tion, *n.* सड़ाव, दुःख, रंज।

Mor-ti-fy, *v.* ख़राब होना, सड़ना, इन्द्रियों को बस में क०, दबाना, दुःख देना। [सालना, छेदना।

Mor-tise, *n.* घर, ख़ाना, छेद; *v.*

Moss, *n.* काई, सिवार।

Most, *n.* सब से बड़ी अवस्त; *a.* अधिकतम, सब से ज़्यादा,।

Most-ly, *ad.* अक्सर, बहुधा ।
Mote, *n.* कण, ज़र्रा । [देशी ।
Mother, *n.* माता, मा ; *a.* मातृक,
Mo-tion, *n.* चाल, प्रस्ताव, निवे-
दन । [चलाने वाला ।
Mo-tive, *n.* कारण, वजह ; *a.*
Mot-to, *n.* कहावत, मसला ।
Mould, *n.* चिकनी मट्टी, सूरत, सांचा; *v.* बनाना, सांचे में डालना । [रना ।
Moult, *v.* पर झाड़ना, रोवां झा-
Mound, *n.* मट्टी का बड़ा ढेर, मेंड़, पुश्ता ।
Mount, *n.* पहाड़; *v.* उठना, घोड़े पर सवार होना, चढ़ना, ऊंचा होना ।
Mount-ain, *n.* पर्वत, पहाड़ ।
Mount-ain-ous, *a.* पहाड़ी ।
Mourn, *v.* विलाप क०, शोक क०, कुढ़ना, रोना । [गीन ।
Mourn-ful, *a.* शोक युक्त, गम-
Mourn-ing, *n.* शोक, रंज, गमी की पोशाक ।
Mouse, *n.* चूहा, मूस ।
Mous-tache, *n.* मोछ ।
Mouth, *n.* मुख, मुंह, मुहाना, छेद ।
Mov-a-ble, *a.* उठाने योग्य, मनकूला । [हटाया जा सके ।
Mov-a-bles, *n.* माल असबाब जो
Move, *v.* चलाना, चलना, हटाना, अगाना, प्रस्ताव क० ।
Move-ment, *n.* चाल, हरकत ।
Mow, *n.* घास का ढेर या अटाला; *v.* (Pt. mowed ; Pp. mown.) घास काटना ।
Much, *n.* बहुतायत, ज़ियादती ; *a.* बहुत, ज़्यादा ; *ad.* बहुत ।
Mu-cus, *n.* बलग़म, नाक ।
Mud, *n.* कीचड़, गीली मट्टी ।
Muff, *n.* दस्ताना । [हुई रोटी ।
Muf-fin, *n.* फुल्की, खूब फूली
Muf-fle, *v.* ढांपना, लपेटना ।
Mug, *n.* प्याला, आपखोरा ।
Mulct, *n.* दंड, जुर्माना ; *v.* जुर्माना क० ।
Mule, *n.* खचड़, दोगला जानवर ।
Mul-ish, *a.* खचड़सा, अड़ियल, हठी । [ज़रब ।
Mul-ti-pli-ca-tion, *n.* गुणा,
Mul-ti-ply, *v.* गुणा क०, ज़रब देना । [जमात ।
Mul-ti-tude, *n.* भीड़, झुंड,
Mum-ble, *v.* बुन बुनाना, चबा कर बात कहना । [पियापन ।
Mum-mer-y, *n.* स्वांग, बहुरू-
Mum-my, *n.* मसाला वगैरह लगाकर सुखाई हुई लाश या लोथ ।

Mumps, *n.* गलगंड रोग विशेष, कंठ माला । [लगाना ।
Munch, *v.* चबाना, बड़े २ फांके
Mun-dane, *a.* संसारी, दुनियवी ।
Municipal, *a.* शहरी, शहर समाज सम्बन्धी । [सखावत ।
Mu-nif-i-cence, *n.* उदारता,
Mu-nif-i-cent, *a.* उदार, सखी ।
Mur-der, *n.* बध, हिंसा, ख़ून; *v.* मार डालना । [ख़ूनी ।
Mur-der-er, *n.* घातक, हत्यारा,
Mur-ky, *a.* अंधेरा, धुंधला ।
Mur-mur, *n.* शिकायत, मरमराहट, कड़कड़ाहट; *v.* शिकायत क०, कुड़कुड़ाना । [विशेष ।
Mur-rain, *n.* जानवरों का रोग
Mus-cle, *n.* पट्ठा । [बलवान ।
Mus-cu-lar, *a.* पट्ठेका, हृष्ट पुष्ट,
Muse, *n.* वाणी, स्वर, ख़याल, ग़ौर; *v.* ख़याल क०, सोचना ।
Mu-se-um, *n.* अजायब घर ।
Mu-sic, *n.* लय, ताल, गानविद्या ।
Musk, *n.* कस्तूरी, पशु विशेष ।
Mus-ket, *n.* बन्दूक, तुपक ।
Mus-lin, *n.* मलमल, तंज़ेब ।
Mus-sel, *n.* एक प्रकार का सीपीका कीड़ा ।
Must, *n.* बग़ैर जोश देकर खींची हुई शराब या अंगूर का अर्क; *v.* चाहिये, पड़ेगा ।
Mus-ter, *n.* सेना का बटोर; *v.* बटोरना, इकट्ठा क० ।
Must-y, *a.* सड़ा, पुराना, उमस खाया हुआ । [शील ।
Mu-ta-tion, *n.* परिवर्तन, तब-
Mute, *n.* गूंगा आदमी; *a.* मौन, चुपचाप । [अंगभंग क० ।
Mu-ti-late, *v.* काटना, छांटना,
Mu-ti-nous, *a.* झगड़ालू, बखेड़िया, बाग़ी ।
Mu-ti-ny, *n.* ग़दर, बलवा; *a.* बग़ावत क०, बलवा क० ।
Mut-ter, *v.* भुनभुनाना, गुनगुनाना । [गोश्त ।
Mut-ton, *n.* भेड़ का मांस या
Mu-tu-al, *a.* परस्पर, दुतरफ़ा ।
Muz-zle, *n.* मुंह, थूथन, मोहरी; *v.* मुंह बांधना, डाटी बांधना ।
My, *p.* मेरा, अपना ।
Myri-ad, *a.* हज़ारों, लाखों ।
Mys-te-rious, *a.* गूढ़, गुप्त ।
Mys-te-ry, *n.* भेद, गुप्त बात ।
Mys-ti-fy, *v.* पेचीला कर देना ।
Myth, *n.* क़िस्सा, कहानी, गप्प ।

N.

Na-dir, *n.* पाताल लोक, आदि ।

Nag, *n.* टट्टू ।

Nail, *n.* पंजा, नाखून, कील, २। इंच की नाप ; *v.* कील जड़ना । [खुला हुआ ।

Na-ked, *a.* नंगा, उघार, निहत्था,

Name, *n.* नाम, उपाधि, कीर्ति, शोहरत ; *v.* नाम रखना, लेना, या पुकारना, कहना ।

Name-ly, *ad.* अर्थात्, याने ।

Name-sake, *n.* नामरासी, हमनाम । [ऊनी कपड़ा विशेष ।

Nap, *n.* झपकी, औंघाई, छोटा

Nape, *n.* गुद्दी, गर्दन के पीछे के जोड़ की हड्डी ।

Nap-kin, *n.* रूमाल । [क० ।

Nar-rate, *v.* बयान क०, वर्णन

Nar-ra-tive, *n.* बयान, इतिहास । [*v.* तंग क०, सकरा क०।

Nar-row, *a.* तंग, सकरा, छोटा ;

Nar-row-ly, *ad.* बिचार से गौर से, मुशकिल से ।

Nas-ty, *a.* मैला, गलीज़ ।

Na-tion, *n.* जाति, क़ौमा ।

Na-tion-al, *a.* जाती, क़ौम ।

Na-tive, *n.* देशी या किसी स्थान का असली बाशिन्दा ; *a.* असली, जन्मी, देशी ।

Nat-u-ral, *a.* प्राकृतिक, असली, स्वाभाविक ।

Nat-u-ral-ize, *v.* जाती या मुल्की हक़ देना, अपना बनाना । [दस्तूर ।

Na-ture, *n.* स्वभाव, रीति, चाल,

Naught, *n.* कुछ नहीं ; *a.* खराब, नाचीज़ । [रीर ।

Naught-y, *a.* नटखट, दुष्ट, श-

Nau-sea, *n.* अरुचि, बीमारी ।

Nau-se-ous, *a.* मचलई पैदा करने वाली, घृणित ।

Nau-ti-cal, *a.* जहाज़ी ।

Na-val, *a.* जहाज़ी का भाग ।

Nave, *n.* पहिया या गिरजा के बीच का भाग ।

Na-vel, *n.* नाभी, बीच का भाग । [लाना ।

Nav-i-gate, *v.* खेवना, नाव च-

Na-vi-ga-tion, *n.* मल्लाही, नाव चलाने की विद्या । [बेड़ा ।

Na-vy, *n.* लड़ाई के जहाज़ों का

Nay, *n.* इनकार ; *ad.* नहीं ।

Neap, *n.* हल्का, नीचा ।

Near, *a.* पास, नज़दीक ; *v.* पहुंचना, पास जाना ।

Near-ly, *ad.* पास२, क़रीब२ ।

Neat, *a.* साफ, उम्दा ।

Neat-ness, *n.* सफाई, उम्दगी ।

Ne-ces-sa-ry, *a.* आवश्यक, ज़रूरी ।

Ne-ces-si-ty, *n.* आवश्यकता, ज़रूरत ।

Neck, *n.* कंठ, गला, गर्दन ।

Need, *n.* आवश्यकता, ज़रूरत, तंगी; *v.* चाहना, दर्कार होना । [री ।

Need-ful, *a.* आवश्यक, ज़रू-

Nee-dle, *n.* सुई । [ताज ।

Need-y, *a.* कंगला, गरीब, मोह-

Neg-lect, *n.* अनादर, भूल, चूक, ग़फ़लत; *v.* भूलना, चूकना, ख़बर न लेना । [ख़बरी ।

Neg-li-gence, *n.* ग़फ़लत, बे-

Neg-li-gent, *a.* अचेत, बेख़बर ।

Ne-go-ti-ate, *v.* ब्योहार क०, लेन देन क०, मामिला क० ।

Ne-go-ti-a-tion, *n.* ब्योहार, मामिला ।

Ne-gro, *n.* हबशी ।

Neigh, *n.* घोड़े की बोली; *v.* हिन हिनाना ।

Neigh-bour, *n.* पड़ोसी ।

Neither, *p.* दोनों नहीं, कोई भी नहीं ।

Nephew, *n.* भांजा, भतीजा ।

Nerve, *n.* नस, नाड़ी, धीरज, दिलेरी; *v.* धीरज देना, मज़बूत क० । [वान ।

Nerv-ous, *a.* ढीला, डरपोक, बल-

Nest, *n.* घोसला । [रहना ।

Nes-tle, *v.* बसना, बसाना, पास

Nest-ling, *n.* चिड़ियों का बच्चा जो घोसले में हो अथवा उसमें से अभी निकला हो, गेदा ।

Net, *n.* जाल, फंदा, फांस; *a.* निख़ालिस, असली; *v.* जाल में फसाना ।

Neth-er, *a.* नीचे का, तरे का ।

Net-tle, *n.* बिच्छू नाम का पौधा; *v.* डंक मारना, चुटकी काटना, चुभोना, सताना, दिक क० । [नहीं, नपुंसक ।

Neu-ter, *a.* दोनों में से कोई भी

Neu-tral, *a.* पक्षपात रहित, निस्पक्ष, बेलाग ।

Nev-er, *ad.* कभी नहीं । [तौभी ।

Nev-er-the-less, *ad.* तथापि,

New, *a.* नवीन, नया, ताज़ा ।

New-ness, *n.* ताज़गी, नवीनता, नयापन ।

News, *n.* समाचार, ख़बर ।

Next, *a.* दूसरा, बहुत नज़दीक; *ad.* इसके बाद, आइन्दा ।

Nib-ble, *n.* डंक, काट; *v.* कुतरना, काटना ।

Nice, *a.* ठीक, स्वादिष्ट, उम्दा ।

Niche, *n.* आला, अरवा, ताख ।

Nick, *n.* दांता, छेद ।

Niece, *n.* भतीजी, भांजी।

Nig-gard, *n.* कृपिण, सूम, कंजूस; *a.* कृपिणता से, कंजूसीसे। [क़रीब २।

Nigh, *a.* पास, नज़दीक; *ad.*

Night, *n.* रात्रि, रात। [रात में।

Night-ly, *a.* or *ad.* रात का,

Night-mare, *n.* भयानक स्वप्न।

Nim-ble, *a.* तेज़, चालाक, जल्दबाज़।

Nip, *n.* चुटकी, काट; *v.* चुटकी काटना, नोचना, बकोटना। [चना, चिमटी, चिमटा।

Nip-pers, *n.* नोचना या नो-

Nip-ple, *n.* ढ़ुपुनी।

Nit, *n.* लीख, जुआं का अंडा।

No, *a.* कोई नहीं; *ad.* नहीं, न।

No-bil-i-ty, *n.* भलेमानुष, भलमंसी, शराफत।

No-ble, *n.* अमीर या भला आदमी; *a.* अमीर, सभ्य, शरीफ़।

No-ble-man, *n.* अमीर, शरीफ़, भला आदमी। [मंसी, उम्दगी।

No-ble-ness, *n.* बड़ाई, भल-

No-body, *n.* कोई नहीं।

Noc-u-ous, *a.* अहित कारी, दुखदाई।

Nod, *n.* झुकाव; *v.* झुकना।

Noise, *n.* कोलाहल, शोर, गुल, गपाड़ा; *v.* कोलाहल क०, शोर गुल क०। [मुज़िर।

Noi-some, *a.* ज़ूरार, दुखदाई,

Nois-y, *a.* बकी, कोलाहल करने वाला।

Nom-i-nal, *a.* नाम मात्र के लिये, सिर्फ़ नाम के लिये।

Nom-i-nate, *v.* चुनना, नामज़द क०, प्रस्ताव क०। [रक।

Nom-in-a-tive, *n.* कर्ता का-

Non, नहीं, अ (अव्यय)।

Non-age, *n.* लड़क पन, नाबालिगी।

Non-con-form-ist, *n.* विरोधी।

Non-con-form-ity, *n.* विरोध, किसी प्रचलित मत के विरुद्ध।

Non-des-cript, *a.* जोकि कठिनता से बयान होसके, अद्भुत।

None, *a.* कोई नहीं।

Non-en-ti-ty, *n.* नेस्ती, किसी वस्तु का होनाही नहीं।

Non-plus, *n.* हैरानी, लाचारी, ज़िद; *v.* हैरान क०, ज़िद क०।

Non-sense, *n.* बेमाने, बेहूदगी।

Non-suit, *n.* किसी कारण से दावा का खारिज होजाना।

Nook, *n* कोना, गोशा।

Noon, *n.* दुपहर। [फांसी।

Noose, *n.* सरकने वाला फन्दा,

Nor, *c.* न, नहीं। [ओर।
North, *n.* उत्तर; *a.* उत्तर की-
North-er-ly, *a.* उत्तर की ओर वा उत्तर से। [की ओर।
North-ern, *a.* उत्तरीय, उत्तर
Nose, *n.* नाक। [गुलदस्ता।
Nose-gay, *n.* फूलों का गुच्छा,
Nos-tril, *n.* नथुना, नाक का छेद। [कुला।
Nos-trum, *n.* दवाइयों का चुट-
Not, *ad.* नहीं।
Not-a-ble, *n.* प्रसिद्ध पुरुष; *a* प्रसिद्ध, नामवर, मिहन्ती।
No-ta-ry, *n.* तसदीक़ करने वाला, साक्षी देनेवाला। [कारी।
No-ta-tion, *n.* अंक लेख, चिन्ह-
Notch, *n.* दांता, दरेह, ताख।
Note, *n.* टिप्पणी, जो किसी पृष्ठ के नीचे छोटे अक्षरों से लिखा हो, चिन्ह, सुर, परचा; *v.* ध्यान देना, सोचना, दाखिल क०, टीपना।
No-ted, *a.* प्रसिद्ध, मशहूर।
No-thing, *n.* कुछ नहीं, कोई चीज़ नहीं।
No-tice, *n.* समाचार, ध्यान, विज्ञापन, इश्तिहार; *v.* देखना, ग़ौर क०, ध्यान देना। [करना।
No-ti-fy, *v.* प्रसिद्ध क०, ज़ाहिर
No-tion, *n.* ध्यान, ख़याल, फ़िक्र।
No-to-ri-e-ty, *n.* बदनामी, प्रसिद्धता। [सिद्ध।
No-to-ri-ous, *a.* बदनाम, प्र-
Noun, *n.* संज्ञा वाचक शब्द।
Nour-ish, *v.* पालना, खिलाना पिलाना। [राक।
Nour-ish-ment, *n.* आहार, खो-
Nov-el, *n.* क़िस्सा, कहानी; *a.* नया, नवीन। [पन।
Nov-el-ty, *n.* नवीनता, नया-
Nov-ice, *n.* नया चेला, शिष्य।
Now, *ad.* अब, अभी, इस समय। [हरगिज़ नहीं।
No-wise, *ad.* किसी तरह नहीं,
Nox-i-ous, *a.* दुखदाई, मुज़िर।
Nude, *a.* नंगा, उघार, बेकपड़ा।
Nud-i-ty, *n.* नंगापन। [ढेला।
Nug-get, *n.* सोने की ईंट या
Nui-sance, *n.* वह चीज़ जो दुखदाई हो। [का नहीं।
Null, *a.* रद्द, बेकार, किसी काम
Null-i-fy, *v.* झूठा क०, रद्द क०, नाजायज़ क०।
Numb, *a.* सुन्न, ठिठरा हुआ; *v.* सुन्न क०, ठिठराना।
Num-ber, *n.* अंक, गिनती, एक से ज़्यादा; *v.* गिनना, अंक डालना।

Numb-ness, *n.* ठिठरापन, सुन्नापन। [गिनती का।
Nu-mer-al, *a.* अंक सम्बन्धी,
Nu-mer-a-tion. *n.* गिन्ती, अंकों का पढ़ना।
Nu-mer-a-tor, *n.* भिन्न में लकीर के ऊपर का अंक।
Nu-mer-ous, *a.* बहुत।
Nun, *n.* बैरागिन, योगिन।
Nun-ne-ry, *n.* बैरागिनियों की मंडली। [विवाह सम्बन्धी।
Nup-tial, *n.* बिवाह, शादी ; *a.*
Nurse, *n.* दाई, जो लड़का या बिमारिहा के खबरदारी में रहे ; *v.* खबरदारी क०, पालना।
Nurs-e-ry, *n.* दाई का कमरा, पौधों का घर।
Nur-ture, *n.* उम्दा शिक्षा, आहार ; *v.* खिलाना, सिखाना, पढ़ाना।
Nut, *n.* सुपारी, बादाम वगैरह फल, आंकड़ा, ढिबरी।
Nu-tri-ment, *n.* आहार, खोराक।
Nu-tri-tion, *n.* आहार, मेवा।
Nu-tri-tious, *a.* पुष्ट, पालनहारा।
Nymph, *n.* अप्सरा, परी, देवी, तितिली, फतिंगों के पर निकलने से पहिले की हालत।

O.

Oaf, *n.* मूर्ख, अहमक या बेवकूफ आदमी।
Oak, *n.* वृक्ष विशेष, बलूत।
Oak-um, *n.* पुराने रस्से का सन। [लग्घी।
Oar, *n.* डांड़, नाव खेने की
O-a-sis, *n.* रेगिस्तान में उपजाऊ पृथ्वी।
Oat, *n.* जौ नाम का अन्न।
Oath, *n.* शपथ, कसम, सौगंध।
Ob-du-ra-cy, *n.* हठ, ज़िद।
Ob-du-rate, *a.* हठी, अक्खड़, रूखा, निठुर,।
O-be-di-ence, *n.* आज्ञा पालन, फरमांबरदारी, दंडवत, प्रणाम।
O-be-di-ent, *a.* आज्ञा कारी, फरमांबरदार।
O-bey, *v.* आज्ञानुकूल क०, कहना मानना। [हेतु, पदार्थ।
Ob-ject, *n.* अभिप्राय, प्रयोजन,
Ob-ject, *v.* रोकना, उज्र क०।
Ob-jec-tion, *n.* रोक, एतराज़, तर्क। [मुनासिब।
Ob-jec-tion-able, *a.* बेजा, ना
Ob-la-tion, *n.* नैवेद्य, भोग, बलि। [शर्त, एहसान।
Ob-li-ga-tion, *n.* कर्तव्य, फर्ज़,

O-blige, *v.* लाचार क०, मजबूर क०, खुश क०। [मुरव्वतदार।
O-blig-ing, *a.* सुशील, दयावन्त,
Oblique, *a.* बेक़ायदा, टेढ़ा।
Ob-lit-er-ate, *v.* उठाना, मिटाना, छीलना।
Ob-liv-ion, *n.* भुलक्कड़पन।
Ob-long, *a.* आयत, जिसकी लम्बाई चौड़ाई से ज़ियादा हो।
Ob-nox-i-ous, *a.* दंड योग्य, सज़ावार, घृणित।
Ob-scene, *a.* मैला, गंदा, बेहया।
Ob-scure, *a.* अंधेरा, छिपा हुआ; *v.* छिपाना, पर्दा डालना। [नीचापन।
Ob-scu-ri-ty, *n.* अंधेरापन,
Ob-ser-vant, *a.* चौकस, ख़बरदार।
Ob-ser-va-tion, *n.* कथन, कहावत, ध्यान, विचार, सोच।
Ob-serve, *v.* देखना, ध्यान देना, विचारना।
Ob-so-lete, *a.* पुराने चाल का, अप्रचलित। [आड़।
Ob-sta-cle, *n.* रोक, बाधा,
Ob-sti-nate, *a.* हठी, ज़िद्दी।
Ob-struct, *v.* रोकना, आड़ना।
Ob-struc-tion, *n.* रोक, अटकाव, आड़।
Ob-tain, *v.* पाना, हासिल क०।
Ob-tru-sive, *a.* बीच में कूदने वाला, दख़ल देनेवाला।
Ob-tuse, *a.* भद्दा, सुस्त, कुन्द।
Ob-tuse-ness, *n.* सुस्ती, कुन्दपन, कुन्द ज़ेहनी।
Ob-verse, *n.* रुपये पैसे के चेहरे की तरफ का रुख।
Ob-vi-ate, *v.* रोकना, औंधा क०, हटाना, दूर क०। [हुआ।
Ob-vi-ous, *a.* प्रत्यक्ष, स्पष्ट, खुला
Oc-ca-sion, *n.* कारण, हेतु, अवसर, आवश्यकता; *v.* उठाना, पैदा क०।
Oc-ca-sion-al, *a.* कभी कभी।
Oc-cult, *a.* गुप्त, पोशीदा, छिपा हुआ। [कार में हो, क़ाबिज़।
Oc-cu-pant, *n.* जिसके अधि-
Oc-cu-pa-tion, *n.* कार, पेशा, दख़ल, क़ब्ज़ा।
Oc-cu-py, *v.* दख़ल क०, क़ब्ज़ा क०, काम में लाना।
Oc-cur, *v.* याद आना, होना, आपड़ना। [योग, माजरा।
Oc-cur-rence, *n.* समाचार, सं-
O-cean, *n.* महासागर।
Oc-tave, *n.* आठवां पर्दा या स्वर।
Oc-u-lar, *a.* आंख सम्बन्धी, आंखों का देखा।

Oc-u-l-list, *n.* सयिवा, आंख का वैद्य ।

Odd, *a.* अकेला, अनोखा, निराला, अजीब, फुटकल ।

Odd-ly, *ad.* अजीब तरह से ।

Ode, *n.* गीत, गान ।

O-di-ous, *a.* नागवार, घृणित ।

O-di-um, *n.* घृणा, नफ़रत ।

O-dour, *n.* गंध, बू, बास ।

Of, *pr.* का, के, की, से ।

Off, *ad.* दूर, अलग, से ; *i.* दूर ! *pr.* दूर से ।

Of-fal, *n.* जूठन, बचा कुचा ।

Of-fence, *n.* दुख, अन्याय, जुर्म, अपराध । [अपराध क० ।

Of-fend, *v.* छेड़ना, नाराज़ क०,

Of-fen-sive, *a.* दुखदाई, नागवार ।

Of-fer, *n.* राय, मोल, दाम ; *v.* देना, चढ़ाना, पेश क० । [दान ।

Of-fer-ing, *n.* भेंट, पूजा, बलि-

Of-fice, *n.* दफ़्तर, कचेहरी, अधिकार, कर्म । [सर ।

Of-fi-cer, *n.* ओहदे दार, अफ़-

Of-fi-cial, *n.* जो कि दफ़्तर में हो ; *a.* हाकिमाना ।

Of-fic-i-ate, *v.* एवज़ी क०, दूसरे की जगह काम क० ।

Of-fi-cious, *a.* मेहर्बान दयालु ।

Off-set, *n.* पौधा, शाख, कला ।

Off-spring, *n.* वंश, संतान, औलाद ।

Oft, Often, *ad.* प्रायः, अक्सर बहुधा ।

Oh, *i.* ओह, आह ।

Oil, *n.* तेल ; *v.* तेल लगाना ।

Oil-y, *a.* तेलहा, तेलसा ।

Oint-ment, *n.* मरहम ।

Old, *a.* वृद्ध, बुड्ढा, पुराना ।

Old-en, *a.* पिछिला समय, पुराना ।

O-men, *n.* लक्षण, अच्छे या बुरे फल के चिन्ह ।

Om-in-ous, *a.* अशुभ, कुशकुन ।

O-mis-sion, *n.* भूल, चूक, ग़लती । [लना, चूकना ।

Omit, *v.* छोड़ना, भूलाना, भू-

Om-ni-po-tent, *a.* सर्व शक्तिमान ।

Om-nis-ci-ent, *a.* सर्व व्यापक ।

On, *pr.* पर, ऊपर ; *ad.* आगे ।

Once, *ad.* एकबार, एकदफा, एक समय ।

One, *n.* एक आदमी या चीज़ ; *a.* अकेला, एक, कोई ।

One-ness, *n.* एकाई, इकलापन ।

Only, *a.* अकेला, एकही ; *ad.* केवल, सिर्फ़ ।

On-set, *n.* चढ़ाई, हमला ।

On-ward, *a.* बढ़ा हुआ; *ad.* आगे को।

Ooze, *n.* मुलायम मट्टी, कीचड़; *v.* रसना, टपकना।

Opaque, *a.* मलीन, धुंधला।

O-pen, *a.* खुला हुआ, प्रगट, बेरोक, आम; *v.* खोलना, प्रगट क०। [रम्भ।

O-pen-ing, *n.* छेद, सूराख, आ-

O-pen-ly, *ad.* खुला खुली, साफ़ साफ़।

O-per-ate, *v.* करना, असर क०, कारगर होना, चीड़ना फाड़ना। [चीड़फाड़।

Op-er-a-tion, *n.* काम, काररवाई,

Op-er-a-tive, *n.* कारीगर; *a.* फलदायक, कारगर। [टक्कल।

O-pin-ion, *n.* राय, विचार, अ-

Op-po-nent, *n.* बैरी, दुश्मन।

Op-por-tune, *a.* ठीक, मुनासिब। [मय, ऐनवक्त।

Op-por-tu-ni-ty, *n.* ठीक स-

Op-pose, *v.* विरुद्ध क०, सामना क०। [उल्टा।

Op-po-site, *a.* विरुद्ध, विपरीत,

Op-po-si-tion, *n.* विरोध, रोक।

Op-press, *v.* सताना, दबाना।

Op-pres-sion, *n.* दबाव, सख़्ती, उत्पात।

Op-pres-sor, *n.* उत्पाती, ज़ालिम।

Op-pro-bri-um, *n.* निन्दा, अपमान, बदनामी।

Op-tics, *n.* आंख की विद्या।

Op-tion, *n.* पसन्द, खुशी, मर्ज़ी।

Op-u-lence, *n.* धन दौलत, सम्पत्ति।

Or, *c.* या, वा।

O-ra-tion, *n.* बयान, वाज़।

Or-a-tor, *n.* तरारे के साथ बोलने वाला। [हत।

Or-a-to-ry, *n.* खुशतक़रीरी, फसा-

Orb, *n.* गोला, चक्र, तारा।

Or-bit, *n.* कक्षा, ग्रहों के घूमने का रास्ता। [वृक्षों का बाग़।

Or-chard, *n.* बग़ीचा, फलदार

Or-dain, *v.* ठहराना, मुक़र्रर क०।

Or-de-al, *n.* एक प्रकार की कठिन परीक्षा-जैसे अग्नि या जल वगैरह से की जाती है।

Or-der, *n.* आज्ञा, हुक्म, ढंग, तरतीब; *v.* आज्ञा देना, चलाना, सजाना। [नून।

Or-di-nance, *n.* धर्मशास्त्र, क़ा-

Or-di-na-ry, *a.* साधारण, मामूली, आम।

Ord-nance, *n.* तोपखाना।

Or-dure, *n.* मैला, गोबर, विष्ठा।

Ore, *n.* धातु और उस में मिली हुई चीज़ें। [इन्द्री, अंग।
Or-gan, *n.* अरग़नून बाजा,
Or-gan-ic, *a.* इन्द्री सम्बन्धी।
Or-gan-ize, *v.* तरतीब में रखना, तैयार क०।
O-ri-ent-al, *a.* पूर्वी।
Or-i-fice, *n.* मुंह, छेद, सूराख़।
Or-i-gin, *n.* मूल, जड़, आरम्भ, शुरू। [असिली. पहिला।
O-ri-gi-nal, *n.* जड़, असिल; *a.*
O-ri-gi-nate, *v.* पैदा क०, निकालना, ईजाद क०।
Or-na-ment, *n.* आभूषण, गहना, शृंगार।
Or-ni-thol-o-gy, *n.* पक्षी विद्या।
Or-phan, *n.* अनाथ, यतीम, बे मा बाप।
Or-tho-dox, *a.* सत्य धर्मावलम्बी, कट्टर दीनदार।
Or-thog-ra-phy, *n.* संधि, व्याकरण का वह भाग जो ठीक२ हिज्जे करना बतलाता हो।
Os-ten-si-ble, *a.* प्रत्यक्ष, प्रगट, ज़ाहिर। [खावट, टीमटाम।
Os-ten-ta-tion, *a.* बाहरी दि-
Os-ten-ta-tious, *a.* दिखावटी।
Other, *a.* दूसरा। [तरह।
Other-wise, *ad.* नहीं तो, और
Ought, *n.* कोई चीज़, कुछ; *v.* चाहिये।
Ounce, *n.* आधी छटाक के करीब, तौल विशेष।
Our, *a.* हमारा, हम लोगों का।
Ours, *p.* हमारा। [छीन लेना।
Oust, *v.* निकाल देना, हटा देना,
Out, *ad.* बाहर, घर से बाहर।
Out-cast, *n.* निकाला हुआ, निकम्मा।
Out-do, *v.* (Pt. outdid; Pp. outdone). बढ़जाना, सबक़त लेजाना।
Out-er, *a.* बाहरी। [का।
Out-er-most, *a.* सब से बाहर
Out-fit, *n.* सामान, सजावट, शृंगार।
Out-last, *v.* ज़्यादह ठहरना।
Out-law, *n.* जो कि क़ानून से बाहर हो; *v.* क़ानूनी अधिकार से बाहर क०।
Out-lay, *n.* ख़र्च। [शा, ढांचा।
Out-line, *n.* बाहरी लकीर, नक़्-
Out-post, *n.* शहर या लश्कर से दूरकी चौकी, क़िलेके बाहर की चौकी।
Out-rage, *n.* उपद्रव, बलवा; *v.* दंगा फसाद क०, ज़ियादती क०।

Out-right, *ad.* पूरी तरह से ।

Out-set, *n.* प्रारम्भ, शुरू ।

Out-shine, *v.* फैलना, बढ़ना ।

Out-side, *n.* बाहर, बाहरी हिस्सा।

Out-skirt, *n.* किनारा, हद, शहर के आस पास के गांव। [काया।

Out-stand-ing, *a.* बाक़ी, ब-

Out-ward, *a.* बाहरी, ऊपरी; *ad.* बाहर को। [सने में।

Out-ward-ly, *ad.* ज़ाहिरा, दे-

O-val, *a.* अंडाकार।

O-va-tion, *n.* शाबासी।

Oven, *n.* चूल्हा, तन्नूर।

O-ver, *a.* ऊपरी, पार का; *pr.* ऊपर, आरपार; *ad.* अधिक, ज़्यादा।

O-ver-awe, *v.* डराना, सहमाना।

O-ver-bear-ing, *a.* अहंकारी, ज़ालिम। [अंधेरा क०।

O-ver-cast, *a.* छाना, फैलाना,

O-ver-come, *v.* जीतना, बस में लाना।

O-ver-flow, *n.* तूफ़ान, बाढ़, ज़ियादती; *v.* ऊपर से बह-जाना, उमड़ना। [आंचना।

O-ver-haul, *v.* देखा भाली क०,

O-ver-head, *ad.* ऊपर, सिरपर।

O-ver-lay, *v.* ढकना, लादना।

O-ver-look, *v.* ऊंचे से देखना, ग़ौर न क०, ध्यान न देना, छोड़ जाना।

O-ver-plus, *n.* बढ़ती, बाक़ी।

O-ver-pow-er, *v.* तोड़ना, द-बाना।

O-ver-reach, *v.* बढ़जाना, ऊ-पर चढ़ जाना। [ठहराना।

O-ver-rule, *v.* रद क०, नाजायज़

O-ver-run, *v.* दौड़ मारना, ऊ-पर चढ़ आना, फैलाना। [बान।

O-ver-seer, *n.* दारोगा, निगह

O-ver-sight, *n.* भूल, चूक, ग़-लती। [प्रत्यक्ष।

O-vert, *a.* खुला हुआ, ज़ाहिर,

O-ver-take, *v.* (Pt. over-took, Pp. overtaken). पहुं-च जाना, पकड़ लेना।

O-ver-throw, *n.* हार, ख़राबी।

O-ver-throw, *v.* गिरा देना, ढहा देना, बरबाद क०। [चीज़।

O-ver-ture, *n.* प्रस्ताव, तज-

O-ver-turn, *v.* औंधाना, उल-टना, गिराना, पछाड़ना।

O-ver-ween-ing, *a.* स्वार्थी, ख़ुद पसन्द। [दबाना, डुबोना।

O-ver-whelm, *v.* कुचल डालना,

Owe, *v.* धराना, चाहना, एहसान मन्द होना।

Ow-ing, *a.* धराता हुआ, क़र्ज़दार,

इस कारण से ।

Own, *a.* अपना, साथ; *v.* अपनाना, अंगीकार क०, मान लेना । [शर, वारिस ।

Own-er, *n.* धनी, मालिक, हक़-

Ox, *n.* बैल । [है ।

Ox-y-gen, *n.* हवा जो ज़िन्दा रखती

Oys-ter, *n.* सीप का कीड़ा ।

P.

Pace, *n.* चाल; क़दम, *v.* चलना, पांव से नापना । [कराने वाला ।

Pac-i-fic, *a.* शांत, स्थिर, मेल

Pa-ci-fy, *v.* ठंडा क०, स्थिर क०, शांति क० ।

Pack, *n.* बोझ, गट्ठा; *v.* गट्ठर बांधना, पुलिन्दा बांधना । [वाई ।

Pack-age, *n.* गठरी, बंधवाई, लद-

Pack-et, *n.* पुलिन्दा, पोटली, डोंगी ।

Pact, *n.* नियम, शर्त ।

Pad, *n.* गद्दा ।

Pad-ding, *n.* भराव, तह, पेच ।

Pad-dle, *v.* डांड़ चलाना, खेवना ।

Pad-dock, *n.* एक छोटा घेरा या हाता ।

Pad-lock, *n.* एक प्रकार का ताला ।

Pag-an, *n.* प्रतिमा पूजक, बुत परस्त । [परस्ती ।

Pa-gan-ism, *n.* मूर्त्ति पूजा, बुत-

Page, *n.* लौंडा, लड़का, पृष्ठ, सफ़ा; *v.* पृष्ठ पर अंक डालना ।

Pa-geant, *n.* तमाशा, भड़क ।

Pail, *n.* कठौती, डोल ।

Pain, *n.* पीड़ा, दर्द, संताप; *v.* दुख देना, दिल दुखाना ।

Paint, *n.* रंग; *v.* रंगना ।

Paint-ing, *n.* चित्रकारी, रंगसाज़ी, चित्र, तस्वीर । [मिलाना ।

Pair, *n.* जोड़ा; *v.* जोड़ा लगाना,

Pal-ace, *n.* राज भवन, महल ।

Pal-at-a-ble, *a.* स्वादिष्ट, मज़ेदार ।

Pal-ate, *n.* तालु, स्वाद, ज़ायक़ा ।

Pale, *n.* खूंटा, मेख; *a.* धुंधला, पीला, धीमा, हलका ।

Pal-ing, *n.* कठेहरा ।

Pall, *n.* कफ़न, मुर्दे के ऊपर की चादर; *v.* स्वाद रहित होना ।

Pal-let, *n.* रंगीन मेज़, संथरी, गरीबामऊ बिछौना ।

Pal'li-ate, *v.* कम क०, घटाना ।

Pal-lid, *a.* पीला, फीका, धुंधला ।

Palm, *n.* खजूर, ताड़, हथेली, गदोरी; *v.* अंटी मारना, गले मढ़ना, धोखा देना ।

Palm-y, *a.* खजूर के वृक्षों या फलों सा भरा हुआ, हराभरा, बढ़ती पर । [लायक़, ज़ाहिर ।

Pal-pa-ble, *a.* मालूम करने के

Pal-pi-tate, *v.* धड़कना, उछ-
लना, कूदना । [घात ।

Pal-sy, *n.* झोला, लकवा, पच्छा-

Pal-ter, *v.* हीला क०, टाल मं-
टोल क० । [कमीना ।

Pal-try, *n.* निकम्मा, नकारा,

Pam-per, *v.* खूब पेट भर देना,
छका देना । [नाव ।

Pam-phlet, *n.* एक छोटी कि-

Pan, *n.* कड़ाही, तसला ।

Pan-der, *v.* कुटना पन क०,
भड़ुवापन क० । [परकाल ।

Pane, *n.* शीशे का चौकोर टुकड़ा,

Pan-e-gy-ric, *n.* स्तुति, तारीफ़ ।

Pan-el, *n.* तस्वीर की चौखट,
जूरी के लोगों की फेहरिस्त ;
v. चौखट लगाना । [दर्द ।

Pang, *n.* कठिन पीड़ा या दुख,

Pan-ic, *n.* अकस्मात भय, डर,
नागहानी ।

Pannier, *n.* घोड़े पर लादने
के लिये डलिया या टोकरी,
गंडिया ।

Pant, *v.* हांफना, सांस फूलना,
जी से चाहना, छटपटाना ।

Pan-try, *n.* भंडारा, भंडार घर ।

Pap, *n.* चूची, स्तन की ढुड्डी,
रोटी का गूदा ।

Pa-pa, *n.* पिताजी, बाबाजी ।

Pa-pal, *a.* सर्दार पादरी के मुता-
लिक़ ।

Pa-per, *n.* काग़ज़ ; *a.* काग़ज़
का ; *v.* काग़ज़ लगाना या
चढ़ाना । [मतानुआई ।

Pa-pist, *n.* रूम के पादरीयों का

Par-a-ble, *n.* दृष्टान्त, मिसाल,
मज़ीर ।

Pa-rade, *n.* दिखावा, परेडबन्दी,
फौज की तैयारी ; *v.* इकट्ठा
होना, दिखलाना ।

Par-a-dise, *n.* स्वर्ग, बैकुंठ ।

Par-a-dox, *n.* वह बात जो कि
असलियत में सच हो पर दे-
खने में साफ झूठी मालुम प-
ड़ती हो । [साल, नमूना ।

Par-a-gon, *n.* मुख्य उपमा, मि-

Par-a-graph, *n.* परिच्छेद, प्र-
करण ।

Par-al-lel, *n.* समानांतर रेखा, रेखा
जो लगातार एक दूसरे से बराबर
दूरीपर हों, समानान्तर, आस
पास और बराबर दूरी पर ।

Par-al-y-sis, *n.* लकवा, झोला ।

Par-al-yze, *v.* लकवा मारना,
बेकाम क० । [सब का सर्दार ।

Par-a-mount, *a.* सब के ऊपर,

Par-a-mour, *n.* यार, आशना,
माशूक ।

Par-a-pet, *n.* दीवार जो छाती भर ऊंची हो।

Par-a-phrase, *n.* अनुवाद, व्याख्या, टीका ; *v.* सविस्तार व्याख्या क०, अनुवाद क०।

Par-a-sol, *n.* छतरी, छोटा छाता।

Par-boil, *v.* थोड़ा उबालना।

Par-cel, *n.* पुलिन्दा, पोटली, हिस्सा, टुकड़ा।

Parch, *v.* सुखाना, सेकना, भूनना।

Parch-ment, *n.* बकरी की खाल जो कमा कर लिखने के लायक़ बनाई गई हो।

Par-don, *n.* माफी, क्षमा ; *v.* क्षमा क०, माफ क०।

Pare, *v.* काटना, छाटना, छालना।

Pa-rent, *n.* माता या पिता।

Pa-ren-tage, *n.* कुल, पैदायश, खान्दान।

Pa-rent-al, *a.* माता पिता के सदृश, खान्दानी।

Pa-ren-the-sis, *n.* उप वाक्य जो ( ) ऐसे दो लकीरों के बीच में हो।

Par-ing, *n.* काटन, छीलन, छांटन।

Par-ish, *n.* पादरी का इलाक़ा, पाड़ा, टोला महल्ला।

Pa-rish-ion-er, *n.* मुहल्ले या टोले का रहने वाला।

Pa-ri-ty, *n.* समता, बराबरी।

Park, *n.* चारों तरफ़ से घेरा हुआ घास का मैदान।

Par-lance, *n.* मामूली बातचीत।

Par-ley, *n.* बातचीत, मेल मिलाप के सम्बन्ध की बातचीत।

Parliament, *n.* क़ानून बनाने वालों की सब से बड़ी सभा।

Parlour, *n.* बैठक, मिलने का कमरा।

Pa-ro-chi-al, *a.* मुहल्ला या पेरिश के सम्बन्धी।

Pa-role, *n.* इक़रार, शर्त।

Par-ox-ysm, *n.* रोग का दौरा, चढ़ाव या पारी।

Par-ri-cide, *n.* पितृहत्या, पितृघात, पिता या माता का मार डालने वाला।

Par-ry, *v.* रोकना, टालना, दूर क०।

Par-si-mon-y, *n.* कमखर्ची, किफायत।

Par-son, *n.* पादरी।

Par-son-age, *n.* पादरी का मकान।

Part, *n.* अंश, हिस्सा, अंग, तरफ, पक्ष ; *v.* बांटना, भाग देना, जुदा२ क०।

Par-take, *n.* शामिल होना, हिस्सा लेना।

Par-tial, *a.* थोड़ा, कुछ, पक्षपाती।

Par-tic-i-pate, *v.* शरीक होना, शामिल होना, भाग लेना।
Par-ti-cip-le, *n.* प्रत्यय। [खास।
Par-tic-u-lar, *a* सही, ठीक,
Par-ting, *n.* जुदाई, अलाहिदगी।
Par-ti-san, *n.* शामिल, शरीक।
Par-ti-tion, *n.* बंटवारा, भाग, तक़सीम। [किसी क़दर।
Part-ly, *ad.* कुछ, थोड़ा सा,
Part-ner, *n.* साझी, हिस्सेदार, पट्टीदार। [राकत।
Part-ner-ship, *n.* साझा, शि-
Par-ty, *n.* मंडली, गुट, जमात, झुंड, पक्ष, जन।
Pass, *n.* घाटी, बिना रोक टोंक के आने का पर्वाना; *v.* आगे बढ़ना या जाना, क़ायम क०, जारी क०। [सड़क।
Pass-age, *n.* चाल, धावा, राह,
Pass-en-ger, *n.* राही, मुसाफ़िर।
Pass-ing, *n.* पास से जाना या गुज़रना; *a.* बहुत उम्दा।
Pas-sion, *n.* सब्र, क्रोध, चाहना, प्रीति, काम।
Pas-sion-ate, *a.* क्रोधी, कामी।
Pass-ive, *a.* बे रोक, सुस्त।
Past, *n.* भूत काल; *a.* भूत, पिछला, गुज़रा; *pr.* पर, परे, दूर।
Paste, *n.* लेई; *v.* लेई लगाकर चिपकाना।
Paste-board, *n.* दफ़्ती, पट्ठा।
Pas-tern, *n.* घोड़े के खुर के ऊपर की गांठ, घोड़े का गुड्डा।
Pas-time, *n.* खेल, तमाशा।
Pas-tor, *n.* चरवाहा, गुरु, उपाध्याय।
Pas-tor-al, *n.* चरवाहों की गीत, छोटे पादरी के नाम बड़े पादरी की चिट्ठी; *a.* चरवाहों का।
Pas-try, *n.* मठरी, समोसा, कचौड़ी। [राना।
Pas-ture, *n.* चरागाह; *v.* च-
Pas-ty, *n.* पाई; *a.* गुंधा आटा सा, लेईसा, चिपचिपा।
Pat, *n.* थपकी, हलका तमाचा; *v.* थपथपाना, तमाचा मारना।
Patch, *n.* चकती, पेवन्द; *v.* पेवन्द लगाना, मरम्मत क०।
Pa-tent, *n.* वह सनद जिस से एक खास अधिकार मिलता है; *a.* प्रत्यक्ष, ज़ाहिर, रजिस्टरी कराई हुई। [रखने वाला।
Pa-ten-tee, *n.* खास अधिकार
Pa-ter-nal, *a.* बपौती, मौरूसी।
Path, *n.* राह, बाट, पगडंडी।
Pa-thet-ic, *a.* करुणा जनक, दिल पर असर करने वाली।

Pa-thos, *n.* जोश, असर।
Pa-tience, *n.* संतोष, सब्र।
Pa-tient, *n.* रोगी, मरीज़; *a.* धीर, संतोषी। [बड़ा, बूढ़ा।
Pa-tri-arch, *n.* घर का मालिक,
Pat-ri-mon-y, *n.* मौरूसी रियासत, बपौती। [देश हितैषी।
Pat-ri-ot, *n.* स्वदेशानुरागी, स्व-
Pa-tri-ot-ism, *n.* स्वदेशानुराग।
Pa-trol, *n.* पहरुआ, गश्त करने वाला; *v.* गश्त क०, घूमना।
Pa-tron, *n.* सहायक, पालक।
Pa-tron-age, *n.* सहायता, मदद, कृपा, मिहरबानी। [मदद क०।
Pat-ron-ize, *v.* सहायता क०,
Pat-ter, *v.* पटपटाना, पड़पड़ाना।
Pat-tern, *n.* नमूना, बानगी, सांचा।
Pat-ty, *n.* छोटी पाई।
Paunch, *n.* पेट, आंत्र। [हंताज।
Pau-per, *n.* भिक्षुक, कंगाल, मो-
Pause, *n.* ठहराव, विश्राम; *v.* ठहरना, विश्राम क०।
Pave, *v.* फर्श बन्दी क०, पाटना, पत्थर लगाना।
Pave-ment, *n.* फर्श, चबूतरा।
Paw, *n.* पंजा, चंगुल; *v.* पंजा मारना।
Pawn, *n.* गिरौ, बन्धक; *v.* गिरौ रखना, ज़मानत के तौर पर रखना। [वाला, महाजन।
Pawn-bro-ker, *n.* गिरौ रखने
Pay, *n.* तलब, तनख्वाह, मज़दूरी; *v.* (Pt. and Pp. paid.) देना, भरना क०।
Pay-a-ble, *a.* देनेयोग्य।
Pay-ment, *n.* चुकौता, देना।
Peace, *n.* शांति, अमन, चैन, सुलह
Peace-ful, *a.* शांत, धीर, बेफसाद।
Peak, *n.* चोटी, नोक, सिरा।
Peal, *n.* घंटों के टनटनाने की आवाज़।
Peas-ant, *n.* देहाती, गंवार।
Peat, *n.* एक प्रकार की घास जो सुखा कर जलाने के काम में आती है।
Peb-ble, *n.* कंकड़।
Peck, *n.* परिमाण विशेष, बुशल का चौथाई; *v.* चोंच मारना।
Pec-u-late, *v.* उड़ाना, चोराना, गबन क०। [निराला, अजीब।
Pe-cu-li-ar, *a.* निजका, खास,
Pe-cu-ni-a-ry, *a.* रुपये पैसे का। [साती।
Ped-dler, *n.* फेरी वाला, वि-
Ped-dle, *v.* फेरी लगाकर बेंचना, फेरी लगाना, खोंचा लगाना।

Ped-es-tal, *n.* खम्भे की कुर्सी, चौकी।
Pe-des-tri-an, *n.* पैदल, खूब चलने वाला; *a.* पैदल। [नसल।
Ped-i-gree, *n.* वंशावली, पीढ़ी.
Peel, *n.* छिल्का; *v.* छिल्का उतारना, छीलना।
Peep, *n.* झांकी, ताक; *v.* झांकना, ताकना, चींचीं क०।
Peer, *n.* हमजोली, बराबर का, अमीर, शरीफ; *v.* झांकना, गौर से देखना। [अमीर लोग।
Peer-age, *n.* कुलीनता, अमीरी,
Peer-less, *a.* बेजोड़, बेमिसाल।
Peev-ish, *a.* चिड़ चिड़हा, तुनक मिज़ाज। [बांधना।
Peg, *n.* खूंटा, मेख; *v.* खूंटे में
Pelf, *n.* द्रव्य, रुपिया पैसा।
Pel-let, *n.* गोली। [तरतीब।
Pell-mell, *ad.* तितर बितर, बे
Pelt, *n.* रोंवा दार या कच्ची खाल; *v.* फेंक कर मारना, फेंकना।
Pelt-ry, *n.* खाल, कच्चा चाम।
Pen, *n.* लेखनी, कलम, घेरा, बाड़ा; *v.* घेरना, बन्द क०।
Pe-nal, *a.* दंड देने वाला, दंडनीय, दंड योग, सज़ा के लायक़।
Pen-al-ty, *n.* दंड, ताड़ना, सज़ा।
Pen-ance, *n.* तपस्या, प्रायश्चित।
Pen-cil, *n.* सीसे या सुर्मे की कलम, नक़्शा खींचने की कलम या कूंची।
Pen-dant, *n.* करनफूल, झुमका, लटकन, लंगर, पताका।
Pen-dent, *a.* लटकता हुआ, बाहर को निकला हुआ।
Pend-ing, *a.* बीच, दुबधा; *ad.* बीच में।
Pen-e-trate, *v.* छेदना, सालना, घुसना, चुभना।
Pen-e-tra-tion, *n.* पैठ, रसाई, बुद्धि की तीव्रता।
Pen-in-su-la, *n.* प्रायद्वीप।
Pen-i-tence, *n.* पश्चात्ताप, पछतावा, तोबा।
Pen-i-tent, *n.* जो पछतावे या तोबा करे; *a.* पश्चात्तापी, पछताने या तोबा करने वाला।
Pen-i-ten-tiary, *n.* जेल खाना, क़ैद खाना। [खाई।
Pen-man-ship, *n.* लेख, लि-
Pen-nant, *n.* झंडा, छोटा पताका। [का बारहवां हिस्सा।
Pen-ny, *n.* मुद्रा विशेष, शिलिंग
Pen-ni-less, *a.* निर्धन, गरीब, कंगाल।
Pen-sion, *n.* सालाना या माह-

वारी वज़ीफा या इंगलिस ; *v.* इंगलिस देना ।
Pen-sive, *a.* फिकर मन्द, उदास ।
Pen-u-rious, *a.* कंजूस, सूम, खसीस । [मोहताजी ।
Pen-u-ry, *n.* गरीबी, कंगाली,
Peo-ple, *n.* लोग, बाशिन्दे, प्रजा-गण ; *v.* बसाना, आबाद क० ।
Per-ad-ven-ture, *ad.* कदा-चित, शायत ।[मना, सैर क० ।
Per-am-bu-late, *v.* फिरना, घू-
Per-am-bu-la-tor, *n.* बच्चों की गाड़ी, घूमने फिरने वाला ।
Per-ceive, *v.* इन्द्रियों के द्वारा मालूम क०, जानना, समझना, बूझना ।
Per-cent-age, *n.* सैकड़ा पीछे जो दस्तूरी आढ़त या दलाली मिलती है । [तमीज़ ।
Per-cep-tion, *n.* समझ, ख्याल,
Perch, *n.* एक प्रकार की मछली, अड्डा, डंडा, साढ़े पांच गज़ की जरीब, गट्ठा; *v.* बैठना, उतरना । [वत, संयोगवस ।
Per-chance, *ad.* कदाचित्, शा-
Per-di-tion, *n.* सत्यानाश, प्रलय, बरबादी, तबाही ।
Per-emp-tory, *a.* निश्चय, कतई ।
Per-en-ni-al, *n.* वह पौधा जो दो बरस से ज़ियादा ठहरे; *a.* दा-यमी, बारह मासी, दो बरस से ज़ियादा ठहरने वाला ।
Per-fect, *a.* पूरा, कामिल, ठीक; *v.* पूरा क० ।
Per-fec-tion, *n.* सिद्धि, प्रवीण-ता, पूरापन, पुख्तगी । [तौर से ।
Per-fect-ly, *ad.* बिलकुल, पूरे
Per-fid-i-ous, *a.* अधर्मी, झूठा, बेईमान, दग़ाबाज़ ।
Per-fi-dy, *n.* बिश्वास घात, छल, कपट, दग़ा बाज़ी ।[सूराख क० ।
Per-fo-rate, *v.* छेदना, बेधना,
Per-form, *v.* करना, बजाना, पूरा क० । [पूरापन, स्वांग ।
Per-form-ance, *n.* काम, काज,
Per-form-er, *n.* कर्तव्वी, करने वाला, पात्र, नक्काल ।
Per-fume, *v.* सुगंधित क०, बा-सना, महकाना । [खुशबू ।
Per-fume, *n.* सुगंधि, महक,
Per-haps, *ad.* कदाचित, शायद ।
Per.il, *n.* डर, अंदेशा, ख़ौफ़; *v.* आफ़त या ख़तरे में डालना ।
Per-il-ous, *a.* ख़तरनाक, ख़ौफ़ नाक ।[अन्त, बिश्राम चिन्ह (.)
Pe-ri-od, *n.* काल, समय, अर्सा,
Pe-ri-od-i-cal, *n.* वह किताब या अख़बार जो कि एक नि-

यमित समय पर निकला करता हो; *a.* समयिक ।

Per-ish, *v.* नष्ट होना, मिटजाना, मट्टी में मिल जाना, मरजाना ।

Per-ish-a-ble, *a.* विनाशी, नष्ट होने योग । [झूठी साक्षी देना ।

Per-jure, *v.* झूठी क़सम खाना,

Per-ju-ry, *n.* झूठी क़सम, झूठी साक्षी । [क़िल ।

Per-ma-nent, *a.* टिकाऊ, मुस्त-

Per-mis-sion, *n.* आज्ञा, परवानगी, इजाज़त ।

Per-mis-sive, *a.* इजाज़त देह, स्वतंत्रता देने वाली । [देना ।

Per-mit, *v.* छुट्टी देना, इजाज़त

Per-mit, *n.* परवाना । [बुरा ।

Per-ni-cious, *a.* नाशक, घातक,

Per-pen-dic-u-lar, *a.* सीधा, खड़ा, लम्ब ।

Per-pe-trate, *v.* करना, हरकत क॰, गुनाह क॰ । [शाका ।

Per-pet-u-al, *a.* दायमी, हमे-

Per-pet-u-ate, *v.* क़ायम रखना, जारी रखना । [ना, हैरान क॰ ।

Per-plex, *v.* उलझाना, घबड़ा-

Per-plex-ing, *a.* घबड़ाते हुये, हैरान करते हुये । [नी, परेशानी ।

Per-plex-i-ty, *n.* घबड़ाहट, हैरा-

Per-se-cute, *v.* सताना, तंग क॰, पीछे पड़ना ।

Per-se-ver-ance, *n.* धीर्य, गम्भीरता, साबित क़दमी ।

Per-se-vere, *v.* जारी रखना, क़ायम रखना, निबाहना ।

Per-sist, *v.* हठ क॰, अड़ना, जमे रहना । [व्य, आदमी, जन ।

Per-son, *n.* भेस, रूप, देह, मनु-

Per-son-al, *a.* निजका, अपना, खास, शारीरिक, ज़ाती ।

Per-son-ate, *v.* भेस बदलना, रूप बनाना, अपने को दूसरा ज़ाहिर क॰ ।

Per-spect-ive, *n.* चित्र खींचने की विद्या जिस से जैसा दिखलाई पड़े वैसाही चित्र खींचा जावे ।

Per-spic-u-ous, *a.* स्पष्ट, ज़ाहिर, साफ़२, खुला हुआ । [सेव ।

Per-spi-ra-tion, *n.* पसीना, प-

Per-spire, *v.* पसीजना, पसीना आना । [ठना, मायल क॰ ।

Per-suade, *v.* बहकाना, उभा-

Pert, *a.* चालाक, ढीठ, गुस्ताख़ ।

Per-tain, *v.* सम्बन्ध रखना, इलाक़ा रखना, सरोकार रखना ।

Per-ti-nac-i-ty, *n.* हठ, ज़िद, साबित क़दमी । [माक़ूल ।

Per-ti-nent, *a.* ठीक, वाजिब,

Per-tur-ba-tion, *n.* घबड़ाहट, खटका, बेचैनी। [या बांधना।
Peruse, *v.* ध्यान दे कर पढ़ना
Per-vade, *v.* घुस जाना, दौड़ जाना, सब जगह फैल जाना।
Per-verse, *a.* हठी, ज़िद्दी, चिड़ चिड़हा। [राबी।
Per-ver-sion, *n.* बिगाड़, ख-
Per-vert, *v.* बिगाड़ना, खराब क०, बरगलाना।
Pest, *n.* मरी, वबा, आफत, बला।
Pes-ter, *v.* सताना, दुख देना, दिक क०। [तिही बीमारी।
Pes-ti-lence, *n.* वबा, मरी, छु-
Pes-ti-lent, *a.* दुखदाई, बुरी।
Pes-tle, *n.* चूरण क०, बुकनी क०, घोटना। [*v.* प्यार क०।
Pet, *n.* प्रांस, प्यारा, लाड़िला;
Pet-al, *n.* फूल की पखुरी या पत्ती।
Pe-ti-tion, *n.* प्रार्थना, प्रार्थना पत्र, अर्ज़ी; *v.* प्रार्थना क०, बिनती क०।
Pet-ri-fy, *v.* पत्थर सा कड़ा होना या करना।
Pe-tro-leum, *n.* पत्थर का प- सेव, मट्टी का तेल। [साया।
Pet-ti-coat, *n.* लहंगा, घांघरा,
Pet-tish, *a.* चिड़ चिड़हा, तु- नक मिज़ाज। [नाचीज़।
Pet-ty, *a.* छोटा, अदना, तुच्छ,
Pet-u-lant, *a.* झक्की, चिड़ चि- ड़हा। [के लिये घेरी हुई जगह।
Pew, *n.* गिरजा में अलग २ बैठने
Pew-ter, *n.* जस्ता, टीन और सीसा का मेल।
Phan-tom, *n.* भूत, प्रेत।
Phase, *n.* सूरत, हालत, गति।
Phe-nom-e-non, *n.* कोई ची- ज़ जो कि दुनिया में अद्भुत और अजीब हो।
Phi-al, *n.* शीशी।
Phi-lan-thro-py, *n.* परोपकार, सब लोगों में प्रीति।
Philology, *n.* शब्द बोध विद्या, व्याकरण सम्बन्धी।
Phil-os-o-pher, *n.* दर्शन का जानने वाला, पंडित, ज्ञानी, तत्ववादी। [शास्त्र।
Phil-os-o-phy, *n.* दर्शन, तत्व
Phlegm, *n.* खंखार, कफ, बलग़म।
Pho-net-ic, *a.* स्वर सम्बन्धी।
Pho-to-graph, *n.* परछाईं के द्वारा खींची हुई तस्वीर।
Phrase, *n.* वाक्य, फिक़्रा।
Phra-se-ol-o-gy, *n.* वाक्य प्रब- न्ध या रचना, मुहावरा, बोलने का तर्ज़।

Phys-ic, *n.* चिकित्सा, औषध, दवा; *v.* चिकित्सा क०, दवा देना, उपाय क० ।

Phys-i-cal, *a.* प्राकृतिक, वास्तविक, साऽकार, स्थूल, जड़ ।

Phy-si-cian, *n.* वैद्य, चिकित्सक, हकीम ।

Phys-ics, *n.* पदार्थ विज्ञान शास्त्र, [इल्म तबई ।

Phys-i-ol-o-gy, *n.* पशु सम्बन्धी विद्या ।

Pi-a-no, *n.* एक प्रकार का बाजा ।

Pick, *v.* चुनना, तोड़ना, जमा क० ।

Picked, *a.* चुना हुआ, जमा किया हुआ ।

Pick-et, *n.* पहरा, कठेहरा, खूंटा; *v.* चारों ओर खूंटा गाड़कर घेरना ।

Pick-le, *n.* अंचार, कांजी का पानी; *v.* नमक में या सिरके में अचार डालना । [मन्डी मंडली ।

Pic-nic, *n.* खुशी की जमात, आ-

Pic-to-ri-al, *a.* चित्रों सहित, मय तस्वीरों के ।

Pic-ture, *n.* चित्र, चित्रकारी, तस्वीर; *v.* चित्र खींचना, खयाल क०, अनुमान क० ।

Picturesque, *a.* तस्वीर सरीखी, मनोहर, सुन्दर ।

Pie, *n.* समोसा, कचौड़ी का गूझा, अधेला, एक प्रकार की पक्षी । [पेवन्द या जोड़ लगाना ।

Piece, *n.* टुकड़ा, हिस्सा; *v.*

Piece-meal, *ad.* थोड़ा थोड़ा, टुकड़ा २, चूर २ ।

Pier, *n.* गोल सितून, पुल का खम्भा, पृथ्वी का वह भाग जो समुन्दर में घुसा हुआ हो, घाट ।

Pierce, *v.* छेदना, घुसना, घुसेड़ना । [रता हुआ ।

Pierc-ing, *a.* चोखा, तेज़, छे-

Pi-e-ty, *n.* सभ्यता, ईश्वर की भक्ति या सेवा, सांस्त मन्दी ।

Pig, *n.* सुअर का बच्चा, घेंटा, छौना । [प्रकार की मछली ।

Pike, *n.* भाला, बरछी, कांटा, एक

Pile, *n.* ढेर, भण्डार, मकान, इमारतें, खम्भा ।

Pil-fer, *v.* चोराना, चोरी क० ।

Pil-grim, *n.* यात्री, मुसाफिर ।

Pil-grim-age, *n.* तीर्थ यात्रा, मुसाफिरत

Pill, *n.* गोली ।

Pil-lage, *n.* लूट, लूटमार; *v.* लूटना, छीनना खोसना ।

Pil-lar, *n.* खंभा, थांभ, टेक ।

Pil-low, *n.* तकिया; *v.* तकिया लगाना या तकिया पर टेकना ।

Pi-lot, *n.* मांझी, पतवार पर रहने

वाला; v. जहाज़ चलाना, रहनुमाई क०। [हासा।

Pim-ple, n. फुंसी, फोड़िया, मुं-

Pin, n. आलपीन, कील; v. टांकना, नत्थी क०, सुई लगाना।

Pinch, n. or v. चुटकी काटना, दुख देना। [सूखना।

Pine, n. वृक्ष विशेष; v. मुरझाना,

Pin-i-on, n. पंख, पर, बाल, छोटे दांतों की पहिया, हथकड़ी; v. हथकड़ी डालना।

Pink, n. एक प्रकार का गुलाबी रंग का फूल, लाल रंग।

Pin-nace, n. एक प्रकार की छोटी नाव।

Pin-na-cle, n. पहाड़ की छोटी चोटी, छोटा कंगूरा।

Pint, n. डेढ़ पाव के क़रीब की माप, अद्धा बोतल।

Pi-o-neer, n. अग्र गामी, वह जो दूसरों को रास्ता बतलाता हुआ या दूसरों के लिये रास्ता साफ करता हुआ चलता है।

Pi-ous, a. धर्मिष्ट, व्रती, पाक, दीनदार।

Pip, n. सेब का बीज, चित्ती, पक्षियों का एक प्रकार का रोग। [नली, मोरी, पीपा।

Pipe, n. बांसुरी, शहनाई, नल,

Pi-per, n. बांसुरी या शहनाई बजाने वाला।

Pip-kin, n. हंड़िया।

Piquancy, n. तेज़ी, चरपराहट।

Pi-quant, a. चरपरा, कड़ुआ, तेज़।

Pi-que, n. खफगी, नाराज़गी, रंजिश; v. नाराज़ क०, गुस्सा दिलाना।

Pi-ra-cy, n. समुन्द्री डकैती।

Pirate, n. समुन्द्री डाकू।

Pis-tol, n. तमंचा, पिस्तौल।

Pis-ton, n. पिचकारी की डंडी।

Pit, n. गढ़ा, गड्ढा; v. गढ़ा क०, छेद क०, दागी क०, भिड़ना।

Pitch, n. राल, धूना, ऊंचाई, चोटी; v. राल लगाना, धूना लगाना, उठना और गिरना, फेंकना। [झटका।

Pitch-er, n. घड़ा, डेलिया,

Pitch-fork, n. पंजा, पांचा, जंघा।

Pit-e-ous, a. दुखी, रंजीदा, दया के योग्य, रहम के लायक़।

Pith, n. पौधों के बीच का गूदा, किसी चीज़ का सार या सत्त।

Pith-y, a. गूदेदार, ज़ोरदार, बलीन।

Pit-i-ful, a. दुखी, दया के योग्य, रहम के लायक़।

Pit-tance, *n.* भत्ता, भाग, वज़ीफा।

Pit-y, *n.* दया, करुणा, रहम; *v.* करुणा, दया, या रहम क०।

Piv-ot, *n.* कील जिस पर चीज़ें घूमती हैं। [माफ करने वाला।

Pla-ca-ble, *a.* क्षमावान, जल्द

Plac-ard, *n.* विज्ञापन, इश्तिहार।

Place, *n.* स्थान, ठौर, जगह, गुंजाइश, दर्जा, पदवी; *v.* रखना, बैठाना, जमाना। [शालु।

Pla-cid, *a.* गम्भीर, कोमल, द-

Plague, *n.* मरी, वबा, आपत्ति, विपत्ति; *v.* सताना, दुख देना। [रंग बरंग का।

Plaid, *n.* कम्बा, ऊनी शाल; *a.*

Plain, *n.* चौरस मैदान; *a.* चौरस, बराबर, साफ, स्पष्ट, घरेलू। [ता, सफाई।

Plain-ness, *n.* बराबरी, स्वच्छ-

Plaint, *n.* फरियाद, शिकायत, दोहाई। [नालिश करने वाला।

Plaint-iff, *n.* फरियादी, मुद्दई,

Plaint-ive, *a.* दिल में चुभता हुआ।

Plait, *n.* उत्तू, चुनन; *v.* तह क०, चुनना, शिकन डालना, उत्तू क०।

Plan, *n.* उपाय, ढब, नक्शा, ढांचा; *v.* उपाय क०, तदबीर क०, नक्शा बनाना।

Plane, *n.* रंदा, खेत; *a.* बराबर, चौरस; *v.* चिकना क०, रंदा फेरना।

Plan-et, *n.* ग्रह, तारा। [पटरा।

Plank, *n.* मोटा तख्ता, सख्ता,

Plant, *n.* पौधा, वृक्ष, पेड़, अंकुर; *v.* पेड़ लगाना, बोना, गाड़ना, जमाना। [हुवे वृक्ष।

Plan-ta-tion, *n.* बाग, लगाये

Plas-ter, *n.* अस्तर, छोपन, गोबरी; *v.* अस्तरकारी क०, मट्टी लगाना।

Plat, *n.* थोड़ी सी ज़मीन।

Plate, *n.* थाली, पत्तर, रकाबी; *v.* पत्तर चढ़ाना, पीटकर वरक़ बनाना।

Plat-ter, *n.* परात, थाली, कठौती।

Plau-dit, *n.* वाह वाह, शाबाशी, तारीफ। [खुशनुमा।

Plau-si-ble, *a.* देखने में सुन्दर,

Play, *n.* लीला, खेल, स्वांग, नाटक; *v.* खेलना कूदना।

Play-ful, *a.* चंचल, खेलाड़ी, खुश मिज़ाज। [चीज़।

Play-thing, *n.* खेलौना, खेल की

Plea, *n.* मुक़द्दमा, बहाना, हुज्जत।

Plead, *v.* वादविवाद क०, बहस क०, हुज्जत क०।

Pleas-ant, *a.* रुचि के अनुसार, सुहावना, पसन्दीदह।

Please, *v.* खुश क०, मोहना, राज़ी क०। [खुशी।

Pleas-ure, *n.* आनन्द, ऐश,

Pledge, *n.* बंधक, आकड़, रेहन, शर्त; *v.* गिरो रखना, इक़रार क०। [काफी।

Plen-te-ous, *a.* बहुत, पूरा,

Plen-ti-ful, *a.* बहुत, ज़्यादा।

Plen-ty, *n.* बहुमान, ज़ियादती।

Pli-a-ble, *a.* लचदार, नरम, मुलायम।

Pli-ant, *a.* कोमल, लचीला।

Pli-ers, *n.* संसी, चिमटी।

Plight, *n.* ज़मानत, दशा, हालत; *v.* गिरो रखना।

Plod, *v.* आहिस्ता२ और मुस्तैदी के साथ आगे बढ़ना।

Plot, *n.* छल, दगा, बंदिश, खेत; *v.* बंदिश क०, छल क०, साज़िश करना।

Plough, *n.* हल, हर; *v.* हल चलाना, जोतना।

Pluck, *n.* हिम्मत, साहस; *v.* तोड़ना, खुटकना, खींचना, नोचना।

Plugh, *n.* डाट, टेंटी; *v.* डाट लगाना, मुंह बन्द क०।

Plum, *n.* बेर, आलू बुखारा।

Plu-mage, *n.* पंख, पर।

Plumb, *n.* साहुल; *a.* सीधा खड़ा, साधा हुआ।

Plumb-er, *n.* सीसे का काम करने वाला।

Plume, *n.* पर, कलंगी, तुर्रा।

Plum-met, *n.* साहुल, थाह लेने का लंगर, सीसे की सलाई।

Plump, *a.* मोटा, गुदगुदा, सरासर।

Plump-ness, *n.* मोटाई, तैयारी।

Plun-der, *n.* लूट का माल, लूट; *v.* लूटना, ज़बरदस्ती छीन लेना।

Plunge, *n.* गोता, डुबकी; *v.* डुबकी मारना, डुबोना।

Plu-ral, *a.* बहुवचन।

Plush, *n.* एक प्रकार का रोंवादार कपड़ा।

Ply, *n.* मोड़, तह, शिकन; *v.* (Pt. and Pp. plied.) मिहनत क०, काम क०।

Poach, *v.* तलना, शिकार चोरा लेजाना। [चोराने वाला।

Poach-er, *n.* शिकार के जानवर

Pock, *n.* फुंसी, छाला, आबला।

Pocket, *n.* जेब; *v.* जेब में रखना।

Pod, *n.* छीमी, फली।

Poem, *n.* पद्य, काव्य, नज़्म।

Po-es-y, *n.* कविता, काव्य, रचना, शायरी।

Po-et, *n.* कवि, शायर।

Po-et-i-cal, *a.* कविताई की, काव्य सम्बन्धी।

Po-e-try, *n.* छंद, पद्य, काव्य।

Poi-gnant, *a.* बड़ा दुखदाई, तीक्ष्ण, तेज़।

Point, *n.* धार, नोक, मतलब, बाबत, विराम का चिन्ह; *v.* निशाना क०, लगाना, देखाना, बताना, धार रखना, तेज़ क०,

Point-ed, *a.* नोकीला, तेज़।

Poise, *n.* भार, बोझ, तेराज़ू; *v.* बराबर क०, वज़न क०।

Poi-son, *n.* बिष, ज़हर; *v.* बिष मिलाना, ज़हर देना।

Pois-on-ous, *a.* बिषैला, ज़हरीला।

Po-ker, *n.* आग खोदने के लिये [लोहे का छड़।

Po-lar, *a.* ध्रुव वृत्त का या ध्रुव वृत्त के पास का।

Pole, *n.* डंडा, बांस, १६॥ फुट का नपाना, ध्रुव।

Po-lice, *n.* चौकीदार, कानिस्टि- [बिल वगैरह।

Po-lice-man, *n.* कानिस्टिबिल, पुलिस का आदमी।

Pol-i-cy, *n.* राज्य करने की युक्ति, राजनीति, नियम, युक्ति, हिकमत।

Pol-ish, *n.* चमक, चिकनाहट, घोटाई; *v.* घोंटना, चिकना क०, चमकाना।

Po-lite, *a.* सुशील, सभ्य, शाइस्ता।

Po-li-tic, *a.* बुद्धिमान, अकलमंद, हिकमती।

Po-lit-i-cal, *a.* राजकीय, सरकारी, मुल्की।

Pol-i-tics, *n.* राजनीति।

Poll, *n.* सीस, सिर, ओहदे दारों के चुनने वालों के नाम; *v.* काटना, छांटना, राय लेना और देना।

Pol-lute, *v.* बिगाड़ना, गंदा क०।

Pol-troon, *n.* डरपोक, बुज़दिल।

Po-lyg-a-my, *n.* एक स्त्री के बहुत से पति या एक मर्द के बहुत सी औरतें।

Pol-y-pus, *n.* जिस के कई पांव हों, जिसके बहुत सी जड़ हों।

Pol-y-syl-la-ble, *n.* अनेकाक्षर शब्द, तीन से ज़्यादा टुकड़े का शब्द। [में लगाने की दवा,

Po-ma-tum, *n.* खिज़ाब, बालों

Pom-mel, *n.* घुंडी, गांठ; *v.* कूटना, पीटना, थपथपाना।

Pomp, *n.* धूम धाम, भीड़ भड़का।

Pomp-ous, *a.* धूम का, शानदार, भड़कीला।

Pond, *n.* तड़ाग, तालाब।

Pon-der, *v.* सोचना, विचारना, गौर क०। [वज़ना।

Pon-der-ous, *a.* बड़ा, भारी,

Pon-toon, *n.* पुल बांधने के लिये एक प्रकार की नाव।

Po-ny, *n.* टांघन, टट्टू। [तालाब।

Pool, *n.* कुंड, पोखरा, छोटा

Poop, *n.* नाव का पिछला हिस्सा।

Poor, *a.* दरिद्र, निर्धन, गरीब, नीच, गुण रहित। [टाका।

Pop, *n.* तड़ाका, चटाका, प-

Pope, *n.* रूम का बड़ा लाट पादरी। [मत के माफिक।

Pop-ish, *a.* रूम के ईसाइयों के

Pop-u-lace, *n.* साधारण लोग, मामूली आदमी।

Pop-u-lar, *a.* सर्व प्रिय, प्रसिद्ध।

Pop-u-la-tion, *n.* बस्ती, आबादी।

Pop-u-lous, *a.* घना बसा हुआ।

Por-ce-lain, *n.* चीनी के बरतन।

Porch, *n.* डेवढ़ी, ओसारा।

Pore, *n.* चमड़े में छेद, छेद, सूराख; *v.* गौर से देखना, आंख गड़ा देना।

Pork, *n.* सुअर का मांस या गोश्त। [झिरझिरा।

Por-ous, *a.* छेद दार, सूराखदार,

Por-ridge, *n.* लपसी, यखनी।

Port-a-ble, *a.* हल्का, उठा ले जाने लायक़। [या जताना।

Por-tend, *v.* आगे से बताना

Por-tent, *n.* कुशकुन, कुलक्षण।

Por-ter, *n.* द्वार पाल, दरबान, पल्लेदार, बोझिया, एक क़िस्म की शराब।

Port-fo-li-o, *n.* पत्राधार, बस्ता

Por-tion, *n.* अंश, भाग, टुकड़ा; *v.* बांटना, देना। [दर्शन।

Port-ly, *a.* मोटा, भारी, गम्भीर

Port-man-teau, *n.* कपड़ा वगैरह रखने के लिये चमड़े का सन्दूक़।

Por-trait, *n.* चित्र, तस्वीर।

Por-tray, *v.* चित्र खींचना, तस्वीर खींचना, नक़शा उतारना। [हैरान क०।

Pose, *v.* पूछ पाछ कर घबड़ाना,

Po-si-tion, *n.* स्थान, जगह, हालत। [प्रत्यक्ष।

Pos-i-tive, *a.* असली, पक्का,

Pos-sess, *v.* अधिकार होना, अधिकारी होना, क़ब्ज़ा रखना, दखल रखना।

Pos-sess-ion, *n.* धन, जायदाद, दखल, क़ब्ज़ा।

Poss-i-ble, *a.* साध्य, मुम्किन।

Post, *n.* ओहदा, स्थान, जगह, खम्भा, खूंटा, डाक ; *v.* किसी स्थान पर रखना, बैठाना, खाते में चढ़ाना।

Post-age, *n.* डाक का महसूल।

Post-al, *a.* डाक का।

Pos-te-ri-or, *a.* पिछिला, बाद का।

Pos-ter-i-ty, *n.* संतान, औलाद।

Post office, *n.* डाक खाना।

Post-pone, *v.* डाल रखना, रोक रखना, मुल्तवी क०।

Post-script, *n.* जो कुछ की पीछे से लिखा गया हो।

Pos-ture, *n.* आसन, ढंग, ठौर, ठिकाना ; *v.* ढंग से रखना।

Po-sy, *n.* फूल का गुच्छा, गुलदस्ता।

Pot, *n.* हांड़ी, घड़ा, बटलोई, लोटा ; *v.* हंड़िया में रखना।

Pot-ash, *n.* एक प्रकार का खार।

Po-tent, *a.* बलवान, ताक़तवर।

Po-ten-tate, *n.* महाराजा, बादशाह।

Po-tion, *n.* अर्क़, पीने की दवा।

Pot-ter, *n.* कुम्हार।

Pot-ter-y, *n.* मट्टी के बरतन, कुम्हार का काम, बरतन बनाने का स्थान।

Pouch, *n.* थैला, जेब, खीसा।

Poultice, *n.* लेप, जो फोड़ा पर लगाया जावे। [कबूतर वगैरह।

Poul-try, *n.* पाले हुये पक्षी, क-

Pounce, *n.* स्याही सुखाने के लिये बालू ; *v.* पंजा मारना, झपटना।

Pound, *n.* २० शिलिंग का, मुद्रा विशेष, आध सेर से कुछ कम का वज़न, बाड़ा, हाता ; *v.* कूटना, पीटना, चूर क०।

Pour, *v.* उंड़ेलना, बहाना, ढालना।

Pout, *n.* ओठ का निकल आना, एक प्रकार की मछली ; *v.* ओठ निकल आना। [फ़ुलिसी।

Pov-er-ty, *n.* तंगी, गरीबी, मु-

Pow-der, *n.* चूर्ण, बुकनी, बारूद ; *v.* बुकना, पीसना, छिड़कना। [अधिकार।

Pow-er, *n.* शक्ति, बल, ताक़त,

Pow-er-ful, *a.* शक्तिमान, बलवान, ताक़तवर।

Prac-ti-ca-ble, *a.* करने के योग, हो सकने के लायक़, मुम्किन।

Prac-ti-cal, *a.* अभ्यासी, मश्की, काम का। [बरताव।

Prac-tice, *n.* अभ्यास, आदत,

Prac-tise, *v.* अभ्यास क०, आदत डालना।

Praise, *n.* प्रशंसा, तारीफ; *v.* प्रशंसा क०, तारीफ क०. स्तुति क०। [कुदना।

Prance, *v.* उछलना, कूदना,

Prank, *n.* उछल कूद, खेल, दंगा।

Prate, *v.* बक बक क०, गप्प हांकना।

Prat-tle, *v.* बकना, बड़बड़ाना।

Pray, *v.* स्तुति क०, प्रार्थना क०, बिन्ती क०।

Pray-er, *n.* प्रार्थना, बिन्ती, अर्ज़।

Preach, *v.* धर्म सम्बन्धी शिक्षा देना, समझाना। [वाचा।

Pre-am-ble, *n.* उपोद्घात, दि-

Pre-ca-ri-ous, *a.* अनिश्चित, पराधीन, दुबधा।

Pre-cau-tion, *n.* पूर्वविधान, दूरन्देशी, सावधानी।

Pre-cede, *v.* आगे जाना, पहिले चलना या होना।

Pre-ced-ence, *n.* श्रेष्टता, प्रधानता, सबक़त। [मिसाल।

Pre-ce-dent, *n.* उपमा, दृष्टान्त,

Pre-cept, *n.* आज्ञा, हुक्म, फर्मान।

Pre-cept-or, *n.* गुरू, ओस्ताद।

Pre-cinct, *n.* सीमा, हद, मेंड़।

Pre-cious, *a.* क़ीमती, महंगा, प्यारा।

Prec-i-pice, *n.* करारा, टीला।

Pre-cip-i-tate, *a.* ढालू, तेज़, जल्द बाज़; *v.* सिर के बल गिरना या गिराना। [ढालू।

Pre-cip-i-tous, *a.* खड़ा, बहुत

Pre-cise, *a.* पूरा, चौकस, ठीक।

Pre-ci-sion, *n.* शुद्धता, चुस्ती, दुरुस्ती। [रखना।

Pre-clude, *v.* रोकना, बाज़

Pre-co-cious, *a.* समय से पहिले पक्का हुआ। [वाला, अगुआ।

Pre-curs-or, *n.* आगे दौड़ने

Pred-a-to-ry, *a.* लुटेरा, डांकू।

Pre-de-ces-sor, *n.* पूर्वाधिकारी, किसी पद पर जो पहिले रह चुका हो।

Pre-dic-a-ment, *n.* हालत, दशा।

Pre-dict, *v.* भविष्यत या आगम कहना।

Pre-dic-tion, *n.* भविष्य, आगम।

Pre-dom-i-nant, *a.* प्रधान, प्रबल। [धानता।

Pre-em-i-nence, *n.* श्रेष्ठता, प्र-

Pre-ex-ist, *v.* पहिले से होना।

Pref-ace, *n.* भूमिका, दिबाचा।

Pre-fer, *v.* श्रेष्ठ समझना. अच्छा जानना।

Pref-er-ence, *n.* श्रेष्ठता, पसन्द।

Pre-fer-ment, *n.* बढ़ती, तरक़्क़ी।

Pre-fig-ure, *v.* पहिले से सूरत शक़ल ज़ाहिर क०।

Preg-nant, *a.* गर्भिणी, भारी।
Pre-ju-dice, *n.* पक्षपात, तरफ़दारी, घाटा, हानि; *v.* पक्ष क०, हानि पहुंचाना। [पादरी।
Pre-late, *n.* धर्माध्यक्ष, लाट
Pre-lim-i-nary, *n.* परिभाषा, पूर्व विषय; *a.* प्रथम, शुरू का, मुक़द्दम। [शुरू।
Pre-lude, *n.* लय, आलाप, स्वर,
Pre-ma-ture, *a.* समय से पहिले, कच्चा, अधूड़ा।
Pre-med-i-ta-ted, *a.* पहिले से सोचा हुआ।
Pre-med-i-ta-tion, *n.* पहिले का सोच या विचार, अग्र सोच, पेशबन्दी।
Pre-mi-er, *n.* प्रधान मन्त्री या वज़ीर; *a.* प्रधान, श्रेष्ठ।
Prem-i-ses, *n.* बाड़ा, घेरा, खेत, ज़मीन। [नफ़ा।
Pre-mi-um, *n.* इनाम, सूद,
Pre-mon-i-to-ry, *a.* पहिले से चेताने वाला। [मान, बन्दोबस्त।
Pre-pa-ra-tion, *n.* तैयारी, सा-
Pre-pare, *v.* तैयार या तैयारी क०, बन्दोबस्त क०। [से देना।
Pre-pay, *v.* पेशगी देना, आगे
Pre-pon-der-ance, *n.* वज़न, भाव या बल में बढ़ना।
Pre-po-si-tion, *n.* उपसर्ग, वह जो संज्ञा और सर्व नाम संज्ञक शब्दों में सम्बन्ध बतलावे।
Pre-pos-sess-ing, *a.* चित्त में बैठी हुई, चित्त के मुआफ़िक़।
Pre-pos-ter-ous, *a.* उलटा, अनर्थक। [धिकार, हक़।
Pre-rog-a-tive, *n.* विशेष अ-
Pres-age, *n.* शकुन, पूर्व लक्षण; *v.* भविष्यत कहना।
Pres-by-ter, *n.* पादरी विशेष, पुरोहित।
Pre-scribe, *v.* आज्ञा देना, हुक्म देना, मुक़र्रर क०, दवा बताना।
Pre-scrip-tion, *n.* नुस्खा, दवाइयों का रुक़ा। [हाज़िरी।
Pres-ence, *n.* साक्षात, सामना,
Pres-ent, *n.* भेंट, नज़र, वर्तमान काल; *a.* हाल का, अब का, हाज़िर। [गे रखना, पेश क०।
Pre-sent, *v.* भेंट क०, देना, आ-
Pre-sen-ti-ment, *n.* पूर्वज्ञान।
Pres-ent-ly, *ad.* अभी, फ़ौरन, तुरन्त। [चाव, रखवाली।
Pres-er-va-tion, *n.* रक्षा, ब-
Pre-serve, *n.* मुरब्बा, अचार; *v.* रक्षा क०, रख छोड़ना, अचार या मुरब्बा डालना।

Pre-side, *v.* सभापति बनना, खबरगीरी क०। [पति,सरदार।
Pres-i-dent, *n.* अध्यक्ष, अधि-
Press, *n.* दबाने या छापने की कल, ज़रूरत, भीड़; *v.* दबाना, मजबूर या लाचार क०, आगे को जल्दी में जाना।
Press-ing, *a.* आवश्यक, ज़रूरी।
Pres-sure, *n.* दबाव, बोझ, आवश्यकता, ज़रूरत। [हस क०।
Pre-sume, *v.* अनुमान क०, सा-
Pre-sump-tion, *n.* अनुमान, विचार, अभिमान।
Pre-tence, *n.* हीला, बहाना।
Pre-tend, *v.* हीला क०, बहाना क०, दावा क०। [विलक्षण।
Pre-ter-nat-u-ral, *a.* अद्भुत,
Pre-text, *n.* हीला, बहाना।
Pret-ty, *a.* साफ, सुन्दर, खूबसूरत; *ad.* कुछ, किसी क़दर।
Pre-vail, *v.* जीतना, प्रबल होना, प्रचलित होना।
Prev-a-lent, *a.* प्रचलित, फैला हुआ, जारी।
Pre-var-i-cate, *v.* हीला, बहाना क०, टाल मटोल क०।
Pre-vent, *v.* मना क०, रोकना।
Pre-ven-tion, *n.* अटकाव, रोक।
Pre-vious, *a.* पूर्व, पहिला।

Prey, *n.* शिकार, लूट का माल, लूटमार; *v.* शिकार क०, लूटना, उजाड़ना।
Price, *n.* मूल्य, क़ीमत।
Price-less, *a.* अमूल्य, अनमोल।
Prick, *v.* घुसेड़ना, चुभाना, गोदना। [दा।
Prickle, *n.* कंटक, बखेड़ा, कां-
Pride, *n.* अभिमान, घमंड, बेहूदगी; *v.* घमंड क०, फूलना।
Priest, *n.* पादरी, गुरू, पुरोहित, पुजारी। [एक जमात, गुरुत्व।
Priest-hood, *n.* पादरियों की
Prim, *a.* अति सूक्ष्म, अति बिनीत। [मुक़द्दम।
Pri-ma-ry, *a.* पहिला, असली,
Prime, *n.* भोर, तड़का; *a.* पहिला, मुख्य, प्रधान, उम्दा।
Prim-er, *n.* लड़कों की प्रथम पुस्तक।
Pri-me-val, *a.* असिली, पहिला।
Pri-ming, *n.* रंजक, रंग का पहिला अस्तर।
Prim-i-tive, *a.* पहिली, असिली, मुक़द्दम। [जेठाई।
Pri-mo-gen-i-ture, *n.* ज्येष्ठता।
Prince, *n.* राजपुत्र, कुमार, युवराज,
Prince-ly, *a.* राजयोग्य, शाहाना।
Prin-cess, *n.* राज पुत्री, कुमारी।

Prin-ci-pal, *n.* अधिपति, महन्त, मुड्ह, मूल, असिल; *a.* मुख्य, प्रधान।

Prin-ci-pal-i-ty, *n.* सूबा, राज्य, रियासत।

Prin-ci-pal-ly, *ad.* मुख्यतः, पहिले, खास करके। [तु,उसूल।

Prin-ci-ple, *n.* तत्त्व, कारण, हे-

Print, *v.* छापना। [हर।

Print-ing, *n*, छापा, ठप्पा, मो

Pri-or, *n.* मगध्यक्ष; *a.* पूर्व, पहिले, आदि।

Pri-or-i-ty, *n.* श्रेष्ठता, प्रधानता।

Pris-on, *n.* कारागार, जेलखाना।

Pris-on-er, *n.* बन्धुआ, कैदी।

Pri-va-cy, *n.* एकान्तता, ओट।

Pri-vate, *a.* गुप्त, एकान्त, अकेला।

Pri-va-teer, *n.* वह लड़ाई की जहाज़ जो शाही न हो।

Pri-va-tion, *n.* अभाव, तंगी, खराबी, हानि।

Priv-i-lege, *n.* अधिकार, हक़।

Priv-i-ly, *ad.* छिपकर, पोशीदगी से। [गुप्त।

Priv-y, *a.* जानकार, वाकिफ़,

Prize, *n.* लूट का माल, इनाम; *v.* प्यारा जानना, क़दर क०।

Pro-ba-bil-i-ty, *n.* होनी, सम्भावना।

Prob-a-ble, *a.* सम्भव, होनहार।

Pro-bate, *n.* मृत लेख प्रमाण, वसीयत नामा का सबूत।

Pro-ba-tion, *n.* परीक्षा, जांच, आज़माइश।

Probe, *n.* घाव की गहराई वगैरह नापने की सलाई; *v.* सलाई से टटोलना, तलाश क०।

Prob-lem, *n.* प्रश्न, सवाल।

Pro-ceed, *v.* चलना, आगे बढ़ना। [सिल।

Pro-ceed-ing, *n.* काररवाई, मि-

Pro-ceeds, *n.* लाभ, आम्दनी।

Pro-cess, *n.* बढ़ती, तरक़्क़ी।

Pro-claim, *v.* प्रगट क०, प्रकाश क०, ढिंढोरा पीटना।

Pro-cla-ma-tion, *n.* राज आज्ञा पत्र, ढिंढोरा, डुनादी।

Pro-cre-a-tion, *n.* प्रसव, उत्पत्ति, पैदाइश। [मुख़्तार।

Proc-tor, *n.* प्रतिनिधि, वकील,

Pro-cure, *v.* पाना, हासिल क०, पूरा क०।

Prod-i-gal, *n.* फ़जूल खर्ची; *a.* उड़ाऊ, फ़जूल खर्च।

Pro-di-gious, *a.* अजीब, अनोखा, बहुत बड़ा।

Prod-i-gy, *n.* आश्चर्य, अचम्भा, ताज्जुब।

Prod-uce, *n.* उपज, पैदावारी, प्राप्ति।

Pro-duce, *v.* आगे लाना, हाज़िर क०, देना, दिखाना।

Prod-uct, *n.* लाभ, उत्तर, गुणन फल, उपज। [पज, फल।

Pro-duc-tion, *n.* पैदावारी, उ-

Pro-duc-tive, *a.* पैदावार, ज़रखेज़। [भ्रष्ट क०, नापाक क०।

Pro-fane, *a.* भ्रष्ट, बेदीन; *v.*

Pro-fan-i-ty, *n.* अपवित्रता, बेदीनी। [रार क०।

Pro-fess, *v.* प्रतिज्ञा क०, इक़-

Pro-fes-sion, *n.* प्रतिज्ञा, उद्यम, पेशा। [अर्ज़ क०, आगे रखना।

Prof-fer, *n.* नज़र, अर्ज़ी; *v.*

Pro-fi-cient, *n.* गुणी, उस्ताद; *a.* गुणी। [का चेहरा।

Profile, *n.* आधा मुख, एक तरफ

Prof-it, *n.* लाभ, फायदा; *v.* लाभ उठाना, नफ़ा हासिल क०।

Prof-it-a-ble, *a.* लाभ दायक, फायदेमंद।

Prof-li-gate, *n.* व्यसनी, लम्पट, लुचा; *a.* दुराचारी, दुश्चरित्र, गुंडा।

Pro-found, *a.* गूढ़, गम्भीर, गहिरा, विद्वान्। [खर्च।

Pro-fuse, *a.* बहुत, उड़ाऊ, फज़ूल

Pro-fu-sion, *n.* बहुतायत, कसरत, फज़ूल खर्ची।

Pro-ge-ny, *n.* संतान, औलाद।

Prog-nos-ti-cate, *v.* आगम कहना, चेताना।

Pro-gress, *n.* बढ़ती, तरक़्क़ी।

Pro-gress, *v.* बढ़ना, आगे बढ़ना, तरक़्क़ी क०।

Pro-gres-sive, *a.* आगे बढ़ता हुआ, बढ़नहार।

Pro-hib-it, *v.* मना क०, रोकना।

Pro-ject, *n.* युक्ति, उपाय, विचार, ढांचा।

Pro-ject, *v.* बढ़ जाना, निकल आना, उपाय क०, नक़्शा खींचना। [देने वाली।

Pro-lif-ic, *a.* फलदायक, बच्चा

Pro-logue, *n.* प्रस्तावना, दिबाचा।

Pro-long, *v.* बढ़ाना, फैलाना।

Prom-i-nent, *a.* प्रधान, मुख्य, छला हुआ, उभड़ा हुआ।

Pro-mis-cu-ous, *a.* मिला जुला, गड्ड बड्ड।

Prom-ise, *n.* प्रतिज्ञा, इक़रार, आशा; *v.* प्रतिज्ञा क०, इक़रार क०, आसरा देना। [होनहार।

Prom-is-ing, *a.* भरोसा देने वाला,

Prom-on-to-ry, *n.* पृथ्वी की नोक जो समुन्दर में बढ़ी हुई हो।

Pro-mote, *v.* बढ़ाना, ऊंचा क०, तरक्की क०। [तरक्की।
Pro-mo-tion, *n.* वृद्धि, उन्नति.
Prompt, *a.* उद्यत, तैयार, मुस्तैद; *v.* सुझाना, भड़काना।
Pro-mul-gate, *v.* प्रगट क०, ज़ाहिर क०। [शोहरत।
Pro-mul-ga-tion, *n.* प्रचार,
Prone, *a.* झुका हुआ, औंधा, पट।
Prong, *n.* कांटा, शाख़।
Pro-noun, *n.* सर्वनाम।
Pro-nounce, *v.* उच्चारण क०, पढ़ना, बोलना। [तलफ्फुज़।
Pro-nun-ci-a-tion, *n.* उच्चारण,
Proof, *n.* प्रमाण, सबूत, साक्षी।
Prop, *n.* थूनी, टेक, सहारा; *v.* थूनी या टेक लगाना।
Prop-a-gate, *v.* बढ़ाना, फैलाना।
Pro-pel, *v.* ढकेलना, ठेलना।
Pro-pen-si-ty, *n.* रुचि, शौक़।
Prop-er, *a.* योग्य, ठीक, वाजिब।
Prop-er-ty, *n.* गुण, स्वभाव, माल, जायदाद। [पेशीनगोई।
Proph-e-cy, *n.* भविष्यद्वाणी,
Proph-e-sy, *v.* भविष्यत् या आगम कहना। [गम कहने वाला।
Proph-et, *n.* भविष्यद्वक्ता, आ-
Pro-pi-ti-ate, *v.* मनाना, मिलाना, राज़ी क०।

Pro-pi-ti-ation, *n.* आराधना, मन्नत, प्रायश्चित्त। [ण, निस्बत।
Pro-por-tion, *n.* सम्बन्ध, प्रमा-
Pro-po-sal, *n.* प्रस्ताव, निवेदन, उपाय। [क०, आगे रखना।
Pro-pose, *v.* प्रस्ताव क०, पेश
Pro-po-si-tion, *n.* प्रतिज्ञा, सिद्धान्त, शर्त। [के लिए पेश क०।
Pro-pound, *v.* प्रस्ताव क०, गौर
Pro-pri-e-tor, *n.* स्वामी, मालिक।
Pro-pri-e-ty, *n.* योग्यता, दुरुस्ती। [क०।
Pro-rogue, *v.* टालना, मुल्तवी
Pro-scribe, *v.* खतरनाक ठहराना।
Pro-scrip-tion, *n.* धर्मशास्त्र की आज्ञा से बाहर क०, फांसी की आज्ञा।
Prose, *n.* गद्य।
Pros-e-cute, *v.* करता रहना, लगा रहना, नालिश क०।
Pros-e-lyte, *n.* दूसरे मत को ग्रहण करने वाला। [म्मेद।
Pros-pect, *n.* बहार, भरोसा, उ
Pro-spec-tive, *a.* दूरन्देश, पेशबीन। [का विज्ञापन या इश्तिहार।
Pro-spec-tus, *n.* किताब वगैरह
Pros-per, *v.* कामयाब होना, फलना, फूलना।

Pros-per-i-ty, *n.* सौभाग्य, कामयाबी ।[कामयाब, भरा पूरा ।
Pros-per-ous, *a.* भाग्यवान्,
Pros-ti-tute, *n* वेश्या, रंडी; *v.* बिगाड़ना, खराब क० ।
Pros-trate, *a.* पड़ा हुआ, पेट के बल; *v.* पेट के बल लेटना ।
Pro-tect, *v.* रक्षा क०, बचाना, पनाह देना । [पनाह ।
Pro-tec-tion, *n.* रक्षा, बचाव,
Pro-tect-or, *n.* रक्षक, सहायक ।
Pro-test, *n.* दृढ़ वाक्य, उज्र, एतराज़ । [क० ।
Pro-test, *v.* विरुद्ध कहना, उज्र
Prot-es-tant, *n.* ईसाइयों का एक फिर्क़ा ।
Pro-tract, *v.* लम्बा क०, बढ़ाना ।
Pro-trude, *v.* निकल पड़ना, फूट निकलना । [जन ।
Pro-tub-er-ance, *n.* फूलन, सू-
Proud, *a.* अभिमानी, घमंडी ।
Prove, *v.* जांचना, निश्चय क०, साबित क० । [भूसा ।
Prov-en-der, *n.* चारा, घास,
Prov-erb, *n.* कहावत, अनोक्ति ।
Pro-vide, *v.* पहुंचाना, मौजूद क०, तैयार क० ।
Prov-i-dence, *n.* पूर्व दृष्टि, ईश्वर, ईश्वर की फिक्र ।
Prov-i-dent, *a.* होशियार, खबरदार, दूरन्देश ।
Prov-ince, *n.* देश विभाग, मंडल ।
Pro-vin-cial, *a.* देशी, स्थानिक ।
Pro-vis-ion, *n.* खाने पीने की चीज़ें, तैयारी, सरंजाम ।
Pro-vo-ca-tion, *n.* क्रोध का कारण, गुस्सा का सबब ।
Pro-voke, *v.* छेड़ना, नाराज़ क०, गुस्सा दिलाना ।
Prow-ess, *n.* वीरता, बहादुरी ।
Prowl, *v.* शिकार की तलाश में घूमना फिरना । [ज़दीकी ।
Prox-im-i-ty, *n.* समीपता, न-
Prox-y, *n.* एवज़ी, क़ायम मुक़ाम ।
Prude, *n.* अति विनीत स्त्री ।
Pru-dence, *n.* विवेक, बुद्धिमानी, चतुराई । [होशियार ।
Pru-dent, *a.* चतुर, चौकस,
Prune, *n.* सूखा बेर; *v.* छांटना, कलम क०, टांक क० । [झांकना ।
Pry, *v.* भेद लेना, जासूसी क०,
Psalm, *n.* स्तुति, भजन । [तर्ज़ ।
Psalmody, *n.* भजनगाने का
Psalter, *n.* भजन संग्रह ।
Pu-ber-ty, *n.* जवानी, सयानापन ।
Pub-lic, *n.* लोग, जन; *a.* साधारण, आम, आम लोगों का ।

Pub-li-can, *n.* भठियारा, सराय का मालिक।

Pub-lic-ly, *ad.* खुला खुली।

Pub-lish, *v.* प्रगट क०, ज़ाहिर क०, छपाना।

Puck-er, *n.* शिकन, हरानी; *v.* शिकन डालना।

Pud-ding, *n.* गुलगुला, पकौड़ी।

Pud-dle, *n.* पोखर, छोटा कुंड।

Puff, *n.* हवा का झोंका, फूंक, फुफकार; *v.* फूंकना, हांफना।

Pug-na-cious, *a.* झगड़ालू, लड़ाका।

Pug-nac-i-ty, *n.* लड़ाकापन।

Pull, *n.* झटका, खिंचाव; *v.* चुनना, तोड़ना, खींचना।

Pull-et, *n.* मुर्गी का बच्चा।

Pull-ey, *n.* चर्खी, फिर्की।

Pulp, *n.* गूदा, मज्जा; *v.* गूदा निकालना।

Pul-pit, *n.* ऊंची ढालू मेज़, आसन।

Pulp-y, *a.* गूदेदार, नरम, मुलायम।

Pulse, *n.* नाड़ी, नाड़ी की चाल, धड़कन, मटर, फली, छीमी।

Pump, *n.* पानी उठाने की कल।

Punch, *n.* छेनी, एक प्रकार की शराब, घूंसा, धक्का; *v.* छेदना, छेद क०, मारना। [का ठीक।

Punc-tu-al, *a.* समयिक, समय

Punc-tu-ate, *v.* विराम के चिन्ह लगाना।

Punc-ture, *n.* छेदा, छेद, साल; *v.* चुभाना, छेद क०, छेदा लगाना। [चरपरा।

Pun-gent, *a.* चुभता हुआ, तेज़,

Pun-ish, *v.* दंड या सज़ा देना, ताड़ना क०। [ताड़ना।

Pun-ish-ment, *n.* दंड, सज़ा,

Punt, *n.* चपटी नाव या डोंगी।

Pu-ny, *a.* छोटा और कमज़ोर।

Pu-pil, *n.* चेला, शागिर्द, आंख की पुतली।

Pup-pet, *n.* गुड़िया, पुतली।

Pup-py, *n.* पिल्ला, कुत्ता का बच्चा।

Pur-chase, *n.* खरीद, सौदा; *v.* खरीदना, मोल लेना।

Pure, *a.* निर्मल, साफ, चोखा।

Pur-ga-tive, *n.* रेचन, जुलाब।

Purge, *v.* सोधना, साफ क०।

Pur-i-fy, *v.* साफ क०, निर्मल क०।

Pur-i-tan, *n.* ईसाइयों का एक फिर्क़ा। [पाकीज़गी।

Pur-i-ty, *n.* निर्मलता, सफाई,

Purl, *v.* धीमी आवाज़ के साथ बहना।

Pur-loin, *v.* चुराना, चोरी क०।

Pur-ple, *n.* or *a.* अरगवानी, बैजनी।

Pur-port, *n.* अभिप्राय, मतलब।

Pur-pose, *n.* आशय, विचार; *v.* इरादा क०, मन्सूबा क०।

Purr, *v.* बिल्ली की तरह बोलना।

Purse, *n.* रुपये पैसे की थैली।

Purs-er, *n.* जहाज़ियों का भंडारी या तलब देने वाला।

Pur-sue, *v.* पीछा क०, पीछे दौड़ना, पीछे २ चलना। [रवीं।

Pur-suit, *n.* पीछा, कोशिश, पै-

Pur-vey, *v.* रसद खरीदना या पहुंचाना। [वाला, भंडारी।

Pur-vey-or, *n.* रसद पहुंचाने

Pus, *n.* पीब। [ढकेलना।

Push, *n.* धक्का, *v.* धक्का देना,

Pus-tule, *n.* फुंसी, फोड़ा, फफोला।

Put, *v.* (Pt. and Pp. put.) रखना, धरना।

Pu-tre-fy, *v.* सड़ना, गलना।

Pu-trid, *a.* सड़ा हुआ, गला हुआ, गंदा।

Puz-zle, *n.* पहेली, हैरानी, परेशानी; *v.* हैरान क०, घबड़ाना।

Pyr-a-mid, *n.* मीनार।

Py-ro-tech-nics, *n.* आतशबाज़ी बनाने का हुनर।

Py-thon, *n.* सर्प विशेष।

Q.

Quack, *n.* कुवैद्य, झूठा चिकित्सक, बत्तख की बोली; *v.* बत्तख की सी बोली बोलना, कांव २ क०, शेखी हांकना।

Quad-ran-gle, *n.* चतुष्कोण क्षेत्र, चौखुंटी चौक।

Quad-rant, *n.* चतुर्थ भाग, पाद, ९० अंस.कोण नापने का यंत्र, सूर्य की ऊंचाई।

Qua-drille, *n.* एक प्रकार का नाच।

Quad-ruped, *n.* चौपाया, चार पांव वाले जानवर। [पर्त।

Quad-ru-ple, *a.* चौगुना, चौ-

Quaff, *v.* खूब पी जाना या चढ़ा जाना।

Quag-gy, *a.* दलदल, फंसाऊ।

Quag-mire, *n.* दलदल, धसान, कीचड़।

Quail, *v.* कांपना, हिम्मत हारना।

Quaint, *a.* अच्छा, नफीस, बिलक्षण, निराला।

Quake, *v.* कांपना, थरथराना।

Qual-i-fi-ca-tion, *n.* योग्यता, गुण, लियाक़त। [योग्य क०।

Qual-i-fy, *v.* संवारना, ठीक क०,

Qual-i-ty, *n.* गुण, स्वभाव, लक्षण, पदवी। [चलई।

Qualm, *n.* घबड़ाहट, खुटका, म-

Quan-ti-ty, *n.* परिमाण, मात्रा, अदद। [लड़ना, झगड़ना।

Quar-rel, *n.* लड़ाई, झगड़ा; *v.*

Quar-ry, *n.* पत्थर की खान; *v.* पत्थर फोरना या खोदना।

Quart, *n.* परिमाण विशेष, एक गेलन का चौथाई।

Quar-ter, *n.* चतुर्थभाग, ८ बुशेल का परिमाण विशेष; *v.* चार भागों में बांटना, ठहरना, रहना।

Quar-ters, *n.* स्थान, मकान।

Quar-ter-ly, *a.* हर तीसरे महीना।

Quar-ter-mas-ter, *n.* वह अफसर जो सिपाहियों के लिये रसद का इन्तिज़ाम करता है।

Quar-tern, *n.* चौथाई, चतुर्थ भाग। [चार भागों में हो।

Quar-tet, *n.* चौताला, गाना जो

Quartz, *n.* एक प्रकार का पत्थर।

Quash, *v.* कुचलना, तोड़ना, नष्ट क०, रद्द क०।

Qua-ver, *n.* थरथरी, कपकपी; *v.* थर्राना, गिटकीरी लेना।

Quay, *n.* घाट, नदी उतरने का स्थान।

Queen, *n.* महारानी। [जीब।

Queer, *a.* अद्भुत, विलक्षण, अ-

Quell, *v.* दबाना, धीमा या मन्दा क०।

Quench, *v.* बुझाना, ठंढा क०, धीमा क०। [क०।

Que-ry, *n.* प्रश्न, सवाल; *v.* प्रश्न

Quest, *n.* खोज, तलाश, ढुंढाई।

Ques-tion, *n.* प्रश्न, सवाल, शंका; *v.* पूछना, प्रश्न क०, शंका क०।

Quest-ion-a-ble, *a.* शंकनीय, पूछने योग्य।

Quib-ble, *n.* युक्ति, हीला, बहाना, टालमटोल; *v.* टालना, बात बनाना।

Quick, *n.* मर्मस्थान, जीता गोश्त; *a.* फुर्तीला, तेज़, जल्दबाज़, जानदार; *ad.* झटपट, जल्द।

Quick-en, *v.* फुर्ती क०, तेज़ी क०, जल्दी क०, ज़िन्दा क०, उसकाना, उभाड़ना।

Quick-set, *n.* कांटेदार पेड़ जो अहाता बन्दी के लिये लगाया जावे।

Quick-sil-ver, *n.* पारा।

Qui-es-cence, *n.* आनन्द, विश्राम, खामोशी।

Qui-et, *n.* खामोशी, शांति; *a.* शांत, खामोश; *v.* शांत क०, खामोश क०। [आराम।

Qui-et-ude, *n.* शांति, खामोशी,

Quill, *n.* क़लम के लिये बड़ा पर।

Quilt, *n.* तोशक; *v.* सुजनी बनाना, तोशक बनाना।

Quin-sy, *n.* कंठमाला नामक रोग।
Quint-al, *n.* १०० या ११२ पाउंड का वज़न या तौल।
Quip, *n.* ताना, तंज़; *v.* ताना मारना, ताना ज़नी क०।
Quire, *n.* चौबीस ताव काग़ज़ की गड्डी। [ना, त्याग देना।
Quit, *a.* आज़ाद, बरी; *v.* छोड़-
Quite, *ad.* बिलकुल, पूरा।
Quit-tance, *n.* छुटकारा, रिहाई।
Quiv-er, *n.* तूणीर, तरकश; *v.* कांपना, थरथराना।
Quoin, *n.* कोण, कोना।
Quoit, *n.* चकती, निशाना लगाने के लिये लोहे का चक्र।
Quo-rum, *n.* कार्य निर्वाह के लिये काफी लोग।
Quo-ta, *n.* हिस्सा, भाग।
Quo-ta-tion, *n.* प्रमाण। [देना।
Quote, *v.* प्रमाण देना, मिसाल
Quoth, *v.* कहना, कहा, बोला।
Quo-tient, *n.* फल, गुणन फल।

R.

Rab-bet, *n.* साल, जोड़ की झिर्री; *v.* सालना, दरज़ मिलाना।
Rab-ble, *n.* भीड़, नीच लोग।
Rab-id, *a.* उन्मत्त, विक्षिप्त, पागल।
Race, *n.* वंश, कुल, गोत्र, दौड़; *v.* बाज़ी लगा कर दौड़ना, दौड़ाना।
Rack, *n.* शिकंजा, पांचा, चीज़ों के रखने के लिये खुली हुई आलमारी; *v.* सताना, शिकंजे क०, शिकंजे में खींचना।
Rack-et, *n.* गौगा, गुलगपाड़ा, टेनिस नामक खेल खेलने का डंडा।
Ra-cy, *a.* तीक्ष्ण, शोख, मज़ेदार।
Ra-di-ant, *a.* उज्वल, चमकदार।
Ra-di-ate, *v.* चमकना, प्रकाश क०।
Rad-i-cal, *n.* मूल, जड़, बुनियाद, स्वतंत्र पुरुष, स्वतंत्रता के लिये लड़ने वाला; *a.* असली, ज़ाती। [व्यासार्ध।
Ra-di-us, *n.* पहिया की पखती,
Raf-fle, *n.* पासा, चिट्ठी; *v.* चिट्ठी डालना, पासा फेंकना।
Raft, *n.* बेड़ा, डोंगी।
Raf-ter, *n.* धरनी, तरक।
Rag, *n.* चिथरा, गुदरा, लत्ता।
Rage, *n.* उग्रता, तीक्ष्णता, क्रोध, गुस्सा; *v.* झल्लाना, क्रोधित होना। [ऊंचा नीचा।
Rag-ged, *a.* फटा हुआ, फटे हाल,
Ra-ging, *a.* क्रोधित, गुस्से में भरा हुआ।
Rail, *n.* लोहे की सड़क या छड़; *v.* बाड़ा घेरना, सड़क पर लोहे

की पटरियां बिछाना या लगाना।

Rail-ler-y, *n.* हंसी, ठट्ठा।

Rail-road, or Rail-way, *n.* लोहे की सड़क।

Rai-ment, *n.* कपड़े, पोशाक।

Rain, *n.* बर्षा, मेह; *v.* बरसना।

Rain-bow, *n.* इन्द्र धनुष।

Raise, *v.* उठाना, ऊंचा क०, उभाड़ना, बढ़ाना उगाहना, इखट्ठा क०

Rake, *n.* पांचा, लुचा, ऐयाश; *v.* घास बटोरना, गोले चलाना।

Ral-ly, *v.* फैली हुई फौज को इखट्ठा क०, ठट्ठा मारना, सम्भालना, ज़ोर बढ़ाना।

Ram, *n.* भेड़ा, मेंढ़ा; *v.* ठूंसना, दाब कर भरना।

Ram-ble, *n.* सैर, घूम घाम; *v.* घूमना, फिरना, बड़बड़ाना।

Ram-pant, *a.* मस्त, शोख, खरा।

Ram-part, *n.* आड़, छारदीवारी, शहर पनाह।

Ran-cid, *a.* सड़ा हुआ, बदबूदार।

Ran-cour, *n.* बड़ाभारी द्रोह, कीना। [फाक़िया।

Ran-dom, *a.* आकस्मिक, इत्ति-

Range, *n.* पंक्ति, कतार, सिलसिला, आहाता, बाबरचींखाने की अंगीठी, चूल्हा; *v.* घूमना, फिरना, सिलसिलेवार करना।

Rank, *n.* पंक्ति, कतार, दर्जा; *a.* बड़ा, अमीर; *v.* एक खास दर्जे का समझना। [टकना।

Rank-le, *v.* चुभना, साल्ना, खट-

Ran-som, *n.* धन जो छुटकारा या रिहाई के लिये दिया गया हो; *v.* रुपिया पैसा देकर छुड़ाना। [गप्प हांकना।

Rant, *n.* बकझक, गपशप; *v.*

Rap, *n.* थप्पड़, घूंसा; *v.* थप्पड़ मारना। [रा, खून ख्वार।

Ra-pa-ci-ous, *a.* लालची, लुटे-

Ra-pac-i-ty, *n.* लोभ, लालच।

Rape, *n.* हठसम्भोग, बलात्कार, एक प्रकार का पौधा।

Rap-id, *a.* तेज़, जल्दबाज़।

Ra-pid-i-ty, *n.* तेज़ी, फुर्ती।

Ra-pi-er, *n.* कटार।

Rap-ine, *n.* लूट, अनर्थ, ज़बरदस्ती

Rapt, *a.* मगन, मस्त, खुश।

Rap-ture, *n.* आनन्द, खुशी।

Rare, *a.* दुर्लभ, विरला, फैला हुआ।

Rar-e-fy, *v.* बारीक होना, पतला होना।

Rare-ly, *ad.* कम, मुशकिल से।

Rar-i-ty, *n.* दुर्लभ वस्तु, अनोखापन।

Ras-cal, *n.* दुष्ट, दुर्जन, बदमाश।

Rase or Raze, *v.* गिराना, ढहा-

ना, धूल में मिलाना, जमीं शो-
ज़ क०। [तरह बे तमीज़।
Rash, *n.* ददोरा, चकत्ता; *a.* बे
Rash-er, *n.* सुअर के गोश्त का
टुकड़ा। [मीज़ी।
Rash-ness, *n.* उतावलापन, बे त-
Rasp, *n.* रेती, सोहन; *v.* रेतना,
सोहन क०।
Rate, *n.* भाव, दर, निर्ख, महसूल;
v. भाव ठहराना, अन्दाजना।
Rath-er, *ad.* पहिले, आगे, इस
से अच्छा। [मंज़ूर क०।
Rat-i-fy, *v.* दृढ़ क०, पुष्ट क०,
Ra-ti-o, *n.* सम्बन्ध, निस्बत।
Ra-tion, *n.* खोराक, रातिब।
Ra-tion-al, *a.* यथोचित, ठीक,
माकूल।
Rat-tle, *n.* घड़ घड़ाहट, खड़-
खड़ाहट, घुन घुना; *v.* खड़-
खड़ाना। [वीरान क०।
Rav-age, *v.* उजाड़ना, नष्ट क०,
Rave, *v.* बड़ बड़ाना, बकबक क०।
Rav-el, *v.* सुलझाना, खोलना।
Ra-ven, *n.* जंगली कौवा; *v.*
निगल जाना, हड़प्प कर जाना।
Rav-en-ous, *a.* खून ख्वार।
Ravine, *n.* घाटी, नाला।
Rav-ish, *v.* छीन लेना, लेलेना,
बेहोश क०, बलात्कार क०।

Raw, *a.* कच्चा, अधूड़ा, ठंडा,
उघार, नंगा।
Ray, *n.* किरण, चमक।
Ra-zor, *n.* छूरा, अस्तूरा।
Reach, *v.* फैलाना, पहुंचना, हाथ
में देना या लेना। [सदमा।
Re-ac-tion, *n.* प्रतिघात, उल्टा
Read, *v.* पढ़ना, पाठ क०।
Read-ing, *n.* पाठ, पढ़ाई।
Ready, *a.* तैयार, मुस्तैद।
Re-al, *a.* सच्चा, असली।
Re-al-i-ty, *n.* यथार्थता, सचाई,
असलियत।
Re-al-ize, *v.* ठीक क०, मौजूद
क०, हाज़िर क०, किसी चीज़
के एवज़ में रुपिया लेना।
Re-al-ly, *ad.* सचमुच, हक़ीक़
त में। [ल्तनत।
Realm, *n.* राज्य, बादशाहत, स-
Ream, *n.* बीस दस्ता कागज़ की
एक गड्डी।
Reap, *v.* काटना, उठाना, पाना।
Rear, *n.* पीछा, उठाना, पालना,
परवरिश क०, पिछिले पावों के
बल खड़ा होना।
Reason, *n.* कारण, मतलब, स-
बब, बहस, बुद्धि, समझ; *v.* वि-
वाद क०, बहस क०। [माकूल।
Rea-son-a-ble, *a.* उचित, ठीक,

Rea-son-ing, *n.* तर्क, बहस, दलील। [कराना।

Re-as-sure, *v.* फिर से विश्वास

Re-bate, *n.* कुन्द, भुथरा।

Reb-el, *n.* राजद्रोही, बागी: *a.* बिगड़ा हुआ। [क०।

Re-bel, *v.* बगावत क०. बलवा

Re-bel-lion, *n.* बलवा, बगावत।

Re-buff, *n.* घुड़की, झिड़की; *v.* धत कारना. घुड़कना।

Re-buke, *n.* घुड़की; धमकी; *v.* धमकाना, डाटना।

Re-bute, *v.* वाद विवाद क०, हुज्जत क०. हटा देना।

Re-call, *n.* परिवर्तन, मन्सूखी; *v.* लौटा लेना. फिर बुला लेना।

Re-cant, *v.* इन्कार क०, उलट जाना।

Re-cede, *v.* पीछे को हट जाना, छोड़ बैठना।

Re-ceipt, *n.* स्वागत, आमदनी, पहुंच, रसीद; *v.* पहुंच लिखना, रसीद देना।

Re-ceive, *v.* स्वागत क०, लेना, पाना, स्वीकार क०। [का।

Re-cent, *a.* नया, ताज़ा, हाल

Re-cep-tion, *n.* स्वागत, भेट, मुलाकात।

Re-cess, *n.* आला, अरना, ताख।

Re-ci-pe, *n.* रुक्का, नुस्खा।

Re-cip-ro-cal, *a.* आपस का, परस्पर, आपस में। [थान।

Re-ci-tal, *n.* कथन, पठन. ब-

Re-ci-ta-tion, *n.* बर्णन. बयान।

Re-cite, *v.* वर्णन क०, बयान क०।

Reck-less, *a.* असावधान, बेपरवाह।

Reck-on, *v.* गिनना. आदर क०, भरोसा रखना, हिसाब क०।

Reck-on-er, *n.* हिसाबी, लेखा. हिसाब। [गिन्ती।

Reck-on-ing, *n.* लेखा, हिसाब,

Re-claim, *v.* सधाना. सिखाना. सुधारना। [ना।

Re-cline, *v.* लेटना, आड़ लगा-

Re-cog-ni-tion, *n.* ज्ञान, पहिचान, याद।

Re-cog-ni-zance, *n.* इक़रारनामा, मोचिल्का, पहिचान।

Re-cog-nize, *v.* चीन्हना, पहिचानना। [टना, लौटना।

Re-coil, *n.* पीछा, पल्टा; *v.* पल-

Re-col-lect, *v.* स्मरण क०, याद क०।

Re-col-lec-tion, *n.* स्मरण, याद।

Re-com-mend, *v.* सराहना, तारीफ क०, सौंपना, पहुंचाना।

Re-com-men-da-tion, *n.* प्रशंसा, तारीफ, सिफारिश।

Re-com-pense, *n.* बदला, एवज़, फल; *v.* बदला देना।

Rec-on-cile, *v.* खुश क०, राज़ी क०, चुकाना, फ़ैसला क०।

Re-con-cil-i-a-tion, *n.* मेल, मिलाप, दोस्ती।

Re-con-sid-er, *v.* दुबारा गौर क०, या सोचना।

Rec-ord, *n.* दफ़्तर, बही खाता, कागज़ात। [चढ़ाना।

Re-cord, *v.* लिख लेना, बही में

Re-count, *v.* ब्योरेवार कहना, फिर गिनना।

Re-course, *n.* अवलंब, शरण।

Re-cov-er, *v.* फिरपाना, अच्छा होना।

Re-cov-er-y, *n.* आराम, सेहत।

Rec-reant, *n.* डरपोक, नामर्द; *a.* कातर, डरपोक।[श क०।

Re-cre-ate, *v.* जान डालना, खु-

Re-cre-a-tion, *n.* आराम, खुशी।

Re-crim-i-nate, *v.* उल्टा अधर्म लगाना।

Re-crim-i-na-tion, *n.* उल्टा अधर्म या तोहमत।

Re-cruit, *n.* नया सिपाही, रंगरूट; *v.* भरती क०, पूरा क०।

Rec-ti-fy, *v.* ठीक क०, सुधारना, साफ क०।

Rec-ti-tude, *n.* सचाई, सफाई, रास्ती। [अधिपति।

Rec-tor, *n.* पादरी, विद्यालय का

Rec-tor-y, *n.* पादरी का मोहल्ला या घर। [हुये, लेटा हुआ।

Re-cum-bent, *a.* टेक लगाये

Re-cur, *v.* फिर २ आना, याद आना।

Re-cur-rence, *n.* स्मरण, याद।

Rec-u-sant, *a.* हठी, उज़्रदार।

Red, *a.* लाल, सुर्ख। [ड़ाना।

Re-deem, *v.* फिर खरीदना, छो-

Re-deem-er, *n.* छोड़ाने वाला, ईसा मसीह का पद।

Re-demp-tion, *n.* छुटकारा, आज़ादगी। [चन्द क०।

Re-doub-le, *v.* दुगुणा क०, दु-

Re-doubt-a-ble, *a.* भयानक, खौफनाक।[खाना, पलटना।

Re-dound, *v.* ज़्यादा क०, पल्टा

Re-dress, *n.* उपाय, इलाज; *v.* ठीक क०, सुधारना।

Re-duce, *v.* घटाना, कम क०, ताबे में क०। [घटी।

Re-duc-tion, *n.* उतार, कमी,

Re-dun-dance, *n.* बढ़ती, ज़ियादती। [ज़्यादा।

Re-dun-dant, *a.* बढ़ता हुआ,

Reed, *n.* सरकिंडा, सरपत।

Reef, *n.* पाल का वह भाग जो सतह कम करने के लिये लपिट सकता है, चट्टान का किनारा; *v.* पाल लपेटना ।

Reek, *n.* भाफ, धुंआ; *v.* भाफ या धुंआ उठना ।

Reel, *n.* चरखी, फिरकी, चक्कर; *v.* डगमगाना, लट पटाना ।

Reeve, *v.* रस्सी को कुन्डे के सूराख में पिरोना ।

Re-fec-tion, *n.* उपहार, जलपान ।

Re-fer, *v.* सौंपना, हवाला देना ।

Ref-er-ence, *n.* संकेत, हवाला, इशारा ।

Re-fine, *v.* साफ करना ।

Re-fined, *a.* स्वच्छ, साफ ।[फाई।

Re-fine-ment, *n.* स्वच्छता, स-

Re-flect, *v.* उल्टा फेंकना, सोचना विचारना, अक्स डालना, इल्ज़ाम लगाना ।

Re-flec-tion, *n.* उल्टा फेंकना, सोच, विचार, कलंक ।

Re-flect-or, *n.* दर्पण, आइना ।

Re-flex, *a.* उल्टा, पीछे को मुड़ा हुआ । [संवारना ।

Re-form, *n.* सुधार; *v.* सुधारना,

Re-for-ma-tion, *n.* संशोधन, सुधार । [झुकना, फेरना ।

Re-fract, *v.* मुड़ना या मोड़ना,

Re-frac-tion, *n.* किरण का झुकाव या टेढ़ा पन ।

Re-frac-to-ry, *a.* ढीठ, नटखट ।

Re-frain, *v.* बचना, परहेज़ क० ।

Re-fresh, *v.* खुश क०, आराम देना, ताज़ा क० ।

Re-fresh-ing, *n.* ताज़गी, खुशी; *a.* सुहावना, सुखदायक ।

Re-fresh-ment, *n.* आराम, सुख, भोजन, जल पान ।

Ref-uge, *n.* शरण, पनाह ।[देना ।

Re-fund, *v.* फेर देना, वापस कर

Re-fu-sal, *n.* नापसन्दगी, इनकार । [काटन ।

Ref-use, *n.* अखोर, रद्दी, जूठन

Re-fuse, *v.* अस्वीकार क०, इन्कार क०, फेर देना ।

Re-fute, *v.* झूठा ठहराना या साबित क० । [सिल क० ।

Re-gain, *v.* फेर पाना, फिर हा-

Re-gal, *a.* राजकीय, शाही ।

Re-gale, *v.* खुश क०, धूमधाम क० ।

Re-ga-li-a, *n.* राज चिन्ह या लक्षण ।

Re-gard, *n.* दृष्टि, ध्यान, सम्मान; *v.* ध्यान देना, सम्मान क० ।

Re-gen-er-ate, *a.* पुनर्जन्म, नौ पैदायश; *v.* फिर पैदा क० ।

Re-gen-er-a-tion, *n.* नूतन जन्म, नई सृष्टि ।

Re-gent, *n.* अधिपति, हाकिम।
Re-gi-cide, *n.* राजा का मारने वाला। [जवानों का दल।
Reg-i-ment, *n.* फ़ौज, एक हज़ार
Re-gion, *n.* देश, खंड।
Reg-is-ter, *n.* बही, चिट्ठा; *v.* बही पर लिखना या चढ़ाना।
Reg-is-trar, *n.* लेखक, सारिश्ते-दार, मुहाफ़िज़ दफ़्तर।
Re-gret, *n.* पश्चाताप, अफ़सोस; *v.* दुखी होना।
Reg-u-lar, *a.* नियमानुसार, ठीक २, बराबर, तरतीब वार।
Reg-u-lar-i-ty, *n.* नियम, दस्तूर, तरतीब। [ब से रखना।
Reg-u-late, *v.* ठीक क॰, तरती-
Reg-u-la-tion, *n.* नियम, दस्तूर, क़ायदा। [बयान क॰।
Re-hearse, *v.* सुनाना, पढ़ना,
Reign, *n.* राज्य, हुकूमत; *v.* राज्य क॰, हुकूमत क॰।
Reign-ing, *a.* राज्य करता हुआ।
Rein, *v.* रोकना, थाम्ह रखना।
Reins, *n.* लगाम, गुर्दा।
Re-in-state, *v.* बहाल क॰, फिर से क़ायम क॰।
Re-it-er-ate, *v.* दोहराना। [क॰।
Re-ject, *v.* न मानना, क़बूल न
Re-jec-tion, *n.* इन्कार।
Re-joice, *v.* खुशी मनाना, खुश होना। [उत्तर देना, जवाब देना।
Re-join, *v.* फिर से जोड़ना, प्रति
Re-join-der, *n.* प्रत्युत्तर, जवाब।
Re-lapse, *n.* उल्टा, पल्टा; *v.* फिर आना या आना।
Re-late, *v.* वर्णन क॰, बयान क॰, बखानना।
Re-la-tion, *n.* वर्णन, बयान, वृत्तान्त, निस्बत, सम्बन्ध, सम्बन्धी, नातेदार।
Rel-a-tive, *n.* सम्बन्धी, नातेदार; *a.* सम्बन्धी।
Re-lax, *v.* ढीला क॰, शिथिल क॰।
Re-lease, *n.* छुटकारा, रिहाई; *v.* छोड़ना, आज़ाद क॰।
Re-lent, *v.* पिघलना, तर्स खाना, मुलायम होना। [मातबर।
Re-li-a-ble, *a.* विश्वास योग्य,
Re-li-ance, *n.* विश्वास, मातबरी।
Rel-ic, *n.* शेषभाग, बचा हुई चीज़।
Rel-ict, *n.* रांड़, बिधवा।
Re-lief, *n.* छुटकारा, सुख, आराम।
Re-lig-ion, *n.* धर्म, मत, विश्वास।
Re-li-gious, *a.* भक्त, धर्मात्मा।
Re-lin-quish, *v.* त्यागना, हाथ उठा लेना, छोड़ देना।
Rel-ish, *n.* स्वाद, चाट; *v.* स्वाद लेना, चखना।

Re-luc-tance, *n.* अरुचि, नाराज़ी। [ज़।

Re-luc-tant, *a.* असन्तुष्ट, नारा-

Re-ly, *v.* विश्वास क०, भरोसा रखना। [की रहना।

Re-main, *v.* ठहरना, छूटना, बा-

Re-main-der, *n.* बाक़ी, शेष।

Re-mains, *n.* शेष, बाक़ी।

Re-mand, *v.* फेर देना या लेना।

Re-mark, *n.* राय, चर्चा; *v.* देखना, राय प्रगट क०। [द्भुत।

Re-mark-a-ble, *a.* अपूर्व, अ-

Rem-e-dy, *n.* उपाय, औषध-दवा; *v.* उपाय क०। [याद क०।

Re-mem-ber, *v.* मनमें रखना,

Re-mem-brance, *n.* स्मरण, याद।

Re-mind, *v.* चेताना, याद दिलाना। [सुस्त।

Re-miss, *a.* आसकती, ढीला,

Re-mis-sion, *n.* क्षमा, छुट्टी।

Re-mit, *v.* रुपिया भेजना, फेर देना, क्षमा क०।

Re-mit-tance, *n.* जो रुपिया हुंडी मे भेजा गया हो।

Rem-nant, *n.* शेष, बाक़ी।

Re-mon-strance, *n.* गिला, शिकायत।

Re-mon-strate, *v.* हुज्जत क०।

Re-morse, *n.* पश्चात्ताप, पछतावा, अफसोस।

Re-mote, *a.* दूरी, दूर का।

Re-mov-al, *n.* विचालन, सरकाव, तबदीली। [हटना, खिसकना।

Re-move, *n.* अपसारण, हटाव; *v.*

Re-mu-ner-ate, *v.* पारितोषिक या मिहन्ताना देना।

Re-mu-ner-a-tion, *n.* पारितोषिक, मिहन्ताना।

Rend, *v.* (Pt. and Pp. rent) फाड़ना, चीरना।

Ren-der, *v.* लौटाना, फेर देना, हिसाब चुकाना, त्यागना।

Rendezvous, *n.* समागम, जमघट, फौज या जहाज़ के मिलने की जगह; *v.* मिलना।

Ren-e-gade, *n.* अधर्मी, दुराचारी।

Re-new, *v.* फिर बनाना, नया क०, मरम्मत क०।

Re-new-al, *n.* मरम्मत, ताज़गी।

Re-nounce, *v.* इन्कार करना, छोड़ देना, त्याग देना।

Ren-o-vate, *v.* नया क०, पहिली हालत पर लाना। [रत।

Re-nown, *n.* यश, कीर्ति, शोह-

Rent, *n.* दरार, फांक, भाड़ा, केराया; *v.* भाड़े या केराये पर लेना। [इन्कार।

Re-nun-ci-a-tion, *n.* परित्याग,

Re-pair, *n.* मरम्मत, सुधार; *v.* सुधारना, मरम्मत क०। [म्मत।

Re-pa-ra-tion, *n.* सुधार, मर-

Re-past, *n.* आहार, भोजन।

Re-pay, *v.* चुका देना, फेर देना, बदला देना। [खंडन क०, रद्द क०।

Re-peal, *n.* खंडन, रद्दबदल; *v.*

Re-peat, *v.* दोहराना, दुबारा कहना या क०।

Re-peat-ed-ly, *ad.* बार बार।

Re-pel, *v.* पीछे हटाना, रोकना।

Re-pent, *v.* पछताना, अफसोस क०। [छतावा, अफसोस।

Re-pent-ance, *n.* पश्चात्ताप, प-

Re-pe-ti-tion, *n.* पुनर्कथन, दोहरावा।

Re-pine, *v.* कुन्मुनाना, कुढ़ना।

Re-plen-ish, *v.* फिर भरना या पूरा क०।

Re-plete, *a.* भरा हुआ, पूरा।

Re-ply, *n.* उत्तर, जवाब; *v.* जवाब देना।

Re-port, *n.* हाल, कैफियत, चर्चा, खबर; *v.* हाल देना। [क०।

Re-pose, *n.* आराम; *v.* आराम

Re-pos-i-tory, *n.* भण्डार घर।

Re-pre-hend, *v.* निन्दा क०, अधर्म लगाना। [गुनहगार।

Re-pre-hen-si-ble, *a.* अपराधी,

Re-pre-sent, *v.* वर्णन क०, दिखलाना, भेष बनाना, नक़ल क०।

Re-pre-sen-ta-tion, *n.* बयान, तस्वीर, प्रदर्शनी।

Re-pre-sen-ta-tive, *n.* गुमाश्ता, स्थानापन्न, प्रतिनिधि: *a.* एक सूरत का, प्रतिनिधीभूत, भेजा हुआ।

Re-press, *v.* दबाना, ताबे क०।

Re-prieve, *n.* विश्राम या मोहलत देना।

Re-pri-mand, *n.* वाक्दण्ड, घुड़की; *v.* धमकाना, घुड़कना।

Re-pri-sal, *n.* दण्ड, बदला।

Re-proach, *n.* धिक्कार, धतकार: *v.* धिक्कारना, धतकारना, बुरा भला कहना।

Re-proach-ful, *a.* निन्दनीय।

Rep-ro-bate, *n.* दुराचारी, दुष्टात्मा; *a.* खराब, सत्यानाशी।

Re-pro-duce, *v.* दुबारा बनाना, याद आना। [ज़रखेज़।

Re-pro-duc-tive, *a.* पैदावार,

Re-proof, *n.* धिक्कार, धतकार।

Re-prove, *v.* धिक्कारना, धतकारना, बुराभला कहना।

Rep-tile, *n.* रेंगनेवाला जानवर, कीड़ा मकोड़ा।

Re-pub-lic, *n.* प्रजाराज्य।

Repub-li-can, *n.* or *a.* प्रजाराज्य का निवासी।[ना, बाहर कर देना।
Re-pu-di-ate, *v.* छोड़ना, त्याग-
Re-pug-nance, *n.* घृणा, नफ़रत।
Re-pug-nant, *a.* घृणित, विपरीत, बेमेल।
Re-pulse, *n.* रोक, इन्कार; *v.* हटा देना, पराजय क०।
Re-pul-sive, *a.* बुरा, खराब।
Rep-u-ta-ble, *a.* नामवर, प्रशंसनीय।
Re-pu-ta-tion, *n.* प्रशंसा, यश।
Re-pute, *n.* नामवरी, प्रतिष्ठा; *v.* गिनना, समझना। [हुआ।
Re-put-ed, *a.* समझा या गिना
Re-quest, *n.* प्रार्थना, निवेदन, इच्छा; *v.* प्रार्थना क०, मांगना।
Re-quire, *v.* चाहना, मांगना।
Re-quire-ment, *n.* चाह, हाजत, आवश्यकता। [ज़रूरी।
Re-qui-site, *n.* or *a.* आवश्यक,
Re-quite, *v.* बदला या एवज़ देना।
Rescind, *v.* उठा देना, रद्द क०।
Res-cue, *n.* छुटकारा, रिहाई; *v.* छोड़ना, छोड़ाना, बचाना।
Re-search, *n.* ढूंढ़, खोज, तलाश।
Re-sem-blance, *n.* सादृश्यता, रूप। [रूप होना।
Re-sem-ble, *v.* सदृश या एक

Re-sent, *v.* क्रोधित होना, नाराज़ होना। [नाराज़गी।
Re-sent-ment, *n.* बैर, क्रोध,
Re-serve, *v.* रख छोड़ना, बचा रखना। [खामोश।
Re-served, *a.* सचेत, होशियार,
Re-side, *v.* टिकना, रहना।
Re-si-dence, *n.* घर, निवास, निवास स्थान।
Res-i-dent, *n.* निवासी, बाशिन्दा; *a.* रहनेवाला, बाशिन्दा।
Re-si-due, or Re-sid-u-um, *n.* शेष, बाक़ी। [हाथ उठाना।
Re-sign, *v.* छोड़ देना, सौंपना,
Res-ig-na-tion, *n.* त्याग, इस्तीफा, भरोसा।
Res-in, *n.* राल, धूप।
Re-sist, *v.* रोकना, अटकाना।
Re-sist-ance, *n.* रोक, आड़, अटकाव। [त क़दम।
Res-o-lute, *a.* दृढ़, पक्का, साबि-
Res-o-lu-tion, *n.* निश्चय, पकड़ाई, निर्णय, मतलब।
Re-solve, *n.* क़स्द, इरादा; *v.* निश्चय क०, इरादा क०।
Re-sort, *n.* भेंट, गुज़र; *v.* रुजू होना, आना जाना।
Re-sound, *v.* गूंजना, जैकारका शब्द फैलाना।

Re-source, *n.* उपाय, चारा ।

Re-sources, *n.* धन, दौलत ।

Re-spect, *n.* आदर, मान, इज्ज़त; *v.* आदर क० इज्ज़त क० ।

Re-spect-a-ble, *a.* पूजनीय, माननीय, शरीफ ।

Re-spect-ful, *a.* सविनय, सुशील ।

Re-spi-ra-tion, *n.* श्वास, जीव ।

Re-spire, *v.* सांस लेना, जी उठना ।

Res-pite, *n.* देरी, फुर्सत; *v.* देरी; क०, मुल्तवी क० । [मकीला ।

Re-splen-dent, *a.* उज्वल, च-

Re-spond, *v.* उत्तर देना, जवाब देना ।

Re-sponse, *n.* उत्तर, जवाब ।

Re-spons-i-ble, *a.* ज़िम्मेदार, जवाबदेह ।

Rest, *n.* खामोशी, आराम, सुख, बाक़ी; *v.* चुप होना, आराम क०, तकिया लगाना, टेकना ।

Res-ti-tu-tion, *n.* वापसी, बदला, एवज़, दंड ।

Res-tive, *a.* अड़ियल, हठी ।

Rest-less, *a.* बेचैन, व्याकुल ।

Re-sto-ra-tion, *n.* बहाली, वापसी, बदला, एवज़ ।

Re-store, *v.* बहाल क०, फिर क़ायम क० या देना ।

Re-strain, *v.* रोकना, थाम रखना, हिरासत में रखना ।

Re-straint, *n.* रोक, हिरासत ।

Re-strict, *v.* हद बांधना, पाबन्द क० ।

Re-stric-tion, *n.* पाबन्दी, रोक ।

Re-sult, *n.* फल, हासिल; *v* फल निकलना या हासिलहोना ।

Re-sume, *v.* फिर शुरू क०, या लेना । [यामत ।

Re-sur-rec-tion, *n.* प्रलय, क-

Re-tail, *v.* फुटकर बेचना ।

Re-tain, *v.* रखना, टिकाना, नौकर रखना ।[गामी, साथी ।

Re-tain-er, *n.* अमीन, अनु-

Re-tal-i-ate, *v.* बदला या एवज़ देना । [देर लगाना ।

Re-tard, *v.* रोकना, अटकाना,

Retch, *v.* ओकने की कोशिश क० ।

Re-ten-sion, *n.* समाई, रोक, बन्धेज ।

Re-ten-tive, *a.* बन्धक, क़ाबिज़ ।

Ret-i-na, *n.* आंखका पहिला परदा । [चाकर, साथी संघी ।

Ret-i-nue, *n.* भृत्य गण, नौकर

Re-tire, *v.* पीछे हटना, नौकरी छोड़ बैठना, अलग होना ।

Re-tire-ment, *n.* एकान्त, एकान्तता, सन्यास ।

Re-tort, *n.* प्रत्युत्तर, अर्क़ खीं-

चने का टोंटीदार बरतन; *v.* तुर्त या उलट कर जवाब देना।

Re-trace, *v.* पीछे उसी रास्ते से जाना, लौटना, ढूंढ़ना।

Re-tract, *v.* उलट जाना, बात [बदलना।

Re-treat, *n.* हटाव, खिसकाव, एकान्त स्थान; *v.* हटना, अलग होना।

Re-trench, *v.* काटना, घटाना।

Re-tri-bu-tion, *n.* बदला, एवज़।

Re-trieve, *v.* फिर पाना, फेर लेना।

Re-tro-grade, *a.* विपरीत, उल्टा, [प्रतिलोम।

Re-tro-spect, *n.* पश्चाद्दृष्टि, पिछिला खयाल।

Re-turn, *n.* लौटाव, वापसी; *v.* लौटना या लौटाना, फिर आना।

Re-u-ni-on, *n.* नया मेल या जोड़, पुनर्संधि।

Re-u-nite, *v.* फिर मिलाना या [इकट्ठा क०।

Re-veal, *v.* प्रसिद्ध क०, ज़ाहिर क०।

Rev-el, *n.* धूमधाम के साथ का उत्सव; *v.* धूमधाम के साथ उत्सव क०।

Rev-el-a-tion, *n.* प्रकाश, श्रुति [प्रकाश।

Re-venge, *n.* प्रत्युपकार, बदला; *v.* बदला लेना।

Rev-e-nue, *n.* आमदनी।

Re-vere, *v.* बड़ा आदर सत्कार क०, अदब क०।

Rev-er-ence, *n.* आदर, पूजा, अदब; *v.* आदर क०, पूजना।

Rev-er-end, *a.* पादरियों की उपाधि।

Re-verse, *n.* पीठ, आपत्ति; *a.* उल्टा, विपरीत; *v.* बदलना, लौटपौट क०।

Re-vert, *v.* फिरना, वापस आना या देना।

Re-view, *n.* जांच, राय; *v.* [विचारना, जांचना।

Re-vile, *v.* गाली देना, बुरा भला कहना।

Re-vise, *v.* दोहराना, देखना [और ठीक क०।

Re-viv-al, *n.* नया जनम, पुनर्जन्म, बहाली। [बहाल होना।

Re-vive, *v.* जिलाना, जी उठना,

Rev-o-ca-tion, *n.* खंडन, मन्सूखी। [मन्सूख क०।

Re-voke, *v.* खंडन क०, रद्द क०,

Re-volt, *n.* फूट, बग़ावत; *v.* फिरना बग़ावत क०। [राज्यपरिवर्तन।

Rev-o-lu-tion, *n.* दौड़, चक्कर,

Re-volve, *v.* घूमना, चक्कर खाना, विचार क०।

Re-vul-sion, *n.* घृणा, नफ़रत।

Re-ward, *n.* बदला, इनाम; *v.* बदला या इनाम देना।

Rhet-or-ic, *n.* साहित्य, अलं-

कार विद्या, खूब तेज़ी के साथ सभा में बोलने का तर्ज़।

Rheu-matism, *n.* वायु रोग, बाई।

Rhyme, *n.* पद्य, तुक; *v.* तुक-मिलाना।

Rhythm, *n.* ताल, ठेका।

Rib, *n.* पांजर, पसुली, महराबदार जहाज़ की लकड़ी।

Rib-ald-ry, *n.* फक्कड़पने की बातें, गाली गलउज्ञ।

Rib-bon, *n.* रेशमी फीता।

Rich, *a* धनी, धनवान, अमीर, उपजाऊ, पैदावार।

Rich-es, *n.* धन, द्रव्य, दौलत।

Rich-ly, *ad.* बहुत, बहुत सा, माला माल।

Rick, *n.* ढेर, अम्बार, अटाला।

Rick-et-y, *a.* कमज़ोर, ढीला, घट का।

Rid, *v.* छुड़ाना, साफ क०, रिहा क०।

Rid-dance, *n.* छुटकारा, सफ़ाई।

Rid-dle, *n.* झरना, चलनी, पहेली; *v.* झारना, चालना, बहुत से छेद क०।

Ride, *n.* घोड़े की सवारी; *v.* (Pt. rode, Pp. ridden.) सवार होना, सवारी में जाना, ठहरना, तैरता हुआ रहना।

Ridge, *n.* पीठ, रीढ़, खड़ी चढ़ान, मेंड़; *v.* मेंड़, बनाना, ढालू क०।

Rid-i-cule, *n.* हंसी, ठट्ठा; *v.* हंसना, ठट्ठा मारना।

Ri-dic-u-lous, *a.* हंसने योग, बेहूदा।

Rife, *a.* प्रचलित, फैली हुई।

Ri-fle, *n.* एक प्रकार की बन्दूख; *v.* छीनना, छोरना, लूटना।

Rift, *n.* दरार, फटाव।

Rig-ging, *n.* जहाज़ के रस्से।

Right, *n.* न्याय, इन्साफ, अधिकार, हक़, दहिना अंग; *a.* सीधा, ठीक, दहिना; *v.* न्याय क०।

Righteous, *a.* धर्मिष्ट, ठीक।

Righ-teous-ness, *n.* सचाई, भलाई, न्याय, शीलता।

Right-ful, *a.* ठीक, वाजिब।

Ri-gid, *a.* कठिन, कड़ा, ढीक।

Rig-our, *n.* कष्ट, कठिनता, कड़ाई।

Rig-or-ous, *a.* कठिन, कड़ा, सख्त।

Rill, *n.* नाला, छोटा चश्मा।

Rim, *n.* कोर, किनारा।

Rime, *n.* पाला, बरफ।

Rind, *n.* छाल, छिल्का, चमड़ा।

Ring, *n.* चक्कर, छल्ला, अंगूठी, घड़ी घंटे की आवाज़; *v.* (Pt. Pp. rung.) बजना, बजाना।

Ring-lead-er, *n.* अगुआ, मुखिया, सरगना।

Ring-let, *n.* बालों के छल्ले, काकुल। [संघारना।
Rinse, *v.* पानी डाल कर धोना,
Ri-ot, *n.* गुल गपाड़ा, दंगा, बलवा; *v.* गुल गपाड़ा क०, दंगा क०, ज़ियादती क०।
Ri-ot-ous, *a.* फसादी, दंगेबाज़।
Rip, *n.* चीर, फाड़; *v.* काटना, चीरना, फाड़ना।
Ripe, *a.* योग्य, पक्का, तैयार।
Rip-en, *n.* योग्य होना, पकना।
Rip-ple, *n.* तरंग, लहर।
Rise, *n.* ऊंचाई, चढ़ाव, उदय, शुरू, तरक्की; *v.* (Pt. rose; Pp. risen.) उठना, बढ़ना, ऊंचा होना। [वा।
Ri-sing, *n.* उठान, बग़ावत, बल
Risk, *n.* भय, खतरा; *v.* जोखिम उठाना, खतरे में डालना।
Rite, *n.* विधि, रीत, रस्म।
Ri-val, *n*, मुक़ाबिला करने वाला; *v.* मुक़ाबिला क०।
Riv-er, *n.* नदी, दरिया।
Riv-et, *n.* पिन, कील; *v.* जोड़ना, नाथना।
Riv-u-let, *n.* छोटी नदी।
Road, *n.* सड़क, रास्ता।
Roam, *v.* भटकते हुये फिरना, आवारह फिरना।
Roan. *n.* चित्तीदार और कमाया हुआ बकरी का चमड़ा; *a.* सुफ़ैद चित्तीदार लाल।
Roar, *n.* गरज़, चिल्लाहट; *v.* गरजना, चिल्लाना।
Roast, *v.* भूनना, तपाना।
Rob, *v.* चोराना, छीनना, लूटना।
Rob-ber, *n.* चोर, डाकू।
Rob-ber-y, *n.* चोरी, डाकाज़नी।
Robe, *n.* जामा, चोग़ा; *v.* सजाना, संवारना।
Ro-bust, *a.* मोटा, ताज़ा, मज़बूत।
Rock, *n.* चट्टान; *v.* हिलना, डोलना।
Rock-y, *a.* पथरीला, चट्टानदार।
Rod, *n.* छड़ी, डंडा, लट्ठा, ५½ गज़ की माप।
Rogue, *n.* दग़ाबाज़, बदमाश।
Roll, *n.* घुमाव, पारी, चिट्ठा, फेहरिस्त; *v.* घुमाना, लुढ़काना।
Ro-mance, *n.* क़िस्सा, कहानी।
Ro-man-tic, *a.* अद्भुत, कल्पित, झूठा। [मत का।
Ro-mish, *a.* रूमियों के ढंग या
Romp, *n.* चंचल लड़की; *v.* हुल्लड़ मचाना, उछलना कूदना।
Rood, *n.* एकड़ का चौथा भाग, बिस्वा, ईसा मसीह ने जिस पर फांसी पाई थी उसकी तस्वीर।

Roof, *n.* छत, पटाव।
Room, *n.* जगह, गुंजायश, कोठरी।
Room-y, *a.* बड़ा, लम्बा चौड़ा।
Roost, *n.* बसेरा, पक्षियों के बसेरे का स्थान।
Root, *n.* वृक्ष की जड़, जड़, कारण; *v.* जमना, जड़ पकड़ना, जड़ से उखाड़ना।
Rope, *n.* रस्सा।
Ro-sette, *n.* रेशम या लैस का झुप्पा।
Ro-sy, *a.* गुलाबी, गुलाबी रंग का।
Rot, *n.* सड़ाव, गलाव; *v.* सड़ना, गलना।
Ro-ta-tion, *n.* घुमाव, चक्कर, बारी।
Rote, *n.* आवृत्ति, अभ्यास।
Rot-ten, *a.* सड़ा, गला, बेकाम।
Rough, *a.* बेडौल, खुर खुरा, ऊंचा नीचा।
Rough-ness, *n.* खुर खुरा पन, ऊंचा नीचा पन।
Round, *n.* चक्कर, घेरा, गति; *a.* गोला।
Rouse, *v.* उठना, उठाना, जागना, जगाना।
Rout, *n.* पराजय, हार, भीड़; *v.* हराना, पराजय क०।
Route, *n.* मार्ग, रास्ता।
Rove, *v.* भटकते हुये घूमना फिरना।
Row, *n.* गुलगपाड़ा, हंगामा।
Row, *n.* पंक्ति, कतार; *v.* खेवना।
Roy-al, *a.* राजकीय, शाही।
Roy-al-ty, *n.* राज्य, सल्तनत।
Rub, *v.* मलना, घिसना, लगाना, रगड़ना।
Rub-bish, *n.* कूड़ा करकट।
Ru-by, *n.* लाल, मणि; *a.* लाल।
Rud-der, *n.* पतवार।
Rud-dy, *a.* लाल, गुलाबी रंग का।
Rude, *a.* बेडौल, बेहूदा, गंवार।
Ru-di-ment, *n.* असल, मूल, जड़।
Rue, *n.* ब्राह्मी, बनस्पति विशेष; *v.* विलाप क०, पछताना।
Ruf-fi-an, *n.* ठग, खूनी।
Ruf-fle, *v.* छेड़ना, रिक्त क०, हुल्लड़ मचाना।
Rug, *n.* मोटा कपड़ा, कम्मल।
Rug-ged, *a.* खुरखुरा, झबरा, बालदार।
Ru-in, *n.* सत्यानाश, खराबी उजाड़; *v.* नष्ट क०, बिगाड़ना।
Ru-in-ous, *a.* खराब, बुरा, गिराऊ।
Rule, *n.* नियम, कायदा, आज्ञा, हुकूमत; *v.* हुकूमत क०, सतर खींचना।
Ru-ler, *n.* अधिपति, हाकिम, लकीर खींचने के लिये लकड़ी।

Rum-ble, *v.* गड़गड़ाना, कड़कड़ाना। [सोचना, विचारना।
Ru-min-ate, *v.* जुगाली क०,
Ru-mour, *n.* चर्चा, अफवाह; *v.* चर्चा क०।
Rump, *n.* पुट्ठा, चूतड़।
Run, *v.* दौड़ना, बहना।
Rup-ture, *n.* फूट, टूट; *v.* तोड़ना, फोरना।
Ru-ral, *a.* ग्रामीण, दिहाती।
Rush, *n.* दौड़, झोंका, नागरमोथा; *v.* झपट कर चलना।
Rus-set, *a.* लाली लिये हुये भूरे रंग का।
Rust, *n.* मुर्चा, ज़ंग।
Rus-tic, *n.* गंवार, दिहाती आदमी; *a.* दिहाती। [सड़ाना।
Rus-tle, *v.* खड़खड़ाना, सड़
Rut, *n.* पहिया की लीक।
Ruth-less, *a.* कठोर, निर्दई, बेरहम।
Rye, *n.* अन्न विशेष।

S.

Sab-bath, *n.* बिश्राम या आराम का दिन, एतवार।
Sabre, *n.* तलवार, शमशेर।
Sa-cer-dot-al, *a.* पवित्र, पुरोहित का।
Sack, *n.* बोरा, थैला, लूट।
Sack-cloth, *n.* टाट, बोरे का कपड़ा।
Sa-cra-ment, *n.* संस्कार, महा प्रसाद, ईसामसीह के मरण के यादगारी का खाना।
Sa-cred, *a.* पवित्र, अलौकिक, ईश्वर हेतु।
Sac-ri-fice, *n.* भेंट, यज्ञ, बलिदान, हवन, नुकसान; *v.* यज्ञ क०, हवन, बलिदान क०, नुकसान उठाना।
Sac-ri-lege, *n.* पुण्य वस्तु, दूषण, धर्म लंघन।
Sad, *a.* खिन्न, उदास, गमगीन।
Sad-dle, *n.* काठी, ज़ीन, चारजामा; *v.* ज़ीन कसना, लादना, बोझना।
Safe, *n.* खूब मज़बूत लोहे की सन्दूक, चीज़ों को हिफाज़त में रखने की जगह; *a.* निर्भय, बेडर। [फाज़त।
Safe-guard, *n.* रक्षा, पनाह, हि-
Safe-ty, *n.* कुसल, बचाव।
Sa-ga-ci-ous, *a.* चतुर, बुद्धिमान्, ज़हीन। [मानी।
Sa-gac-i-ty, *n.* चतुरता, बुद्धि-
Sage, *n.* पंडित, ज्ञानी, बुद्धिमान आदमी; *a.* बुद्धिमान।

Sail, *n.* पाल, बादबान; *v.* पाल उठाना, खेवना, चलाना या चलना। [हाज़ी।

Sail-or, *n.* मल्लाह, केवट, ज-

Saint, *n.* मुनि, साधू, सिद्ध पुरुष।

Sake, *n.* कारण, हेतु, खातिर।

Sal-ad, *n.* रायता, साग का अचार। [लव।

Sal-a-ry, *n.* मासिक. बेतन, त-

Sale, *n.* बिक्री, नीलाम।

Sales-man, *n.* बेचने वाला।

Sa-line, *a.* खारा, नमकीन।

Sa-li-va, *n.* राल, थूक, लुआब।

Sal-low, *a.* पीला, फीका।

Sal-ly, *n.* एकायक दौड़, झपट।

Sa-loon, *n.* बड़ा कमरा, बैठक।

Salt, *n.* नमक, रस, खार; *v.* नमक डालना या बुरकना।

Sal-u-ta-ry, *a.* हितकारी, मुफ़ीद।

Sa-lute, *n.* चुम्मा, प्रणाम, सलामी; *v.* चूमना, प्रणाम क०, अदब या इज्ज़त क०।

Sal-vage, *n.* माल के रक्षा करने का इनाम या बेतन। [चाव।

Sal-va-tion, *n.* मोक्ष, मुक्ति, ब-

Salve, *n.* लेप, मरहम।

Same, *a.* वही, एकसां, वैसाही।

Same-ness, *n.* समता, सादृश्यता, बराबरी।

Sam-ple, *n.* प्रतिरूप, नमूना, बानगी। [क०।

Sanc-ti-fy, *v.* सोधना, पवित्र

Sanc-tion, *n.* आज्ञा, हुक्म, मन्ज़ूरी; *v.* ठीक क०, मन्ज़ूर क०।

Sanc-ti-ty, *n.* शुद्धता, पवित्रता, पाकीज़गी।

Sanc-tu-a-ry, *n.* पवित्र स्थान, पूजा, पाठ, या शरण का स्थान।

Sand, *n.* बालू, रेत।

Sand-wich, *n.* रोटी के अन्दर का मांस, पीठी। [हाल।

Sane, *a.* स्वस्थ, भला, चंगा, ब-

San-guin-a-ry, *a.* निर्दई, खून का प्यासा, खूनी।

San-guine, *a.* जोश से भरा हुआ, सरगरम, तेज़, उम्मेद रखता हुआ। [रोग्य कर।

San-i-ta-ry, *a.* स्वास्थ्य, आ-

San-i-ty, *n.* आरोग्यता, चित्त की प्रसन्नता।

Sap, *n.* वृक्ष का सार या रस; *v.* सुरंग खोदना, सेंध लगाना।

Sap-ling, *n.* पौधा, केड़ा।

Sar-casm, *n.* ताना, तंज़, ठट्ठा।

Sar-cas-tic, *a.* कटु, ताने का।

Sash, *n.* जाल, कमरबन्द, आइनादार खिड़की का चौखटा।

Sa-tan, *n.* पिशाच नाथ, शैतान।

Sat-an-ic, *a.* पिशाची, शैतानी।

Satch-el, *n.* थैली।

Sat-el-lite, *n.* उपग्रह, छोटा ग्रह जो बड़े के चारों ओर घूमता है।

Sa-ti-ate, *v.* तृप्त क०, आसूदा क०, भरना, पूरा क०।

Sat-i-e-ty, *n.* तृप्ति, आसूदगी।

Sat-in, *n.* साटन, अतलस।

Sat-ire, *n.* आक्षेप या निन्दा से भरा हुआ पद्य, निन्दा, उपहास।

Sa-tir-i-cal, *a.* निन्दित, ताने का।

Sat-is-fac-tion, *n.* तृप्ति, रज़ामन्दी, आसूदगी।

Sat-is-fy, *v.* तृप्ति क०, खुश क०, राज़ी क०, विश्वास कराना।

Sauce, *n.* चटनी, सालन।

Sauc-er, *n.* थाली, तश्तरी।

Sauc-y, *a.* दिलेर, ढीठ, गुस्ताख़।

Saun-ter, *v.* बेफायदे घूमते फिरना।

Saus-age, *n.* लगूचा, कुलमा, जानवर की आंत मसाले दार मांस से भरी हुई।

Sav-age, *n.* जंगली, वहशी; *a.* निर्दई, कठोर। [*pr.* सिवाय।

Save, *v.* रख छोड़ना, बचाना;

Sav-ing, *a.* किफायती, कंजूस।

Saviour, *n.* छोड़ाने या बचाने वाला, ईसा-मसीह की पदवी, मुक्तिदाता। [छु।

Sav-our, *n.* स्वाद, लज़्ज़त, गंध,

Sa-vour-y, *a.* स्वादिष्ट, लज़्ज़तदार।

Saw, *n.* आरा, कहावत, मसला।

Saw-yer, *n.* आरा चलाने वाला।

Say, *v.* [Pt. and Pp. said.] बोलना, कहना, जवाब देना।

Say-ing, *n.* बात, कथन, कहावत, मसला।

Scab, *n.* घाव के ऊपर की पपड़ी।

Scab-bard, *n.* तलवार की मियान। [मचान।

Scaf-fold, *n.* लकड़ी का टांड़ या

Scald, *n.* गरम पानी या तेल वगैरह से जलने का दाग; *v.* गरम पानी या तेल से जलाना।

Scale, *n.* तराज़ू का पलरा, मछली के शरीर पर का पट्ठा या छिल्का, परत, सीढ़ी, स र ग म; *v.* दीवाल पर चढ़ना।

Scallop, *n.* सीपदार मछली, दान्ता, लहर।

Scalp, *n.* सिर का चमड़ा।

Scamp, *n.* उठाईगीर, दगाबाज़।

Scamp-er, *n.* तेज़ी से भाग जाना।

Scan, *v.* खूब अच्छी तरह जांचना। [बुराई।

Scan-dal, *n.* कलंक, दाग, निन्दा,

Scan-da-lous, *a.* निन्दनीय, बुरा।
Scant-ling, *n.* लकड़ी का मोटा टुकड़ा।
Scant-y, *a.* थोड़ा, कम।
Scape-goat, *n.* और के बदले जान देने वाला या दुख उठाने वाला। [लगाना, चिन्ह क०।
Scar, *n.* घाव का दाग; *v.* दाग
Scarce, *a.* थोड़ा, कम, विरला।
Scarce-ly, *ad.* मुशकिल से।
Scar-ci-ty, *n.* तंगी, अकाल, कहत।
Scare, *v.* चौंकाना, डराना।
Scarf, *n.* डुपट्टा, ओढ़नी; *v.* जोड़ना, डुपट्टे की तरह ओढ़ना।
Scar-let, *n.* गहिरा सुर्ख रंग; *a.* सुर्ख, लाल। [तीन तेरह क०।
Scat-ter, *v.* फैलाना, छितराना,
Scav-en-ger, *n.* मेहतर, गली सड़क साफ करने वाला।
Scene, *n.* तमाशा, तमाशे की जगह, थिएटर का पर्दा।
Scen-ery, *n.* ज़मीन और उस पर की चीज़ों वगैरह का चित्र, सूरत।
Scent, *n.* महक, सुगंध; *v.* सूंघना, महकना, सुगंधित क०।
Scep-tic, *n.* शक्की, वहमी।
Sceptre, *n.* राज दंड। [फ़र्द।
Schedule, *n.* खर्रा, चिट्ठा, बंद,
Scheme, *n.* उपाय, तदबीर, हिकमत; *v.* उपाय क०, तदबीर क०।
Schism, *n.* भेद, शाखा, मतभेद।
Schis-mat-ic, *n.* मतभेदी, राय में फरक होने की वजह से कम विश्वास। [डित।
Schol-ar, *n.* विद्यार्थी, विद्वान्, पं-
School, *n.* विद्यालय, पाठशाला, मदरसा। [गुरू।
School-mas-ter, *n.* अध्यापक,
Schoon-er, *n.* दो मस्तूल की जहाज़।
Sci-ence, *n.* विज्ञान विद्या, इल्म।
Sci-en-tif-ic, *a.* विज्ञानी, ज्ञान सम्बन्धी। [कैंची।
Scis-sors, *n.* सरौता, कतरनी,
Scoff, *v.* हंसी क०, ताना मारना; *n.* हंसी, ठट्ठा, ताना।
Scold, *v.* धमकाना, झिड़कना।
Scoop, *n.* कलछुला, डोइया; *v.* उलिचना, कल छुला से खाली क०। [ई, इरादा, नियत।
Scope, *n.* पहुंच, विस्तार, समा-
Scor-bu-tic, *a.* खरसैला, खुजली का। [जाना।
Scorch, *v.* झुलसना या झुलस
Score, *n.* रेखा, खोंचा, लकीर, बीस, लेखा, हिसाब; *v.* चिन्ह बनाना, लकीर खींचना।
Scorn, *n.* घृणा, तिरस्कार, नफ़रत; *v.* घृणा क०, तिरस्कार क०।

Scorn-ful, *a.* घृणित ।

Scoun-drel, *n.* गुंडा, बदमाश ।

Scour, *v.* माजना, रगड़ कर साफ क० ।

Scourge, *n.* कोड़ा, चाबुक; *v.* कोड़ा मारना, चाबुक लगाना ।

Scout, *n.* भेदिया, जो शत्रु का भेद लेने को भेजा गया हो; *v.* भेद लेना, घृणा क० ।

Scowl, *v.* नाक भौं सिकोड़ना, गुर्राना; *n.* टेढ़ी भौं, डरावनी सूरत । [चढ़ना ।

Scram-ble, *v.* छीना छोरी क०,

Scrap, *n.* छीलन, छांटन, टुकड़ा ।

Scrape, *v.* छीलना, खुरचना ।

Scratch, *n.* खुरच, खोंचा; *v.* नोचना, खुरचना ।

Scrawl, *v.* घसीट कर लिखना; *n.* खराब लेख, घसीट का लेख ।

Scream, *n.* चीख, चिल्लाहट; *v.* चीखना, चिल्ला उठना ।

Screech, *n.* चीख, चिल्लाहट; *v.* चिल्ला उठना ।

Screen, *n.* टट्टी, आड़, परदा; *v.* आड़ क०, परदा लगाना ।

Screw, *n.* पेच; *v.* पेच लगाना, पेच से कसना ।

Scrib-ble, *v.* घसीट कर लिखना, बे परवाही के साथ लिखना ।

Scribe, *n.* लेखक, कातिब, मुहर्रिर ।

Scrip, *n.* थैली, चिट्ठा, रुक्का ।

Scrip-tu-ral, *a.* शास्त्रानुकूल, इन्जील के अनुसार ।

Scrip-ture, *n.* शास्त्र, ईसाइयों की धर्म पुस्तक ।

Scroll, *n.* लपेटे हुये काग़ज़ का मुट्ठा, फ़र्द, पेचदार गहना ।

Scrub, *n.* मज़दूर, मिहनती आदमी; *v.* मांजना, घोटना । [काम ।

Scrub-by, *a.* पाजी, कमीना, बे-

Scru-ple, *n.* दुबधा, शक, आठ रत्ती का वज़न; *v.* शक क० ।

Scru-pu-lous, *a.* मुत्ताम्मी; शक्की ।

Scru-ti-nize, *v.* खूब बारीकी के साथ जांचना ।

Scru-tin-y, *n.* बारीकी की जांच ।

Scuff-le, *n.* खींचा खींची, घुस्सम घुस्सा ।

Scull, *n.* डांड़, खोपड़ी ।

Scul-le-ry, *n.* बावरची खाने का कूड़ा या बरतन वगैरह रखने की जगह । [नौकरानी ।

Scul-lion, *n.* बरतन मांजने वाली,

Sculp-tor, *n.* बढ़ई, संतराश ।

Sculp-ture, *n.* संतराशी, बढ़ई गीरी, नक़्क़ाशी का काम ।

Scum, *n.* फेन, मैल । [पपड़ी ।

Scurf, *n.* सिर का सूखा चमड़ा,

Scur-ri-lous, *a.* अधम, नीच, कमीना।

Scur-vy, *n.* चमड़े का रोग, रोग विशेष जिस से शरीर पर चकत्ते पड़ जाते हैं; *a.* खारिश्ती, जिसका खून बिगड़ गया हो, अधम।

Scut-tle, *n.* टोकरी, डलिया; *v.* जहाज़ के पेंदे में सूराख क०।

Scythe, *n.* हंसिया।

Sea, *n.* सागर, समुद्र।

Sea-fa-ring, *a.* मल्लाही के काम में लगा हुआ।

Seal, *n.* एक प्रकार का समुद्री जानवर, मोहर, ठप्पा; *v.* मोहर लगाना, छाप लगाना, ठीक क०।

Seam. *n.* सीने का जोड़, सिलाई; *v.* चिन्ह क०।

Sea-man, *n.* मल्लाह।

Sea-man-ship, *n.* मल्लाही, जहाज़ चलाने का हुनर। [ज़िन।

Seam-stress, *n.* सीनेवाली, दर-

Sear, *v.* झुलसना; *a.* सूखा, मुर्झाया हुआ।

Search, *n.* ढूंढ़ढांढ़, तलाशी; *v.* ढूंढ़ना, तलाश क०। [ढूंढ़ने वाला।

Search-ing, *a.* खूब अच्छी तरह

Sea-son, *n.* ऋतु, मौसिम, अवसर; *v.* मज़ेदार क०।

Sea-son-a-ble, *a.* समयिक, समय पर।

Sea-son-ing, *n.* छौंक, बघार।

Sea-wor-thy, *a.* समुद्र में जाने के योग्य। [*v.* बैठालना।

Seat, *n.* बैठक, आसन, चौकी;

Se-clu-sion, *n.* एकान्त वास, एकांतता।

Sec-ond, *a.* दूसरा, छोटा; *n.* एक मिनट का साठवां हिस्सा; *v.* अनुमोदन क०, सहारा देना, मदद क०।

Se-cre-cy, *n.* पोशीदगी, छिपाव।

Se-cret, *a.* गुप्त, पोशीदा, गुप्तबात।

Sec-re-ta-ry, *n.* कार्याध्यक्ष, कारगुज़ार, मंत्री, दीवान।

Se-crete, *v.* छिपाना, गुप्तरखना।

Sect, *n.* पंथ, मत, सम्प्रदाय।

Sect-a-ri-an, *n.* पंथी, मतानुयायी।

Sec-tion, *n.* खंड, भाग, शाखा।

Sec-u-lar, *a.* संसारी, दुनियवी।

Se-cure, *a.* बे खतरा, निर्भय; *v.* निर्भय क०। [ज़ामिन।

Se-cu-rity, *n.* बचाव, सलामती,

Se-date, *a.* गम्भीर, शांत, धीर।

Sedge, *n.* एक प्रकार की घास।

Sed-i-ment, *n.* तलछट, गाद।

Se-di-tion, *n.* फसाद, बलवा।

Se-duce, v. बहकाना, गुमराह क०।

See, n. सर्दार पादरी का इलाक़ा; v. (Pt. saw, Pp. seen,) देखना।

Seed, n. बीज, बिया, संतान।

Seed-ling, n. बीज से उगाहुआ पौधा।

Seek, v. (Pt. and Pp. sought,) ढूंढ़ना, तलाश क०, मांगना।

Seem, v. मालूम होना, दिखाई पड़ना।

Seem-ing, a. ज़ाहिरा।

Seem-ly, a. मुनासिब, सुडौल, दिखनौट। [देखना है।

Seer, n. भविष्यद्वक्ता, जो कि

Seethe, v. उबलना या उबालना।

Seize, v. पकड़ना, ले लेना, कब्ज़े में लाना।

Sel-dom, ad. कभी२, बहुत कम।

Se-lect, v. चुनना, पसन्द क०; a. चुनाहुआ, पसन्दीदह।

Se-lec-tion, n. छांट, पसन्द।

Self, n. आप, खुद; a. वही, खास; p. आपही।

Self-ev-i-dent, a. स्वतः सिद्ध, साफ, ज़ाहिर।

Self-ish, a. स्वार्थी, ख़ुदगर्ज़।

Self-ish-ness, n. स्वार्थ, ख़ुदगर्ज़ी।

Self-same, a. वही, आपही।

Self-will, n. हठ, आत्म बुद्धि।

Sell, v. (Pt. & Pp. sold.) बेचना। [कोर।

Sel-vage, n. कपड़े का किनारा,

Sem-blance, n. सादृश्यता, आकार, सूरत।

Sem-i-cir-cle, n. वृत्तार्ध।

Sem-i-co-lon, n. विराम चिन्ह(;)।

Sen-ate, n. सलाहकारों की सभा।

Sen-a-tor, n. सिनेट नामक सभा का सभासद्। [भेजना।

Send, v. (Pt. & Pp. sent.)

Se-nior, n. or a. बड़ा, बूढ़ा।

Sen-sa-tion, n. ज्ञान, ख्याल, जोश। [समझ।

Sense, n. बुद्धि, अक़्ल, विचार

Sense-less, a. बेहोश, अचेत, निर्बुद्धि, मूर्ख, बेवकूफ़।

Sen-si-bil-i-ty, n. ज्ञान, अनुभव, चेत, चित्त की कोमलता।

Sen-si-ble, a. बुद्धिमान, ज्ञानी, विवेकी। [सम्बन्धी।

Sen-su-al, a. शारीरिक, काम

Sen-tence, n. विचार, फैसला, वाक्य, जुमला; v. सज़ा का हुक्म देना। [राय।

Sen-ti-ment, n. ख़याल, सोच,

Sen-ti-nel, n. सन्त्री, पहरुआ, चौकीदार।

Sep-a-rate, *a.* जुदा, अलाहिदा; *v.* जुदा क०, अलाहिदा क०।
Sep-a-ra-tion, *n.* जुदाई, अलाहिदगी। [परिणाम।
Se-quel, *n.* अन्त, आखीर, फल,
Se-quence, *n* सिलसिला, तरतीब।
Ser-aph, *n.* ईश्वर का दूत।
Sere, *a.* सूखा, मुर्झाया हुआ।
Se-rene, *a.* स्थिर, शान्त।
Se-ren-i-ty, *n.* शान्ति, धैर्य।
Serf, *n.* दास, गुलाम।
Serge, *n.* एक प्रकार का पतला और ऊनी कपड़ा। [जमादार।
Ser-geant, *n.* सार्जन, हवल्दार,
Se-ries, *n.* सिलसिला, लरी, तार।
Se-ri-ous, *a.* धीर, गम्भीर, संजीदा। [व्याख्यान।
Ser-mon, *n.* धर्मोपदेश, मज़हबी
Ser-pent, *n.* सर्प, सांप।
Se-rum, *n.* मेद, दूध या खून में का पानी का हिस्सा।
Ser-vant, *n.* नौकर, चाकर।
Serve, *v.* सेवा क०, खिदमत क०, काम क०, पूजा क०, परोसना, ठीक क०।
Ser-vice, *n.* सेवा, खिदमत, मिहनत, पूजा, कर्तव्य, फर्ज़, फायदा। [काम का, मुफ़ीद।
Ser-vice-a-ble, *a.* उपयोगी,
Ser-vile, *a.* नीच, कमीना, चापलूस। [ताबेदारी।
Ser-vi-tude, *n.* सेवा, अधीनता,
Ses-sion, *n.* न्यायालय, अदालत के बैठक का समय, इजलास।
Set, *n.* किसी चीज़ का पूरा सामान, पूरी साज, समूह, जोड़ा; *a.* पक्का, दुरुस्त, ठीक; *v.* रखना, जमाना, बैठालना, बोना, डूबना।
Set-tle, *n.* ऊंचे पिठौतेदार कुरसी, ओढ़कनीदार चौकी; *v.* ठहराना, तै क०, देना, बसाना या बसना, बैठ जाना।
Set-tle-ment, *n.* बन्दोबस्त, बैठाव, बस्ती, स्त्रीधन।
Sev-er, *v.* जुदा क०, काटना, चीरना। [बहुत।
Sev-er-al, *a.* जुदा, अलाहिदा,
Sev-er-al-ly, *ad.* अलग २ जुदा २।
Se-vere, *a.* कठोर, कड़ा, बेरहम।
Se-ver-i-ty, *n.* सख्ती, कड़ाई।
Sew, *v.* सीना।
Sewer, *n.* मोरी, परनाला।
Sex, *n.* लिङ्ग, जाति, स्त्री पुरुष भेद।
Sex-ton, *n.* कबर खोदनेवाला।
Shab-by, *a.* कमीना, नीच, पाजी।
Shade, *n.* साया, परछाहीं, आड़; *v.* रोशनी से आड़ क०, साया क०

Shad-ow, *n.* परछाहीं, सूरत, अक्स; *v.* परछाहीं डालना, अन्धेरा क०। [यादार।
Shad-ow-y, *a.* झूठा, नकली, सा-
Shaft, *n.* बांस, छड़, धुरी, तीर, खंभे का एक भाग, खान में जाने का दरवाज़ा। [बालदार।
Shag-gy, *a.* खुरखुरी, झबरीं,
Shake, *n.* झटका, डगमगाहट, कपकपी; *v.* (Pt. shook, Pp. shaken.) कांपना, कंपाना, हिलना, हिलाना।
Shal-low, *n.* उथल स्थान, थोड़ा पानी; *a.* उथल, छिछला।
Sham, *n.* छल, धोखा, बहाना; *v.* धोखा देना, बहाना क०। [स्थान।
Sham-bles, *n.* सौन स्थान, बध-
Sham-bling, *a.* बनावटी चाल।
Shame, *n.* लज्जा, शरम, दुष्कीर्ति।
Shame-ful, *a.* लज्जाकर, शरम दिलाने वाला।
Shank, *n.* पांव की नली, पिंडुली।
Shape, *n.* आकार, रूप, सूरत, शकल; *v.* (Pt. shaped, & Pp. shapen.) बनाना, गढ़ना, ढालना।
Share, *n.* भाग, हिस्सा, हर का फार; *v.* भाग लगाना, बांटना, शरीक या शामिल होना।

Sharp, *a.* पैन, धारदार, तेज़, चटकीला, तीता।
Sharp-en, *v.* चोखा क०, तेज़ क०।
Sharp-er, *n.* ठग, धोखादेने वाला, दगाबाज़।
Shat-ter, *v.* चूर क०, टुकड़े क०।
Shave, *v.* छीलना, मूंड़ना, बार बनाना।
Sha-ving, *n.* छिल्का, छीलन।
Shawl, *n.* शाल, चद्दर।
She, *p.* वह (स्त्री विशेष के लिये)।
Sheaf, *n.* अनाज की गठरी।
Shear, *v.* (Pt. shore, & Pp. shorn.) काटना, कतरना।
Shears, *n.* बड़ी कैंची या कतरनी।
Sheath, *n.* मियान, खोल, गिलाफ।
Sheathe, *v.* खोल चढ़ाना, मढ़ना, मियान में डालना।
Sheave, *n.* चरखी की पहिया।
Shed, *n.* छप्पर, बाड़ा; *v.* गिरना, गिराना, टपकना, फेंकना।
Sheep, *n.* भेड़, भेड़ी।
Sheep-ish, *a.* शरमिन्दा, मुहचोर।
Sheer, *a.* सीधा, खड़ा, सरासर; *v.* मुड़ना, फिरना।
Sheers, *n.* बोझ उठाने का यन्त्र या कल।
Sheet, *n.* चद्दर, चद्दरा, कागज़ का ताव।

Shelf, *n.* मचान, आलमारी, समुद्र का रेतीला किनारा।

Shell, *n.* छिल्का, संख, घोंघा, कौड़ी; *v.* छीलना, छिल्का उतारना।

Shel-ter, *n.* रक्षा, बचाव, आड़; *v.* रक्षा क०, बचाना।

Shelve, *v.* ढालू होना या क०, निकालना, खारिज क०।

Shep-herd, *n.* गड़रिया, जो भेड़ियों को चराता है।

Sher-iff, *n.* ज़िले का हाकिम।

Shield, *n.* ढाल, आड़; *v.* ढाल पर लेना, बचाना, आड़ क०।

Shift, *n.* बदला, युक्ति, हिक्मत, छल; *v.* बदलना, पलटना।

Shil-ling, *n.* मुद्रा विशेष, १२ पेन्स का।

Shi-loh, *n.* मसीहा।

Shin, *n.* पिंडुली की हड्डी या नली।

Shine, *v.* (Pt. & Pp. shone.) चमकना, रोशनी देना।

Shing-le, *n.* घर पाटने के लिये लकड़ी के पटरे, गोल२ पत्थल।

Shi-ning, *a.* चमकीला, चमकता हुआ।

Ship, *n.* बड़ी नौका, जहाज़; *v.* जहाज़ पर चढ़ना या लादना।

Ship-wreck, *n.* जहाज़ का नाश।

Ship-wright, *n.* जहाज़ का बनाने वाला।

Shire, *n.* सूबा, ज़िला।

Shirk, *v.* टाल देना, बचा जाना।

Shirt, *n.* कुर्ता, कमीज़।

Shiv-er, *n.* कपकपी; *v.* कांपना, थरथराना, चूरचूर हो जाना।

Shoal, *n.* मछलियों का झुंड या जमघट, बालू का ढेर या करारा; *a.* उथला।

Shock, *n.* धक्का, टक्कर, चोट; *v.* धक्का देना, चिढ़ाना, नाराज़ क०।

Shoe, *n.* उपानह, पनही, जूता।

Shoot, *n.* नई डाल, कनखा; *v.* (Pt. & Pp. shot.) छोड़ना, चलाना, अंकुर निकलना, जमना, बन्दूक़ चलाना।

Shop, *n.* दूकान; *v.* दूकान पर सौदा लेने के लिये जाना, सौदा लेना।

Shore, *n.* थूनी, टेकन, समुद्र का किनारा; *v.* थूनी लगा कर थामना।

Short, *a.* कम, थोड़ा, छोटा।

Short-ly, *ad.* संक्षेप में, खुलासा तौर से, जल्दी, थोड़ी देर में।

Shot, *n.* गोली, मार, चोट, पल्ला।

Shoul-der, *n.* कंधा, मोढ़ा, पखुरा, सहारा।

Shout, *n.* ललकार, चिल्लाहट, जय जयकार; *v.* जयजयकार की ध्वनि क०, चिल्लाना।

Shove, *n.* धक्का, रेल, पेल; *v.* रेलना, पेलना, ढकेलना।

Shov-el, *n.* बड़ा बेंटदार फड़ुहा, मट्टी लेकर फेंकने का फड़ूहा।

Show, *n.* प्रदर्शिनी, दिखाई, तमाशा; *v.* (Pt. showed, & Pp. shown.) दिखलाना, प्रसिद्ध क०.साबित क०, जताना, समझाना, बुझाना।

Show-er, *n.* झकोरा, झींसी, बौछार।

Show-y, *a.* भड़कीला, दिखावटी, उम्दा, रौनकदार।

Shred, *n.* धज्जी, लम्बा पतला टुकड़ा; *v.* काटना. टुकड़े क०।

Shrew, *n.* चिड़चिड़ही और झगड़ालू औरत। [घाव।

Shrewd, *a.* चालाक. चतुर. धूर्त,

Shriek, *n.* चीख. चिल्लाहट; *v.* चीखना, चिल्लाना।

Shrill, *a.* कर्कश, तीव्र, तेज़।

Shrink, *v.* (Pt. and Pp. shrunk.) समेटना या सिमटना, हटना, हट जाना। [ड़ना।

Shriv-el, *v.* सिकुड़ना. झुर्री प-

Shroud, *n.* कफन, मुर्दे का कपड़ा; *v.* ढकना, छिपाना।

Shrub, *n.* झाड़ी।

Shrug, *v.* मोढ़े चढ़ाना. कंधा हिलाना. समेटना. सिकोड़ना।

Shud-der, *n.* कपकपी, थरथराहट; *v.* डर से कांप उठना या कंपा देना।

Shuf-fle, *n.* टाल मटोल. चक्कर मक्कर; *v.* बात उलटना, बदल जाना. अल्द पांव उठाना, अंठिलाकर चलना। [रहना।

Shun, *v.* बचना. बचा जाना, बाज़

Shut, *v.* बन्द करना।

Shut-ter, *n.* किवाड़. चिक, झिलमिली।

Shut-tle, *n.* नाल. धड़की, जोलाहों का एक प्रकार का औजार। [कन्ना. चुपका।

Shy, *a.* शरमीला. भड़कीला. चौ-

Sick, *a.* उदास, मान्दा. बीमार।

Sick-en, *v.* थकाना, बीमार क० या होना।

Sick-ly, *a.* रोगी. सुस्त, बीमार सा।

Sick-le, *n.* हंसिया।

Sick-ness, *n.* रोग, रोगीपन, बीमारी की हालत।

Side, *n.* किनारा. सिरा. पक्ष; *a.* बगली या बगल का; *v.* पक्ष या तरफ़दारी क०।

Si-ding, *n.* पक्षशरी, गाड़ियों को असिली सड़क पर से बगल की सड़क पर ले जाना।
Siege, *n.* घेरा, मुहासिरा, क़िला बन्दी।
Sieve, *n.* चलनी।
Sift, *v.* चालना, छानना, चलनी के छेदों में होकर गिरना।
Sigh, *n.* हाय, अफसोस; *v.* हाय मारना, लम्बी सांस लेना, रंज क०।
Sight, *n.* दृष्टि, नज़र, तमाशा।
Sign, *n.* चिन्ह, लक्षण, निशान; *v.* चिन्ह क०, निशान क०, दस्तखत क०।
Sig-nal, *n.* सूचना, इशारा; *a.* नामवर, नामी। [खत।
Sig-na-ture, *n.* हस्ताक्षर, दस्त-
Sig-net, *n.* छापा, मोहर।
Sig-nif-i-cant, *a.* अर्थ युक्त, मानेदार। [लब, इशारा।
Sig-nif-i-ca-tion, *n.* अर्थ, मत-
Sig-ni-fy, *v.* जताना, बताना, अर्थ या माने रखना।
Si-lence, *n.* मौन, चुपकी, खामोशी; *v.* चुप क० या होना।
Si-lent, *a.* मौन, चुप, खामोश।
Silk, *n.* रेशम, रेशमी कपड़ा।
Sill, *n.* शासा, देहली।
Sil-ly, *a.* भोला, मूर्ख, बेवक़ूफ।
Sil-ver, *n.* रूपा, चांदी।
Sim-i-lar, *a.* समान, एकसा, मानिन्द। [कसानी।
Sim-i-lar-i-ty, *n.* समानता, ए-
Sim-i-le, *n.* उपमा, तशबीह।
Sim-mer, *v.* खौलना, सनसनाना।
Sim-per, *n.* हंसी, मुसकुराहट; *v.* हंसना, मुसकुराना। [सारा।
Sim-ple, *a.* निर्मल, सच्चा, सीधा,
Sim-plic-i-ty, *n.* सचाई, सादगी, सीधापन। [क०, खालना।
Sim-pli-fy, *v.* सालिल क०, साफ
Sim-ply, *ad.* केवल, सिर्फ।
Sin, *n.* पाप, अपराध, गुनाह; *v.* पाप क०।
Since, *pr.* आगे, बाद; *ad.* आगे, इसके पहिले; *c.* इस कारण, इस लिये।
Sin-cere, *a.* सच्चा, खरा, सीधा।
Sin-cer-i-ty, *n.* सचाई, खराई।
Sinew, *n.* नाड़ी, नस, पट्ठा।
Sin-ew-y, *a.* बलवान, नसीला, मज़बूत। [हगार।
Sin-ful, *a.* पापी, अपराधी, गुन-
Sing, *v.* (Pt. sang, sung, Pp. sung.) अलापना, गाना।
Singe, *v.* झुलसाना, झुलसना।
Sin-gle, *a.* अकेला, अनब्याहा; *v.* एक को छांट लेना, चुनना।

Sin-gu-lar, *a.* एक बचन, अकेला, अनोखा।

Sink, *n.* नाली, मोरी, परनाला; *v.* (Pt. sunk, sank; Pp. sunk,) बैठना, धसना, डूबना, डुबाना, गिरना। [हगार।

Sin-ner, *n.* पापी, अपराधी, गुन-

Sip, *n.* घूंट, चुस्की; *v.* ओंठों से चूसना या चाटना।

Sir, *n.* आदर का शब्द, महाशय, ठाकुर, साहिब, श्री, जनाब, पदवी विशेष।

Sire, *n.* पिता, बाप, बड़ा बुज़ुर्ग।

Sir-loin, *n.* गाय के पीठ के पिछिली तरफ का मांस।

Sis-ter, *n.* बहिन।

Sit, *v.* (Pt. & Pp. sat.) बैठना, बसेरा लेना, ठीक आना, आराम क०, अण्डा सेवना।

Site, *n.* स्थान, जगह, ठिकाना।

Sit-ting, *n.* बैठक, जगह, इजलास। [अवस्था, हालत।

Sit-u-a-tion, *n.* स्थान, जगह,

Size, *n.* परिमाण, क़द, डील; *v.* डील डौल के अनुसार तरतीब में रखना।

Skate, *n.* एक प्रकार की मछली, फिसलकर चलने के लिये लोहे का जूता; *v.* लोहे के जूते पर फिसलकर चलना। [क. फेंटी।

Skein, *n.* सूत का लच्छा, पेच-

Skel-e-ton, *n.* जानवरों की ठठरी, पांजर।

Sketch, *n.* कच्चा नक़्शा या ढांचा; *v.* नक़्शा खींचना।

Skew-er, *n.* कबाब की सांख या सीखचा।

Skiff, *n.* डोंगी, हल्की छोटी नाव।

Skil-ful, *a.* निपुण, चतुर, होशियार, हिकमती। [कमत, हुनर।

Skill, *n.* निपुणता, चतुराई, हि

Skilled, *a.* निपुण, कारीगर।

Skim, *v.* फेन हटाना, मलाई उतारना, किसी स्थान या चीज़ को छूते हुये जाना।

Skin, *n.* खाल, कच्चा चमड़ा; *v.* खाल खींचना या उतारना।

Skip, *n.* छलांग, उछलना कूदना; *v.* फुदकना, आहिस्ते से कूदना, छोड़ना, भूलना।

Skir-mish, *n.* खटपट, झगड़ा।

Skirt, *n.* किनारा, कोर, चोग़ा या लहंगा के नीचे का हिस्सा।

Skulk, *v.* छिपना, दबकना।

Skull, *n.* खोपड़ी सिर की हड्डी।

Sky, *n.* आकाश, आस्मान।

Slab, *n.* पत्थर का चौका, पटिया।

Slack, *a.* कोमल, नरम, मुलायम,

ढीला, सुस्त।

Slack-en, *v.* ढीला क० या होना, सुस्त क० या होना।

Slag, *n.* धात का मैल।

Slake, *v.* प्यास बुझाना बुझाना, तर क०, पानी डाल कर पीसना।

Slan-der, *n.* कलंक, बदनामी, हतक इज़्ज़त; *v.* कलंक लगाना, बदनाम क०। [का मुहावरा।

Slang, *n.* अश्लीलभाषण, नीचों

Slant, *v.* ढालू या तिर्छा होना।

Slash, *n.* फाड़, चीर; *v.* चीरना फाड़ना, काटना।

Slate, *n.* लिखने की पत्थर की तख्ती, पटरी; *v.* पत्थर की पटियों से पाटना। [मैली औरत।

Slat-tern, *n.* फूहर स्त्री, मैली कु-

Slaugh-ter, *n.* संहार, बध, क़तल; *v.* बध क०, क़तल क०।

Slave, *n.* दास, गुलाम।

Sla-ver-y, *n.* दासत्व, गुलामी।

Slav-ish, *a.* गुलाम सा, पाजी, नीच।

Slay, *v.* (Pt. slew, Pp. slain,) बध क०, मार डालना।

Sleek, *a.* चिकना, साफ़, चमकीला।

Sleep, *n.* नींद, सोआई; *v.* (Pt. and Pp. slept.) सोना, आराम क०।

Sleep-er, *n.* सोने वाला, सिलीपर, लकड़ी या लोहे की फांट।

Sleet, *n.* वर्षा जिस में पानी औ बरफ एक साथ हो।

Sleeve, *n.* आस्तीन, बाहीं।

Slen-der, *a.* पतला, बारीक, कम।

Slice, *n.* फांक, क़तरा, टुकड़ा।

Slide, *n.* ढाल, फिसलनी जगह; *v.* (Pt. slid, Pp. sliden.) फिसलना, खिसकना, सरकना

Slight, *n.* भूल; *v.* भूलना; *a.* पतला, थोड़ा, हलका।

Slim, *a.* दुबला, पतला, हल्का।

Slime, *n.* चिकनी मट्टी, चहला, कीचड़।

Sling, *n.* ढेलवा, गोफना, सहारा; *v.* (Pt. & Pp. slung.) गोफने से फेंकना।

Slip, *n.* फिसलन, भूल, चूक, गलती, पट्टी, चिट; *v.* फिसलना।

Slip-per, *n.* चपौड़ा या घेतला जूता। [बारीक, कमज़ोर।

Slip-per-y, *a.* चिकना, फिसलहा,

Slit, *n.* भरुजी, छीरी, चीर, फाड़।

Sloop, *n.* एक मस्तूल की नौका या जहाज़।

Slop, *n.* गंदला पानी, पतली या पानी सी खाने की चीज़ें,

तैयार कपड़े; *v.* भौंधा क०, बिगाड़ना ।

Slope, *n.* ढाल, झुकाव; *v.* ढालू क०. झुकना. झुकाना ।

Sloth, *n.* आलस्य. सुस्ती ।

Sloth-ful, *a.* आलसी, सुस्त. काहिल ।

Slough, *n.* दलदल, धसान ।

Slough, *n.* केंचुल; *v.* केंचुल छोड़ना, उतारना, जुदा क० ।

Slov-en, *a.* गंदा, मैला या फूहर आदमी ।

Slow, *a.* धीमा. आलसी, सुस्त ।

Slug, *n.* आलसी आदमी. एक क़िस्म का घोंघा । [आदमी ।

Slug-gard, *n.* आलसी या सुस्त

Slug-gish, *a.* धीमा, आलसी, सुस्त, काहिल ।[फाटक, मोरी ।

Sluice, *n.* पानी के रास्ते का

Slum-ber, *n.* उंघाई, झपकी. हल्की नींद; *v.* ऊंघना. सोना ।

Slut, *n.* मैली या फूहर औरत ।

Sly, *a.* धूर्त, चालाक, सयाना, मुतफन्नी ।

Smack, *n.* थप्पड़. चुम्मा, स्वाद. छोटा घड़ा; *v.* चुम्मा लेना. ओंठों से चप चप क०, तड़काना, चटकना ।[राखा, अड़ना ।

Small, *a.* अल्प, थोड़ा, छोटा, ज-

Smart, *a.* फुर्तीला, तेज़, चरपरा, चालाक; *v.* जलना. टपकना ।

Smash, *v.* चूर चूर क०.टुकड़े क० ।

Smear, *n.* or *v.* लगाना, मलना, सानना, आलूदा क० ।

Smell, *n.* घ्राणेन्द्रिय. सुगन्धि; *v.* (Pt. & Pp. smelt.) सूंघना सुगन्धि लेना ।

Smelt, *v.* कच्ची धात को गला कर साफ क०, सोधना ।

Smile, *n.* मुस्कुराहट; *v.* मुस्कुराना ।

Smite, *v.* (Pt. smote; Pp. smitten.) पीटना, मारना, मारडालना ।

Smith, *n.* धात का काम करनेवाला जैसे लोहार सोनार ।

Smith-y, *n.* लोहार या सोनार की दूकान ।

Smoke, *n.* धुआं; *v.* धुआं लेना, तमाकू वगैरह पीना ।

Smooth, *a.* चौरस. बराबर. चिकना; *v.* चौरस या बराबर क० ।

Smoth-er, *v.* बिगाड़ना. खराब क० । [जिस में धुआं न निकले ।

Smould-er, *v.* ऐसा जलना कि

Smug-gle, *v.* माल वगैरह चूंगी मारने के लिये छिपा कर ले आना । [दाग़ ।

Smut, *n.* धुआं या काजल का

Snap, *n.* चुटकी, बुटका; *v.* चटकाना, तोड़डालना, बकोटना, चुटकी काटना।

Snap-pish, *a.* चिरचिरा, तुनक मिज़ाज।

Snare, *n.* जाल, फंदा; *v.* फंसाना, पकड़ना।

Snarl, *v.* गुर्राना।

Snatch, *v.* झपटना, छीन लेना।

Sneak, *v.* चुपके से चलाजाना, गिड़गिड़ाना।

Sneer, *n.* उपहास, बोली ठोली, आवाज़ा; *v.* नाक भौं सिकोड़कर देखना।

Sneeze, *n.* छींक; *v.* छींकना।

Snip, *v.* कतरना, कतरलेना।

Snore, *v.* सोने में नाक से आवाज़ क०, खर्राटा मारना।

Snort, *v.* नाक की तरफ से सांस लेना, खर्राटा मारना।

Snout, *n.* जानवरों की नाक।

Snow, *n.* तुषार, बरफ।

Snuff, *n.* चिराग़ का गुल या फूल, सूंघने की तमाकू; *v.* चिराग़ का गुल काटना, सूंघना।

Snug, *a.* चिपटा हुआ, छिपाहुआ।

So, *ad.* or *c.* ऐसे, इस रीत से, इस तरह, बशर्ते कि।

Soak, *v.* भिगोना, डूबना या डुबोना, तर क०।

Soap, *n.* साबुन।

Soar, *v.* उड़ना, चढ़ना।

Sob, *n.* हिचकी, ठुनकी; *v.* ठुनकना, सिसकना।

So-ber, *a.* धीर, गम्भीर, विचारशील, परहेज़गार; *v.* होश में लाना, नशा दूर क०।

Sociable, *a.* मेली, मिलन सार।

So-cial, *a.* मेली, सामाजिक।

So-ci-e-ty, *n.* समाज, सभा, मंडली।

Sock, *n.* पायताबा, सुखतला।

Sock-et, *n.* किसी चीज़ का घर, छेद, नली।

Sod, *n.* घास कि जड़ों को पकड़े हुये ढेला।

So-fa, *n.* मचान, शय्या, आसन।

Soft, *a.* ढीला, पिलपिला, कोमल, मुलायम, कमज़ोर।

Soil, *n.* पृथ्वी, ज़मीन; *v.* बिगाड़ना, खराब क०, गंगडालना।

Sol-ace, *n.* संतोष, तसल्ली; *v.* संतोश देना, खुश क०।

So-lar, *a.* सूर्य का, सूर्य सम्बन्धी।

Sol-der, *n.* धात जोड़ने का टांका; *v.* धात जोडना।

Soldier, *n.* सिपाही, तिलंगा, फौजी।

Sole, *n.* एक प्रकार की मछली, पांव का तलुआ, जूते का तला; *a.* एक, अकेला; *v.* तला लगाना।

Sole-ly, *ad.* पूरे तौर से, अकेले ।
Sol-emn, *a.* धीर, गम्भीर, पवित्र ।
So-lem-ni-ty, *n.* विधि, संस्कार, बड़ाई ।
So-lem-nize, *v.* विधि पूर्वक [करना ।
So-lic-it, *v.* प्रार्थना क०, बिन्ती क०, मांगना ।
So-lic-i-tor, *n.* याचक, अर्थी, [वकील ।
So-lic-i-tous, *a.* उत्सुक, व्यग्र, फिक्रमन्द ।
So-lic-i-tude *n.* चिन्ता, फिक्र ।
Sol-id, *n.* ठोस चीज़; *a.* पक्का, ठोस ।
So-lid-ity, *n.* पक्काई, मज़बूती ।
Sol-i-ta-ry, *a.* अकेला, एकान्ती ।
Sol-i-tude, *n.* अकेलापन, एकान्तता ।
So-lu-tion, *n.* पिघलाव, सुल- [झाव ।
Solve, *v.* व्याख्या क०, खोलना ।
Sol-ven-cy, *n.* कर्ज़ देडालने की शक्ति ।
Sombre, *a.* धुंधला, उदास ।
Some, *a.* कुछ, कोई, बाज़ ।
Some-bod-y, *n.* कोई आदमी, कोई ।
Some-thing, *n.* कुछ चीज़, कुछ ।
Some-times, *ad.* कभी कभी, जब तब ।
Son, *n.* बेटा, लड़का ।
Song, *n.* राग, गान, गीत ।
Song-ster, *n.* गानेवाला, गवैया ।
Son-net, *n.* चौदह पदों की गीत ।
Soon, *ad.* अभी, जल्द ।
Soot, *n.* काजल, करखा, ।
Sooth, *a.* सच्चा, पक्का ।
Soothe, *v.* खुश क०, चुमकारना, पुचकारना ।
Sop, *n.* खाने की कोई भीगी हुई [चीज़ ।
Sor-cer-y *n.* जादू, जादूगरी ।
Sor-did, *a* कृपिण, कमीना, मंदा ।
Sore, *n.* दर्द का स्थान, घाव, ज़ख्म; *a.* कोमल, दुखता हुआ ।
Sor-row, *n.* शोक, रंज, अफ़- सोस; *v.* रंज क० ।
Sor-ry, *a.* उदास, रंजीदा, नीच ।
Sort, *n.* भांत, प्रकार, क़िस्म, ढंग; *v.* सजाना, मिलाना, जोड़ ल- गाना ।
Sot, *n.* मतवाला, नशेबाज़ ।
Soul, *n.* आत्मा, रूह ।
Sound, *n.* स्वर, आवाज़, खाड़ी, मछली का फुकना; *a.* कुल, पूरा, भला चंगा; *v.* शोर क०, गहिराई नापना ।
Soup, *n.* यख़नी, शोरवा ।
Sour, *a.* खट्टा, फटा हुआ, सन्दूख ।
Source, *n.* मूल, जड़, आरम्भ कारण ।

Souse, v. डुबोना, अचार डालना।
South, n. दक्षिण दिशा, दक्षिण।
Southerly, a. दक्षिण की ओर या दक्षिणी।
Sovereign, n. महाराजा, बादशाह, २० शिलिंग का मुद्रा विशेष; a. बड़ा।
Sow, n. सुअरी।
Sow, v. (Pt. sowed; Pp. sown.) बीज छींटना, बोना।
Space, n. स्थान, जगह, दूरी; v. अन्तर देना।
Spa-cious, a. फराक, लम्बा चौड़ा।
Spade, n. फडुहा।
Span, n. बीता, मेहराब की चौड़ाई।
Spar, n. एक प्रकार की खान की चमकीली मट्टी, जहाज़ का मस्तूल; v. पंजा क०, लड़ना, झगड़ना।
Spare, a. फाल्तू, बढ़ती, थोड़ा पतला; v. बचाना, क्षमा क०।
Spark, n. चिनगारी, छोटी चमकती हुई चीज़। [उड़ाना।
Spar-kle, v. चिनगारी उड़ना या
Spasm, n. संकोचन, ऐंठन, मड़ोर।
Spas-mod-ic, a. आकर्षित, ऐंठन या मड़ोर का।
Spat-ter, v. छिड़कना, अशुद्ध क०।
Spawn, n. मछली के अंडे, बच्चे।
Speak, v. (Pt. spoke; Pp. spoke, spoken.) बोलना, बात चीत करना।
Spear, n. बरछी, भाला।
Spe-cial, a. खास।
Spe-cie, n. नक़द, रोकड़।
Spe-cies, n. भांत, प्रकार, क़िस्म, जाति। [खास दवा; a. खास।
Spe-cif-ic, n. किसी मर्ज़ की कोई
Spe-ci-fi-ca-tion, v. विशेष वर्णन, ब्यौरा, तफसील।
Spe-ci-fy, v. विशेष या खास करके बयान क०। [मिसाल।
Spec-i-men, n. प्रतिरूप, नमूना,
Speck, n. दाग, धब्बा; v. छींटा डालना, धब्बा डालना।
Spec-ta-cle, n. स्वांग, तमाशा।
Spec-ta-cles, n. चश्मा, ऐनक।
Spec-ta-tor, n. देखने वाला, तमाशबीन।
Spectre, n. भूत, प्रेत।
Spec-u-late, v. सोचना, विचारना, नफ़े की उम्मेद पर रुपया लगाना। [चार, तदबीर।
Spec-u-la-tion, n. सोच, वि-
Speech, n. भाषा, बोली, वक्तृता।
Speech-less, a. चुप, गूंगा, बेजवाब।

Speed, *n.* जल्दी, तेज़ी, सिताबी; *v.* (Pt. and Pp. sped.) जल्दी करना।

Spell, *n.* मंत्र, जादू, *v.* (Pt. and Pp. spelt, spelled.) पढ़ना, हिज्जे बतलाना।

Spend, *v.* (Pt. and Pp. spent) खर्च क०, उड़ाना, देना। [खर्च।

Spend-thrift, *n.* उड़ाऊ, फ़ज़ूल

Sphere, *n.* गोला, गेंद, आकाश।

Spher-i-cal, *a.* गोलाकार।

Spice, *n.* मसाला; *v.* मसाला लगाना या देना।

Spig-ot, *n.* डाट।

Spike, *n.* मेख, बड़ी कील।

Spill, *v.* (Pt. and Pp. spilled, spilt.) छलकाना, बहाना।

Spin, *v.* (Pt. and Pp. spun.) घिनना, बटना, कातना।

Spin-dle, *n.* टेकुआ, डंठल, घड़ी का एक पुर्जा।

Spine, *n.* रीढ़, कांटा, खार।

Spin-ster, *n.* कन्या कुंवारी।

Spi-ral, *a.* पेचदार, पेच की तरह घुमा हुआ। [लपेट।

Spire, *n.* मीनार, लाट, सिरा.

Spir-it, *n.* स्वांस, दम, भूत, प्रेत, साहस, तेज़, उत्साह, शौक़, मदिरा, कड़ी शराब; *v.* साहस देना, दिलेर क०, ले भागना।

Spir-it-u-al, *a.* असांसारिक, रूहानी, आध्यात्मिक।

Spir-it-u-ous, *a.* साहसी, दिलेर।

Spit, *n.* सलाका, सलाई, सीख, थूक, राल, पृथ्वी की नोक; *v.* थूक उगिलना। [विरोध क०।

Spite, *n.* बैर, विरोध; *v.* बैर क०,

Spite-ful, *a.* बैरी, कीनावर।

Spit-tle, *n.* थूक, राल।

Splash, *v.* पानी या कीचड़ की छींटें डालना। [रंज।

Spleen, *n.* पिलही, तिल्ली, मलाल,

Splendid, *a.* भड़कीला, बड़ा चमकीला, प्रसिद्ध।

Splen-dour, *n.* शोभा, भड़क, चटक। [या साटना।

Splice, *v.* रस्सियों को जोड़ना

Splint-er, *n.* टुकड़ा, रेज़ा।

Split, *v.* चीरना, फाड़ना।

Spoil, *n.* लूटमार; *v.* लूटना, छीन लेना, बिगाड़ना, खराब क०।

Spoke, *n.* पहिये का आरा, सीढ़ी का डंडा। [से बोलने वाला।

Spokes-man, *n.* दूसरों की ओर

Sponge, *n.* स्पंज, समुन्दर सोख; *v.* स्पंज से धोना या साफ़ क०।

Spon-sor, *n.* ज़ामिन, धर्मपिता या मा।

Spon-ta-ne-ous, *a.* मनमानी, दिल की ।
Spoon, *n.* डोई, चम्मच, कलछुली।
Spoon-ful, *a.* चम्मच या कलछुली भर । [हंसी दिल्लगी क० ।
Sport, *n.* खेल, हंसी; *v.* खेलना
Sports-man, *n.* शिकारी, खेलकी।
Spot, *n.* धब्बा, दाग़; *v.* दाग़ डालना, निशान क० ।
Spout, *n.* परनाला, नाली; *v.* फ़ौहारे की तरह पानी छोड़ना या उछालना ।
Sprain, *n.* मरोड़, पेचिश ।
Sprawl, *v.* हाथ पांव फैलाकर लेटना । [फैलता हुआ पानी ।
Spray, *n.* समुन्दर की लहरों का
Spread, *n.* बिस्तार, फैलाव; *v.* बिस्तार क०, फैलाना या फैलना।
Sprig, *n.* छोटी डाली, टहनी ।
Sprightly, *a.* तेज़, चालाक ।
Spring, *n.* सोता, निकास, शुरू, कूद, फांद, लचक, बसन्त ऋतु; *v.* [Pt. sprang, sprung; Pp. sprung.] कूदना, फूटना, उठना । [दार ।
Spring-y, *a.* लचीला या लचक-
Sprink-le, *v.* छिड़कना ।
Sprite, *n.* भूत, प्रेत ।
Sprout, *n.* अंकुर; *v.* अंकुर निकलना।
Spruce, *a.* साफ़, बनाठना, छैला ।
Spue, *v.* कै क०, खारिज क० ।
Spume, *n.* फेन, झाग ।
Spur, *n.* घोड़ों के चुभाने का कांटा; *v.* उसकाना, कांटा चुभाना ।
Spu-rious, *a.* झूठा ।
Spurn, *v.* धतकारना, बेक़दरी क०।
Spy, *n.* भेदिया, जासूस; *v.* भेद लेना, देखना, ख़बरलगाना ।
Squab-ble, *n.* झगड़ा, लड़ाई; *v.* झगड़ा क०। [समूह ।
Squad, *n.* थोड़े से लोगों का
Squad-ron, *n.* जंगी जहाज़ों का बेड़ा, सवारों का झुंड ।
Squal-id, *a.* बड़ा मैला, अघोरी ।
Squall, *n.* आंधी, झोका, चीख, चिल्लाहट; *v.* चिल्लाना, चीखना।
Squan-der, *v.* लुटाना, बर्बाद क०।
Square, *n.* वर्ग, मुरब्बा; *a.* चौकोर, चौखुंटा; *v.* वर्गबनाना, वर्ग क० ।
Squeak, *n.* कूक, चेंचें ।
Squeam-ish, *a.* चिड़चिड़हा, नाजुक मिज़ाज । [निचोड़ना ।
Squeeze, *n.* दबाव; *v.* दबाना,
Squib, *n.* पटाका, छछूंदर, निन्दा ।
Squint, *v.* तिरछा देखना, तिरछा होना ।

Squirt, *n.* पिचकारी, दमकला; *v.* पिचकारी मारना, दमकला चलाना। [भोंकना।

Stab, *n.* खोंचा, घाव; *v.* चुभाना

Sta-bil-i-ty, *n.* स्थिरता, मज़बूती। [मज़बूत।

Sta-ble, *n.* अस्तबल; *a.* स्थिर.

Stack, *n.* सूखी घास का ढेर या अम्बार; *v.* ढेर लगाना।

Staff, *n.* छड़ी, लाठी, सोंटा, श्लोक, शैर, सरिश्तह।

Stage, *n.* चबूतरा, तमाशा या अखाड़े का स्थान, चौकी. ठहरने का स्थान। [पटाना।

Stag-ger, *v.* डगमगाना, लट-

Stag-nant, *a.* खड़ा, रुकाहुआ।

Stag-na-tion, *n.* बन्धेज, रुकाव, अटकाव।

Staid, *a.* दृढ़, पक्का।

Stain, *n.* कलंक, दाग, धब्बा; *v.* कलंक लगाना, धब्बा डालना।

Stair, *n.* सीढ़ी।

Stake, *n.* छड़ी, खूटा, बाज़ी, शर्त; *v.* बाज़ी लगाना, शर्त बदना।

Stale, *a.* बासी, उतरा हुआ।

Stalk, *n.* डंठल, डाली; *v.* अकड़ कर चलना। [की दूकान।

Stall, *n.* घुड़साल, तबेला, बज़ार

Stal-lion, *n.* सांड़, वह घोड़ा जो घोड़ियों पर छोड़ने के लिये रक्खा गया हो।

Stam-mer, *v.* हकलाना।

Stamp, *n.* पांव का ठोकर, मोहर छाप, टिकट; *v.* पीटना, मोहर क०. चिन्ह क०।

Stanch, *a.* दृढ़, पक्का, मज़बूत; *v.* थामना, बन्द क०।

Stan-chion, *n.* टेक, सहारा।

Stand, *n.* पड़ाव, जगह, स्थान; *v.* (Pt. and Pp. stood.) खड़ा होना, ठहरना. पेश होना।

Stan-dard, *n.* ध्वजा, पताका, झंडा, नमूना. निर्ख।

Sta-ple, *n.* मंडी, बज़ार, सौदा, असिल पैदावार; *a.* असिल।

Star, *n.* तारा, तारा गण।

Star-board, *n.* जहाज़ का दाहिना रुख़।

Starch, *n.* मांड़ी, कलफ; *a.* कड़ा, कलफदार; *v.* कलफ देना, कड़ा क०। [देखना, घुड़ाना।

Stare, *n.* एक टकी; *v.* एक टक

Stark, *a.* कड़ा, मज़बूत; *ad.* बिलकुल, सरासर।

Start, *n.* चौंक, फलांग, कूच; *v.* चौंक पड़ना, चल देना।

Star-tle, *v.* भड़काना, डराना

Starve, *v.* भूखा रहना, भूख प्यास के मारे मरना।
State, *n.* अवस्था, हालत, राज्य, रियासत; *v.* बयान करना।
Sta-ted, *a.* बंधा हुआ, मुक़र्रर।
State-ly, *a.* प्रताप के साथ, ऊंचा, बड़ा।
Statement, *n.* वृत्तान्त, बयान, नक़्शा। [रद्द, नाज़िम।
States-man, *n.* नीतिज्ञ, विशा-
Station, *n.* स्थान, पद, रेलकी चौकी या रेलसे उतरने का स्थान; *v.* रखना, क़ायम क०।[खड़ा।
Sta-tion-ary, *a.* स्थिर, अचल,
Sta-tion-er, *n.* क़ागज़, क़लम वगैरह का बेचने वाला।
Sta-tion-er-y, *n.* क़ागज़, क़लम, स्याही वगैरह।
Stat-ue, *n.* प्रतिमा, मूर्ति।
Stat-ure, *n.* ऊंचाई, क़द।
Stat-ute, *n.* व्यवस्था, नियम, दस्तूर। [तोड़ना, ढीला क०।
Stave, *n.* पटरा, तख़्ता; *v.* छेद क०,
Stay, *n.* बसेरा, ठहराव, अंगिया, छोटा कपड़ा; *v.* (Pt. stay-ed.) ठहरना या ठहराना।
Stead, *n.* स्थान, जगह, बदला।
Stead-fast, *a.* अटल, पक्का, मज़बूत।
Steady, *a.* स्थिर, दृढ़, अचल, पक्का; *v.* संभालना, पक्का क०।[टुकड़े।
Steak, *n.* भूनने के लिये मांस के
Steal, *v.* (Pt. stole; Pp. stolen), चोराना, चोरी क०।
Stealth, *n.* चोरी।
Steam, *n.* भाफ, धुआं।
Steed, *n.* तुरंग, कड़ा तेज़ घोड़ा।
Steel, *n.* इसपात, फौलाद; *v.* इसपात चढ़ाना, कड़ा क०।
Steel-yard, *n.* एक प्रकार का तराज़ू।
Steep, *a.* बहुत ढालू; खड़ा ऊंचा; *v.* भिगोना, तर रखना।
Steep-le, *n.* लाठ, मीनार।
Steer, *n.* बछड़ा, बछवा; *v.* संभालना, चलाना।
Steer-age, *n.* नाव या जहाज़ के आगे का भाग।
Stem, *n.* डंठा, डाली, जहाज़ के आगे का भाग; *v.* रोकना।
Stench, *n.* दुर्गंध, बदबू।
Step, *n.* चाल, क़दम, दर्जा; *v.* पांव रखना, क़दम आना या टलना।
Ster-ile, *a.* ऊसर, बंजर, बांझ।
Ster-ling, *n.* पूरे वज़न का रुपिया विशेष; *a.* पूरे वज़न का।
Stern, *n.* जहाज़ का पिछिला;

भाग; *a.* कड़ा, कठोर।

Stew, *v.* धीमी आंच में उबालना या पकाना।

Stew-ard, *n.* कारिन्दा, दीवान।

Stick, *n.* छड़ी, लाठी, डंडा, लकड़ी, खोंचा; *v.* (Pt. & Pp. stuck,) चिपकाना।

Stick-y, *a.* चिपचिपा।

Stiff, *a.* कड़ा, अकड़ा हुआ, ज़िद्दी। [करना, बुझाना।

Sti-fle, *v.* गला घोटना, सांस रो-

Stig-ma, *n.* कलंक का टीका, धब्बा।

Still, *n.* भभका; *a.* चुप, शान्त, खामोश; *v.* चुप होना या क०; *ad.* तथापि, तब भी।

Stilt, *n.* वह लकड़ी जिसमें पांव रख कर चलते हैं।

Stim-u-lant, *n.* उत्तेजना, तेज को बढ़ाने वाली औषध।

Stim-u-late, *v.* उसकाना, चलाना, तेज़ बढ़ाना।

Sting, *n.* डंक; (Pt. and Pp. stung), चुभना या चुभोना, डंक मारना।

Stin-gy, *a.* सूम, कंजूस, कंटक।

Stink, *n.* दुर्गंध, बदबू।

Stint, *n.* खोराक का अन्दाज़ा या हद; *v.* रोकना।

Sti-pend, *n.* वेतन, तनख्वाह, मज़दूरी। [रार क०।

Stip-u-late, *v.* ठहराना, इक़-

Stir, *n.* हलचल; *v.* उसकाना, भड़काना, हलचल मचाना।

Stir-rup, *n.* रेकाब।

Stitch, *n.* बखिया, सिलाई, हूल, हूल; *v.* सीना, बखिया क०।

Stock, *n.* पेड़ का मुसला, कुल, सामान, गुदाम, पूंजी, मूल धन; *v.* पहुंचाना, ढेर लगाना।

Stock-ing, *n.* मोज़ा।

Stomach, *n.* मेदा, पेट; *v.* पचाना, बर्दाश्त करना, नाराज़ होना।

Stone, *n.* पत्थर, रत्न, सात सेर के करीब का वज़न; *a.* पत्थर का; *v.* पत्थरों से मारना, पत्थर निकालना।

Stool, *n.* तिपाई।

Stoop, *v.* झुकना, आधीन होना।

Stop, *n.* रोकाव, ठहराव, विराम चिन्ह; *v.* ठहराना, रोकना, बन्द क०, बांधना, कसना।

Stop-page, *n.* रोकावट, अटकाव, ठहराव।

Store, *n.* बहुतायत, ज़खीरा, भण्डार; *v.* जमा क०, ढेर लगाना, भण्डार में रखना। [गुदाम।

Store-house, *n.* भण्डार घर,

Storm, *n.* आंधी, तूफान, बलवा, धावा; *v.* धावा क०, आंधी चलना। [रस्ता, दर्जा, मंज़िल।
Sto-ry, *n.* कथा, उपाख्यान, कि-
Stout, *n.* बलवान, मज़बूत, दार-वाला; *a.* बलवान, मज़बूत, मोटा ताज़ा।
Stout-ness, *n.* बहादुरी, दिलेरी, मज़बूती, मोटा या भारीपन।
Stove, *n.* अंगीठी, गोरसी, चूल्हा।
Stow, *v.* पास २ रखना, भरना, लादना। [फिरना।
Strag-gle, *v.* भटकना, आवारह-
Straight, *a.* सीधा, सचा; *ad.* सीधे, बराबर। [टपट।
Straight-way, *ad.* फ़ौरन्, झ-
Strain, *n.* मरोड़, मोच, झटका, मिहनत, स्वर; *v.* तानना, खींचना, मरोड़ना, निचोड़ना, चुआना।
Strain-er, *n.* छन्ना, साफ़ी।
Strait, *n.* तंगरास्ता, संकट, तंगी; *a.* सकरा, तंग, कठिन।
Strait-en, *v.* सकरा क०, तंग क०, हैरान क०।
Strand, *n.* तीर, किनारा, रस्सी का बल या भांज; *v.* किनारे पर दे मारना या चढ़ाना।
Strange, *a.* अद्भुत, अजीब।
Strang-er, *n.* परदेशी, अनजान, अजनबी। [दबाना।
Strang-le, *v.* फांसी देना, गला
Strap, *n.* तस्मा, पट्टी, धज्जी।
Strat-e-gem, *n.* दांव, घात, छल।
Strat-e-gy, *n.* युद्ध कौशल, लड़ाई के कारवाइयों की निपुणता।
Stra-tum, *n.* तह, परत।
Straw, *n.* भूसा, घास; *a.* घास पात या तिनकों की।
Stray, *v.* भटकना, भूलना।
Streak, *n.* लकीर, धारी; *v.* लकीर खींचना। [बहाव।
Stream, *n.* छोटी नदी, धारा,
Stream-er, *n.* ध्वजा, झंडा।
Street, *n.* गली, कूचा।
Strength, *n.* बल, ज़ोर, ताक़त
Stren-u-ous, *a.* मुस्तैद, साहसी।
Stress, *n.* सख़्ती, बोझ, ज़ोर, दबाव।
Stretch, *v.* फैलाना, बढ़ाना।
Stretch-er, *n.* फैलानेवाला।
Strew, *v.* छितराना, बिखराना।
Strict, *a.* सख़्त, कड़ा, कसाहुआ, तंग। [लम्बी क़दम रखना।
Stride, *n.* डिग, लम्बी क़दम; *v.*
Strife, *n.* बैर, लड़ाई, झगड़ा।
Strike, *v.* [Pt. struck; Pp. struck, stricken.] मारना,

पीटना, झुकाना, घुसेड़ना, धसाना, किसी रंज के कारण काम छोड़ बैठना। [अजीब।
Strik-ing, *a.* आश्चर्य्य जनक,
String, *n.* डोरी, रस्सी; *v.* तान्त या डोर चढ़ाना तार चढ़ाना।
Strin-gent, *a.* सख़्त, कड़ा, ज़रूरी। [ना, छीनना या लूट लेना।
Strip, *n.* धज्जी, पट्टी; *v.* उतार-
Stripe, *n.* लकीर, धारी, चोट।
Strive, *v.* [Pt. strove; Pp. striven.] कोशिश क०, मिहनत क०, झगड़ना।
Stroke, *n.* चोट, ज़रब, घंटे की आवाज़। [डंवाडोल फिरना।
Stroll, *n.* सैर, गश्त; *v.* सैर क०,
Strong, *a.* बलवान, मज़बूत।
Strong-hold, *n.* गढ़, कोट।
Struc-ture, *n.* इमारत की बनावट, ढंग, या वज़ह।
Strug-gle, *n.* उद्योग, मिहनत, झगड़ा, धक्कमधक्का।
Stub-ble, *n.* खूंटी, नरई।
Stub-born, *a.* हठी, ज़िद्दी।
Stud, *n.* फूल, फूलदार कील, खम्भा, घोड़े या उनके रखने का स्थान। [तालिब इल्म।
Stu-dent, *n.* विद्यार्थी, शिष्य,
Stud-ied, *a.* खूब सोचा समझा हुआ। [कारीगर की दूकान।
Stu-di-o, *n.* मुसव्विर और न-
Stu-di-ous, *a.* ध्यान के योग्य, सोचने विचारने लायक़।
Stud-y, *n.* अभ्यास, सोच, विचार; *v.* सोचना, विचारना।
Stuff, *n.* असबाब, सामान; *v.* दबाना, भरना। [ठोकर खाना।
Stum-ble, *n.* ठोकर, ठेस; *v.*
Stump, *n.* ठूंठ, जड़।
Stun, *v.* अचेत क०, बेहोश कर देना।
Stunt, *v.* बढ़ने न देना, ऊगने से रोकना। [चत करना।
Stu-pe-fy, *v.* सुन्न करना, अ-
Stu-pen-dous, *a.* अद्भुत, भारी।
Stu-pid, *a.* सठ, मूर्ख, बेवक़ूफ़, बेसमझ।
Stu-por, *n.* बेहोशी, बदहवासी।
Stur-dy, *a.* दबंग, बलवान, ज़ोरावर, मुस्टंडा।
Stut-ter, *v.* हकलाना, रुककर बोलना। [अमहारी।
Stye, *n.* सुअरबाड़ा, गुअारी, अं-
Style, *n.* ढंग, तर्ज़, तरीक़ा, संज्ञा; *v.* पुकारना, कहना, खिताब देना।
Sty-lish, *a.* बनाठना, वज़हदार।
Sub-al-tern, *n.* फौज का एक

छोटा ओहदेदार-जैसे लेफ्टिनेंट।
Sub-di-vide, *v.* फिर से बांटना या तक़सीम करना।
Sub-due, *v.* जीतना, आधीन करना, बसमे क०।
Sub-ject, *n.* प्रजा, रिआया, पदार्थ, वस्तु; *a.* आधीन, ताबे, ज़िम्मेदार।
Sub-ject, *v.* आधीन करना, ताबे करना, सज़ा के योग्य करना।
Sub-jec-tion, *n.* अधीनता ताबेदारी। [शामिल करना।
Sub-join, *v.* जोड़ना, मिलाना,
Sub-ju-gate, *v.* आधीन करना, ताबे करना। [लन्द।
Sub-lime, *a.* ऊंचा, बड़ा, बु-
Sub-mis-sion, *n.* आधीनता, ताबदारी, शान्ति।[मांबरदार।
Sub-mis-sive, *a.* आधीन, फर-
Sub-mit, *v.* आधीन होना, मान लेना, बस में होना।
Sub-or-di-nate, *n.* or *a.* आधीन, आज्ञाकारी, मातहत।
Sub-orn, *v.* झूठी गंगाजली उठवाना, मिला लेना।[का हुक्म।
Sub-pœ-na, *n.* सफीना, बुलावे
Sub-scribe, *v.* दस्तखत या हस्ताक्षर क०, नाम लेना, सही क०।
Sub-scrip-tion, *n.* हस्ताक्षर, दस्तखत, चन्दा।
Sub-se-quent, *a.* पिछिला, आखीर। [रना।
Sub-side, *v.* डूबना, बैठना, ठह-
Sub-si-dy, *n.* रुपये पैसे की मदद।
Sub-sist, *n.* रहना, जीना, निर्वाह या गुज़र क०।
Sub-sist-ence, *n.* जीविका, रसद खुराक। [गंदगी।
Sub-soil, *n.* सतह के नीचे की
Sub-stance, *n.* सार, तत्व पदार्थ, जौहर, वस्तु, मूलधन, पूंजी। [भरापूरा।
Sub-stan-tial, *a.* सच्चा, असली,
Sub-sti-tute, *n.* प्रतिनिधि, बदला; *v.* स्थानापन्न होना, एवज़ी क०।
Sub-tile, *a.* सूक्ष्म, तीखा, तेज़।
Sub-tle, *a.* धूर्त, मक्कार।
Sub-tract, *a.* घटाना, बाकी निकालना। [बाक़ी।
Sub-trac-tion, *n.* व्यवकलन,
Sub-urbs, *n.* शहर के आस पास के गांव या भाग।
Suc-ceed, *a.* पीछे आना या होना, सफल या कामयाब होना।
Suc-cess, *n.* सफलता, कामयाबी।
Suc-cess-ful, *a.* सफल, कामयाब।
Suc-ces-sion, *n.* वंश, पीढ़ी,

क़तार। [आनशीन।

Suc-ces-sor, *n.* उत्तराधिकारी,

Suc-cour, *n.* सहायता, मदद; *v.* सहायता करना।

Suc-cumb, *v.* दबना, सिर झुकाना।

Such, *a.* वैसा, ऐसा, जैसा।

Suck, *v.* चूसना, खींचना, पीना।

Suck-er, *n.* चूसनेवाला, हमकेले की डाट, कोंपल, करइल।

Suck-le, *v.* चूंची देना, दूध पिलाना। [हानी, एकबारगी।

Sud-den, *a.* आकस्मिक, नाग-

Sue, *v.* नालिश क०, सवाल देना, मांगना, अर्ज़ क०।

Su-et, *n.* पुट्ठे की चर्बी।

Suf-fer, *v.* सहना, झेलना, नुक़सान उठाना।

Suf-fice, *v.* पूरा या काफ़ी होना।

Suf-fi-cient, *a.* पूरा, काफ़ी।

Suf-fo-cate, *v.* गला घोंटना, सांस रोकना, दबाना। [चन।

Suf-frage, *n.* राय, सम्मति, व-

Sug-gest, *v.* सुझाना, रायदेना, इशारा क०। [हत्या करनेवाला।

Su-i-cide, *n.* आत्महत्या, आत्म-

Suit, *n.* चीज़ों का जोड़ा, नालिश, औरत से विवाह की प्रार्थना; *v.* ठीक क० या होना, मुआफ़िक होना। [वक़।

Suit-a-ble, *a.* ठीक, योग्य, ला-

Suite, *n.* कमरों का समूह, अनुगामी या साथियों का समूह।

Suit-or, *n.* विवाह के लिये प्रार्थना करनेवाला, आशिक़, मुद्दई।

Sulk-y, *a.* उदास, नाखुश।

Sul-len, *a.* चिड़चिड़हा, हठी, नाखुश, मनहूस। [लना।

Sul-ly, *v.* मैला क०, धब्बा डा-

Sul-try, *a.* गरम और घमसा हुआ। [क०, जोड़ना।

Sum, *n.* जोड़, जमा; *v.* जमा

Sum-mar-y, *n.* संक्षेप, मुख़्तसर, खुलासा; *a.* संक्षिप्त, मुख़्तसर।

Sum-mer, *n.* गरमी, ग्रीष्म काल।

Sum-mit, *n.* फुनगी, चोटी।

Sum-mon, *v.* बोलाना, बोला भेजना, समन जारी क०। [का पत्र।

Sum-mons, *n.* समन, बोलावे

Sun, *n.* सूर्य, सूरज।

Sun-der, *v.* अलग क०, जुदा क०।

Sun-dry, *n.* कई एक, दो चार, चन्द, मुख़्तलिफ़।

Sup, *n.* घूंट, चुस्की; *v.* घूंट लेना, खाना खाना।

Su-per-an-nu-ate, *v.* बुढ़ापे के कारण पेन्शन देना।

Su-perb, *a.* बड़ा उम्दा, आलीशान।
Su-per-car-go, *n.* जहाज़ पर के माल या तिजारती मामिलों का मालिक।
Su-per-fi-cial, *a.* उथला, बाहरी, ऊपरी। [या महीन।
Su-per-fine, *a.* बहुत बारीक
Su-per-flu-ous, *a.* फज़ूल, बेफायदा। [गहबानी क०।
Su-per-in-tend, *v.* देखना, नि-
Su-per-in-tend-ent, *n.* अध्यक्ष, अधिकारी, मुहतामिम।
Su-pe-ri-or, *n.* श्रेष्ठ, बड़ा, अफसर; *a.* श्रेष्ठ, बेहतर।
Su-per-la-tive, *a.* अत्युत्तम, श्रेष्ठतम। [क, अजीब।
Su-per-nat-u-ral, *a.* अलौकि-
Su-per-nu-me-ra-ry, *a.* अतिरिक्त, अधिक, फज़ूल।
Su-per-sede, *v.* ऊपर रखना, किसी का स्थान लेना।
Su-per-sti-tion, *n.* मूढ़ विश्वास, वहम। [निगहबान।
Su-per-vi-sor, *n.* निरीक्षक,
Sup-per, *n.* रात्रि का भोजन, बिआरी। [देकर हटा देना।
Sup-plant, *v.* छल या धोखा
Sup-ple, *a.* नरम, मुलायम।
Sup-ple-ment, *n.* परिशिष्ट, उत्तर खण्ड।
Sup-pli-cant, *n.* अर्थी, प्रार्थना करने वाला। [बिन्ती क०।
Sup-pli-cate, *v.* प्रार्थना क०,
Sup-ply, *n.* रसद, सामान, सामग्री; *v.* पहुंचाना, ला देना।
Sup-port, *n.* पुश्त, सहारा, आधार; *v.* थामना, उठाना, परवरिश क०। [लने वाला।
Sup-port-er, *n.* आधार, सम्भा-
Sup-pose, *v.* अनुमान क०, फ़र्ज़ क०, सोचना।
Sup-press, *v.* दबाना, छिपाना।
Su-pre-ma-cy, *n.* प्रधानता, महत्त्व। [त्कृष्ट, श्रेष्ठ।
Su-preme, *a.* प्रधान, परम उ-
Sur-charge, *v.* हद से ज़ियादा बोझ लादना।
Sure, *a.* निश्चित, यक़ीनी।
Sure-ly, *ad.* सचमुच, बेशक, यक़ीनन। [बंधक, ज़ामिन।
Sure-ty, *n.* निश्चय, विश्वास,
Surf, *n.* मौज, लहर।
Sur-face, *n.* सतह, तल।
Sur-feit, *n.* अजीर्ण, अधिकता; *v.* ज़्यादा खाना। [लहर उठना।
Surge, *n.* हिलकोरा, तरंग; *v.*
Sur-geon, *n.* शस्त्र वैद्य, जर्राह।
Sur-ge-ry, *n.* शस्त्र विद्या, श-

ल्व संत्र, मर्याही। [अत।
Sur-ly, *a.* कड़ुवा, रूखा, बेमुरौ-
Sur-mount, *v.* ऊपर चढ़ना, सर क॰, बढ़ जाना।
Sur-name, *n.* उपनाम, पदवी।
Sur-pass, *v.* बढ़ जाना।
Sur-plice, *n.* धौतावार, जामा।
Sur-plus, *n.* बढ़ती, ज़ियादती।
Sur-prise, *n.* विस्मय, ताज्जुब; *v.* यकायक लेना या आपड़ना, घबड़ा देना, घबड़ाहट पैदा क॰।
Sur-ren-der, *n.* or *v.* हथियार वगैरह त्याग देना, सौंपना, अधीनता कबूल क॰।
Sur-round, *v.* घेर लेना।
Sur-vey, *v.* देखना, नज़र क॰, नापना, पैमाइश क॰।
Sur-vey, *n.* जांच, निगाह, पैमाइश। [नेशाला।
Sur-vey-or, *n.* देखने और जांच-
Sur-vive, *v.* किसी वाक़िया या किसी के मृत्यु के बाद जीते रहना। [धाक क॰।
Sus-pect, *v.* शंका, सन्देह या
Sus-pend, *v.* लटकाना, कुछ काल के लिये अलग क॰, मुअत्तल क॰।
Sus-pense, *n.* दुबधा, शक, सुभा।
Sus-pi-cion, *n.* अविश्वास, शंका शक।
Sus-tain, *v.* संभालना, सहना, पालना। [परवरिश।
Sus-ten-ance, *n.* जीविका, वृत्ति,
Swad-dle, *v.* लपेटना, बांधना।
Swag-ger, *v.* शेखी मारना, ऐंठकर चलना। [शिक़।
Swain, *n.* किसान, कमेड़ा, आ-
Swal-low, *n.* अबाबील, गला; *v.* निगलजाना, सुड़कना।
Swamp, *n.* दलदल, धसान।
Sward, *n.* शाद्वल, एक प्रकार के घास का मैदान।
Swarm, *n.* समूह, झुंड; *v.* इकट्ठा होना, भीड़ लगाना।
Swar-thy, *a.* सांवला या सांवले रंग का। [की कतार।
Swath, *n.* पट्टी, काटी हुई घास
Swathe, *n.* पट्टी, बन्धन; *v.* बांधना। [दबाव रखना, हिलाना।
Sway, *n.* हुकूमत; *v.* हुकूमत क॰,
Swear, *v.* [Pt. swore; Pp. sworn.] क़सम खाना, गंगाजली उठाना।
Sweat, *n.* पसीना।
Sweep, *n.* झाड़ बटोर; *v.* [Pt. and Pp. swept.] झाड़ना, बहारना, तेज़ी से चले जाना।
Sweet, *n.* मिठाई; *a.* मीठा, स्वादिष्ट।

Sweet-heart, *n.* प्यारा या प्यारी, आशना ।

Sweet-meat, *n.* मुरब्बा, मिठाई।

Swell, *n.* फूलन, चढ़ाव, फैलाव; *v.* फूलना, फैलना । [रम ।

Swell-ing, *n.* उभाड़, सूजन, व-

Swerve, *v.* भटकना, बेराह होना।

Swift, *a.* फुर्तीला, जल्दबाज़, तेज़।

Swill, *v.* पानी से धोना, खूब ज़्यादा शराब पीना ।

Swim, *v.* [Pt swam; Pp. swum.] पैरना, तैरना, बहना, उतराना, चक्कर खाना ।

Swin-dle, *n.* छल, दगा; *v.* धोखा देकर लेना, ठगना ।

Swin-dler, *n.* दगाबाज़, ठग ।

Swine, *n.* शूकर या शूकरी, सुअर।

Swing, *n.* झूल, पेंग, झूम, इख्तियार; *v.* [Pt.& Pp. swung.] झूलना, झूमना । [से मारना ।

Switch, *n.* छड़ी, सांटी; *v.* छड़ी

Swiv-el, *n.* कुंडा, कड़ी, भंवरकली ।[होना, बेहोश हो जाना।

Swoon, *n.* मूर्छा, गश; *v.* मूर्छित

Swoop, *v.* झपटना, झपट्टा मारना।

Sword, *n.* खड्ग, तलवार ।

Syl-la-ble, *n.* शब्द का टुकड़ा या जुज़ । [चिन्ह ।

Sym-bol, *n.* अक्षर, प्रतिबिम्ब,

Sym-me-try, *n.* यथा प्रमाणता, अन्दाज़ा । [र्दी क० ।

Sym-pa-thize, *v.* दुखी होना, हम

Sym-pa-thy, *n.* अनुकरण, दया, हम दर्दी ।

Symp-tom, *n.* चिन्ह, लक्षण ।

Syn-od, *n.* धर्म सभा, मजलिस ।

Synonym, *n.* पर्याय वाचक शब्द, एकार्थी शब्द । [संक्षेप ।

Syn-op-sis, *n.* सार संग्रह पत्र,

Syn-tax, *n.* कृदन्त, वाक्य रचना विचार ।

Syr-inge, *n.* दमकला, पिचकारी।

Syr-up, *n.* सरबत, मीठा फलों का अर्क़ ।

Sys-tem, *n.* क्रम, रीति, तरीक़ा ।

Sys-te-mat-ic, *a.* नियमानुसार।

T.

Tab-by, *a.* रंग बरंग का, चितकबरा ।

Tab-er-nac-le, *n.* खेमा, डेरा; *v.* टिकना, कुछ काल के लिये ठहरना ।

Ta-ble, *n.* मेज़, नक़शा, सूची ।

Tab-let, *n.* तख्ती, लौह, टिकिया।

Tac-it, *a.* चुप, खामोश ।

Tack, *n.* कील, बन्द, जोड़, भरोसा; *v.* टांकना, जोड़ना, ज-

हाज़ को हवा की ओर फेरना।
Tack-le, *n.* भारी चीज़ों को चढ़ाने और उतारने की कल।
Tact, *n.* निपुणता, कौशल, चतुराई। [धात की घुंडी।
Tag, *n.* रस्सी के सिरे पर एक
Tail, *n.* पूछ, दुम, पिछला भाग।
Tail-or, *n.* दरज़ी।
Taint, *n.* दाग, धब्बा; *v.* दाग लगाना, बिगाड़ना।
Take, *n.* धर, पकड़; *v.* [Pt. took; Pp. taken.] लेना, ग्रहण क०।
Tak-ing, *a.* मोहिनी, दिल चस्प।
Tale, *n.* क़िस्सा, कहानी, गिनती।
Tal-ent, *n.* गुण, लियाक़त, सिक्का, वज़न।
Tal-ent-ed, *a.* गुणी, लायक़।
Tal-is-man, *n.* तावीज, गुटका, तिलिस्म। [*v.* बात चीत क०।
Talk, *n.* संवाद, चर्चा, बात चीत;
Tall, *a.* लम्बा, ऊंचा।
Tal-low, *n.* कड़ी चरबी।
Tal-ly, *n.* लकड़ी जिस पर गिन्ती के निशान बने हुये हों; *v.* मिलना, ठीक आना।
Tal-on, *n.* चंगुल, पंजा।
Tame, *a.* पाला हुआ, पालतू, दबयल; *v.* पालना।
Tame-ly, *ad.* ताबेदारी से, नामर्दी से। [न्दाज़ी क०।
Tam-per, *v.* हाथ डालना, दस्त-
Tan, *n.* बलूत नाम वृक्ष की छाल; *v.* चमड़ा सिझाना या पकाना।
Tan-gi-ble, *a.* जो टटोलने या छूने से मालूम हो।
Tan-gle, *n.* उलझन, लट, सिवार; *v.* उलझाना, फंसाना।
Tank, *n.* सरोवर, तालाब।
Tank-ard, *n.* आबखोरा, पियाला। [सिझाने वाला।
Tan-ner, *n.* चमड़ा पकाने या
Tan-ta-mount, *a.* योग्य बराबर।
Tap, *n.* थपकी, शराब खींचने की नली; *v.* थप थपाना, छेद कर के शराब या पानी निकालना।
Tape, *n.* फीता।
Ta-per, *n.* दिया, चिराग, मोमबत्ती; *a.* गावदुम, नोकाला।
Tar, *n.* राल, धूना।
Tar-dy, *a.* धीमा, सुस्त।
Tare, *n.* घास, धरा, चीजों को लपेटने वगैरह की मजदूरी।
Tar-get, *n.* ढाल, निशाना।
Tar-iff, *n.* चुंगी का निर्खनामा।
Tar-nish, *v.* मैला क०, बेरौनक क०।
Tar-pau-lin, *n.* राल या धूना

चढ़ा हुआ टाट।

Tar-ry, *v.* टिकना, ठहरना, बिलम्ब क०। [ड़ी; *a.* खट्टा, कड़ुवा।

Tart, *n.* मेवे का समोसा या पकौ-

Tar-tan, *n* ऊनी सूती कपड़ा।

Task, *n.* ठीका, काम, सबक़; *v.* काम या सबक़ देना।

Tas-sel, *n.* फुन्दा, झब्बा।

Taste, *n.* चाट, स्वाद, मज़ा, रुचि; *v.* चखना, स्वाद लेना, आज़माना। [चीरना, फाड़ना।

Tat-ter, *n.* चिथरा, धज्जी; *v.*

Tat-tle, *n.* बकवाद, बड़बड़ाहट; *v.* बड़बड़ाना।

Tat-too, *n.* ढोल की आवाज़; *v.* गोदना, गोदाना। [ताना मारना।

Taunt, *n.* ताना, मलामत; *v.*

Tav-ern, *n.* भट्ठी, शराबखाना।

Taw, *v.* सुफेद चमड़े को ठीक क०।

Taw-dry, *a.* भद्दा, बेढंगा।

Taw-ny, *a.* सांवला, गन्दुम रंग का।

Tax, *n.* कर, डंड, महसूल; *v.* महसूल लगाना, इल्ज़ाम लगाना।

Teach, *v.* [Pt. and Pp. taught] पढ़ाना, सिखलाना।

Team, *n.* घोड़ों की पंक्ति।

Tear, *n.* आंसू।

Tear, *v.* (Pt. tore; Pp. torn) चीरना, फाड़ना, जुदा क०।

Tease, *v.* रूई धुनना या सूमना, सताना।

Teat, *n.* स्तन, चूंची।

Tech-ni-cal, *a.* सांकेतिक, हिकमती। [कठिन।

Te-di-ous, *a.* घबड़ाने वाला,

Teem, *v.* बियाना, जनना, उमड़ना।

Teeth, *n.* दान्त।

Tel-e-gram, *n.* तार की खबर।

Tel-e-graph, *n.* तार में खबर भेजने का यन्त्र।

Tel-e-phone, *n.* दूर की आवाज़ के सुनाई देने का यन्त्र।

Tel-e-scope, *n.* दूर दर्शन यन्त्र, दुर्बीन।

Tell, *v.* (Pt. and Pp. told.) कहना, बतलाना, बयान क०।

Tem-per, *n.* स्वभाव, मिज़ाज; *v.* मिलाना, मुलायम या धीमा क०।

Tem-per-a-ment, *n.* प्रकृति, स्वभाव।

Tem-per-ance, *n.* संयम, नियम, परहेज़गारी। [गार।

Tem-per-ate, *a.* सयमी, परहेज़-

Tem-per-a-ture, *n.* उष्ण घर्म परिमाण, गर्मी व सर्दी की हालत।

Tem-pest, *n.* आंधी, तूफान।

Tem-ple, *n.* मन्दिर, देवालय, कनपटी।

Tem-po-ral, *a.* ऐहिक, सांसारिक।
Tem-po-ra-ry, *a.* अल्प कालिक, चन्दरोज़ा। [बरगलाना।
Tempt, *v.* परखना, बहकाना,
Temp-ta-tion, *n.* परीक्षा, जांच, लालच, फुसलाना।
Ten-an-cy, *n.* केरायाशारी, क़ब्ज़ा।
Ten-ant, *n.* केरायेशार, आसामी।
Ten-ant-a-ble, *a.* केराये पर लेने के योग्य।
Tend, *v.* खबरशारी क०, चौकसी क०, ध्यान देना, झुकना, रुजू होना। [रगबत।
Ten-den-cy, *n.* अभिप्राय, झुकाव,
Ten-der, *n.* छोटी नाव जो बड़ी नाव या जहाज़ों के साथ रहती हैं, दरख़्वास्त; *a.* कोमल, मुलायम, प्यारा; *v.* देना, पेश क०।
Ten-don, *n.* नस, पट्ठा।
Ten-dril, *n.* रेशा, सूत।
Ten-e-ment, *n.* घर, रहने का स्थान।
Te-net, *n.* धर्म, मति, राय।
Ten-on, *n.* जोड़ की चूल।
Ten-or, *n.* तात्पर्य, आशय, गाने का एक ऊंचा स्वर।
Tense, *n.* काल, समय; *a.* तना या कसा हुआ।
Ten-sion, *n.* तनाव, कसाव।
Tent, *n.* तम्बू, खेमा, डेरा
Ten-ure, *n.* पट्टा, क़बज़े की शर्त।
Term, *n.* हद, शब्द, in pl. शर्तें; *v.* कहना, नाम रखना।
Ter-ma-gant, *n.* कर्कशा, लड़ाक्नि औरत। [ख़तम क०।
Term-i-nate, *v.* हद बांधना,
Ter-mi-na-tion, *n.* अन्त, छोर, समाप्ति। [सड़क का सीवाना।
Term-i-nus, *n.* अन्त, रेल की
Ter-race, *n.* कुर्सी, चबूतरा।
Ter-ri-ble, *a.* भयानक, ख़ौफ़नाक। [नक।
Ter-rif-ic, *a.* भयजनक, भया-
Ter-ri-fy, *v.* डराना।
Ter-ri-to-ry, *n.* देस, राज्य।
Ter-ror, *n.* भय, डर, ख़ौफ़।
Test, *n.* परीक्षा, जांच; *v.* जांचना, परीक्षा लेना।
Tes-ta-ment, *n.* मरण पत्र, वसीयत नामा, ईसाइयों के धर्म पुस्तकों में से एक।
Tes-ta-tor, *n.* वह आदमी जो वसीयत करे। [देना।
Tes-ti-fy, *v.* साक्षी या गवाही
Tes-ti-mo-ni-al, *n.* प्रमाण पत्र, नेक चलनी की सनद।
Tes-ti-mon-y, *n.* साक्षी, गवाही।
Tes-ty, *a.* चिड़चिड़ा, तुनक

मिज़ाज। [*v.* बांधना।
Teth-er, *n.* रस्सी, पगहा, बन्धन;
Text, *n.* पुस्तक, मूलग्रंथ।
Tex-tile, *a.* बिना हुआ या बिनने के योग्य।
Tex-ture, *n.* बिनावट, जाली।
Than, *c.* से, बनिस्बत।
Thank, *v.* धन्यवाद देना, शुक्रिया अदा क०। [ज़ार।
Thank-ful, *a.* कृतज्ञ, शुक्रगु-
That, *a.* वह, जो; *c.* के, कि।
Thatch, *n.* छप्पर, फूस की छावनी; *a.* घास फूस से छावना।
Thaw, *n.* बरफ वगैरह का पिघलाहट; *v.* गलना, पिघलना।
The, *art.* यह, वह।
Theatre, *n.* नाच घर।
The-at-ri-cal, *a.* नाच घर के मुताल्लिक या सम्बन्धी।
Theft, *n.* चोरी, चोरी का माल।
Theme, *n.* विषय, मज़मून।
Then, *ad.* तब, उस समय; *v.* तब तो, उस सूरत में।
Thence, *ad.* वहां से, तब से।
Thence-forth, *ad.* उस समय से। [ध्यात्म ज्ञान विद्या।
The-ol-o-gy, *n.* ब्रह्मज्ञान, अ-
The-o-ry, *n.* सिद्धान्त, मत, उसूल।
There, *ad.* वहां।
There-fore, *ad.* अतः, इस हेतु, इस लिये।
Ther-mom-e-ter, *n.* उष्णमापन यन्त्र, गर्मी सर्दी नापने का यन्त्र।
They, *p.* वे।
Thick, *n.* सब से घना हिस्सा; *a.* घना, गाढ़ा, मोटा।
Thick-et, *n.* छोटे पेड़ों का घना जंगल। [पन।
Thick-ness, *n.* गाढ़ापन, घना-
Thief, *n.* चोर।
Thieve, *v.* चोराना, चोरी क०।
Thigh, *n.* जांघ, रान।
Thim-ble, *n.* अंगुलित्राण, अंगुश्ताना। [पतला क०।
Thin, *a.* पतला, पानी सा; *v.*
Thine, *a.* तेरा।
Thing, *n.* वस्तु, चीज़।
Things, *n.* कपड़े वगैरह।
Think, *v.* (Pt. and Pp. thought.) सोचना, विचारना।
Thirst, *n.* पिपासा, प्यास; *v.* प्यासा होना, प्यास लगना।
Thirst-y, *a.* प्यासा।
This, *a.* or *p.* यह।
Thither, *ad.* वहां पर को।
Thong, *n.* पतला चमड़े का तस्मा।
Thorn, *n.* कांटा, खार।

Thorough, *a.* पूरा, बिलकुल, सरासर ।
Thor-ough-fare, *n.* रास्ता ।
Thou, *p.* तू !
Though, *c.* अपि, यद्यपि, गो ।
Thought, *n.* सोच, विचार, गौर।
Thought-ful, *a.* विचार शील, फ़िक्रमन्द ।
Thral-dom, *n.* दासत्व, गुलामी।
Thrash, *v.* पीटना, मांड़ना, दाबना । [बंधना ।
Thread, *n.* सूत, तागा; *v.* तार,
Thread-bare, *a.* पुराना, घिसा हुआ । [झिड़की ।
Threat, *n.* डाब, डपट, धमकी,
Threat-en-ing, *a.* धमकी, घुड़की ।
Thresh-old, *n.* डेवढ़ी, दरवाज़ा।
Thrift, *n.* किफ़ायत शारी, कमखर्ची । [यत शार ।
Thrift-y, *a.* कम खर्च, किफ़ा-
Thrill, *n.* सन्सनाहट, चहचहा; *v.* सन्सनाना । [होना, बढ़ना ।
Thrive, *v.* उन्नति क०, कामयाब
Throat, *n.* कंठ, गला ।
Throb, *n.* धड़कन, टपक; *v.* धड़कना, टपकना ।
Throe, *n.* पीर, कठिन पीड़ा ।
Throne, *n.* सिंहासन, गद्दी, तखत । [क० या होना ।
Throng, *n.* भीड़, दंगल; *v.* भीड़
Throt-tle, *n.* गला घोटना ।
Through, *pr.* एक सिरे से दूसरे सिरे तक, आर पार, सरासर, मारफत, ज़रीया । [बर ।
Through-out, *pr.* सरासर, बरा-
Throw, *n.* फेंक, टप्पा; *v.* (Pt. threw, Pp. thrown.) फेंकना । [घुमाना ।
Thrust, *n.* खोंचा; *v.* भोंकना,
Thumb, *n.* अंगूठा ।
Thump, *n.* थप्पड़, धमाका; *v.* पीटना, थप्पड़ मारना ।
Thun-der, *n.* कड़क, बिजुली, गड़गड़ाहट ।
Thun-der-struck, *a.* हक्का बक्का, बिजुली का मारा हुआ ।[तरह।
Thus, *ad.* or *c.* यों, ऐसे, इस
Thwart, *v.* काटना, मेटना, रद्द क०।
Thy, *a.* तेरा ।
Tick, *n.* किलनी, तोशक का कपड़ा, टिक टिक का शब्द; *v.* टिक टिक क० ।
Tick-et, *n.* सनद, बीजक; *v.* चिन्हारी के लिये पारचा लगाना।
Tick-le, *v.* गुदगुदाना, हंसाना ।
Tick-lish, *a.* जिसमें गुदगुदी खूब हो, बारीक, नापायदार ।

Tide, *n.* जुआर भाटा, उतार चढ़ाव, सैलाब ।

Ti-dings, *n.* समाचार, ख़बर ।

Tid-y, *a.* साफ, सुथरा ।

Tie, *n.* बन्धन, गांठ, सम्बन्ध, बराबरी; *v.* बांधना ।

Tier, *n.* पंक्ति, श्रेणी ।

Tight, *a.* कसा हुआ, मज़बूत ।

Tile, *n.* खपरा, नरिया; *v.* खपरे से छावना ।

Till, *n.* गोलक, रोकड़ की सन्दूक़; *v.* जोतना, खत तैयार क० ।

Til-lage, *n.* खेती, काश्तकारी ।

Til-ler, *n.* हरवाह, किसान ।

Tilt, *v.* झुकना, झुकाना, पैतरा बदलना ।

Tim-ber, *n.* लकड़ी, लट्ठा ।

Time, *n.* समय, वक़्त, ऋतु, मौसिम, अवधि; *v.* वक़्त ठीक क०, समय के अनुसार क० ।

Time-ly, *a.* समयिक, मौक़े की ।

Tim-id, *a.* कायर, डरपोक, बुज़दिल ।

Ti-mid-ity, *n.* भय, बुज़दिली ।

Tin, *n.* टीन, सन्दूक़, कनस्तर ।

Tin-der, *n.* सोखता, गुल, ईंधन ।

Tinge, *n.* रंग, दाग; *v.* रंगना, दाग डालना ।

Ting-le, *v.* सनसनाना, ठनठनाना ।

Tink-er, *n.* कसेरा, पुराने बरतनों को जोड़ने और ठीक करने वाला ।

Tink-le, *n.* झनझनाहट; *v.* झनझनाना ।

Tint, *n.* हल्का रंग, रंग; *v.* रंगना ।

Ti-ny, *a.* बहुत छोटा ।

Tip, *n.* नोक, सिरा; *v.* सिरे पर लगाना, अड़ना या लपेटना ।

Tip-ple, *v.* बहुत ज़्यादा शराब पी जाना ।

Tip-sy, *a.* नशे में मस्त, मतवाला ।

Ti-rade, *n.* आक्षेप, निन्दा वाचक शब्द ।

Tire, *n.* पहिया की हाल; *v.* थकना या थकाना ।

Tired, *a.* थका हुआ ।

Tire-some, *a.* थकाने वाला ।

Tithe, *n.* दसवां हिस्सा ।

Ti-tle, *n.* उपाधि, पदवी, अधिकार, संज्ञा ।

Tit-ter, *n.* दबी हुई हंसी, खिलखिली ।

To, *pr.* पास, को, तरफ, तक ।

Toast, *n.* गरम की हुई रोटी, सोंधा टुकड़ा, अभिप्राय; *v.* किसी के नाम पर या उसको धन्यवाद देकर शराब पीना, आग पर सेंकना ।

Toe, *v.* पांव की उंगली ।

To-geth-er, *ad.* एक साथ, इकट्ठा ।

Toil, *n.* परिश्रम, मिहनत ; *v.* कठिन परिश्रम या मिहनत क०।

Toil-some, *a.* जो मिहनत से हो, मिहनत तलब। [सार।

To-ken, *n.* चिन्ह, निशान, आ-

Tol-er-able, *a.* सहनशील, सह-ने योग्य, काम चलाऊ।

Tol-er-ate, *v.* सहना, बरदाश्त क०। [श्त।

Tol-er-a-tion, *n.* सहारा, बर-

Toll, *n.* सड़क का महसूल या कर; *v.* आहिस्ते २ घंटा ब-जाना या बजना।

Tomb, *n.* समाधि, क़बर।

Ton, *n.* २८ मन का तौल विशेष।

Tone, *n.* स्वर, आवाज़।

Tongs, *n.* चिमटा, संसी।

Tongue, *n.* जीभ, भाषा, ज़बान।

Ton-ic, *a.* पुष्ट, ताक़त देने वाली।

Ton-nage, *n.* जहाज़ या किश्ती का बोझ। [गिल्टी।

Ton-sil, *n.* गले की कौड़ी या

Too, *ad.* बहुत, ज़्यादा, भी।

Tool, *n.* कील, कांटा, औज़ार।

Tooth, *n.* दांत; *v.* दांत बनाना, दांते काटना या निकालना।

Top, *n.* चोटी, लट्टू।

Top-ic, *n.* विषय, भूमिका, प्र-स्ताव।

Top-most, *a.* सब से ऊंचा।

Top-ple, *v.* औंध आना, गिर पड़ना।

Torch, *n.* मसाल।

Tor-ment, *n.* बड़ी पीड़ा, बड़ा दर्द। [सताना।

Tor-ment, *v.* तकलीफ देना,

Tor-pid, *a.* सुन्न, ठिठरा हुआ, सुस्त।

Tor-por, *n.* ठिठरापन, सुस्ती।

Tor-rent, *n.* तेज़ धारा।

Tor-rid, *a.* उष्ण, गरम।

Tor-ture, *n.* बड़ी पीड़ा या तकलीफ़।

To-ry, *n.* राजभक्त।

Toss, *v.* फेंकना, उछालना, लोकाना।

To-tal, *n.* जोड़, जमा; *a.* कुल।

Tot-ter, *v.* डगमगाना।

Touch, *n.* स्पर्श, प्रसंग, छूत; छूना, पहुंचना। [सोज़

Touch-ing, *a.* हृदय भेदक, दिल

Touch-wood, *n.* पुरानी सड़ी हुई लकड़ी। [मिज़ाज।

Touch-y, *a.* चिड़चिड़हा, तुनक

Tough, *a.* चीमड़, कड़ा।

Tour, *n.* सफ़र, दौरा।

Tour-ist, *n.* दौरा या सैर करने वाला। [रस्सी से खींचना।

Tow, *n.* मोटा सन, पटुआ; *v.*

To-ward, *pr.* ओर, तरफ़; *ad.* तैयार, मुस्तैद।

Tow-el, *n.* तौलिया, अंगौछा।

Tow-er, *n.* ऊंचा घर. बुर्ज. टांला; *v.* ऊंचा उड़ना या उड़ना।

Town, *n.* नगरी, क़स्बा।

Toy, *n.* खेलाना; *v.* खेलना।

Trace, *n.* खोज. सुराग. निशानी. खोत; *v.* सुराग या पता लगाना।

Track, *n.* लीक. रास्ता।

Tract, *n.* देश, एक छोटी सी पुस्तक। [कारी।

Tract-a-ble, *a.* विनीत, आज्ञा-

Trac-tion, *n.* खिचाव।

Trade, *n.* व्योपार, तिजारत; *v.* व्योपार क०, खरीद फरोख्त क०।

Trades-man, *n.* व्योपारी, रोज़गारी। [या. कहावत।

Tra-di-tion, *n.* परंपरा की क-

Tra-duce, *v.* निन्दा क०, दोष लगाना।

Traf-fic, *n.* व्योपार. तिजारत।

Tra-ge-dy, *n.* शोक पर्य्यवसायि नाटक. विपत्ति या विलाप का स्वांग। [घातक।

Tra-gi-cal, *a.* दुख दाई. प्राण

Trail, *n.* शिकार का खोज या पता, लकीर; *v.* घसीटना, खींचना।

Train, *n.* साथी लोग. दुम, पोशाक का पिछला भाग. पंक्ति. कतार, सिलसिला, रेलगाड़ी।

Trai-tor, *n.* अधर्मी. अपराधी।

Tram-mel, *n.* जाल, पैकड़ी; *v.* फांसना, पाबन्द क०।

Tramp, *n.* कुचल; *v.* कुचलना।

Tramp-le, *v.* रौंदना. कुचलना।

Trance, *n.* मूर्छा. बेहोशी, परमानन्द। [शान्त।

Tran-quil, *a.* निश्चल, स्थिर,

Tran-quil-ize, *v.* शान्त क०, ठंडा क०।

Trans-act, *v.* कारोबार क०, काम चलाना, मुआमिला क०।

Trans-ac-tion, *n.* कारोबार, मुआमिला। [क०।

Tran-scribe, *v.* लिखना. नक़ल

Tran-script, *n.* लेख. नक़ल।

Trans-fer, *n.* बदली, तबदीली।

Trans-fer, *v.* बदली क०, बदलना।

Trans-fig-ure, *v.* सूरत बदलना।

Trans-fix, *v.* छेदना, भेदना।

Trans-form, *v.* सूरत बदलना।

Trans-gress, *v.* आज्ञा उलंघन क०, उदूल हुकमी क०।

Trans-gres-sor, *n.* आज्ञा भंग करने वाला. क़सूरवार।

Tran-sient, *a.* चंचल, शीघ्र गामी।

Tran-sit, *n.* रवानगी, रास्ता, राह।

Tran-si-tion, *n.* रवानगी, बदली।

Trans-it-ive, *a.* सकर्मक, गुज़रने की सामर्थ रखनेवाला।

Tran-si-tory, *a.* क्षण भंगुर, चन्द रोज़ा।

Trans-late, *v.* बदलना, दूसरे लोक को भेजना, उल्था क॰।

Trans-la-tion, *n.* बदली, उल्था, तरजुमा।

Trans-miss-ion, *n.* रवानगी।

Trans-mit, *v.* भेजना, रवाना क॰। [पलटना।

Trans-mute, *v.* बदलना, काया

Trans-pa-rent, *a.* निर्मल, साफ़।

Trans-pire, *v.* प्रगट होना, ज़ाहिर होना।

Trans-plant, *v.* एक जगह से खोद कर दूसरी जगह लगाना।

Trans-port, *n.* प्रसन्नता, खुशी, असबाब की रवानगी।

Trans-port, *v.* एक जगह से दूसरे जगह को लेजाना, मगन होना।

Trans-por-ta-tion, *n.* एक जगह से दूसरे जगह की रवानगी।

Trans-pose, *v.* जगह बदलना, उलट पलट क॰। [दल, उलट पलट।

Trans-po-si-tion, *n.* अदल ब-

Trans-verse, *a.* आड़ा, बेंड़ा।

Trap, *n.* जाल, फन्दा; *v.* फंसाना। [साज।

Trap-pings, *n.* गहना, भूषण,

Trash, *n.* घास, फूस।

Tra-vail, *n.* गर्भ की पीड़ा, परिश्रम; *v.* परिश्रम क॰। [क॰।

Tra-vel, *v.* देश भ्रमण या सफ़र

Tra-vel-ler, *n.* मुसाफ़िर, यात्री।

Trav-erse, *n.* उज्र, इनकार; *a.* आड़ा, बेंड़ा; *v.* घूमना, फिरना।

Tray, *n.* थाल, किश्ती।

Trench-er-ous, *a.* अधर्मी, कपटी, बेईमान। [बेईमानी।

Treach-er-y, *n.* अधर्म, कपट,

Tread, *n.* पांव, क़दम; *v.* (Pt. trod, Pp. trodden), चलना, पांव रखना।

Tread-le, *n.* यन्त्र या कल का वह भाग जो पांव से चलाया जाता है।

Trea-son, *n.* राजद्रोह, बग़ावत।

Trea-sure, *n.* धन, दौलत; *v.* जमा क॰, संचय क॰। [ण्डार।

Trea-sury, *n.* खज़ाना, राजभ-

Treat, *n.* निमंत्रण, मेहमानी, दावत; *v.* बर्ताव क॰, मेहमानी क॰, लिखना, ज़िक्र क॰।

Treat-ise, *n.* प्रबन्ध, ग्रन्थ, रिसालह, किताब। [इलाज।
Treat-ment, *n.* काररवाई, सलूक,
Treat-y, *n.* संधि, सुलह, मेल, अहदनामा।
Tre-ble, *n.* गाने में टीप की आवाज़; *a.* तिगुना; *v.* तिगुना क०।
Tree, *n.* वृक्ष, दरख्त।
Trel-lis, *n.* जाली, झंझरी।
Trem-ble, *v.* कांपना, थर्राना, डगमगाना। [रावना।
Tre-men-dous, *a.* भयानक, ड-
Trem-u-lous, *a.* कांपता या थरथराता हुआ।
Trench, *n.* नाली, खन्दक; *v.* खाई या नाला खोदना, मोरचा बनाना।
Trench-ant, *a.* तेज़, धारदार।
Tren-cher, *n.* कटोरी, खाई खोदने वाला।
Trep-i-da-tion, *n.* कपकपी।
Tres-pass, *n.* अपराध, खता, कुसूर, बेजा दखल, दस्तन्दाज़ी; *v.* आज्ञा भंजन क०।
Tress, *n.* लट, जटा।
Tres-tle, *n.* टिकटिकी, मेज़ का ढांचा।
Tret, *n.* कमीसन, बट्टा।
Tri-al, *n.* कष्ट, कसाला, परीक्षा, जांच।
Tri-angle, *n.* त्रिभुज क्षेत्र।
Tribe, *n.* क़ौम, फ़िर्क़ा, जथा, ज़ात। [बत, आफत।
Trib-u-la-tion, *n.* क्लेश, मुसी-
Tri-bu-nal, *n.* न्यायालय, अदा-लत। [गुज़ार।
Tri-bu-ta-ry, *a.* सहायक, बाज
Tri-bute, *n.* कर, भेट, खिराज।
Trice, *n.* पल, लहमा।
Trick, *n.* जाल, फरेब, चालाकी; *v.* ठगना, छलना। [रना।
Trick-le, *v.* रसना, टपकना, झ-
Tri-col-oured, *a.* तीन रंग का।
Tri-en-nial, *a.* तिसाला।
Tri-fle, *n.* तुच्छ वस्तु, नाचीज़; *v.* गंवाना, खोना।
Tri-fling, *n.* खोना या गंवाना; *a.* तुच्छ, नाचीज़।[रोक, आड़।
Trig-ger, *n.* बन्दूक का घोड़ा,
Trig-o-nom-e-try, *n.* त्रिकोणमिति। [*v.* थरथरी लेना।
Trill, *n.* आवाज़ की थरथरी;
Trim, *n.* श्रिंगार, आभूषण, पोशाक; *a.* ठीक, दुरुस्त; *v.* ठीक क०, सुधारना, संवारना।
Trim-ming, *n.* शृंगार की चीज़ें।
Trin-i-ty, *n.* त्रिमूर्ति, त्रिदेव।

Trin-ket, *n.* छोटा गहना-जैसे अंगूठी, छल्ला।

Tri-o, *n.* तिताला. तीन अंतरों का राग।

Trip, *n.* ठोकर. डिडकी, भूल. दौरा: *v.* थिरकना, आहिस्ता २ चलना, ठोकर खाना।

Tripe, *n.* आन्त. अन्ताडियां।

Tri-ple. *a.* तिगुना।

Tri-syl-la-ble. *n.* तीन टुकड़े का शब्द।

Trite, *a.* पुराना. साधारण।

Tri-umph, *n.* जय. पराजय. या जय की खुशी; *v.* खुशी मनाना, जय प्राप्त क०।

Tri-um-phant, *a.* बिजयी, फतहयाब।

Tri-une, *a.* एक में तीनों।

Triv-et, *n.* लोहे की तिपाई।

Triv-i-al, *a.* तुच्छ. नाचीज़।

Troll, *v.* गाना, अन्तरा पकड़ना, घूमना. फिरना, मछली पकड़ना।

Troop, *n.* सवारों का समूह. फौज. लश्कर।

Troop-er, *n.* सवार सिपाही।

Tro-phy. *n.* जय या फतह की निशानी।

Tro-pic. *n.* अयन वृत्त. क्रान्ति मंडल।

Trop-i-cal, *a.* गरम मुल्क का।

Trot, *n.* दुल्की।

Troth, *n.* विश्वास. सचाई. इमान्दारी।

Troub-le, *n.* परेशानी, हैरानी. बिपत्ति: *v.* दुख देना. सताना।

Trouble-some, *a.* दुखदायी. तकलीफ देह।

Trough, *n.* डोंगी, बरहा, चरनी।

Trow-el. *n.* करनी या कन्नी।

Trow-sers, *n.* पायजामा।

Tru-ant. *n.* आवारह या खेलाड़ी लड़का; *a.* आवारह, खेलाड़ी।

Truce, *n.* चन्द्रोज़ा सुलह।

Truck, *n.* ठेला, हाथ से घींचने की गाड़ी; *v.* अदला बदला क०।

Truck-le, *n.* छोटी पहिया: *v.* दबना. अधीनता कबूल क०।

Tru-cu-lent, *a.* निठुर, निर्दयी. गंवार।

Trudge, *v.* पैरों को घसीट कर चलना।

True, *a.* सचा, खरा. यथार्थ. ठीक. धर्मिष्ट।

Truly, *ad.* सचमुच. यथार्थ में. हकीकत में।

Trum-pery. *n.* झूठ. धोखा: *a.* बेकाम. व्यर्थ।

Trum-pet. *n.* तुरही. नृसिंहा: *v.* ढिंढोरा या डुग्गी पीटना।

Trun-cheon, *n.* डंडा, छोटी लाठी।

Trun-dle, *v.* लुढ़काना।

Trunk. *n.* कबन्ध. स्कन्ध. धड़. तना, हाथी का सुंड़. सन्दूख।

Truss, *n.* बंधन, पट्टी, गठरी; *v.* बांधना, कसना।

Trust, *n.* विश्वास, भरोसा, उधार; *v.* उधार देना, उधार पर बेचना, विश्वास क०।

Trustee, *n.* निक्षेपधारी, जिम्मेवार, अमानतदार। [दार।

Trust-y, *a.* विश्वासनीय, ईमान-

Truth, *n.* सचाई, यथार्थता।

Truth-ful, *a.* सच्चा, सत्यवादी, यथार्थ। [चना, मोक़द्दमा क०।

Try, *v.* कोशिश क०, परखना, जां-

Tub, *n.* कठौता, टब।

Tube, *n.* टोंटी, नली।

Tu-ber-cle, *n.* गांठ, गिल्टी।

Tu-bu-lar, *a.* नल का सा।

Tuck, *n.* एक प्रकार का जाल, परत, चुनन; *v.* समेटना, लपेटना।

Tuft, *n.* गुच्छा, समूह।

Tug, *n.* कड़ा खिंचाव, एक प्रकार की छोटी जहाज़ जो दूसरी जहाज़ों को खींचने में काम में लाते हैं; *v.* खींचना, ऐंचातानी क०। [गहबानी।

Tui-tion, *n.* शिक्षा, तालीम, नि-

Tum-ble, *n.* गिराव, पछाड़; *v.* गिरना, लुढ़कना, ठोकरखाना, उलट पुलट क०।

Tum-bler, *n.* आबखोरा, लोटने वाला।

Tu-mour, *n.* फोड़ा, सूजन।

Tu-mult, *n.* दंगा, बखेड़ा, हलचल। [गड़बड़।

Tu-mult-uous, *a.* बेतरतीब,

Tun, *n.* बड़ा पीपा।

Tune, *n.* स्वर, तान, आवाज़; *v.* सुर मिलाना, ठीक क०, अलापना।

Tune-ful, *a.* मीठा, सुरीला।

Tun-nel, *n.* ज़मीन के अन्दर का राह; *v.* पहाड़ियों में होकर के रास्ता लेना।

Tur-bid, *a.* मैला, गंदला।

Tur-bu-lent, *a.* फसादी, दंगा करने वाला।

Tu-reen, *n.* गहरी रकाबी।

Turf, *n.* घासदार ज़मीन, घुड़दौड़ या उसका मैदान।

Tur-gid, *a.* हवा से फूला हुआ।

Tur-moil, *n.* हलचल, उपद्रव, फसाद, शोर; *v.* हैरान या परेशान क०।

Turn, *n.* घुमाव, पलटा, चक्कर, दौड़, बारी; *v.* घूमना, फिरना, मुड़ना, उलटना।

Turn-ip, *n.* शलगम।

Turn-pike, *n.* सड़क पर का चूंगी की चौकी।

Tur-pen-tine, *n.* ताड़पीन।
Tur-ret, *n.* कंगूरा, गुम्टी।
Tusk, *n.* नोकदार लम्बा दान्त।
Tu-tor, *n.* शिक्षक, उस्ताद; *v.* शिक्षा देना, पढ़ाना।
Twain, *a.* दो।
Twang, *n.* झनाके की आवाज़।
Tweak, *v.* ऐंठना, झटकना।
Tweezers, *n.* मोचने, चिमटी।
Twice, *ad.* दूना, दो बार, दो चन्द।
Twig, *n.* छोटी डाली।
Twi-light, *v.* गोधूली, संझा, सूर्योदय के पहिले और सूर्यास्त के पीछे की हल्की रोशनी।
Twill, *v.* खेस की बिनावट का बिनना।
Twin, *n.* जोड़ा पैदा होनेवालों में [से एक।
Twine, *n.* एक प्रकार की पतली मज़बूत डोरी; *v.* भांजना, बटना, लपेटना।
Twinge, *n.* जलन, चिलक।
Twin-kle, *v.* चमकना।
Twink-ling, *n.* पल; *a.* चमकीला।
Twirl, *n.* चक्कर, घुमाव; *v.* जल्द [घुमा देना।
Twist, *n.* लच्छी, डोरी, तागा, पेच, बटन; *v.* बटना।
Twit, *v.* ताना मारना, मलामत [क०।
Twitch, *n.* झटका, खिंचाव, मड़ोर, चिलक; *v.* झटका देना।
Twit-ter, *v.* चहचहाना, चिड़ियों की तरह शोर क०।
Type, *n.* ठप्पा, छाप, सूरत, चिन्ह, छापे के अक्षर।
Ty-phoid, *a.* एक प्रकार का धीमा ज्वर।
Ty-phus, *n.* एक प्रकार का भ-[यानक ज्वर।
Typ-i-cal, *a.* प्रतिरूप, नमूना।
Typ-i-fy, *v.* आदर्श या चिन्ह से ज़ाहिर क०।
Ty-pog-ra-phy, *n.* छापने की [विद्या।
Ty-ran-ni-cal, *a.* बड़ा कठोर, ज़ालिम।
Tyr-an-nise, *v.* बड़ी सख्ती [क०, ज़ुल्म क०।
Tyr-an-ny, *n.* सख्ती, ज़ुल्म।
Ty-rant, *n.* कठोर, ज़ालिम।
Ty-ro, *n.* अनभ्यस्त, कच्चा।

U.

Ud-der, *n.* गौ का स्तन या आयन।
Ug-li-ness, *n.* कुरूपता, बद [सूरती।
Ug-ly, *a.* कुरूप, बद सूरत, कुढंगा।
Ul-cer, *n.* विद्रधि, फोड़ा, नासूर।
Ul-te-rior, *a.* अपर, आगे की ओर का।

Ul-ti-mate, *a.* अंतिम, आखिरी, पिछिला।

Ul-ti-mate-ly, *ad.* अंत में, आखिर को।

Ul-tra, *ad.* अति, परे, बहुत।

Um-brage, *n.* असंतोष, क्रोध, नाराज़गी।

Um-brel-la, *n.* छत्र या छाता।

Um-pire, *n.* सरपंच, मध्यस्थ, न्याई।

Un, अव्यय है जो कि बहुधा शब्दों के आदि में लगाया जाता है और इसका अर्थ रहित या विरुद्ध होता है।

Un-ac-count-a-ble, *a.* अप्रतिसंख्येय, वर्णन के अयोग्य।

Un-ad-vis-ed-ly, *ad.* सहसा, जल्दी से, बेतहाशा।

Un-a-dul-ter-a-ted, *n.* निर्मल, निष्कपट, बेदाग़, साफ। [खरा।

Un-al-loyed, *a.* निर्मल, खालिस,

U-na-nim-i-ty, *n.* एक दिली, एक राय। [एक दिल, एक मत।

U-nan-i-mous, *a.* एक राय,

Un-as-sum-ing, *a.* विनीत, गरीब, हलीम। [निष्फल, बेफायदा।

Un-a-vail-ing, *a.* निरर्थक, नि-

Un-a-wares, *ad.* अकस्मात्, अचानक।

Un-bar, *v.* खोलना, हटाना।

Un-be-lief, *n.* अविश्वास, अधर्म, बेदीनी। [दीन।

Un-be-liev-er, *n.* नास्तिक, बे

Un-bend, *v.* खोलना, ढीला क० सीधा क०। [कड़ा, सख्त।

Un-bend-ing, *a.* दृढ़, कठोर,

Un-bi-ased, *a.* निष्पक्ष, पक्षपात रहित।

Un-blush-ing, *a.* ढीठ, बेशरम।

Un-bos-om, *v.* साफ २ कह देना, दिल खोल कर कह देना।

Un-bro-ken, *a.* पूरा, बगैर टूटा हुआ। [दिल हल्का क०।

Un-bur-den, *v.* बोझ उतारना,

Un-cer-tain, *a.* अनिश्चित, बेठिकाना। [उजड्ड।

Un-civ-il, *a.* अक्खड़, गंवार,

Un-civ-il-ized, *a.* जंगली, वहशी, बेसलीक़ा।

Unc-le, *n.* मामा, चचा।

Un-clean-ness, *n.* अपवित्रता, मैल, गंदगी। [नोखा, गैर मामूली।

Un-com-mon, *a.* असामान्य, अ-

Un-com-pro-mis-ing, *a.* नाराज़ी करने के योग्य।

Un-con-cern, *n.* बेपरवाही, बेफिक्री। [रहित, बे क़ैद।

Un-con-di-tion-al, *a.* नियम

Un-con-nect-ed, *a.* अलग, जुदा, बे मेल, बे जोड़। [चित, बेजा।

Un-con-scion-a-ble, *a.* अनु-

Un-con-scious, *a.* अज्ञान, अनजान, बे ख़बर। [कालना।

Un-cork, *v.* काग या डाट नि-

Un-cor-rupt, *a.* अच्छा, उम्दा, बेशग़। [डौल।

Un-couth, *a.* अजीब, भद्दा बे-

Un-cov-er, *v.* उघारना, खोलना।

Unc-tion, *n.* मालिश, लेप, उपटन।

Unc-tu-ous, *a.* तलहा, चिकना।

Un-daunt-ed, *a.* साहसी, बेडर।

Un-der, *pr.* नीचे, तले, में, कम; *a.* नीचे का, मातहत।

Un-der-go, *v.* सहना, झेलना, बरदाश्त क०। [नीचे।

Un-der-ground, *a.* ज़मीन के

Un-der-hand, *a.* गुप्त, पोशीश, जाली, फ़रेबी।

Un-der-lie, *v.* नीचे रहना।

Un-der-line, *v.* शब्दों के नीचे लकीर खींचना।

Un-der-mine, *v.* सुरंग डोड़ाना, जड़ खोदना या काटना। [का।

Un-der-most, *ad.* सब से नीचे

Un-der-neath, *ad.* or *pr.* नीचे, तले। [ना या आंकना।

Un-der-rate, *v.* कम दाम लगा-

Un-der-stand, *v.* (Pt. and Pp. understood) समझना, ताड़ना।

Un-der-stand-ing, *n.* बुद्धि, समझ; *a.* समझदार, जानकार।

Un-der-take, *v.* (Pt. undertook; Pp. undertaken.) उठाना, अपने ऊपर लेना।

Un-der-ta-ker, *n.* प्रेत कर्म निर्वाहक, लाश का सामान रखने वाला। [म, मुहिम।

Un-der-tak-ing, *n.* व्यापार, का-

Un-der-write, *v.* नीचे लिखना, बीमा क०। [अनजान।

Un-de-signed, *a.* अनभि प्रेत,

Un-dig-ni-fied, *a.* प्रतिष्ठा या पद के विरुद्ध, शान के ख़िलाफ़।

Un-do, *v.* (Pt. undid; Pp. undone) किये हुये को अनक्रिया क०, खोलना, उजाड़ना, बिगाड़ना। [तबाही।

Un-do-ing, *n.* परिवर्तन, मन्सूखी,

Un-dress, *v.* कपड़े उतारना।

Un-du-late, *v.* लहरें लेना या लहरों की तरह ऊपर नीचे होना।

Un-du-la-tion, *n.* लहर।

Un-earth-ly, *a.* असंसारी, गैर दुनियवी।

Un-eas-i-ness, *n.* कष्ट, बेचैनी।

Un-ea-sy, *a.* ब्याकुल, परेशान, बेचैन।

Un-e-qual, *a.* अ समान, ना बराबर, कम ज़्यादा, अयोग्य, अनमेल। [बे खता।

Un-err-ing, *a.* निश्चित, यक़ीनी,

Un-e-ven, *a.* ऊंचा नीचा, ना बराबर। [अचानक।

Un-ex-pect-ed, *a.* आकस्मिक,

Un-fair, *a.* बेजा, बेठीक, बेईमान। [कपटी, दगाबाज़।

Un-faith-ful, *a.* अविश्वासी,

Un-fas-ten, *v.* खोलना, गांठ खोलना, ढीला क०। [बेरहम।

Un-feel-ing, *a.* कठिन, कठोर,

Un-feigned, *a.* निष्कपट, यथार्थ, सच्चा।

Un-fil-i-al, *a.* कुपुत्र, कपूत।

Un-fold, *v.* खोलना, उघारना, प्रगट क०। [अनदेखा।

Un-fore-seen, *a.* आकस्मिक,

Un-for-tu-nate, *a.* अभागा, मंदभाग्य, बदनसीब।

Un-furl, *v.* खोलना, फैलाना।

Un-gain-ly, *a.* बेढब, बेढंगम, बेक़ायदा।[स्तिकता, बेदीनी।

Un-god-li-ness, *n.* अधर्म, ना-

Un-god-ly, *a.* अधर्मी, दुष्ट, बेदीन।

Un-guent, *n.* अञ्जन, लेप।

Un-hand, *v.* हाथ से छूट पड़ना या छोड़ देना।

Un-hap-pi-ness, *n.* दुख, बदनसीबी। [चूल उखाड़ना।

Un-hinge, *v.* खोलना, हटाना,

U-ni-form, *n.* सिपाहियों की वर्दी; *a.* समान, एकाकार, एक रंग। [एक सानी।

U-ni-form-i-ty, *v.* एक रंगी,

U-ni-on, *n.* एका, मेल, जोड़, संयोग।

Unique, *v.* अद्वितीय, अपूर्व।

U-ni-son, *n.* एक ताल, एकस्वर।

U-nit, *n.* एक, एकाई, एक आदमी या चीज़।

U-ni-ta-ri-an, *n.* अद्वैत वादी, तस्लीस का मुनकिर।

U-nite, *v.* जोड़ना, साटना, मिलाना, एक मेल क०।

U-ni-ty, *n.* एकता, एकाई, मेल।

Un-i-ver-sal, *a.* सब, कुल, आम।

U-ni-verse, *n.* सृष्टि, संसार, दुनिया।

U-ni-ver-si-ty, *n.* महाविद्यालय।

Un-leav-ened, *a.* बे ख़मीर।

Un-less, *c.* जो चेत्, नहीं, सिवाय।

Un-like-ly, *a.* असम्भव, अनहोनी

Un-lim-i-ted, *a.* असीम, बेहद, अत्यन्त।

Un-man, *v.* दिल तोड़ना, नपुंसक या नामर्द क॰। [ज़नाना।

Un-man-ly, *a.* नपुंसक, नामर्द,

Un-mask, *v.* बुर्क़ा उतारना या दूर क॰, खोल देना।

Un-moor, *v.* लंगर उठाना, जहाज़ खोलना।

Un-nat-u-ral, *a.* स्वभाव या सृष्टि विरुद्ध। [मज़ार क॰।

Un-nerve, *v.* बलहीन क॰, क-

Un-of-fi-cial, *a.* बे हाकिमाना, सरकारी दस्तूर के खिलाफ़।

Un-pre-ce-den-ted, *a.* बग़ैर किसी पहले के मिसाल के, बे नज़ीर। [उज्र।

Un-pre-tend-ing, *a.* गरीब-बे-

Un-prin-ci-pled, *a.* विचार हीन, दुराचारी, बदज़ात।

Un-ques-tion-able, *a.* निस्संदेह, बेशक। [ना।

Un-rav-el, *v.* खोलना, सुलझा-

Un-re-mit-ting, *a.* लगातार।

Un-re-served, *a.* निष्कपट, साफदिल, खरा। [लहर।

Un-ruf-fled, *a.* शांत, स्थिर, बे

Un-ru-ly, *a.* हुरदंगा, सरकश।

Un-safe, *a.* अरक्षित, खतरनाक, विश्वास के अयोग्य।

Un-search-a-ble, *a.* अगम, तलाश से बाहर।

Un-set-tle, *v.* उथल पुथल क॰, बे करार क॰। [बे ज़ुम्बिश।

Un-shak-en, *a.* अटल, अचल,

Un-spa-ring, *a.* खूब खर्च करने वाला, कच्चा, ज़. कठोर, बेरहम।

Un-speak-a-ble, *a.* अन कहानी, बयान से बाहर। [बेदाग़।

Un-spot-ted, *a.* स्वच्छ, साफ,

Un-sta-ble, *a.* बे मेल, कमज़ोर, नापायेदार, चंचल, धीर्य रहित।

Un-string, *v.* खोलना, ढीला क॰, उतारना।

Un-til, *pr.* or *c.* तक, तलक, जब तक कि। [बे मौक़े से।

Un-time-ly, *a.* कुअवसर पर,

Un-tir-ing, *a.* न थकने वाली।

Un-to-ward, *a.* हठी, मुखालिफ।

Un-to, *pr.* को, के पास, पास तक।

Un-truth, *n.* मिथ्या, झूठ।

Un-us-u-al, *a.* असामान्य, अलौकिक, ग़ैरमामूल। [सादा।

Un-var-nished, *a.* बे रोग़न,

Un-wa-ry, *a.* ग़ाफ़िल, बे ख़बर।

Un-well, *a.* बीमार, पीड़ित, अश्लील। [रक, नागवार।

Un-whole-some, *a.* हानि का-

Un-wieldy, *a.* भारी, बड़ा, वज़नी। [बे समझ से।
Un-wit-ting-ly, *ad.* नादानी से,
Un-wont-ed, *a.* गैर मामूल, बेदस्तूर, नावाक़िफ।
Up, *ad.* ऊपर, पर, ऊंचे पर, जागा।
Up-braid, *v.* झिड़कना, डाटना।
Up-hill, *a.* कठिन, मुशकिल, मिहनत तलब।
Up-hold, *v.* (Pt. and Pp. upheld.) सहारा क०, पुष्टि क०, थाम रखना, बहाल रखना।
Up-hol-ster-er, *n.* घर के सजाने के असबाबों का बेचने वाला।
Up-lift, *v.* उठाना, ऊंचा क०।
Up-on, *pr.* ऊपर, पर। [ऊपर का।
Up-per, *a.* उच्च पदस्थाई, ऊपरी,
Up-per-most, *a.* सब से ऊपर या ऊंचे का।
Up-right, *a.* सीधा, खरा, सच्चा।
Up-right-ness, *n.* सच्चाई, इमानदारी, सिधाई।
Up-roar, *n.* गौगा, गुल गपाड़ा।
Up-set, *v.* उलटना, औंधाना।
Up-shot, *n.* अन्त, खातिमा, फल, नतीजा।
Up-start, *n.* वह जो एकायक किसी उच्चपद पर पहुंच गया हो।
Up-ward, *a.* ऊपर, ऊंचा, ऊपर का; *ad.* ऊंचाई की ओर, इसके ऊपर।
Ur-ban, *a.* शहर का।
Ur-chin, *n.* लड़का, लौंडा, अंगली चूहा। [काना।
Urge, *v.* ढकेलना, दबाना, उस-
Ur-gent, *a.* आवश्यक, ज़रूरी, हठी।
Urn, *n.* सुराही, झंझर।
Us, *p.* हमको, हमें। [दस्तूर।
U-sage, *n.* आचार, व्यवहार,
Use, *n.* प्रयोजन, काम, व्यापार, फायदा, अभ्यास, दस्तूर।
Use, *v.* बरतना, काम में लाना, खर्च क०, अभ्यास क०, आदत डालना।
Use-ful, *a.* उपयोगी, काम का, फायदा मन्द। [काम।
Use-less, *a.* व्यर्थ, निष्फल, बे-
Ush-er, *n.* द्वारपाल, भेट कराने वाला, नायब मुदर्रिस; *v.* पेश क०, मुलाकात कराना।
U-su-al, *a.* साधारण, मामूली।
U-su-rer, *n.* महाजन, देन लेन करने वाला।
U-surp, *v.* छीन लेना, दबा बैठना।

U-su-ry, *n.* बहुत ज़्यादा ब्याज, अन्याय ब्याज।
U-ten-sil, *n.* पात्र, बरतन।
U-til-i-ty, *n.* उपयोग, फ़ायदा।
Ut-most, *a.* परम, अत्यन्त, निहायत; *n.* यावत् शक्ति, जहां तक कि हो सके।
Ut-ter, *a.* अत्यन्त, पूरा, बिलकुल, बाहरी; *v.* बोलना, उच्चारण क०, बयान क०, प्रगट क०।
Ut-ter-ance, *n.* उच्चारण, तलफ्फ़ुज़, बोलने का तर्ज़।
Ut-ter-ly, *ad.* पूरे तौर से, बिलकुल। [र्जा;
Ut-ter-most, *n.* अन्त, अन्त द- *a.* अन्त, अत्यन्त।

V

Va-can-cy, *n.* शून्य स्थान, खाली जगह।
Va-cant, *a.* शून्य, खाली, बेसोच, [बेकार।
Va-cate, *v.* उठा देना, छोड़ना, खाली क०। [फ़ुरसत।
Va-ca-tion, *n.* अनध्याय, छुट्टी,
Vac-ci-nate, *v.* माता छापना, टीका लगाना। [पेश क०।
Vac-il-late, *v.* डगमगाना, पसो-
Vag-a-bond, *n.* बेकाम, बे घर आदमी, आवारा; *a.* घूमता फिरता।
Va-ga-ry, *n.* तरंग, मौज, लहर।
Va-grant, *n.* आवारा; *a.* घूमता।
Vague, *a.* अनिश्चित, बेठीक।
Vain, *a.* वृथाभिमानी, व्यर्थ, निष्प्रयोजन।
Val-ance, *n.* पलंग की झालर।
Vale, *n.* घाटी।
Va-let, *n.* नौकर, टहलू।
Val-iant, *a.* साहसी, दिलेर, बहादुर।
Val-id, *a.* पक्का, मज़बूत।
Val-ley, *a.* घाटी।
Val-our, *n.* साहस, बहादुरी।
Val-u-a-ble, *a.* बहुमूल्य, क़ीमती, प्यारा।
Val-u-a-tion, *n.* मोल, क़ीमत।
Val-ue, *n.* मूल्य, दाम, क़द्र, खूबी; *v.* दाम लगाना, मोल क०।
Valve, *n.* पलक या ढकना जो सिर्फ़ एकही ओर खुले।
Vamp, *n.* जूते के ऊपर का चमड़ा; *v.* मरम्मत क०।
Van, *n.* मोहड़ा, सेना का अग्र भाग, ढकी हुई गाड़ी।
Vane, *n.* पवन परीक्षा।
Van-guard, *n.* सेना के आगे का दल।
Van-ish, *v.* जाता रहना, गायब हो जाना।

Van-i-ty, *n.* नाशनी, खाली घमंड ।

Vanq-uish, *v.* हराना, सर क०, क़ायल क० ।

Vap-id, *a.* स्वादरहित, बे मज़ा, [बे रस ।

Va-pour, *n.* धुआं, भाफ, हवा; *v.* उड़ना, शेख़ी हांकना ।

Va-ri-a-ble, *a.* अनित्य, चंचल ।

Va-ri-ance, *n.* फूट, अनबन ।

Va-ri-a-tion, *n.* अन्तर, भेद, फरक़ ।

Va-rie-gate, *v.* चित्र विचित्र क०, रंग बरंगा क० । [क़िस्म ।

Va-ri-e-ty, *n.* अन्तर, भान्त,

Va-ri-ous, *a.* अनेक प्रकार का, जुदा जुदा, मुख़्तलिफ़ ।

Var-nish, *n.* रंगने या चमकाने का रौग़न; *v.* रंगना, चमकाना ।

Vary, *v.* अन्तर पड़ना, बदलना, फरक़ पड़ना या होना ।

Vase, *n.* बरतन, कलसा ।

Vas-sal, *n.* असामी, दास ।

Vast, *a.* बहुत, बड़ा, फराख़ ।

Vat, *n.* हौज़ ।

Vault, *n.* गुम्मज़, विवर, खोह; *v.* मिहराब बनाना । [दार ।

Vault-ed, *a.* गुम्मज़दार, मेहराब

Vaunt, *n.* शेख़ी, डींग, गप्प; *v.* गप्प मारना ।

Veal, *n.* बछड़े का मांस या गोश्त ।

Veer, *v.* घूमना, फिरना, सिम्त बदलना ।

Veg-e-ta-ble, *n.* बनस्पति, साग; *a.* तृण जाति । [बढ़ना ।

Veg-e-tate, *v.* जमना, ऊगना,

Veg-e-ta-tion, *n.* वृक्ष आदि की उत्पत्ति या बढ़ाव ।

Ve-he-mence, *n.* प्रचण्डता, तेज़ी ।

Ve-he-ment, *a.* प्रचण्ड, तेज़ ।

Ve-hi-cle, *n.* गाड़ी ।

Veil, *n.* घूंघट, परदा; *v.* घूंघट मारना, ढाकना, छिपाना ।

Vein, *n.* धमनी, रग, नस, लकीर ।

Vel-lum, *n.* उम्दा चमड़ा जो लिखने के काम में आता है ।

Ve-loc-i-pede, *n.* पांवगाड़ी ।

Ve-loc-i-ty, *n.* जल्दी, तेज़ी ।

Vel-vet, *n.* मख़मल; *a.* मुलायम ।

Vend, *v.* बेचना ।

Ve-neer, *n.* लकड़ी का पतला तख़्ता या टुकड़ा; *v.* ऊपर से पतला तख़्ता जड़ना या लगाना ।

Ven-er-a-ble, *a.* पूजनीय, बुज़ुर्ग, बड़ा । [क०, इज़्ज़त क० ।

Ven-er-ate, *v.* पूजना, आदर

Ven-er-a-tion, *n.* पूजा, सत्कार, ताज़ीम । [ला ।

Veng-eance, *n.* प्रत्युपकार, बद-

Ve-ni-al, *a.* क्षमा योग्य, माफ़ी के लायक़। [मांस।
Ven-i-son, *n.* शिकारी हरिण का
Ven-om, *n.* बिष, जानवर का ज़हर। [लना, छोड़ना।
Vent, *n.* द्वार, रास्ता; *v.* निका-
Ven-ti-late, *v.* हवादार करना।
Vent-ure, *n.* साहस, संकट, जोखिम; *v.* साहस या हिम्मत क०, जोखिम उठाना। [बहादुर।
Vent-u-rous, *a.* सा ी, दिलेर,
Ve-ran-dah, *n.* बरामदा, ओसारा।
Verb, *n.* क्रिया, शब्द जो बतलावे कि क्या आदमी या चीज़ करती है।
Verb-al, *a.* शब्दत:, ज़बानी।
Ver-ba-tim, *ad.* अक्षर प्रति अक्षर।
Ver-dant, *a.* हरा, ताज़ा।
Ver-dict, *n.* पंचायत की तजवीज़ या राय।
Verd-ure, *n.* हरियाली, सब्ज़ी।
Verge, *n.* आसा, बल्लम, किनारा; *v.* पहुंचना, झुकना। [बरदार।
Verg-er, *n.* आसा बर दार, चो-
Ver-i-fy, *v.* साक्षी देना, सच ठहराना। [यक़ीनन।
Ver-i-ly, *ad.* सचमुच, ज़रूर,
Ver-i-ty, *n.* सचाई, यथार्थता, निश्चय।
Ver-mil-ion, *n.* सुर्ख़ या चोखा लाल रंग।
Ver-min, *n.* कीड़े मकोड़े।
Ver-sa-tile, *a.* चंचल, चपल, अस्थिर। [चरण।
Verse, *n.* पद, कविता, काव्य,
Versed, *a.* निपुण, प्रवीण, होशियार।
Ver-sion, *n.* उल्था, तर्जुमा, पाठान्तर। [जोड़।
Ver-te-bra, *n.* पीठ के रीढ़ का
Vert-ex, *n.* शीर्ष, शिखर, चोटी।
Vert-i-cal, *a.* खड़ा, लम्बरूप।
Ver-y, *a.* सच्चा, असली, वही; *ad.* अतीव, अत्यन्त।
Ves-sel, *n.* नाव, किश्ती, बरतन।
Vest, *n.* फतूही, कमर बंडी; *v.* सौंपना, अधिकार में क०, कपड़े पहनाना।
Vest-ed, *a.* व्यवस्थित, मुक़र्ररी।
Ves-tige, *n.* पांव का चिन्ह।
Vest-ment, *n.* जामा, पोशाक।
Vest-ry, *n.* गिरजे का एक कमरा।
Vet-er-an, *n.* पुराना सिपाही।
Vet-er-i-nary, *a.* पशु चिकित्सा सम्बन्धी।
Ve-to, *n.* मनाही, मुमानियत; *v.* रोकना, नामंज़ूर क०।

Vex, *v.* छेड़ना, सताना, दिक़ क०।
Vex-a-tion, *n.* क्लेश, संताप, नाराज़गी।
Vi-a-duct, *n.* पुल।
Vi-al, *n.* शीशी।
Vi-ands, *n.* भोजन की चीज़ें।
Vi-brate, *v.* कंपाना, फरकाना, हिलाना।
Vic-ar, *n.* पादरी का प्रतिनिधि जो कि दशांस पाता है।
Vic-ar-age, *n.* पादरी के प्रतिनिधि या स्थाना पन्न के रहने का स्थान।
Vice, *n.* अधर्म, पाप, बुराई, ऐब।
Vice-ge-rent, *n.* स्थानापन्न, क़ायम मुक़ाम।
Vice-roy, *n.* बड़े लाट साहब।
Vi-cin-i-ty, *n.* पड़ोस, नज़दीकी।
Vi-cious, *a.* अपराधी, ऐबी, शरीर। [बदील।
Vi-cis-si-tude, *n.* हेर फेर, त-
Vic-tim, *n.* भेट, बलि, शिकार।
Vic-tim-ize, *v.* छलना, मूड़ना, धोखा देना।
Vic-tor, *n.* विजयी, फतहमन्द।
Vic-to-ri-ous, *a.* विजयी, जीतने वाला।
Vic-to-ry, *n.* विजय, जीत, फतह।
Victual, *v.* रसद पहुंचाना।
Victuals, *n.* आहार, भोजन।
Vie, *v.* बराबरी का दावा क०, हिस्का क०।
View, *n.* बिचार, समझ, मतलब, बहार, नज़र, राय; *v.* देखना, निगाह क०, सोचना।
Vig-il, *n.* पहरा, जागरण, रतजगा, तेवहार के पहले की शाम।
Vig-i-lant, *a.* साव धान, खबरदार।
Vignet *n.* बेल, बूटा, नक़ाशी।
Vig-or-ous, *a.* प्रबल, ज़ोरावर।
Vig-our, *n.* वीर्य, बल, ज़ोर, ताक़त।
Vile, *a.* अधम, नीच, बुरा। [हल।
Vil-la, *n.* विनोद गृह, दिहाती म-
Vil-lage, *n.* गांव।
Vil-lain, *n.* अधम, बदकार, लुच्चा, हराम ज़ादा। [बदकार।
Vil-lain-ous, *a.* अधम, नीच,
Vin-di-cate, *v.* प्रमाण देना, सच्चा ठहराना या साबित क०।
Vin-di-ca-tion, *n.* पुष्टि, प्रतिपादन। [यण, कीनावर।
Vin-dic-tive, *a.* प्रतिकार परा-
Vine, *n.* अंगूर की बेल या लता।
Vin-e-gar, *n.* सिरका।
Vint-age, *n.* अंगूर की फसल या पैदावार।

Vint-ner, *n.* मदिरा या शराब का बेचने वाला।

Vi-o-late, *v.* विघ्न क०, नुक़सान क०, बिगाड़ना. तोड़ना।

Vi-o-lence, *n.* वेग. ज़ोर, ज़बरदस्ती।

Vi-o-lent, *a.* प्रचण्ड. प्रबल।

Vi-o-let, *n.* बनफ़शा का फूल. अरगवानी रंग।

Vi-o-lin, *n.* ब्याला, सारंगी।

Vi-per, *n.* विषशर्प या ज़हरीला सांप। [औरत।

Vi-ra-go, *n.* कर्कसा या लड़ाकी

Vir-gin, *n.* कन्या, क्वारी; *a.* शुद्ध, अक्षत, पतिव्रता।

Vir-tu-al, *a.* वास्तविक, असली, हक़ीक़ी।

Virtue, *n.* धर्म, सदाचार, सद्गुण, प्रभाव, नेकी, भलाई।

Vir-tu-ous, *a.* धार्मिक. पुण्यात्मा, सच्चरित्र, सज्जन।

Vir-u-lent, *a.* तीक्ष्ण. कटु. कीनावर। [ताव।

Vis-count, *n.* एक अमीरी खि-

Vis-i-ble, *a.* प्रत्यक्ष. ज़ाहिर. प्रगट।

Vi-sion, *n.* दृष्टि. आभास. माया. स्वप्न।

Vis-it, *n.* भेट, मुलाक़ात; *v.* देखने आना, देखना. भेट क०. मिलना। [ज़रूरी।

Vi-tal, *a.* आवश्यक. प्राण भूत,

Vi-tal-i-ty, *n.* प्राण. जीव. जीवशक्ति। [खराब क०।

Vit-i-ate, *v.* नष्ट क०. बिगाड़ना.

Vir-id, *a.* सुस्पष्ट, भड़कदार. चमकीला, तेज़।

Vir-i-fy, *v.* जिलाना. जान डालना, ज़िन्दा क०।

Vix-en, *n.* लोमड़ी का बच्चा. झगड़ालू या लड़ाकी स्त्री।

Vo-cab-u-la-ry, *n.* कोश. नाममाला। [हुआ।

Vo-cal, *a.* वाचिक. मुह से कहा

Vo-ca-tion, *n.* वृत्ति, व्यवसाय. व्यापार, पेशा। [प्रसिद्धि।

Vogue, *n.* व्यवहार, चाल. रिवाज.

Voice, *n.* स्वर, आवाज़, चिल्लाहट. सम्मति. राय।

Void, *n.* शून्य स्थान. खाली जगह; *a.* शून्य. खाली; *v.* छोड़ना. खाली क०।

Vol-a-tile, *a.* अल्द उड़ जाने वाला. चंचल. चपल।

Vol-can-ic, *a.* ज्वाला मुखी का।

Vol-ca-no, *n.* ज्वाला मुखी पहाड़।

Vol-ley, *n.* बन्दूकों की बाढ़ या वर्षा। [बाण।

Vol-u-ble, *a.* वाचाल, चरब ज़-

Vol-ume, *n.* क़िताब, जिल्द, विस्तार, क़द।

Vol-un-ta-ry, *a.* इच्छुक, रज़ामन्द।

Vol-un-teer, *n.* बलमटेर, जो अपनी इच्छा से सेना में भरती हो; *v.* आगे रखना, पेश क०।

Vom-it, *v.* बमन या क़य करना।

Vo-ra-cious, *a.* बड़ा लालची, पेटू।

Vo-ra-ci-ty, *n.* पेटूपन, खूनख्वारी।

Vor-tex, *n.* भंवर, चक्कर, बगूला।

Vote, *n.* सम्मति, राय; *v.* सम्मति देना, राय प्रगट क०।

Vouch, *v.* गवाही या साक्षी देना, साबित क०।

Vouch-er, *n.* प्रमाण, सनद।

Vouch-safe, *v.* कृपा पूर्वक देना।

Vow, *n.* प्रण, संकल्प; *v.* संकल्प या प्रण क०।

Vow-el, *n.* स्वर।

Voy-age, *n.* समुद्रयात्रा, दरियाई सफर।

Vul-gar, *a.* साधारण मनुष्य लोग; *n.* साधारण, असभ्य, नीच।

Vul-ga-ri-ty, *n.* असभ्यता, कमीना पन।

Vul-gate, *n.* इंजील का लैटिन भाषा में उल्था।

Vul-ture, *n.* गृद्ध या गिद्ध।

W.

Wabble, *v.* घूमना, चक्कर लगाना।

Wad, *n.* टिकुली, डाट।

Wad-ded, *a.* भरा हुआ, डाट लगा हुआ।

Wad-ding, *n.* तकिया या रज़ाई में भरने की चीज़।

Wad-dle, *v.* बत्तख की तरह झूमते हुये चलना।

Wade, *v.* पानी में होकर चलना।

Wa-fer, *n.* पतली रोटी।

Waft, *v.* बहना या बहा ले जाना।

Wag, *n.* मसखरा, दिल्लगी बाज़; *v.* हिलना, हिलाना, लहराना।

Wage, *v.* करना, रखना, जोखिम उठाना।

Wa-ger, *n.* शर्त, बाज़ी, शर्त; *v.* शर्त पर रखना, बदना।

Wa-ges, *n.* मिहनताना, मज़दूरी।

Wag-gon, *n.* चार पहिया की गाड़ी, छकड़ा।

Wail, *n.* रोने की आवाज़; *v.* रोना।

Wail-ing, *n.* विलाप, रोदन।

Wain, *n.* चार पहिया की गाड़ी।

Wain-scot, *n.* भित्ति पटल, तख्ताबन्दी।

Waist, *n.* कटि, कमर, जहाज़ के बीच का भाग।

Waist-coat, *n.* फतूही, कमरबंडी।

Wait, v. परखना, ठहरना, इंतिज़ार क०, सेवा में हाज़िर रहना।
Wait-er, n. दास, टहलू, थाली, किश्ती। [देना।
Waive, v. त्यागना, तजना, छोड़
Wake, n. जागरन, जहाज़ के चलने की लकीर; v. जगना, जगाना, उठाना।
Walk, n. चाल, सैर, धूप, सड़क; v. पैदल चलना, टहलना, रास्ता लेना।
Wall, n. भीत, दीवार. in plu. क़िलाबन्दी, चारदीवारी; v. चारदीवारी उठाना।
Wallet, n. झोला, झोली, थैली। [ना।
Wal-low, v. माटी में लोटना पोट-
Waltz, n. एक प्रकार का नाच।
Wan, a. पीला, फीका, ज़र्द।
Wand, n. छड़ी, लम्बी पतली कमाची।
Wan-der, v. इधर उधर घूमना फिरना, भटकना, बहकना।
Wan-der-er, n. बहकने वाला, घूमने फिरने वाला।
Wane, n. घटाव, उतार, ढाल; v. घटना, उतरना।
Want, n. अभाव, दरिद्रता, तंगी, हाजत; v. रहित होना, चाहना, हाजत रखना।
Wan-ton, n. खेलाड़ी, बेरोक, बेलगाम, आवारा; a. खेलाड़ी, बेरोक।
Wan-ton-ness, a. चंचलता, आवारगी, बेपरवाही का खेल, लालच। [लड़ाई क०।
War, n. बैर, विरोध, लड़ाई; v.
War-ble, v. चहचहाना, चहकना, गिटकिरी भरना।
War-bler, n. गवैया, गानेवाला।
Ward, n. चौकी, पहरा, चौकसी, क़ैद, टोला, मुहल्ला; v. चौकसी रखना, निगहबानी रखना, टालना, हटाना। [रुआ।
Ward-er, n. चौकीदार, पह-
Ward-robe, n. कपड़द्वार, कपड़ा जामा। [चीज़।
Wares, n. सौदा, माल, अस्बाब,
Ware-house, n. दूकान, मालगुदाम, कोठी। [तकरार।
War-fare, n. लड़ाई, झगड़ा,
War-like, a. रण योग्य, लड़ाई के लायक़, जंगी।
Warm, a. गरम, सरगरम, तेज़ मिज़ाज, खुश हाल; v. गरम क०, गरम या गुस्सा होना।
Warmth, n. गरमी, सरगरमी तेज़ी। [शियार क०।
Warn, v. चेताना, जताना, हो-

Warn-ing, *n.* चेतावनी, उपदेश।
Warp, *n.* ताना, रस्सा; *v.* बटना, ऐंठना, मड़ोरना।
War-rant, *n.* आज्ञापत्र, सनद, परवाना; *v.* संभालना, बचाना, दिलजमई क०। [चित, वाजिब।
War-rant-a-ble, *a.* योग्य, उ
War-ren, *n.* खरगोशों के पालने या रखने का स्थान। [पाही।
War-ri-or, *n.* रथी, योधा, सि-
Wart, *n.* टेटर, मस्सा। [हस।
Wa-ry, *a.* सावधान, होशियार,
Wash, *n.* घाव धोने के लिये दवा का पानी, धोव; *v.* पानी से धोना या साफ क०, टकराना या टक्कर खाकर बहना।
Wasp, *n.* बर्रे, दतैया, ज़म्बूर।
Wasp-ish, *a.* कर्कश स्वभाव का, चिड़चिड़हा।
Waste, *n.* बे जोता बोया हुआ खेत, वीरान, फज़ूल खर्ची, रद्दी, कूड़ा, नुक़सान; *a.* उजाड़, बे जोता हुआ; *v.* लुटाना, उड़ाना, बरबाद क०।
Waste-ful, *a.* उड़ाऊ, फजूलखर्च।
Watch, *n.* रक्षा, निगहबानी, जेब घड़ी; *v.* रखवाली क०, निगहबानी रखना, ताक लगाना, घात में बैठना।
Watch-ful, *a.* सावधान, चौकन्ना, होशियार। [रे वाला।
Watch-man, *n.* चौकीदार, पह-
Watch-word, *n.* पहरा देने वालों का खास शब्द जिस से दोस्त दुशमन की पहचान करते हैं।
Water, *n.* जल, पानी, समुन्दर; *v.* पानी देना या पिलाना।
Water-man, *n.* मल्लाह, पनिहा या पानी वाला।
Wa-ter-proof, *a.* जला भेद्य, वह चीज़ जिस में पानी न असर करे।
Wat-tle, *n.* पल्लव, टहनी, टट्टी, कुक्कुट या मुर्गे का कंठ।
Wave, *n.* लहर, तरंग; *v.* लहर उठना, हिलना, डोलना।
Wa-ver, *v.* लहराना, डगमगाना, पसोपेश क०।
Wax, *n.* मोम, लाख; *v.* (Pt. waxed; Pp. waxed; and waxen.) बढ़ना, फैलना।
Way, *n.* क्रम, मार्ग, राह, दस्तूर, तरीक़ा। [मुसाफिर।
Way-far-er, *n.* बटोही, राही,
Way-lay, *v.* ताक में बैठना, घात लगाना। [कश।
Way-ward, *a.* हठी, ज़िद्दी, सर-
We, *p.* हम।

Weak, *a.* दुर्बल, अशक्त, कमज़ोर, सुस्त।
Weak-en, *v.* दुर्बल क०, कमज़ोर क०। [याबी।
Weal, *n.* कुशल, कल्याण, काम-
Wealth, *n.* धन, दौलत।
Wealthy, *a.* धनी, दौलतमन्द।
Wean, *v.* दूध छुड़ाना, या बन्द क०, अलग क०। [यार।
Weap-on, *n.* अस्त्र, शस्त्र, हथि-
Wear, *n.* पहिनाव, रगड़; *v.* (Pt. wore; Pp. worn), चलना, ठहरना, घिसना, पहिरना।
Wea-ri-ness, *n.* थकावट, सुस्ती।
Wea-ri-some, *a.* थका, मांदा, सुस्त।
Wea-ry, *a.* थका, मांदा; *v.* थकाना, तंग क०। [गला।
Wea-sand, *n.* टेंटुवा, नरेटी,
Weath-er, *n.* काल, समय, मौसिम; *v.* सहना, बरदाश्त क०।
Weath-er-cock, *n.* वायुलक्षण, हवा के रुख पहिचानने की कल।
Weave, *v.* (Pt. wove; Pp. wove, woven). कपड़ा बिनना।
Web, *n.* थान, बिनावट, जाला, झिल्ली। [हुआ।
Webbed, *a.* झिल्ली से जुटा
Wed, *v.* विवाह या शादी क०।
Wed-ding, *n.* विवाह, शादी।
Wedge, *n.* पच्चर, मेख।
Wed-lock, *n.* विवाह, शादी।
Weed, *n.* घास; *v.* घासपात निकालना, निराना।
Week, *n.* सप्ताह, हफ़्ता।
Week-ly, *a.* साप्ताहिक, हफ़्तेवार; *ad.* प्रतिसप्ताह।
Weep, *v.* (Pt. and Pp. wept.) रोना, बिलाप क०. आंसू बहाना।
Weft, *n.* बाना, भरनी।
Weigh, *v.* तौलना, बिचारना. वज़नी या भारी होना।
Weight, *n.* भारीपन, वज़न, क़दर। [संगीन।
Weight-y, *a.* भारी, प्रभावशाली.
Weir, *n.* बांध।
Wel-come, *n.* आदर सत्कार. मुबारक; *a.* स्वागत, मुबारक; *v.* स्वागत क०, आदर सन्मान क०। [मिलाना।
Weld, *v.* पीटकर जोड़ना या
Wel-fare, *n.* कुशल, भलाई, खैरियत। [अम्बार।
Wel-kin, *n.* आकाश, नभमण्डल,
Well, *n.* कूप, कुआं. सोता; *a.* अच्छा, भला चंगा, तन्दुरुस्त;

ad. ठीकर, मुनासिब तौरपर।

Well-be-ing, *n*. कुशल, भलाई, खुशहाली।

Well-nigh, *ad*. लगभग, क़रीब, नज़दीक।

Welt, *n*. गोट, पोशाक या जूते का किनारा।

Wel-ter, *v*. छट पटाना, लोटना।

Wen, *n*. मसा, गिल्टी।

Wench, *n*. दासी, चेरी, पुंश्चली, रंडी।

West, *n*. पश्चिम।

West-ward, *ad*. पश्चिम की ओर या तरफ़।

Wet, *n*. आर्द्रता, सील, तरी; *a*. आर्द्र, भीगा हुआ, बरसाती; *v*. भिगोना, तर क०।

Whale, *n*. सामुद्रिक महामच्छ, समुन्दर का सब से बड़ा जानवर।

Whale-bone, *n*. ह्वेल के जा बड़े के ऊपरी भाग की लचदार हड्डी।

Wharf, *n*. माल उतारने का घाट या पुश्ता।

Wharf-age, *n*. घाट का महसूल।

Wharf-in-ger, *n*. घटवाल, घाट का रखवाल।

What, *p*. क्या, जो।

Wheat, *n*. गेहूं।

Whee-dle, *v*. फुसलाना, बहलाना।

Wheel, *n*. पहिया; *v*. पहियों पर ले आना या चलना, घुमाना, घूमना, चक्कर लगाना।

Wheel-wright, *n*. पहियों का बनाने वाला।

Wheeze, *v*. कठिनता या मुशकिल से सांस लेना।

Whelp, *n*. पिल्ला, बच्चा।

When, *ad*. or *c*. कब, जब, जिस समय।

Whence, *ad*. कहां से, जहां से, जिस से।

When-ev-er, *ad*. जब कभी।

Where, *ad*. कहां, जहां, किधर।

Where-fore, *ad*. or *c*. क्यों, किस लिये, इस लिये।

Wher-ev-er, *ad*. or *c*. जहां कहीं, जिस जगह।

Wher-ry, *n*. डोंगी।

Whet, *v*. धार रखना, तेज़ क०. उभाड़ना, उसकाना।

Wheth-er, *p*. or *c*. दो में से कौन, अथवा, ख्वाह, या तो ;

Whey, *n*. दूध का पानी या तोड़।

Which, *p*. कौन, जौन, जो, जिसे।

Whiff, *n*. फूंक, दम।

Whig, *n*. इंगलिस्तान में लोगों का एक दल जो प्रजा के अधिकारों और भलाइयों का पक्ष रखता है॥

While, *n.* काल, अर्सा ; *c.* जब, जितने में, जिस समय में, इस अर्से में; *v.* समय काटना या बिताना ।

Whim, *n.* लहर, तरंग, खब्त, वहम।

Whim-per, *n.* ठुनकने की आवाज़; *v.* ठुनकना ।

Whim-si-cal, *a.* वहमी, झक्की ।

Whin, *n.* कांटेदार झाड़ी ।

Whine, *n.* कराहने या धीमे स्वर से रोने की आवाज़; *v.* कराहना, ठुनकना ।

Whin-ny, *v.* हिनहिनाना, घोड़े का सा शब्द क० ।

Whip, *n.* कोड़ा, चाबुक; *v.* चाबुक मारना, कोड़ा लगाना।

Whir, *v.* घूमना, फुर से उड़ जाना । [या घुमाना ।

Whirl, *v.* जल्दी से घूमजाना,

Whirl-pool, *n.* भंवर, चक्कर ।

Whirl-wind, *n.* बगूला, बवंडर।

Whisk, *n.* छोटा झाड़ू ; *v.* बहारना, झाड़ देना । [पर का बाल ।

Whis-ker, *n.* गलमुच्छा, गाल

Whis-per, *n.* काना फूसी ; *v.* फुसफुसाना, कानाफूसी क० ।

Whis-tle, *n.* सीटी, बांसुरी; *v.* सीटी देना, बांसुरी बजाना ।

Whit, *n.* कण, टुकड़ा, ज़र्रा ।

White, *a.* श्वेत, सुफ़ेद, गोरा, स्वच्छ, साफ़ ।

Whit-en, *v.* सुफ़ेद क०, साफ़ क०।

Whit-ing, *n.* सुफ़ेदी ।

Whith-er, *ad.* किस ओर, किधर, कहां को ।

Whit-low, *n.* नख व्रण, बिसहरी ।

Who, *p.* कौन, जौन, जो ।

Whole, *n.* सारी वस्तु, कुल चीज़; *a.* सारा, कुल, पूरा, भलाचंगा।

Whole-sale, *n.* थोक बिक्री ।

Whole-some, *a.* पथ्य, हितावह, मुफ़ीद, खुश गवार । [से ।

Whol-ly, *ad.* बिलकुल, पूरीतरह

Whoop, *n.* चीख, पुकार ; *v.* चीखना, ज़ोर से चिल्लाना ।

Whore, *n.* वेश्या, छिनाल, कस्बी।

Why, *ad.* क्यों, किस लिये ।

Wick, *n.* लम्प की बत्ती, पलीता।

Wick-ed, *a.* दुष्ट, दुर्जन, बुरा, शरीर, उत्पाती ।

Wick-ed-ness, *n.* दुष्टता, दुराचार, बुराई, शरारत, उत्पात ।

Wick-er, *a.* डालियों का बना हुआ ।

Wick-et, *n.* खिड़की, गेंद के खेल की लकड़ियां जिन पर गेंद मारते हैं ।

Wide, *a.* बिस्तीर्ण, विशाल, खुलासा, चौड़ा, कुशादा ।

Wi-den, *v.* फैलाना, चौड़ाना, फराक क० ।

Wid-ow, *n.* बिधवा, बेवा, रांड़ ।

Wid-ow-er, *n* मृत पत्नीक, रडुंआ ।

Width, *n.* चौड़ाई, चकलई ।

Wield, *v.* मांजना, चलाना, उठाना ।

Wife, *n.* भार्या, पत्नी, जोडू ।

Wig, *n.* उपकेश, बालों की टोपी।

Wild, *a.* जंगली, बहशी, नाशाइस्ता

Wil-der-ness, *n.* उजाड़, वीरान, जंगल ।

Wile, *n.* हीला, बहाना, फरेब ।

Wil-ful, *a.* हठी, ज़िद्दी, सरकश।

Will, *n.* इच्छा, इष्ट, मर्ज़ी ख्वाहिश, इरादा वसीयतनामा; *v.* इच्छा क०, चाहना, इरादा या संकल्प क०, वसीयतनामा लिखना ।

Will-ing, *a.* इच्छुक, उद्यत, राज़ी, रज़ामन्द, आप ही आप।

Wi-ly, *a.* चालाक, मुतफन्नी, हीलाबाज़ ।

Win, *v.* (Pt. and Pp. won.) जीतना, सर क०, हासिल क०।

Wince, *v.* सिकुड़ना, सिमटना ।

Winch, *n.* घुमाने या फिराने का हत्था ।

Wind, *n.* वायु, हवा ।

Wind, *v.* (Pt. and Pp. wound.) मोड़ना, लपेटना, हवा देना, भरना, या क०, हवा चलना ।

Wind-fall, *n.* फल जो आंधी से गिरा दिये गए हों, वसीयतनामा जिसकी कोई उम्मेद न रही हो।

Wind-lass, *n.* बोझ उठाने की कल ।

Wind-ow, *n.* खिड़की, वातायन, रोशन्दान, खिड़की का चौखटा।

Wind-pipe, *n.* सांस की नली ।

Wind-ward, *a.* हवा की ओर ।

Wind-y, *a.* हवादार, तूफानी ।

Wine, *n.* अंगूर का आसव या रस, मदिरा, शराब ।

Wing, *n.* पक्ष, पर, बाज़ू, लशकर का पहलू।

Wink, *v.* पलक मारना, आंखें बंद क०, आना कानी क० ।

Win-ning, *a.* मोहिनी, मनोहर, खुश करने वाली ।

Win-now, *v.* अनाज फटकना या पछोरना, भूसी वगैरह जुदा क० ।

Win-ter, *n.* हेमन्त, शिशिर, जाड़ा, जाड़े का मौसिम ।

Wipe, *v.* रगड़कर पोछना या साफ़ क० ।

Wire, *n.* तार।

Wis-dom, *n.* बुद्धि, विवेक, ज्ञान समझ, धीरता।

Wise, *n.* ढंग, तौर, तरीका; *a.* बुद्धिमान, विवेकी, समझदार, अक़्लमन्द। [ख्वाहिश क०।

Wish, *n.* इच्छा, इष्ट; *v.* चाहना,

Wisp, *n.* आंटी, मुट्ठा।

Wist-ful, *a.* व्यग्र, फ़िक्रमन्द, लौलीन।

Wit, *n.* हंसी, दिल्लगी, बोध, समझ, ज़ेहन, बुद्धिमान पुरुष; *v.* जानना, यानी, अर्थात्।

Witch, *n.* जादूगरनी, चुड़ैल; *v.* मोहना, जादू क०।

Witch-craft, *n.* मन्त्र, जादू, जादूगरी, टोना।

With, *pr.* सहित, साथ, पास, से।

With-draw, *v.* फेर लेना, हटा लेना, हटना, छिपना।

With-er, *v.* कुंभिलाना, सूखना।

With-ers, *n.* घोड़े के गले और कंधे का जोड़। [रोक रखना।

With-hold, *v.* रुकना, रोकना,

With-in, *pr.* भीतर, अन्दर; *ad.* भीतर से, दिल से।

With-out, *pr.* बाहर, बगैर, सिवा; *ad.* बाहर; *c.* सिवा, बजुज़।

With-stand, *v.* सामना क०, रोकना, संभालना।

Wit-ness, *n.* साक्षी, गवाही, गवाह, सबूत; *v.* देखना, साबित क०, पुष्ट क०, गवाही देना।

Wit-ti-cism, *n.* हंसी की बात, मज़ाक। [ज़गीबाज़।

Wit-ty, *a.* चतुर, चालाक, दि-

Woe, *n.* दुःख, शोक, सन्ताप, रंज।

Wo-ful, *a.* दुःखी, शोक युक्त, रंजीदा।

Wo-man, *n.* स्त्री, नारी, औरत।

Won-der, *n.* आश्चर्य, ताज्जुब; *v.* विस्मित होना, ताज्जुब क०।

Won-der-ful, *a.* आश्चर्य जनक, अद्भुत, अजीब।

Woo, *v.* प्यार या मोहब्बत क०।

Wood, *n.* जंगल, लकड़ी।

Woo-er, *n.* चाहने वाला, प्यार करने वाला, आशिक।

Woof, *n.* बाना या भरनी का सूत।

Wool, *n.* ऊन, लोम, रोवां।

Word, *n.* शब्द, लफ्ज़, बचन, प्रतिज्ञा, ईश्वर का बचन, इंजील, ईसा मसीह; *v.* बातें बनाना, शब्दों या लफ्ज़ों में बयान क०।

Word-ing, *n.* बोलने या बयान करने का तर्ज़।

Work, *n.* कर्म, काम, व्यवसाय,

मिहनत, पुस्तक; in plu. कार खाना; *v.* (Pt. and Pp. worked; wrought.) मिहनत क०, काम क०, काढ़ना, सुई का काम क० ।

Work-man-like, *a.* निपुण, होशियार कारीगर ।

Work-man-ship, *n.* आकृति, बनावट, हस्तक्रिया, हस्तकारी, निपुणता, कारीगरी ।

World, *n.* संसार, दुनिया ।

World-li-ness, *n.* प्रपंच, दुनियांदारी ।

World-ly, *a.* संसारी, दुनियवी ।

Worm, *n.* कीट, कृमि, कीड़ा, पछताना; *v.* आहिस्ता आहिस्ता क० ।

Wor-ried, *v.* बेचैन, परेशान ।

Wor-ry, *n.* बेचैनी, परेशानी; *v.* बेचैन क०, थकाना, फाड़खाना ।

Worse, *a.* निकृष्टतर, ज्यादाबुरा; *ad.* बहुत बुरी तरह से ।

Wor-ship, *n.* ईश्वर की पूजा, परस्तिश; *v.* पूजना, उपासना क० । [सना के योग्य ।

Wor-ship-ful, *a.* पूजा या उपा-

Worst, *a.* निकृष्ट तम, सब से बुरा; *v.* हराना, मात क० । [सूत ।

Worsted, *n.* ऊन का बटा हुआ

Worth, *n.* गुण, मूल्य, उत्कर्ष, क़ीमत, क़दर, उम्दगी ।

Wor-thy, *n.* गुणी या योग्य पुरुष; *a.* योग्य, लायक़ ।

Wound, *n.* घाव, ज़ख्म; *v.* दुःख देना, घायल क०, चोट पहुंचाना ।

Wran-gle, *n.* हुज्जत, झगड़ा; *v.* झगड़ना ।

Wrap, *v.* लपेटना, ओढ़ना, तह करना । [बेठन ।

Wrap-per, *n.* ओढ़ने का चद्दर,

Wrath, *n.* कोप, क्रोध, गुस्सा ।

Wrath-ful, *a.* कोपवान, क्रोधी, गुस्सावर । [ला लेना ।

Wreak, *v.* फेंकना, डालना, बद-

Wreath, *n.* माला, हार ।

Wreathe, *v.* लपेटना, मड़ोरना, माला गूंधना ।

Wreck, *n.* नाश, तबाही, टूटा हुआ जहाज़; *v.* बिलकुल नष्ट हो जाना । [ठना, मड़ोरना ।

Wrench, *n.* ऐंठन, मड़ोर; *v.* ऐं-

Wrest, *v.* मड़ोर कर छीन लेना ।

Wres-tle, *v.* कुश्ती लड़ना ।

Wres-tler, *n.* लड़ान्तिहा, कुश्तीबाज़ । [नसीब ।

Wretch, *n.* दरिद्री, कम्बख़्त, बद

Wretch-ed, *a.* नीच, पाजी, हक़ीर ।

Wrig-gle, *v.* हिलाना, डोलाना, फिराना ।

Wright, *n.* कारीगर, बढ़ई, मिस्त्री ।

Wring, *v.* (Pt. and Pp. wrung) मड़ोरना, निचोना, दबाना, छीनना ।

Wrink-le, *n.* सिकुड़न, झुर्री, शिकन; *v.* झुर्री या शिकन डालना ।

Wrist, *n.* पहुंचा, कलाई ।

Writ, *n.* ग्रन्थ, पुराण, आज्ञा-पत्र, परवाना ।

Write, *v.* (Pt. wrote; Pp. written.) लिखना, रचना, मज़मून बनाना ।

Writer, *n.* लेखक, लिखनेवाला, ग्रन्थकर्ता, मुसन्निफ़ ।

Writhe, *v.* पीड़ा से ऐंठना या मड़ोरना ।

Writ-ing, *n.* लेख, लिखाई, रचना, मज़मून, ग्रन्थ, पुस्तक, प्रमाण पत्र, दस्तावेज़ ।

Wrong, *n.* अन्याय, अधर्म, भूल, ग़लती; *a.* अशुद्ध, ग़लत; *v.* नुक़सान क०, बेइनसाफी क०; *ad.* नाहक़, ग़लती से ।

Wrong-ly, *ad.* नाहक़, भूल से, ग़लती से ।

Wroth, *a.* क्रोधी, क्रुद्ध, कुपित ।

Wrought, *a.* बनाया हुआ ।

Wry, *a.* वक्र, टेढ़ा, एक ओर झुका हुआ ।

Y.

Yacht, *n.* एक प्रकार की सैर की छोटी नौका ।

Yard, *n.* नाप, गज़, आंगन, पाल फैलाने की लकड़ी । [लर ।

Yarn, *n.* ऊन का सूत, तागा,

Yawl, *n.* डोंगी, किश्ती ।

Yawn, *n.* जमुहाई; *v.* जमुहाना, मुंह फाड़ना या खोलना ।

Ye, *p.* तुम, तू ।

Yea, *ad.* हां, अपिच, अलबत्ता ।

Yean, *v.* भेड़ बकरी वगैरह का बियाना ।

Year, *n.* वर्ष, बरस, साल ।

Year-ling, *n.* जानवर जो दूसरे बरस में हो ।

Year-ly, *a.* वार्षिक, सालाना; *ad.* प्रति वर्ष, हर साल ।

Yearn, *v.* उत्कंठा रखना, खूब चाहना ।

Yearn-ing, *n.* उत्कंठा, बड़ी चाहना या ख्वाहिश ।

Yeast, *n.* सुरा मण्ड, शराब का झाग या फेन ।

Yelk, or yolk, *n.* अंडे का पीला पन।

Yell, *n.* चिल्लाहट, शोर, गुल गपाड़ा; *v.* चिल्लाना, शोर क०। [लारंग।

Yel-low, *a.* or *n.* पीला या पी-

Yelp, *v.* भूंकना।

Yeo-man, *n.* किसान, ज़मींदार।

Yes, *ad.* हां।

Yes-ter-day, *n.* पूर्वदिन, कल्ह।

Yet, *c.* तथापि, ताहम, तबभी; *ad.* अद्यापि, अबभी, फिरभी।

Yield, *v.* देना, सुपुर्द क०, पेश क०, हार मानना। [लायम।

Yield-ing, *a.* कोमल, नरम, मु-

Yoke, *n.* जुआ, दासत्व, गुलामी, जोट, जोड़ी; *v.* जुआ रखना, रोकना, साथ लगाना।

Yon, *a.* सामने का, थोड़ी दूर पर का, उधर का। [दूरपर।

Yon-der, *ad.* सामने, उधर, कुछ-

Yore, *ad.* पूर्व में, पहिले।

You, *p.* आप, तुम।

Young, *n.* बच्चा; *a.* युवा, जवान, थोड़ी उम्र का। [का।

Youn-ger, *a.* छोटा, कम उम्र

Young-est, *a.* सब से छोटा या कम उम्र का।

Young-ster, *n.* युवा पुरुष, नव जवान आदमी।

Your, *p.* तुम्हारा।

Your-self, *p.* तुम्हारे तईं, तुम खुद। [कुमार, बाल।

Youth, *n.* बालपन, लड़कपन,

Youth-ful, *a.* बाल, तरुण, नव उम्र, ताज़ा। [हालत।

Youth-ful-ness, *n.* जवानी की

Yule, *n.* ईसाइयों का एक तेवहार।

Z.

Za-ny, *n.* भांड़, मसखरा, ठठोलिया।

Zeal, *n.* उत्साह, सरगरमी, जोश।

Zea-lous, *a.* उत्सुक, व्यग्र, सरगरम।

Zem-in-dar, *n.* ज़मींदार।

Zen-ith, *n.* खमध्य, शिरोबिंदु।

Zephyr, *n.* पश्चिम की हवा, मृदु सुखस्पर्शी पवन। [कुछ नहीं।

Ze-ro, *n.* शून्य, बिन्दु, सिफर,

Zest, *n.* स्वाद, रुचि, मज़ा, ज़ायक़ा। [बांकी।

Zig-zag, *a.* वक्र, कुटिल, टेढ़ी,

Zinc, *n.* दस्ता या जस्ता।

Zo-di-ac, *n.* राशि चक्र या मंडल।

Zone, *n.* मेखला, कमर बन्द, चक्कर, मण्डल।

Zo-ol-o-gy, *n.* जीव विद्या, हैवा-

नासों के हालतों का ज्ञान।

Zo-o-phyte, *n.* वह वस्तु जिस में हैवानों और बनस्पाति दोनों की खासियतें हों।

Zouave, *n.* फरासीसी पैदल पल्टन का नाम।

THE END.

Printed at the Tara Printing Works, Benares City.